Julia Küppers

Die wahre Wahrheit über die Bodenreform

Theoretische Betrachtungen rechtsgeschichtswissenschaftlicher Praxis

VELBRÜCK
WISSENSCHAFT

Erste Auflage 2014

www.velbrueck-wissenschaft.de
Printed in Germany
ISBN 978-3-942393-85-0

Bibliografische Information der Deutschen Nationalbibliothek
Die Deutsche Nationalbibliothek verzeichnet diese Publikation in der Deutschen Nationalbibliografie; detaillierte bibliografische Daten sind im Internet über http://dnb.ddb.de abrufbar.

Inhalt

1. Vorgeschichte

Diese Arbeit ist aus einem Problem entstanden. Sie war als eine andere geplant. Im Winter 2008 wollte ich die Entstehung und Entwicklung des Wirtschaftsrechts in der Sowjetischen Besatzungszone und frühen DDR zwischen 1945 und 1952 an den Hochschulen in Berlin, Halle, Jena und Leipzig untersuchen. Ich fragte mich, was die damaligen Hochschullehrer für dieses Rechtsgebiet unterrichteten. Ich plante eine klassisch rechtshistorische Arbeit. Ich wollte wissen, was damals tatsächlich geschah. Für dieses Vorhaben hatte ich eine Strategie.

Als ersten Schritt galt es, die Lehrkörper zu identifizieren, die in der interessierenden Zeitspanne an den Universitäten (im weitesten Sinne) wirtschaftsrechtsrelevante Fächer unterrichteten. Das sollten mir die Vorlesungsverzeichnisse verraten. Nach Auswertung der Personal- und Vorlesungsverzeichnis aus Jena, Berlin und Leipzig hatte ich folgende Kandidaten (und eine Kandidatin) ausfindig gemacht:

Arno Barth, Arwed Blomeyer, Gerhard Buchda, Karl Geisenheyner, Richard Halgasch, Clemens Hochkeppler, Georg Klaus, Martin Posch und Bruno Warnke (in Jena), Günter Brandt, Hermann Dersch, Heinrich Mitteis, Hans Nathan, Walter Neye, Eduard Reimer, Heinz Sanke, Günter Scheele und Kurt Schumann (in Berlin) und Friedrich Behrens, Heinz Berger, Heinrich Bikowski, Hans Otto de Boor, Gerhard Dornberger, Friedrich Geyler, Gerhard Görner, Richard Hähnert, Arthur Nikisch, Karl Polak, Ernst Schmidt, Gertrud Schubart Fikentscher und Heinz Such (in Leipzig). Halle sollte folgen.

Für diese Personen fuhr ich in die jeweiligen Universitätsarchive, um ihre Personalakten einzusehen[1]. Nicht alle waren öffentlich zugänglich, doch ich fand Vorlesungsgliederungen, fachlich-inhaltliche Beurteilungen, politische Einstellung und Publikationslisten der betreffenden Lehrkörper. Daneben erfasste ich – einmal vor Ort – weiteres Aktenmaterial der Universitätsarchive. Korrespondenzakten zwischen Rektoren, Professoren, Professorinnen und zentralen Leitungsorganen der Studienorganisation, Manuskripte zu wirtschaftsrechtlichen Vorlesungen, Protokollmaterial zu abgehaltenen Fakultätskonferenzen oder Bestände zur allgemeinen Studienorganisation, versprachen über Forschungsvorhaben von Lehrkörpern Aufschluss-, und in die Hochschulrealität der unmittelbaren Nachkriegsphase Einblick zu geben[2].

[1] Konkrete Angaben zu Signatur und Bestand der einzelnen Personalakten finden sich im Literaturverzeichnis.

[2] Konkrete Angaben zu Signatur und Bestand dieses Aktenmaterials stehen im Literaturverzeichnis.

Diese schönen Primärarchivquellen, die bisher noch kein(e) andere(r) in eine rechtshistorische Untersuchung gebracht hat(te), sollten die Grundlage meiner wissenschaftshistorischen Arbeit werden. In einem zweiten Schritt sichtete ich zeitgenössische wirtschaftsrechtliche Publikationen. Die 1947 und 1949 von Arthur Nikisch geschriebenen Werke (»Bürgerliches Recht. Das Recht der Schuldverhältnisse« und »Grundriss des Bodenrechts«) und Heinz Suchs 1948 verfasste Dissertation über »Wirtschaftsplanung und Sachmängelhaftung« sind zwei Beispiele für frühe Monographien. Hinzu kamen in der »Neuen Justiz« veröffentlichte Aufsätze mit wirtschaftsrechtlichem Bezug (z. B. Barth, Probleme des neuen Wirtschaftsrechts; Draht, Probleme der Wirtschaftsplanung) oder von der Landesregierung Sachsen-Anhalt 1948 herausgegebene »Beiträge zum neuen Wirtschaftsrecht«. Bis hierher gab es nur mich, das Aktenmaterial, früheste Veröffentlichungen und eine Fragestellung. Vor diesem Hintergrund machte ich mich auf, herauszufinden, was damals auf Grundlage der nach wie vor geltenden Bürgerlichen Gesetze im Angesicht der sich verändernden wirtschaftspolitischen Rahmenbedingungen gelehrt wurde. Und genau an dieser Stelle begannen die Probleme.

Meine für »Die Entwicklung des sozialistischen Wirtschaftsrechts in der Sowjetischen Besatzungszone und frühen DDR 1945–1952« ausgearbeitete Gliederung sah vor, nach einer Einleitung die Notwendigkeit für ein neues Wirtschaftsrecht nach 1945 anhand der Ausgangslage in der SBZ zu belegen. Mit der »Ausgangslage« meinte ich die »tatsächliche« unmittelbare Nachkriegssituation. Ich las einen Bruchteil der möglichen Geschichtsbücher und erkannte ein wirtschaftspolitisches Gesamtkonzept der KPD, das unmittelbar nach dem Ende der Kampfhandlungen Realität geworden war. Ein Auszug der damals geplanten Arbeit erzählt dementsprechend, dass »noch im letzten Kriegsjahr, im Sommer und Herbst 1945, verschiedene, mit dem wirtschaftspolitischen Gesamtkonzept der KPD einhergehende Maßnahmen der Sowjetischen Militäradministration (SMAD) die systematische Umstrukturierung der wirtschaftlichen Realität der Sowjetischen Besatzungszone (bestimmten). Auf die Wiederingangsetzung der Produktion am 21. und die Schließung der Banken am 23. Juli folgte vom 3. bis 11. September die Bodenreform und die Beschlagnahme und Übernahme einiger Eigentumskategorien durch SMAD Befehle vom 30. und 31. Oktober.« Mit diesen Maßnahmen meinte ich Grundlagen gefunden zu haben, die verdeutlichen, wie nachhaltig und umfassend schon vor der Geburtsstunde der DDR die Umstrukturierung der wirtschaftlichen Realität durchgeführt wurde. Diese wirtschaftspolitische Realität betrachtete ich gleichermaßen als Bezugspunkt für das wirtschafts*rechtliche* System.

Soweit so gut. Ein schöner Plan war ausgearbeitet, Material war gesichtet und die Fragestellung konturiert. Jetzt ging es daran, die Arbeit zu schreiben. In Erfüllung meiner gut durchdachten Gliederung begann ich die einzelnen politischen Strukturmaßnahmen ausführlicher darzustellen. Wiederingangsetzung der Produktion, Banken-, Boden- und Industriereform waren die Schlagworte. Nur ein erster Schritt auf dem Weg zur *eigentlichen* Untersuchung sollte es sein. Zahlreiche professionell Wissenschaft Betreibende hatten schon über diesen Bereich geschrieben, und so stellte ich mich auf eine schnell zu erledigende Fleißarbeit ein, die als Voraussetzung für die Erforschung des eigentlich Neuen notwendigerweise gemacht werden musste. Da es zu diesem Bereich viel Lesematerial gibt, und ich eine begeisterte Vielleserin bin, begnügte ich mich nicht mit dem Bruchteil der Untersuchungen, die zur Abfassung meiner Gliederung geführt hatten, sondern las weiter. Doch je mehr ich las, desto weniger wusste ich. Die nach einem kurzen Einlesen so klar scheinenden, grundsätzlichen Reformen verflüchtigten sich, je mehr ich mich ihnen durch neue Materialien annähern wollte. Die Widersprüche tauchten auf und wurden größer, und verliefen gerade nicht entlang der Ost-West-Grenze sondern zogen sich durch alle Arten von Veröffentlichungen. Mit der Zeit wurde die Nebenfrage, die nur als Grundlage für die eigentliche Untersuchung dienen sollte, zum Hauptproblem. Ich steckte fest. In der Hoffnung, durch immer weitere Informationen über das damals tatsächlich Geschehene endlich Klarheit zu gewinnen, las ich immer weiter – und verstrickte mich immer tiefer. Wem und welcher Darstellung sollte ich glauben? Sollte ich mich auf das anfangs Gelesene beschränken und das neu Gelesene ignorieren, um endlich mit dem Sozialistischen Wirtschaftsrecht beginnen zu können? Oder sollte ich weiter lesen? Immer weiter lesen? Wie war dieses Gefühl des immer weniger Wissens trotz immer mehr Informationen zu verstehen? Wie war es zu überwinden? War es überhaupt zu überwinden?

Angesichts dieser Probleme, die mich an der ursprünglich geplanten Untersuchung hinderten, beschloss ich, mein Thema zu ändern. Die nun folgende Arbeit ist das Ergebnis dieses Entschlusses. Sie konzentriert sich auf die Bodenreform als eine der vier ursprünglich angenommenen zentralen Wirtschaftsreformen. Ich hätte auch die Wiederingangsetzung der Produktion, die Banken- oder Industriereform nehmen können. Der Effekt des *»je mehr Gelesenen desto weniger Gewussten«* hat sich bei jeder einzelnen von ihnen eingestellt. Wenngleich möglicherweise zur Bodenreform innerhalb der vier am meisten geschrieben wurde, fiel die Entscheidung aus keinem besonderen Grund. Ursprünglich wollte ich alle vier Reformen mit ihren Vielfältigkeiten darstellen, doch hätte dieses Vorhaben im Vergleich zur Konzentration auf eine Reform keine neue Erkenntnis gebracht, sondern nur mehr Platz verbraucht.

Die nun folgende Geschichte ist also der Versuch, meine eigenen Fragen zu beantworten. Dabei wechseln sich konkrete Erzählungen der mich so beschäftigenden Vielfalt über die Bodenreform mit geschichtstheoretischen Reflexionen ab. Auf Praxis folgt Theorie folgt Praxis folgt Theorie.

Konkretes wird von Abstraktem wird von Konkretem wird von Abstrakten abgelöst und so fort. Ich weiß, dass die praktischen Darstellungen der Einzelkuriositäten wiederholend und langatmig wirken können. Lässt man sich aber auf die Faszination des Widersprechenden ein, enthalten sie immer wieder unterhaltsame Informationen. Jedenfalls bitte ich die Lesenden um Geduld, sich in langatmigen praktischen Abschnitten zur Theorie durchzuschlagen, und mich so auf meiner Suche nach Erklärungen zu begleiten.

2. Erzähltes

Die Bodenreform als nicht vorhandener Sachverhalt

Nach dem 8. Mai 1945 verlieren in der Sowjetischen Besatzungszone Deutschlands ein paar tausend Personen die Verfügungsgewalt über die Grundstücke, auf denen sie bisher gelebt, und über die Sachen, die sie bisher benutzt haben. Gleichzeitig erlangen andere Personen Verfügungsgewalt über diese Grundstücke und über diese Sachen. Hierüber besteht Einigkeit, und hiermit endet die Einigkeit.

Viele[1] erzählen im Zusammenhang mit den Verfügungsgewaltverlusten von einer – häufig auch demokratischen – Bodenreform, die in den letzten Monaten des Jahres 1945 stattfand. In anderen Geschichten ereignete sich – wenn überhaupt – nur eine »(so genannte) Bodenreform«, die auch das Demokratische – so erwähnt – nur mit Anführungszeichen erträgt[2]. Meistens bewirken die 1945er Verfügungsgewaltverluste eine grundlegende Umgestaltung der landwirtschaftlichen Struktur[3]. In einigen Geschichten hat sich diese Struktur durch die Umgestaltung kaum verändert[4].

Oft handeln die Erzählungen von Nationalsozialisten, Kriegsverbrechern, (imperialistischen) Großgrundbesitzern[5] oder Junkern[6], denen die

[1] Die folgenden Fußnoten sind nur Beispiele, erheben also nicht den Anspruch, alle zu erfassen, die diese Variante erzählen.

[2] Kruse (Bearbeiter), Weißbuch 1955, S. 5/6: »irreführender Begriff ›Bodenreform‹ mit dem Aktionen gegen das Landvolk getarnt werden«; Paffrath, Verhandlungen zur Deutschen Einheit. In: Kempen (Hg.), Bodenreform 2005, setzt sich auf S. 2 für eine »Begriffsschärfung« ein: »man sollte weder von Bodenreform und schon gar nicht von demokratischer Bodenreform sprechen. Es hatte nichts mit einer derartigen [...] zu tun!«; Gleitze, Wirtschaftsstruktur 1951, S. 13.

[3] Kruse (Bearbeiter), Weißbuch 1955, S. 6; Beck, Konfiskationen 1996, S. 65; Pries, Neubauerneigentum 1994, S. 3 und S. 25 beschreibt, dass nach der Reformdurchführung bis 1952 eine Einzelbäuerliche Wirtschaftsweise bestand.

[4] Gleitze, Wirtschaftsstruktur 1951, S. 13: »die Grundstruktur des Mitteldeutschen Raumes veränderte sich kaum«; Europa-Archiv 1947, S. 977: »betriebswirtschaftliche Umwälzung durch die Bodenreform ist geringer als gemeinhin angenommen«; Kuntsche, Probleme der Auflösung 1975, S. 8-11.

[5] Bauerkämper, Führungsgruppen auf dem Lande 1995, S. 79.

[6] Doernberg, Neues Deutschland 1959, III. Kapitel: Die Voraussetzungen der demokratischen Bodenreform; Doernberg, Geschichte der DDR 1969 I. Kapitel, 4. Die demokratische Bodenreform; Polzin, Großgrundbesitzer. In: Ders./Voß/Grammdorf, 20 Jahre 1965, S. 42; Groß/Miksch, Bodenreform 1976; Selbmann, Demokratische Wirtschaft 1948; Stöckigt, Kampf der KPD 1964; Wietstruk, Entwicklung der Landwirtschaft Zossen 1965; Kuntsche, Bodenreform in Mecklenburg. In: Bauerkämper (Hg.), Junkerland? 1996, S. 51-68.

Verfügungsgewalt entzogen wird. Manchmal verlieren nur Widerstandskämpfer[7] oder unbedarfte (Groß)Bauern[8] ihr Eigentum (oder ihre Verfügungsgewalt). In vielen Geschichten gibt es unter den Verlierenden sowohl imperialistische Großgrundbesitzer als auch Widerstandskämpfer; Kriegsverbrecher und Nationalsozialisten[9] ebenso wie unbedarfte Bauern[10] – lediglich der Verteilungsgrad variiert von Erzählung zu Erzählung. Teilweise sind die Großgrundbesitzer zwar mehrheitlich reaktionär, nach Kriegsende aber ohnehin verschwunden[11].

Meistens finden im Spätsommer 1945 Enteignungen oder Beschlagnahmungen statt. Manchmal gibt es hierzwischen keinen Unterschied[12]. In anderen Fällen kommt trotz Verschiedenheiten beides vor, nacheinander[13] ebenso wie gleichzeitig[14]. Manche verneinen die Enteignung, weil sich das angeblich Enteignete nie im Eigentum derjenigen befand, denen die Verfügungsgewalt entzogen wurde[15] – dann sind auch alle ›Enteigneten‹

7 Paffrath, Macht und Eigentum 2004, S. 60: »ohnehin hatte keine andere gesellschaftliche Gruppe in Deutschland in so scharfer Opposition zu Adolf Hitler gestanden wie gerade die sogenannten ›ostelbischen Junker‹«.

8 Kruse (Hg.), Weißbuch 1990, S. 14/15; Bundesministerium für Gesamtdeutsche Fragen (Hg.), Kolchos 1956, S. 11; Beck, Konfiskationen 1996, S. 74/75; Jedenfalls für Sachsen: Kluge, Agrarstruktureller Wandel. In: Bauerkämper (Hg.), Junkerland? 1996, S. 103; Paffrath, Macht und Eigentum 2004, S. 60/61, 67, schreibt konsequent »Junker«, und bedauert, dass »die von marxistischer Ideologie getränkte Überzeugung von der Kriegsschuld der »Junker« bis heute in den Köpfen vieler Menschen weiterlebt, und zwar nicht nur aus den neuen Bundesländern« (S. 61); Beleites, Vorwort. In: Schöne, Sozialistisches Dorf 2008, S. 10-12 beschreibt, dass das Ziel der Bodenreform die Beseitigung des Bauernstandes war; Borne, Privateigentum [1992]. In: Sobotka (Hg.), Wiedergutmachungsverbot? 1998, S. 144.

9 Enders, Bodenreform. In: Sobotka (Hg.), Wiedergutmachungsverbot? 1998, S. 35: Konsens bei den Alliierten über die Einschätzung der Großgrundbesitzer als Protagonisten des Nationalsozialismus.

10 Duhnke, Stalinismus in Deutschland 1955, S. 115; Europa-Archiv 1946, S. 292 und 294; Badstübner, »Reich« zum doppelten Deutschland 1999, S. 153.

11 Naimark, Russians in Germany 1995, S. 152-156; ähnlich Gertner, Dissertation 1995, S. 61: »Viele Gutsbesitzer waren auf der Flucht vor der Roten Armee in die Westzonen geflüchtet, so dass sicherlich ohne staatliche Intervention – durch wen auch immer – eine Vielzahl von Gütern unbewirtschaftet geblieben wäre«. »Es lag durchaus nahe (...) im Wege der Zwangsbewirtschaftung brachliegende Felder und Äcker landlosen Arbeitern oder Kleinbauern zur Bewirtschaftung zuzuweisen«.

12 Herzog, Das Bodenreform-Urteil [1993]. In: Sobotka (Hg.), Wiedergutmachungsverbot? 1998, S. 156: »nach damals herrschender Rechtsordnung das Eigentum wirksam aberkannt«.

13 Arlt, Agrarrechtsverhältnisse 1957, S. 107/108.

14 Gertner, Exzessfall [1997]. In: Sobotka (Hg.), Wiedergutmachungsverbot? 1998, S. 457.

15 Stein, Bodenreform. In: Polzin/Voß/Grammdorf, 20 Jahre 1965, S. 9-10.

Verbrecher. Andere verneinen die Enteignung, weil die Entziehung der Verfügungsgewalt formaljuristischen Anforderungen nicht genügt[16] – dann sind die ›Enteignenden‹ die Verbrecher. In anderen Geschichten gibt es keine Enteignungen, weil niemand wirksam Eigentum an den der Verfügungsgewalt entzogenen Sachen erhalten hat[17].

In allen Erzählungen lenken Individuen oder Personengruppen die Geschehnisse. Russen spielen immer eine Rolle. Es gibt Geschichten von Russen, die Sowjets, Bolschewiken, Kommunisten oder einfach nur Russen sind. Sie treten in Form der Sowjetischen Militäradministration (Deutschlands oder der Länder), der KPdSU oder als Individuen auf. Im letzten Fall übernehmen Shukow, Semjonow[18] oder Stalin[19] persönlich die Handlungen. Von christlich-demokratischen Russen wird nicht berichtet. Oft spielen die Russen die Hauptrolle[20] in den (»)Bodenreformerzählungen(«) und lassen neben sich nur Statisten zu. Manchmal werden die Statisten zu Nebendarstellern oder übernehmen die Hauptrolle, wodurch die Russen selbst auf Nebenrollen- oder Statistenplätze[21] verwiesen werden.

Auch deutsche Kommunisten haben in fast allen Geschichten einen handelnden Platz[22]. Es gibt sie im Verband (als KPD, Arbeiterklasse oder Partei der Arbeiterklasse) oder als Individuen (in Gestalt von Hoernle, Ulbricht, Pieck oder manchmal auch Reuter). Im Verband vertreten sie

[16] Borne, Privateigentum [1992]. In: Sobotka (Hg.), Wiedergutmachungsverbot? 1998, S. 140; Paffrath, Verhandlungen zur Deutschen Einheit. In: Kempen (Hg), Bodenreform 2005, S. 14; Ballerstedt, Bodenreform als Rechtsproblem. In: DRZ 1947, S. 211; Pries, Neubauerneigentum 1994, S. 15 und 17 plädiert dafür, die Enteignungen nicht Enteignungen zu nennen, sondern Konfiskationen, weil sie schlicht keine Enteignungen gewesen seien.

[17] Ballerstedt, Bodenreform als Rechtsproblem. In: DRZ 1947, S. 211 »die eigentümlich formlose und unbestimmte Gestaltung des Eigentumsübergangs bleibt nicht ohne Bedeutung für den Eigentumsinhalt selbst«. Kempen, Bodenreform. In: Ders./Dorf (Hg.), Bodenreform verfassungsrechtliche Neubewertung 2004, S. 22.

[18] Badstübner, »Reich« zum doppelten Deutschland 1999, S. 161/162 und schließlich der Akteur selbst als (Ich)Erzähler: Semjonow, Stalin bis Gorbatschow 1995, S. 236/237.

[19] Schöne, Sozialistisches Dorf 2008, S. 53.

[20] Russen in der alles bestimmenden, nur Statisten zulassenden Hauptrolle: Gleitze, Wirtschaftsstruktur 1951; Brunner, Einführung 1975, S. 20/21. Statisten sind die deutschen Verwaltungen. Morin, Jahr Null 1948, S. 158-162, schreibt alle Ereignisse den Russischen Befreiern zu; Schöne, Sozialistisches Dorf 2008, S. 52: »den deutschen Kommunisten kam bestenfalls eine beratende Funktion zu«.

[21] Matschke, Wirtschaftliche Entwicklung. In: Fischer (Hg.), Studien 1993, S. 104; Dilcher, Bürgerliches Gesetzbuch. In: Ders. (Hg.) Rechtserfahrung DDR 1997, S. 94/95.

[22] Gänzlich auf deutsche Kommunisten verzichten zum Beispiel die folgenden drei Erzähler: Liebe, Organisation der Landwirtschaft. In: Wirtschaftsprobleme der Besatzungszonen 1948; Gleitze, Wirtschaftsstruktur 1951, S. 13/14; Brunner, Einführung 1975, S. 20/21.

oft die Interessen der gesamten deutschen Bevölkerung – oder unterdrücken und missachten eben diese Interessen[23]. Diese Verhaltensmöglichkeiten treffen auch auf die Russen zu.

Die – nicht kommunistische – deutsche Bevölkerung findet sich in den Geschichten auch als Handlungsträger wieder. In Gestalt der anderen Parteien, als SPD, CDU(D) oder LDP(D)[24] tritt sie reformunterstützend[25], (versucht) reformverhindernd[26] oder in unterstützend-verhindernder[27] Mischung auf. Die parteilose deutsche Bevölkerung übernimmt häufig in Gestalt werktätiger Bauern die handelnde Hauptrolle in einigen (»)Bodenreformgeschichten(«). Dann schreibt sie durch ihre Forderungen den anderen Akteuren (den Verwaltungen, Kommunisten oder allen Parteien) die Handlungsweise vor[28] oder übernimmt selbst die Durchführung[29]. In Geschichten von hilflosen Vertriebenen, Umsiedlern, Flüchtlingen oder alteingesessenen (faschistisch geblendeten) Bauern und Landarbeitern, besteht der Handlungsinhalt entweder im Erwachen und Folgen der Kommunisten[30], im (inneren) Widerstand zu aufgezwungenen Politaktionen[31] oder in gleichgültiger Lethargie. Neben Parteien und Bevölkerung

[23] Matschke, Wirtschaftliche Entwicklung. In: Fischer (Hg.), Studien 1993, S. 103; Bundesministerium für Gesamtdeutsche Fragen, SBZ chronologisch 1956, S. 9, in dieser Geschichte ergibt sich die Gesamtwiderrechtlichkeit der Reform schon aus der schon seit 1933 (!) bekannten Illegalität der KPD.

[24] Matschke, Wirtschaftliche Entwicklung. In: Fischer (Hg.). Studien 1993, S. 103.

[25] Deutsche Wirtschaftskommission, 3 Jahre Bodenreform 1948, S. 13/14; Dölling, Wende der Agrarpolitik 1950, S. 95; Döring, Bodenreform zu Produktionsgenossenschaft 1953, S. 6; Hoernle, Bodenreform und Volksernährung 1947, S. 9, 24; Möller, Meine Mitarbeit. In: Polzin/Voß/Grammdorf, 20 Jahre 1965, S. 63, 67; Reuber/Skibbe, Bodenreform mit Zahlen 1947, S. 17; Stein, Bodenreform. In: Polzin/Voß/Grammdorf, 20 Jahre 1965, S. 23.

[26] Badstübner, Friedenssicherung 1990, S. 162; Matschke, Wirtschaftliche Entwicklung. In: Fischer (Hg.), Studien 1993, S. 103; Bundesministerium für Gesamtdeutsche Fragen, SBZ chronologisch 1956, S. 21; Reinert, Vorbereitung, Durchführung und Festigung. In: Schöneburg (Hg.), Errichtung 1983, S. 134.

[27] Arlt, Agrarrechtsverhältnisse 1957, S. 111; Doernberg, Geschichte der DDR 1969, S. 64/65; Kuntsche, Probleme der Auflösung 1975, S. 19, 32; Nehrig/Piskol/Trixa, Antifaschistisch-demokratische Umwälzung 1984, S. 39-43; Stöckigt, Kampf der KPD 1964, S. 63-65; Wietstruk, Entwicklung der Landwirtschaft Zossen 1965, S. 17, 19; Zierold, Bodenreform. In: Ders./Heidenreich/Heun, 40 Jahre 1986, S. 10/11; Bauerkämper, Loyale Kader 1999, S. 274.

[28] Dölling, Wende der Agrarpolitik 1950, S. 98; Badstübner/Thomas, Spaltung Deutschlands 1966, S. 80-82.

[29] Hofer, Wachsende Verantwortung. In: 40 Jahre 1986, S. 27: Die Durchführung der Bodenreform war nur durch die Arbeit der Bodenreformkommissionen möglich.

[30] Badstübner, Friedenssicherung 1990, S. 160-162.

[31] Kruse (Bearbeiter), Weißbuch 1955, S. 5/6: das Land wurde an Personen verteilt, die teilweise zur Übernahme gezwungen wurden.

sind als deutsche Akteure die Landes- und Provinzialverwaltungen in vielen Geschichten von handelnder Bedeutung. Mal sind sie Vorboten des sozialistischen Staatsgefüges[32], mal demokratische Selbstverwaltungsorgane und manchmal (von russischen oder deutschen Kommunisten) gesteuerte Marionetten.

Bleiben die nichtrussischen Besatzungsmächte. Sie halten als Antihitler-Koalition[33], westliche Alliierte[34], Amerikaner oder Engländer Einzug in so manche (»)Bodenreformgeschichte(«). Franzosen sind selten Gegenstand der Erzählungen. Die möglichen Darsteller handeln meistens durch Dokumente. Russen erlassen Befehle und (oder) geheime Anordnungen, Kommunisten wie andere Parteien Aufrufe, Resolutionen und Forderungen. Die Bevölkerung schreibt manchmal die Reform verlangende[35] (oder ablehnende) Resolutionen oder äußert ihre Meinung durch Abstimmungen[36]. Russen, US-Amerikaner und Engländer beschließen Abkommen, Kontrollratsgesetze oder einigen sich auf internationalen Verhandlungen.

Die meisten Geschichten erzählen von Erlassen der Landes- und Provinzialverwaltungen der Sowjetischen Besatzungszone, die mit dem Verfügungsgewaltverlust und -gewinn im Zusammenhang stehen[37]. Andere

[32] Kohlmey, Übergangsperiode 1956, S. 13; Nehrig/Piskol/Trixa, Antifaschistisch-demokratische Umwälzung 1984, S. 34; Kruse (Bearbeiter), Weißbuch 1955, S. 5: »die kommunistische Verwaltung der Provinz Sachsen« erlässt am 3. September eine VO über die Bodenreform.

[33] Stein, Bodenreform. In: Polzin/Voß/Grammdorf, 20 Jahre 1965, S. 9; Stöckigt, Kampf der KPD 1964, S. 213; Wietrstruk, Entwicklung der Landwirtschaft Zossen 1965, S. 7; Zierold, Bodenreform. In: Ders./Heidenreich/Heun, 40 Jahre 1986, S. 7; Badstübner/Thomas, Spaltung Deutschlands 1966, S. 80/81.

[34] Bauerkämper, Loyale Kader 1999, S. 274.

[35] Thüringer Bauern, Resolution 1945; Wille, Verabschiedung der Verordnung. In: Bauerkämper (Hg.), Junkerland? 1996, S. 92; Stein, Bodenreform. In: Polzin/Voß/Grammdorf, 20 Jahre 1965, S. 22, 24; Stöckigt, Kampf der KPD 1964, S. 72/73; Wietstruk, Entwicklung der Landwirtschaft Zossen 1965, S. 16.

[36] So jedenfalls das Bundesverfassungsgericht im Beschluss vom 26. Oktober 2004: »vereinzelt wurden darüber [über die Bodenreform, JK] Volksabstimmungen durchgeführt«, BVerfGE 112, 1. <4>

[37] Rau, Neue Aufgaben der Landwirtschaft 1945, S. 1; Boyens, Siedlung und Bodenreform 1950, S. 70; Blomeyer, Entwicklung des Zivilrechts 1950, S. 4; Krömer, Die Sozialisierung in der SBZ 1952, S. 15; Duhnke, Stalinismus in Deutschland 1955, S. 116; Lukas, 10 Jahre SBZ 1955, S. 177; Peglow, Erinnerungen. In: Alvensleben 1965, S. 49; H. Benjamin, Geschichte der Rechtspflege I 1976, S. 191 und 363/364; Staritz, Sozialismus in einem halben Land 1976, S. 101; Lochen, Grundlagen der Enteignungen. In: Deutschland-Archiv 1991, S. 1033; Arlt, Entschädigungsansprüche. In: NJ 1992, S. 301; Siewert, Eigentum an Grundstücken. In: NJ 1992, S. 158; Zieger, Sowjetisierungspolitik. In: Meissner (Hg.) Deutschlandfrage 1993, S. 67; Staritz, Gründung der DDR 1995, S. 118; Reinert, Bodenreform in Brandenburg 1995, z.B. S. 3, 13-15, 22; Wassermann, Junkerland [1996]. In: Sobotka (Hg.), Wiedergutmachungsverbot? 1998, S. 329; Schönfeldt, Entwicklung des Rechts der

Geschichten berichten ohne deutsche Verwaltungen von der (»)Bodenreform(«)[38]. Regelmäßig sind die Erlasse Anfang September 1945 verabschiedete Verordnungen der Länder und Provinzen der Sowjetischen Besatzungszone[39] – was nicht heißt, dass nicht die anderen Akteure eigentlicher Urheber der Verordnungen sind[40]. Manchmal sind Verordnungen der deutschen Verwaltungen auch Befehle der Sowjetischen Militäradministration[41], in ganz seltenen Fällen »(haben) die Präsidien der Länder und Provinzen der SBZ derartige Verordnungen nicht beschlossen«[42].

So weit, so vielfältig. So weit, so wenig ist über die Gründe für die Durchführung der (»)Bodenreform(«) gesagt. Oft ist sie zwingende Notwendigkeit, um den Frieden zu festigen und einen weiteren Krieg zu verhindern[43], manchmal ist sie der Inbegriff weiterer Gewaltmaßnahmen, die unmittelbar an die gerade beendeten Kampfhandlungen anknüpfen[44]. In manchen Geschichten ist sie notwendig, um die Ernährung der Bevölkerung zu sichern[45]. In anderen ist der einzige Grund die Sowjetisierung der Landwirtschaft, obwohl hierdurch die Ernährung der Bevöl-

DDR. In: Mohnhaupt/Schönfeldt (Hg.), Normdurchsetzung 1997, S. 68; Murken, Bodenreform-Kampagne. In: Kluge (Hg.), Bodenreform 2001, S. 69; Schöne, Frühling auf dem Lande 2007, S. 59.

38 Gesetzgebung der Besatzungsmächte. In: SJZ 1946, S. 161; Gleitze, Wirtschaftsstruktur 1951, S. 13/14, erwähnt keine Verordnungen, obgleich ihm grundsätzlich Verordnungen bekannt sind, z. B. auf S. 14: VO von 1951 zur Umwandlung der örtlichen MAS in Anstalten des öffentlichen Rechts; Bauerkämper, Traditionalität in der Moderne 2003, S. 14; Kuntsche, Probleme der Auflösung 1975, S. 7/8 ohne Erzählung von den Verordnungen.

39 **Provinz Sachsen:** VO über die Bodenreform vom 03.09.1945 (VOB Nr. 1 S. 28); **Land Thüringen:** Gesetz über die Bodenreform vom 10.09.1945 (GS 1945 S. 13); **Land Mecklenburg-Vorpommern:** VO Nr. 19 vom 05.09.1945 (ABl. S. 14); **Mark Brandenburg:** VO über die Bodenreform v. 06.09.1945 (VOBlB S. 8); **Land Sachsen:** VO üb. d. landwirtschaftl. Bodenreform v. 10.09.1945 (AN S. 27).

40 Gesetzgebung der Besatzungsmächte. In: SJZ 1946, S. 161.

41 Naimark, Russians in Germany 1995, S. 151/152, Deutsche Übersetzung 1997 S. 194, spricht von einem die Bodenreform einleitenden SMAD-Befehl vom 2. September 1945, dem Tag, den die meisten Geschichtenerzähler für den Erlass der ersten Bodenreformverordnung der Provinzialverwaltung Sachsen auswählen.

42 Gertner, VIZ 1995, S. 440-445, S. 440 Fn. 1.

43 Loth, Ungeliebtes Kind 1994, S. 23/24; Loth, Die Sowjetische Deutschlandpolitik [1997]. In: Sobotka, (Hg.), Wiedergutmachungsverbot? 1998, S. 445.

44 Borne, Privateigentum [1992]. In: Sobotka (Hg.), Wiedergutmachungsverbot? 1998, S. 143: »NS- ähnliche, personenbezogene, kommunistische Strafaktion«.

45 Gertner, Dissertation 1995, S. 61: »es ist (…) durchaus nachvollziehbar, dass auch die bürgerlichen Parteien in den Block-Ausschüssen durchaus mit der Durchführung einer Bodenreform mit dem Ziel einer gesicherten Versorgung der Bevölkerung einverstanden war«.

kerung gefährdet wird[46]. Manchmal schreiben internationale Abkommen die Durchführung der Reform vor[47] – dann ist sie wieder der erste große Vertragsbruch[48] auf dem Weg zur Teilung Deutschlands. Die Geschichten erzählen von Flüchtlingen (oder Umsiedlern), die angesiedelt werden müssen, und landlosen Bauern, denen endlich Eigentum verschafft und garantiert werden soll. Andere erzählen vom ersten Schritt zur sozialistischen Landwirtschaft oder zur Aushöhlung des Instituts Privateigentum[49]. Über Vorbereitung, Durchführung und Ergebnisse der (»)Bodenreform(«) finden sich ähnlich verzweigte und vielfältige Geschichten, wobei der unmittelbare Nachkriegszustand, also die Rahmenbedingungen der Landwirtschaft im Rahmen der Bodenreformerzählungen ebenfalls von Bedeutung sind.

[46] Bundesministerium für Gesamtdeutsche Fragen, Kolchos 1956, S. 11 »voll eingerichtete Produktionsstätten und gut geleitete Wirtschaften« wurden durch die Bodenreform »zerschlagen und die Produktion dadurch vor neue und noch schwierigere Aufgaben« gestellt.

[47] Enders, Bodenreform. In: Sobotka (Hg.), Wiedergutmachungsverbot? 1998, S. 35: Westliche Militärregierungen sahen sich dazu gezwungen, auf die Maßnahmen zu reagieren, um sich nicht dem Vorwurf der Verletzung gemeinsamer Abmachungen auszusetzen.

[48] Kruse (Bearbeiter), Weißbuch 1955, S. 6: Durchführung der Bodenreform unter »Bruch der von der SU eingegangenen Internationalen Verträge und Verpflichtungen«; Reitz, Ein zweiter Landraub. In: Sobotka (Hg.), Wiedergutmachungsverbot? 1998, S. 120: »Alleingang«, der erst 1947 gebilligt wird; Gertner, VIZ 1996, S. 398: »Enteignungen im Zuge der Bodenreform sind nicht mit den Potsdamer Beschlüssen in Übereinstimmung zu bringen«.

[49] Blomeyer, Entwicklung des Zivilrechts 1950, S. 4; Brunner, Einführung 1975, S. 20; Dilcher, Bürgerliches Gesetzbuch. In: Ders. (Hg.) Rechtserfahrung DDR 1997, S. 94.

3. Das Erzählte und die Geschichte

Welchen Inhalt hat angesichts dieser Varietäten die Geschichte der Bodenreform? Die Frage betrifft zahlreiche, teilweise unterschiedliche Problembereiche – doch welche Probleme welchen Bereichs überhaupt? Geht es um Rechtsgeschichte oder Rechtsgeschichten, Rechtsgeschichtswissenschaft, Geschichtswissenschaft- oder um Erzählungen und damit um Literatur, also Dichtung? Oder um Philosophie? Oder um Wissenschaftstheorie? An dieser Stelle könnten Definitionen und Erklärungen folgen. Beschreibungen der einzelnen Disziplinen und wieder Geschichten über ihre Genese. Abgrenzungskriterien, die an vielen anderen Stellen nachlesbar sind. Darüber, wann und warum Wissenschaft wissenschaftlich, was die Geistes- von der Naturwissenschaft und Rechtsgeschichte von Geschichte unterscheidet und wie Erkenntnis möglich ist[1].

Diese Definitionen folgen nicht. Stattdessen orientiere ich mich an Selbstbeschreibungen. Das einleitend nacherzählt Erzählte über den nicht vorhandenen Sachverhalt (bezeichnen wir ihn im Folgenden für besseren Lesefluss als Bodenreform[2]) geht auf Erzählende zurück. Die meisten Erzählenden bezeichnen sich als Geschichts- oder Rechtswissenschaftler(innen). Der Sachverhalt ist jedenfalls trotz seiner Vielfältigkeit (oder sogar seiner Nichtexistenz) ein juridischer. Gleichzeitig liegt die Bodenreform – ob konstruiert oder real – in der Vergangenheit, oder jedenfalls in dem, was allgemein als Vergangenheit erfasst wird. Das als Rechtswissenschaft Bezeichnete tritt damit in den Hintergrund und ich entscheide mich für das als Geschichtswissenschaft Bezeichnete, um mich den aufgeworfenen Problemen anzunähern. Gleichzeitig verstehe ich Rechtsgeschichtswissenschaft als Teil der Geschichtswissenschaft. Obwohl Rechtsgeschichte hauptsächlich an den Juristischen Fakultäten gelehrt, gelernt und »erforscht« wird, sind ihre zentralen Fragen solche der Geschichte[3]. Die »Geschichte des Rechts (bleibt) eingebettet in die allgemeine, in die politische und in die sozioökonomische Geschichte«[4], denn der temporale Aspekt misst »der Geschichte des Rechts einen genuinen Anteil an der allgemeinen Geschichte zu«[5].

[1] Lesenswert hierzu: Kiesow, Naturgesetz 1997.

[2] Im nun folgenden Text schreibe ich die Buchstaben bewusst nicht kursiv, groß oder in Anführungszeichen, sondern verwende die bloße Zeichenfolge B o d e n r e f o r m. Ich will keine Stellung beziehen und nehme deswegen die Buchstaben so wie sie sind. Wer möchte, kann sich bei jeder Verwendung der Zeichenfolge Anführungs- oder kursive Schriftzeichen dazu denken.

[3] Stolleis, Rechtsgeschichte schreiben 2008, S. 6.

[4] Koselleck, Zeitschichten 2003, S. 355.

[5] Ebd., S. 353.

Geschichtswissenschaft, Geschichten und Geschichte. Konzentrieren wir uns zunächst auf die letzten beiden Wörter. Die deutsche, selbst bezeichnete Geschichtswissenschaft studiert Geschichte. Sie beschäftigt sich zum Beispiel mit Politik-, Sozial-, Gesellschafts- oder Wissenschaftsgeschichte, beschreibt den Umgang mit Geschichte, schreibt die Geschichte des Rechts in Europa (oder Europäische Rechtsgeschichte), Verfassungsgeschichte, Juristische Zeitgeschichte, die Geschichte der Soziologie, Philosophie oder Anthropologie; sie schreibt Weltgeschichte oder Deutsche (Gesellschafts-)Geschichte von 1800–1918 oder 1949–1990, und gibt Bände zur Deutschen Geschichte der neuesten Zeit sowie Studien (oder Ansichten) zur Geschichte der DDR heraus. Regelmäßig wollen die Schreibenden also d i e, und nicht *eine* Geschichte ihres gerade interessierenden Gegenstandes erzählen[6]. Damit besteht die Geschichte losgelöst von dem Sachverhalt, über den gerade berichtet wird. Möglicherweise verändert sich gleichzeitig die Bedeutung des zur Geschichte in Beziehung gesetzten Sachverhalts. Jedenfalls erklärt die willkürliche Aufzählung von Buchtiteln wenig. Lediglich *dass* in der Geschichtswissenschaft[7] nicht Einzelerzählungen, sondern die Geschichte erzählenswert ist, wird nachvollziehbar. Um genauer zu erklären, was es mit der Geschichte nun eigentlich auf sich hat, will ich hier eine kurze Geschichte des Begriffs der Geschichte nacherzählen. Am tiefsten hat sich Reinhart Koselleck mit ihr beschäftigt.

Trotz des hohen Alters der sie zusammensetzenden Buchstaben ist die Geschichte ein moderner Begriff[8]. Ursprünglich bezeichnete Geschichte Geschehenes, Einzelereignisse, also die Kunde und Nacherzählung von vergangenen Begebenheiten. Die Geschichte hatte noch bei Herder eine bloß plurale Bedeutung, sie beschrieb eine größere Zahl von Einzelgeschichten, ohne diese zueinander in Beziehung zu setzen. Die Geschichte bedeutete dasselbe wie viele Geschichten[9]. Erst im 18. Jahrhundert fand eine »Umbesetzung desselben Wortkörpers ›die Geschichte‹ vom Plural zum Singular« statt[10]. Kurz vor der Französischen Revolution wird die Geschichte zum Kollektivsingular, der »die Summe einzelner Geschichten als ›Inbegriff alles in der Welt Geschehenen‹«[11] bezeichnet. Ohne Subjekt denkbar, besteht

6 Ein Beispiel für eine Ausnahme ist vielleicht Christoph Möllers, der seinem »Vermissten Leviathan« die Bemerkung voranstellt, dass »die folgende Darstellung (…) nur *eine* mögliche Geschichte ihres Gegenstandes« ist. Vgl. Möllers, Leviathan, 2008, S. 12.

7 Sage ich nicht mehr zu Geschichtswissenschaft, ist die Disziplin gemeint, die sich selbst als Geschichtswissenschaft bezeichnet.

8 Koselleck, Geschichte, Historie. In: Brunner/Conze/Ders. (Hg.), Historisches Lexikon, Band 2 E-G 1992 [1975], S. 647.

9 Ebd., S. 647/648.

10 Ebd., S. 648.

11 Ebd., S. 648, unter Berufung auf Grimm.

Geschichte für sich und umfasst so mehr als die Summe aller Fakten[12]. Sie bündelt Einzelerzählungen zu einem zusammenhängenden Ganzen, mit Droysen ist nun »über den Geschichten die Geschichte«[13].

Gleichzeitig mit der Ausbildung des Kollektivsingulars macht sich die Geschichte das bisher als Historie Bezeichnete zu Eigen. Historie beschrieb seit dem 13. Jahrhundert die Kunde, Erzählung, später auch die Wissenschaft, von vergangenen Handlungsbereichen, die ermöglichte, über die Einzelgeschichten hinaus Lehren aus dem Vergangenen zu ziehen (Historia magistra vitae)[14]. Der im neuen Kollektivsingular enthaltene reflexive Sinn der Geschichte ermöglichte nun, auch die schon seit Cicero reflexiv und ohne Objekt mögliche Historie in den Bedeutungsgehalt zu integrieren[15]. Die Geschichte bringt so die drei Ebenen von Sachverhalt, Darstellung und Wissenschaft auf einen gemeinsamen Begriff und wird zu einer »transzendentalen Kategorie, die auf die Bedingungen der Möglichkeit von Geschichte« zielt[16]. Mit Humboldt muss »der Geschichtschreiber, der dieses Namens würdig ist, (…) jede Begebenheit als Theil eines Ganzen, oder, was dasselbe ist, an jeder die Form der Geschichte überhaupt darstellen«[17]. Im Einklang mit diesem metaphysischen Bedeutungszuwachs, der Geschichte an sich zur Erfahrungsmöglichkeit macht, wird Geschichte auch der Philosophie fähig[18]: die Wortbildung ›Geschichtsphilosophie‹ entsteht[19].

Koselleck beschreibt einen Geschichtsphilosophie ermöglichenden Dreischritt. Das Verhältnis von Historik und Poetik wurde neu diskutiert[20], die Geschichte wurde moralisiert[21] und schließlich führte die rationale Hypothesenbildung zur Vernunft der Geschichte[22]. Die ausführliche Erzählung dieser Vorgänge ist besser bei Koselleck selbst nachzulesen. An dieser Stelle soll für den Moment der Ausbildung des Kollektivsingulars genügen, dass Geschichte als metaphysisches Subjekt nun auch von einer tiefer liegenden Moral erzählt. »Das traditionelle Richteramt der Historie

12 Ebd., S. 649.

13 Droysen, Historik [1858], Hg. von Rothacker 1925, § 73.

14 Koselleck, Geschichte, Historie. In: Brunner/Conze/Ders. (Hg.), Historisches Lexikon, Band 2 E-G 1992 [1975], S. 656.

15 Ebd.

16 Ebd., S. 657.

17 Humboldt, Aufgaben des Geschichtsschreibers 1822, S. 5.

18 Koselleck, Geschichte, Historie. In: Brunner/Conze/Ders. (Hg.), Historisches Lexikon, Band 2 E-G 1992 [1975], S. 660.

19 Ebd., S. 658.

20 Ebd., S. 659-665.

21 Ebd., S. 666-668.

22 Ebd., S. 669-673.

(konnte) mit der Konzeption des Kollektivsingulars auf die ›Geschichte überhaupt‹ übertragen werden«[23]. Geschichte wird zum Prozess[24], der von Notwendigkeit getrieben dialektisch verläuft, sie wird zur »Gestaltung des Geistes in Form des Geschehens, der unmittelbaren natürlichen Wirklichkeit«[25], zur Weltgeschichte, die in vorgesehenen, von Weltgeist geprägten Entwicklungsstufen verläuft[26]. Marx sieht in geschichtsphilosophischer Entwicklung Hegels die Aufgabe der Geschichte darin, nach dem Verschwinden der jenseitigen Wahrheit die »Wahrheit im Diesseits zu etablieren« – die Philosophie steht dabei »im Dienste der Geschichte«[27].

Gehen wir nicht weiter auf die Möglichkeiten der Geschichtsphilosophie ein, denn sie hat keine Konjunktur mehr. Nur wenige plädieren noch für philosophische Reflexion in der Geschichtsschreibung[28] und warnen davor, dass »der von aller Geschichtsphilosophie verlassenen Historiker-Zunft (…) die eigene Vergangenheit noch lange nachhängen«[29] wird. Selbst der Vertreter letztgenannter Position wird wohl kein geschichtsphilosophisches Deutungsschema vertreten, nach dem »alle Aufgaben und Herausforderungen in der geschichtlichen Zeit, mit und durch die geschichtliche Zeit selber zu lösen«[30] sind. Aus der Vergangenheit ein geschlossenes System allgemeingütiger Gesetze abzuleiten, die endgültig die Wirklichkeit erklären – dagegen hat sich schon Max Weber gewandt, denn »endlos wälzt sich der Strom des unermesslichen Geschehens der Ewigkeit entgegen«[31]. Gegenwärtig wartet »kein an realhistorischen Problemen arbeitender Historiker« noch auf »geschichtsphilosophische Erleuchtung«[32]. Die ewige Wiederkehr des Gleichen, der Zyklus, die Apokalypse oder das messianische Ende, zusammengefasst die »utopische Dimension, die jeder Geschichtsphilosophie innewohnt«[33], gilt allgemein als überholt. Die großen Erzählungen sind zu Ende, und selbst die sie

[23] Ebd., S. 667.

[24] Arendt, Revolution 1994, S. 67.

[25] Hegel, Philosophie des Rechts [1821] 1986, § 346.

[26] Ebd., § 347.

[27] Marx, Kritik der Hegelschen Rechtsphilosophie. Einleitung [1844]. In: Marx/Engels – Werke. Band 1 1976, S. 379.

[28] Kittsteiner, Krisis der Historiker-Zunft. In: Kiesow/Simon (Hg.), Verlorene Wahrheit 2000, S. 84.

[29] Ebd., S. 85.

[30] Koselleck, Zeitschichten 2003, S. 183.

[31] Weber, »Objektivität« sozialwissenschaftlicher Erkenntnis [1922]. In: Winckelmann (Hg.), Max Weber: Gesammelte Aufsätze 1985, S. 184.

[32] Wehler, Hybris einer Geschichtsphilosophie. In: Kiesow/Simon (Hg.), Verlorene Wahrheit 2000, S. 127.

[33] Koselleck, Zeitschichten 2003, S. 138.

Verteidigenden sehen in nach wie vor erzählten Meistererzählungen[34] keine geschichtsphilosophischen Heils- (oder Schreckens-)Utopien, sondern »(Leitideen), (die) das historische Wissen in einer Synthese bündeln«[35]. Damit sind wir bei dem angekommen, was trotz des (vorläufigen) Endes der Geschichtsphilosophie weitgehend erhalten geblieben ist: die Geschichte als Kollektivsingular und ihre umfassende, zeitliche Dimension.

Wenn Geschichte seit dem 18. Jahrhundert das Exemplarische und Modellhafte verliert[36], fügen sich auch einzeln erzählte Ereignisse (die Einzelgeschichten) in die Geschichte ein. Durch den Kollektivsingular, die Geschichte ohne Objektbezug, erhält selbst das im Besonderen nacherzählte Subjekt ein Mehr an Bedeutung. Es kann sich in das große Ganze, das Verzeitlichte, was die »Gleichzeitigkeit des Ungleichzeitigen«[37] erklärbar macht, einfügen. Geschichte bleibt erhalten als »gemeinsamer Begriff für die erfahrene Wirklichkeit, wie für deren Kunde und ihre Wissenschaftliche Erkenntnis«[38]. Was sich den Geschichtswissenschaftler(inne)n »anbietet, sind nicht mehr Geschichten, sondern die Geschichte als Kollektivsingular«, in dem sich *res gestae* und *historia rerum gestarum* vereinen[39].

Und nun? Was folgt aus der soeben erzählten Kurzgeschichte für die einleitend nacherzählte Vielfalt der Bodenreform? Wie können sich derart widersprechende Facetten, die sich nicht einmal über das »Ob« einer Bodenreform einig sind, in die Geschichte einbinden? Die eingangs gestellte Frage nach dem Inhalt der Geschichte der Bodenreform stellt sich nach wie vor. Vielleicht kann die Vielheit durch Rückgriff auf die Erzählenden zu einer Einheit werden. Vielleicht irren sich manche Erzählende – vielleicht lügen manche von ihnen sogar. Vielleicht gibt es eine Mehrheit an Erzählenden, die dasselbe erzählen und deswegen die Geschichte der Bodenreform erfassen. Vielleicht lässt sich das Erzählte nach seinen Erzählenden ordnen. Versuchen wir es.

[34] Für Wehler ist »Michael Mitterauers Buch über die die Genese Europas« »fraglos [so] eine Meistererzählung«, vgl. Literarische Erzählung oder kritische Analyse? [2007]. In: Ders. (Hg.), Essays 2010, S. 125. Vielleicht meint Wehler Mitterauers Buch »Warum Europa? Mittelalterliche Grundlagen eines Sonderwegs«.

[35] Wehler, Literarische Erzählung oder kritische Analyse? [2007]. In: Ders. (Hg.), Essays 2010, S. 125: wehrt sich gegen das »seit Jean-François Lyotard ad nauseam wiederholte« Ende der großen Erzählungen.

[36] Luhmann, Wissenschaft der Gesellschaft 1990, S. 158.

[37] Koselleck, Geschichte, Historie. In: Brunner/Conze/Ders. (Hg.), Historisches Lexikon, Band 2 E-G 1992 [1975], S. 595. Siehe auch Koselleck, Zeitschichten 2003, S. 292.

[38] Koselleck, Zeitschichten 2003, S. 30.

[39] Goertz, Geschichte – Erfahrung und Wissenschaft. In: Ders. (Hg.), Grundkurs 2007, S. 40.

4. Erzählende
Fünfzehn Sachverhalte einer Bodenreform

Vor der Teilung (1945–1949)

Verordnungen als Rechtsgrundlage. Ohne Potsdam, ohne Volksforderungen, ohne Sowjetisierung

Beginnen wir mit einer Serie der Deutschen Rechts Zeitschrift, die 1946 und 1947 nacheinander die Chronik der Rechtsentwicklung in den Ländern und Provinzen der Sowjetischen Besatzungszone behandelt[1]. Die Bodenreform ist in dieser Geschichte eine über die durch die Zusammenbruchsnot bedingten Augenblicksmaßnahmen hinausgehende[2], grundsätzliche Reform[3] oder auch ein Teil der zur Neuordnung des Rechts- und Wirtschaftslebens durchgeführten Sozialreform[4] und wird als allgemein bekannt vorausgesetzt[5]. Initiator ist »der Gesetzgeber«[6] – die Durchführung der Reform beruht allein auf durch die Landes- und Provinzialverwaltungen erlassenen Verordnungen[7], die jede für sich im Einklang

[1] Provinz Sachsen/später Sachsen-Anhalt: DRZ 1946, S. 26-28 und S. 122-123, DRZ 1947, S. 299-301 und S. 405-406; Land Thüringen: DRZ 1946, S. 56-58 und 122-123, DRZ 1947, S. 260-262 und 299-301; Land Mecklenburg-Vorpommern: DRZ 1946, S. 150-153, DRZ 1947, S. 336-337 und 405-406; Mark Brandenburg: DRZ 1947, S. 90-92 und 336-337 und 405-406; Land Sachsen: DRZ 1947, S. 402-405 und 405-406.

[2] DRZ 1946, S. 27.

[3] DRZ 1946, S. 27; DRZ 1947, S. 402.

[4] DRZ 1946, S. 57.

[5] DRZ 1947, S. 91.

[6] DRZ 1946, S. 28, S. 57.

[7] **Provinz Sachsen**: DRZ 1946, S. 29: VO über die Bodenreform vom 03.09.1945 (VOB Nr. 1 S. 28); Ausführungsbestimmungen und Sonderregelungen: (VOBl. 1945 Nr. 1 S. 30ff., Nr. 2 S. 19ff., 31, Nr. 3 S. 24ff., Nr. 4– 6 S. 24ff.; 1946 S. 30f., 72ff.); Bestimmungen über die Auflösung der Landwirtschaftskammer (VOBl. 1945 Nr. 2 S. 17); Bestimmungen über die Ausschüsse der gegenseitigen Bauernhilfe (VOBl. 1945 Nr. 3 S. 27; 1946 S. 72); **Land Thüringen:** DRZ 1946, S. 58: Gesetz über die Bodenreform vom 10.09.1945 (GS 1945 S. 13); Ausf.- u. Erg.Best. (GS 1945 S. 16, 19, 47; 1946 S. 44; ABl. 1946 S. 147); **Land Mecklenburg-Vorpommern**: DRZ 1946, S. 151: VO Nr. 19 vom 05.09.1945 (ABl. S. 14); Mehrere Durchführungsbestimmungen (ohne Standortzitierung); **Mark Brandenburg**: DRZ 1947, S. 91: VO über die Bodenreform v. 06.09.1945 (VOBlB S. 8); ErgänzungsVO v. 14.03.1946 über den lastenfreien Übergang des Eigentums an den unter die Bodenreform fallenden Grundtücken (VOBlB S. 153); AVOen v. 08.09.1945 (VOBLB S. 10) v. 11.09.1945 (VOBlB S. 11) insbesondere über den aus politischen Gründen betrof-

mit den Verordnungen der jeweils anderen Zone stehen[8]. Die Gleichartigkeit dieser Verordnungen trotz eigentlich verschiedener Autoren, verwundert in dieser Geschichte nicht weiter. Lediglich einer von 16 Berichten erzählt für das Land Mecklenburg-Vorpommern, dass die Bodenreform (wie auch die anderen grundsätzlichen Reformen) auf Grund von für die gesamte sowjetische Zone erlassenen SMAD-Richtlinien durchgeführt worden ist[9]. Wortlaut, Erlassdatum oder Name der Richtlinien bedürfen in dieser Geschichte jedoch keiner Nacherzählung. Ergebnis der Reform ist eine weitgehende Strukturwandlung der Landwirtschaft und des ganzen Sozialgefüges[10].

Verordnungen als Rechtsgrundlage. Sowjetisierung angedeutet

Im selben Zeitraum erzählt eine andere juristische Fachzeitschrift eine ausführlichere Geschichte zur Bodenreform[11]. Auch im Europa-Archiv sind die in den Ländern und Provinzen erlassenen Verordnungen die Rechtsgrundlage, dementsprechend die sie erlassenden Provinzial- und Landesverwaltungen die einzigen in der Geschichte erwähnten Initiatoren. Der weitgehend identische Wortlaut der Verordnungen lässt eine allen einheitliche Zielformulierung zu: Vergrößerung der bestehenden, unter 5 ha großen Bauernhöfe, Schaffung neuer selbstständiger Bauern-

fenen Personenkreis; hierzu auch VOBlB 46 S. 56); AVOen v. 20.09.1945 (VOBlB S. 31), v. 11. u. 17.10.1945 (VOBlB S. 32, 33), v. 24.10.1945 (VOBlB S. 24); Ausführungsbestimmungen zu VO v. 24.10.1945 vom 18.11.1946 (GVBl. 1947 S. 25); VO v. 30.11.1945 (VOBlB 46 S.3), v. 22.01.1946 (VOBlB S. 70); Arbeitsanweisungen für die Kommissionen (VOBlB 45 S. 34); Gesetz zur Durchführung der Bodenreform v. 06.03.1946 (VOBlB S. 100); EigentumsVO v. 09.04.1946 (VOBlB S. 153 u. 209); RdErl. üb. d. Kreislandbaugenossenschaften v. 28.06.1946 (VOBlB S. 246); VO über die Arbeit der Traktoren v. 04.04.1946 (VOBlB S. 131); BrachlandVO v. 22.01.1946 (VOBlB S. 69); **Land Sachsen**: DRZ 1947, S. 402: VO üb. d. landwirtschaftl. Bodenreform v. 10.09.1945 (AN S. 27); AusfBest. v. 13.09.1945 (AN S. 29); VO üb. d. Eintragung der aufgeteilten Ländereien in das Grundbuch v. 08.04.1946 (GS S. 133); G üb. Änderung der Gemeindegrenzen im Zuge der Bodenreform v. 06.06.1947 (GS S. 229); DVO hierzu v. 11.07.1947 (GS S. 317); Hilfe für Neubauernwirtschaften: GS 1946 S. 53, 183; 1947 S. 237; Strafrechtliche Sicherung: VO v. 17.09.1945 (AN S. 51); Statistische Angaben: AN 1945 S. 57.

[8] DRZ 1946, S. 27, S. 57, S. 151; DRZ 1947, S. 91, S. 403.

[9] DRZ 1946, S. 151.

[10] DRZ 1946, S. 27.

[11] (I) Archivbericht – Wirtschaftliche Entwicklung in der sowjetischen Zone seit Potsdam, Die Bodenreform in der russischen Zone, Europa-Archiv 1946, S. 292-297 und (II) Archivbericht – Die wirtschaftliche Entwicklung in der sowjetischen Zone seit Potsdam, Entwicklung der Anbauflächen und Ernteerträge der Ostzone, Europa-Archiv 1947, S. 977-980.

wirtschaften für landlose Bauern, Landarbeiter und kleine Pächter, Landverteilung an Umsiedler und Flüchtlinge, Versorgung der Stadtbevölkerung durch Schaffung von der Stadtverwaltung untersehenden Landwirtschaften und die Erhaltung und Neuorganisation von Wirtschaften zu Forschungszwecken oder landwirtschaftlichen Lehranstalten. Die in den Verordnungen ebenfalls vorgesehenen Enteignungen aller im Eigentum von Nationalsozialisten und Kriegsgewinnlern stehenden landwirtschaftlichen Betriebe unabhängig von deren Größe, sowie die Enteignungen aller über 100ha großen landwirtschaftlichen Betriebe unabhängig von der politischen Überzeugung der Eigentümer, sind zugleich Mittel zur Erreichung des Zwecks als auch selbst Zweck der Bodenreform[12]. Obwohl die Notwendigkeit einer Bodenreform im östlichen Teil Deutschlands zur Überwindung der immer noch vorhandenen Latifundienwirtschaft von keiner Seite ernstlich bestritten, und seit Karl Freiherr vom Stein zu Beginn des 19ten Jahrhunderts auch immer wieder versucht wurde[13], stehen hinter der ersten wirkungsvollen Bodenreform jedoch andere Ziele, die sich schon durch die Art und Weise ihrer Durchführung erkennen lassen[14]. Die Wahl der Betriebsgröße der Neubauernwirtschaften, die in der Regel nicht mehr als 5 ha umfassen, hat den einzigen Grund, die Neubauern von kollektiven Organen abhängig zu machen[15]. Diese gewollte Abhängigkeit – ebenso wie die Eile und Radikalität der Reform im Umgang mit ehemaligen Großgrundbesitzern – »lässt Rückschlüsse auf die Struktur der gewünschten gesellschaftlichen Ordnung zu«[16]. Das inhaltliche Rückschlussziehen überlässt der Bericht den jeweiligen Lesenden.

Im alliierten Einklang allein handelnde Russen. Unbrauchbare Deutsche. Bodenreform als Erziehungsmaßnahme

Auf die Russischen Initiatoren konzentriert sich ein unmittelbar nach dem Ende des Krieges erzählender Franzose. Edgar Morin sieht den alleinigen Anstoß zur Durchführung einer Bodenreform bei der UdSSR und ihrem bewussten Politikinstrument, der SMAD[17]. Den Deutschen Kommunisten kommt keine aktive Rolle zu. Jedoch nicht, weil die Besatzungsmacht derartiges nicht zulassen würde, sondern weil der Nazismus

[12] Europa-Archiv 1946, S. 292.
[13] Europa-Archiv 1946, S. 292.
[14] Europa-Archiv 1946, S. 294.
[15] Europa-Archiv 1946, S. 293.
[16] Europa-Archiv 1946, S. 294.
[17] Morin, Jahr Null 1948, S. 162.

die Linksopposition ausgelöscht hat[18]. Von den anderen Parteien ist noch weniger Aktivität zu erwarten. Aus dem Schock der Niederlage ist bei fast allen Deutschen der Wunsch nach Altbekanntem erwachsen, und die rückständigen Bauern sind gleichgültig gegenüber jedem politischen Leben[19]. In der SBZ bedeutet die Bodenreform bei dieser Rückständigkeit einen Hoffnungsschimmer, durch den die Betroffenen politische Verantwortung erlernen könnten[20]. Die Reform steht für eine Politik der UdSSR, die versucht in Deutschland eine soziale Demokratie zu begründen[21] und die damit das deutsche Land wirklich neu bildet und befreit[22]. Dabei beharren die Russen nicht auf ihrem alleinigen Machtdurchsetzungsanspruch, sondern versuchen der Deutschen Verwaltung Freiheiten zuzugestehen, sowie in Übereinstimmung mit den nationalen Parteien und Gewerkschaften zu handeln[23]. Auch nach US-Amerikanischer Sicht steht die Reform im Einklang mit alliierten Grundsatzvereinbarungen. Explizit dient sie zwar nicht der Erfüllung alliierter Übereinkünfte[24], doch erleichtert sie mittelbar die Verwirklichung des Potsdamer Abkommens. Dieses Abkommen erhebt unter anderem die Erhaltung eines einheitlichen Deutschlands zum Ziel[25]. Ein Ziel, dessen Erfüllung viele in der Annahme nicht für erstrebenswert halten, dass von einem einheitlichen Deutschland unvermeidbar erneute Kriegsgefahr ausgehen würde[26]. Die Bodenreform kann diese Angst beseitigen. Weil die größte Kriegsherdgefahr in dem hauptsächlich aus Junkern bestehenden Preußentum liegt, schafft die Reform mit der endgültigen und nachhaltigen Zerstörung des Großgrundbesitzes erst die Möglichkeit eines vereinten, großen und trotzdem ungefährlichen Deutschlands[27].

[18] Ebd., S. 158.
[19] Ebd.
[20] Ebd.
[21] Ebd., S. 162.
[22] Ebd., S. 165.
[23] Ebd., S. 162.
[24] Ebd. Morin zitiert hier den Korrespondenten des New York Herald vom 04.01.1946, der zuvor von den strukturellen Veränderungen der SBZ berichtet hatte.
[25] Morin, Jahr Null 1948, S. 138.
[26] Ebd., S. 131.
[27] Ebd., S. 132.

Hauptverantwortliche deutsche Kommunisten. Unbrauchbare Bauern. Bodenreform als Erziehungsmaßnahme

Die Morinsche Einschätzung der gelähmten und inaktiven Bauern teilt der zur gleichen Zeit aus Ostdeutschland erzählende Fritz Selbmann[28]. Im Gegensatz zu der Ansicht des Franzosen findet die SMAD in diesem Bericht jedoch keine Erwähnung[29]. Stattdessen stehen wieder die deutschen Kommunisten im Mittelpunkt. Die Bauern können als eigentlich reaktionäre Elemente aus eigener Initiative keine Bodenreform fordern[30], 1945 sind sie durch jahrzehntelange Feudalherrschaft und Leibeigenschaft degeneriert[31]. Mit der Bodenreform, die die ökonomischen Voraussetzungen ändert, kann sich diese Bauerneigenschaft entwickeln[32]. Der demokratische Charakter der Bodenreform ergibt sich bei Selbmann im Einklang mit der lethargischen Bauerneigenschaft auch nicht aus der demokratischen Art und Weise ihrer Durchführung (oder gar demokratischen Volksforderungen) sondern daraus, dass die Reform dem Hauptfeind der demokratischen Entwicklung – Feudalismus und Militarismus – die Grundlage und Existenz entzogen hat[33].

Während der Teilung (1949–1989/90)

Aktive deutsche Kommunisten. Skeptische, nicht mehr ganz gelähmte Bauern. Zurückhaltende Russen

Ähnlich skeptische Bauern wie bei Morin und Selbmann gibt es bei einem Westdeutschen Historiker, der lange nach Ende des Krieges zwei Geschichten erzählt. Dietrich Staritz berichtet 1976, dass politische Überzeugungsarbeit und administrative Akte notwendig waren, damit die Landbevölkerung ihr Recht auf Landnahme erkennen konnte[34]. In der 1995er Version ließen sich die Bauern von der Legitimität der Landnahme überzeugen – allerdings nur durch erhebliche Mobilisierungsanstrengungen und administrative Akte[35]. In der 1976er Geschichte initiiert die

[28] Selbmann, Demokratische Wirtschaft 1948, S. 20.

[29] Lediglich vereinzelt berichtet Selbmann von Demontagen der Russen, zum Beispiel im Wald. Vgl. Demokratische Wirtschaft 1948, 105.

[30] Ebd., S. 20.

[31] Ebd., S. 21.

[32] Ebd.

[33] Ebd., S. 18 und 19.

[34] Staritz, Sozialismus in einem halben Land 1976, S. 101.

[35] Staritz, Gründung der DDR 1995, S. 117/118.

SED die Gesetze[36], 1995 ist es die KPD, die im August 1945 dem Block der antifaschistischen Parteien und den Landes- und Provinzialverwaltungen Regelungen zur Durchführung einer Bodenreform vorschlägt[37]. KPD und SPD treten als einheitliche Kraft auf, die es schafft, sich gegenüber den häufig widerstrebenden Blockpartnern durchzusetzen[38]. Die Russen sind in den Bodenreformkapiteln keine Initiatoren oder Entscheidungsträger[39], üben aber grundsätzlich in ihrer Zone eine alles kontrollierende Politik aus[40]. Zwischen KPD und UdSSR besteht seit Beginn des Exilaufenthalts der KPD eine enge Verbindung, und nach Ende des Krieges bemüht sich die KPD immer um engste Kooperation mit der SMAD[41].

Anfangs skeptische Bauern. Motivierende, planlose deutsche Kommunisten. Unterstützende SMAD

Die bäuerliche Grundstimmung der Staritzgeschichte ähnelt der Version Stefan Doernbergs (1959/1969) und Rolf Badstübners (1990). Auch bei diesen beiden aus dem Osten stammenden Erzählern ist die deutsche Bauernbewegung aufgrund jahrzehntelanger Feudalherrschaft und äußerst lange zurückliegender revolutionärer Aktion geschwächt[42]. Der diese ohnehin bestehende Schwäche noch verstärkende Faschismus[43] führte dazu, dass nach dem Ende der Kampfhandlungen das Dorf – wenn nicht gar ein Hort der Reaktion[44] – so doch durch eine allgemeine Depression, Unentschlossenheit und Ungewissheit der Bevölkerung gekennzeichnet war[45]. Die grundsätzlich auch phlegmatischen Bauern dieser Geschichte lassen sich aber, anders als die Selbmann-Staritzschen, zügig von der Notwendigkeit einer Revolution überzeugen, und entwickeln eigene revolutionäre Forderungen. Bei dem späteren Doernberg ist darüber hinaus nicht mehr das ganze Dorf ein Hort der Reaktion, sondern nur noch die Junker selbst[46]. Die wenigen skeptischen Landarbeiter und Bauern sind ledig-

[36] Staritz, Sozialismus in einem halben Land 1976, S. 101.
[37] Staritz, Gründung der DDR 1995, S. 118.
[38] Ebd., S. 120.
[39] Weder 1976 noch 1995.
[40] Staritz, Sozialismus in einem halben Land 1976, S. 84.
[41] Ebd.
[42] Doernberg, Neues Deutschland 1959, S. 40/41.
[43] Badstübner, Friedenssicherung 1990, S. 160; Doernberg, Neues Deutschland 1959, S. 155.
[44] Badstübner, Friedenssicherung 1990, S. 160.
[45] Doernberg, Neues Deutschland 1959, S 155.
[46] Doernberg Geschichte der DDR 1969, S. 58.

lich durch gegenwärtige »Wühltätigkeit der Junker« zurückhaltend bei den Enteignungsforderungen[47], ansonsten wartet die Landbevölkerung nur darauf, in von der KPD organisierten Versammlungen ihre Bedürfnisse nach einer Umverteilung des Bodens zum Ausdruck bringen zu können[48]. In den anderen (Teil)Geschichten wissen die Bauern und Landarbeiter noch nicht (oder nicht mehr) um ihre Rechte und Wünsche, als die KPD in ihrem Aktionsprogramm die Forderungen nach einer Bodenreform formuliert[49]. Nur durch die behutsame, kluge Vorbereitung der Arbeiterpartei wird trotz der komplizierten Situation auf dem Dorf den Bauern die Notwendigkeit der Bodenreform wieder bewusst[50]. Unabhängig von diesen Nuancierungen sind sich alle Erzähler dann darin einig, dass schon im Sommer 1945 die Bauern und Landarbeiter eigenständig immer lauter die Umverteilung des Bodenbesitzes fordern, sei es, weil sie ohnehin darauf gewartet haben, sei es, weil die KPD so großartige Überzeugungsarbeit geleistet hat[51]. Der bäuerliche Einfluss auf die konkrete Reformdurchführung ist auch demokratisch, denn die KPD hat kein festes Konzept über die einzelnen Regelungen der Bodenreform[52]. Stattdessen fasst sie die Anregungen und Forderungen der Landarbeiter zusammen, arbeitet aus diesen die Grundprinzipien einer Bodenreform heraus[53], diskutiert mit den anderen Parteien über die richtige Art und Weise der Durchführung[54] und erkennt so den einzig gangbaren und richtigen Weg der Aufteilung des Großgrundbesitzes in Kleinparzellen[55]. Diese Überzeugung muss sie durchaus gegen andere Stimmen durchsetzen[56]. An der Aufteilung zweifelnde Sozialdemokraten haben lediglich

[47] Ebd., S. 64.

[48] Ebd., S. 59.

[49] Doernberg, Neues Deutschland 1959, S. 155.

[50] Badstübner, Friedenssicherung 1990, S. 160, wieder, weil das Klasseninteresse seit sehr langer Zeit ohnehin besteht.

[51] Ebd., S. 159, Doernberg, Neues Deutschland 1959, S. 160 und Ders., Geschichte der DDR 1969, S. 59/60.

[52] Badstübner, Friedenssicherung 1990, S. 160.

[53] Doernberg, Neues Deutschland 1959, S. 161.

[54] Badstübner, Friedenssicherung 1990, S. 161.

[55] Doernberg, Geschichte der DDR 1969, S. 61.

[56] Zum Einen gegen diejenigen, die trotz ehrlicher Unterstützung der Bodenreform aus Unwissenheit und nicht genügender Vertrautheit mit den tatsächlichen Wünschen der Bevölkerung die Beibehaltung von großflächig zusammenhängenden Gütern unter genossenschaftlicher Bewirtschaftung favorisieren – in der Regel gut meinende, aber fehlgeleitete Sozialdemokraten, Badstübner, Friedenssicherung 1990, S. 160/161; Doernberg, Geschichte der DDR 1969, S. 60/61. Zum Anderen auch gegen solche Stimmen, die nur unter dem allgegenwärtigen Massenwunsch nach einer Bodenreform lediglich vorgeben, ebenfalls eine Umstrukturierung der

die historischen Notwendigkeiten noch nicht verstanden[57], und auch die grundsätzlichen Gegner der Bodenreform innerhalb der bürgerlichen Parteien sind nur einzelne reaktionäre Elemente. Die Basis und breite Masse dieser Parteien ist dagegen von der Notwendigkeit der Bodenreform auch in der Art und Weise ihrer Durchführung überzeugt und sorgt deswegen selbst dafür, dass die reaktionäre Führung verschwinden muss[58]. Innerhalb dieser Geschichten tritt die SMAD höchstens unterstützend auf. Zunächst, weil sie durch den militärischen Sieg die einmalige Möglichkeit zur Durchführung einer Bodenreform geschaffen hat[59]. Darüber hinaus, weil sie die Durchführung der Reform mit Maßnahmen und Befehlen unterstützt[60]. In zwei Erzählungen fällt ihr diese Unterstützung umso leichter, als die Reform im Einklang mit dem Potsdamer Abkommen steht[61]. Beim späteren Doernberg spielt diese Übereinstimmung keine Rolle. Hier wird die SMAD mit eigenen Befehlen lediglich auf Vorschlag der Selbstverwaltungsorgane aktiv[62] und hat ansonsten keinerlei Einfluss auf die Bodenreform[63].

Landwirtschaft zu unterstützten. Diese Stimmen wollen tatsächlich die Vorherrschaft der Junker erhalten und favorisieren nur deswegen eine andere Art und Weise der Durchführung als angeblich besser und gerechter. In der Regel sind dies nur Einzelstimmen aus den Bürgerlichen Parteien, Badstübner, Friedenssicherung 1990, S. 162/163; Doernberg, Neues Deutschland 1959, S. 165-168 und Ders., Geschichte der DDR 1969, S. 61/62.

[57] Etwa Doernberg, Neues Deutschland 1959, S. 163 und Ders., Geschichte der DDR 1969, S. 61.

[58] Badstübner, Friedenssicherung 1990, S. 163: die Haltung von Schreiber und Hermes löst eine Führungskrise der CDU aus; Doernberg, Geschichte der DDR 1969, S. 64/65: Die »Haltung der reaktionären Führer der CDU löste eine breite Welle der Unzufriedenheit unter den Neubauern aus. Auch die Mehrzahl der Mitglieder und Funktionäre in den Provinzial- und Landesverbänden der CDU, die mit dem Volk mehr verbunden waren und die Nöte der Landbevölkerung besser kannten, verurteilte die versteckten Angriffe der reaktionären Führer gegen die Bodenreform«.

[59] Doernberg, Neues Deutschland 1959, S 154.

[60] Badstübner, Friedenssicherung 1990, S. 165.

[61] Doernberg, Neues Deutschland 1959, S. 184/185; Badstübner, Friedenssicherung 1990, S. 159 »Bodenreform steht im Einklang mit der Anti-Hitler Koalition«.

[62] Doernberg, Geschichte der DDR 1969, S. 65.

[63] Ebd., S. 53.

Aktive Bauern. Volksrevolution. Keine Vorausplanung oder Sonderstellung der KPD. Große Einigkeit zwischen allen Beteiligten

Vier andere Erzähler, die gleichermaßen aus dem Osten kommen, erzählen etwas anderes. Der soeben für 1990 nacherzählte Rolf Badstübner erzählt 1966 gemeinsam mit Siegfried Thomas eine Geschichte, die sich mit zwei weiteren Osterzählern (H. W. Dölling 1950 und Edwin Hoernle 1947/1950) deckt. Sie konzentrieren sich einheitlich auf die deutsche Bevölkerung. 1945 greifen alle politischen Parteien zahlreiche Forderungen der landarmen und landlosen Bauern auf[64], ja gerade weil im Sommer 1945 Landarbeiter, Kleinbauern und Umsiedler von sich aus in verschiedensten Teilen der Ostzone die Forderungen nach Aufteilung des Großgrundbesitzes gestellt hatten, bekräftigten die Verordnungen der Landes- und Provinzialverwaltungen und die Zustimmung der Parteien im Wesentlichen nur den eindeutig bekundeten Volkswillen und bringen ihn in rechtliche Formen[65]. Die demokratische Bodenreform ist damit das Werk der deutschen Werktätigen, der Arbeiter und Bauern selbst[66]. Die Geschichte ist von Harmonie geprägt, alle antifaschistisch-demokratischen Parteien sind mit der Durchführung und Einleitung der Reform einverstanden[67], erkennen sie als historische Notwendigkeit an und gehen gemeinsam dazu über, die Grundlagen einer wirtschaftlichen und politischen Gesundung zu schaffen[68]. Von etwaigen vor dem Krieg liegenden Exilplanungen der KPD zur Durchführung einer Bodenreform ist keine Rede, ebenso wenig von Parteibeschlüssen, die als Vorlage für die Landes- und Provinzialverordnungen dienen. Deren Wortlaut ähnelt sich, weil »gleiche Not (…) gleiche Maßnahmen (schuf)«, in allen fünf Ländern der Zone wurden aus gleichen Erkenntnissen heraus gleiche Schlussfolgerungen gezogen[69]. Auch die Besatzungsmacht wird – wenn überhaupt[70] – nur bei Marginalien als unterstützende Kraft erwähnt[71]. Das Potsdamer Abkommen schreibt nicht wörtlich die Durchführung einer Boden-

[64] Dölling, Wende der Agrarpolitik 1950, S. 98.

[65] Hoernle, Vorwort. In: Dölling, Wende der Agrarpolitik 1950, S. 5.

[66] Badstübner/Thomas, Spaltung Deutschlands 1966, S. 80.

[67] Hoernle, Vorwort. In: Dölling, Wende der Agrarpolitik 1950, S. 5.

[68] Dölling, Wende der Agrarpolitik 1950, S. 95.

[69] Ebd., S. 98.

[70] Badstübner/Thomas, Spaltung Deutschlands 1966, S. 80: »die Bodenreform ist natürlich nicht das Werk der SMAD«.

[71] Weil sie der zur Organisation wichtigen Bildung von deutschen Zentralverwaltungen zustimmt, Dölling, Wende der Agrarpolitik 1950, S. 127, oder die Landesvermessungsämter bei der Beschaffung von Instrumenten, Geräten oder Papier unterstützt, Ebd., S. 131.

reform vor, verlangt aber, dass unverzüglich Maßnahmen zur maximalen Steigerung der landwirtschaftlichen Produktion getroffen werden müssen[72]. Schon um die Ernährungslage zu verbessern, musste die Bodenreform durchgeführt werden[73], und so entspricht sie den Zielen der gesamten Anti-Hitler Koalition[74]. Selbstständig steht diese Geschichte neben anderen aufgrund ihrer Einstimmigkeit. Blockparteien sowie Landesverwaltungen nehmen mit vereinten Kräften autarke Forderungen der Bauern auf. Eine Sonderstellung von KPD, SPD oder Besatzungsmacht wird – wenn nicht gar verneint[75] – so jedenfalls relativiert[76]. Dieser Umstand unterscheidet die Erzählung von der nun folgenden Geschichte.

Selbstständige Bauern treffen auf planende KPD und überwinden bürgerlichen Widerstand. SMAD als strenger Unterstützer

Bei Hilde Benjamin (1976) und Fritz Reinert (1983), zwei späteren Osterzählenden, wird die Bodenreform zwar auch von den werktätigen Bauern, Landarbeitern und Umsiedlern selbst durchgeführt[77], allerdings mit breiter Unterstützung der Arbeiterklasse[78]. Die autarken Forderungen der Bauern nach Aufteilung des Bodens verstärken sich seit dem Ende der Kampfhandlungen[79] und werden im September zu einer Massenforderung, der schließlich auch die bürgerlich-demokratischen Parteien keinen Widerstand mehr leisten können[80]. CDU und LDPD stehen der Bodenreform nämlich eigentlich kritisch gegenüber und versuchen, die von allen

[72] Ebd., S. 91.

[73] Hoernle, Bodenreform und Volksernährung 1947, S. 6.

[74] Badstübner/Thomas, Spaltung Deutschlands 1966, S. 80/81.

[75] Bei Hoernle, Vorwort. In: Dölling, Wende der Agrarpolitik 1950, S. 5 und Dölling, Wende der Agrarpolitik 1950, S. 95, ist von einer KPD Sonderstellung gar keine Rede.

[76] Badstübner/Thomas, berichten zwar vom entscheidenden Einfluss der Arbeiterparteien, führen diesen aber hauptsächlich auf deren traditionelle Erfahrung im antifaschistischen Kampf zurück und betonen, dass gerade auch CDU und LDPD eine eigenständige Politik verfolgten, die mit der Bodenreformdurchführung im Einklang stand, vgl. Spaltung Deutschlands 1966, S 79/80.

[77] H. Benjamin, Geschichte der Rechtspflege I 1976, S. 41.

[78] Ebd. Sie bezieht sich auf die Geschichte der deutschen Arbeiterbewegung, Bd. 6, Berlin 1966, S. 80ff.

[79] Reinert, Vorbereitung, Durchführung und Festigung. In: Schöneburg (Hg.), Errichtung 1983, S. 133.

[80] Ebd., S. 134.

anderen so unbedingt gewollte Umstrukturierung zu verhindern[81]. Ganz anders die Kommunistische Partei, die schon vor dem Krieg – je nach Variante seit 1944[82] oder seit 1935[83] – die Durchführung einer Agrarreform als historische Notwendigkeit erkannt hatte und diese insbesondere in ihrem Aktionsprogramm vom 11. Juni 1945 ausformulierte[84]. Demgemäß ist es auch die KPD selbst, die im Einklang mit den bäuerlichen Forderungen 1945 einen Gesetzesentwurf zur Bodenreform ausarbeitet, den nach und nach alle Landes- und Provinzialverwaltungen annehmen[85]. Auch die SMAD ist etwas aktiver als bei Dölling-Hoernle-Badtsübner-Thomas. Benjamin erwähnt die UdSSR als wohlwollenden Unterstützer der deutschen demokratischen Umwälzung[86]. Bei Reinert unterstützt, fördert und kontrolliert die SMAD die Deutschen Staatsorgane, wenngleich sie ihnen nach dem Ethos ihrer Besatzungspolitik Initiative und grundsätzliche Entscheidungen über den staatlichen Aufbau Deutschlands überlässt. Das fällt der SMAD im Falle der Bodenreform umso leichter, als die von den Deutschen selbstständig ausgedachte Reform im Einklang mit internationalen Vereinbarungen, insbesondere dem Potsdamer Abkommen, steht[87]. Die selbstständigen Reformpläne der KPD treffen in der SBZ auf gleichermaßen selbstständige Bauernforderungen. In den anderen Zonen werden die gleichen Forderungen der Landarbeiter von den Westmächten verhindert[88].

Eine stille Macht will die Sowjetisierung

Schließen wir diesen Geschichtenkomplex mit einem frühen Westerzähler. Bei Arwed Blomeyer findet die Berichterstattung im Passiv statt: seit dem Einmarsch der Roten Armee »wird« in der Sowjetischen Zone das Ziel verfolgt, das vorhandene Rechtssystem dem sowjetischen anzugleichen. Angesichts dieses tatsächlichen Ziels ist die Begründung der Reform mit

[81] Ebd., S. 133/134.
[82] Ebd., S. 133.
[83] H. Benjamin, Geschichte der Rechtspflege I 1976, S. 26/27.
[84] Reinert, Vorbereitung, Durchführung und Festigung. In: Schöneburg (Hg.) Errichtung 1983, S. 132; H. Benjamin 1976, S. 29 und schon vorher die allgemeine Geschichte der KPD-Ansicht zur Bodenreform.
[85] Reinert, Vorbereitung, Durchführung und Festigung. In: Schöneburg (Hg.) Errichtung 1983, S. 133.
[86] H. Benjamin, Geschichte der Rechtspflege I 1976, S. 19/20.
[87] Reinert, Vorbereitung, Durchführung und Festigung. In: Schöneburg (Hg.) Errichtung 1983, S. 139-140.
[88] H. Benjamin, Geschichte der Rechtspflege I 1976, S. 149.

der »Liquidierung des feudal-junkerlichen Großgrundbesitzes« in den gleich lautenden Bodenreformgesetzen vom 10. September 1945 nur ein Vorwand. Den – nicht benannten – Handelnden ist dabei die Widerrechtlichkeit der Reform selbst bewusst, was die Anordnung zur Vernichtung sämtlicher Grundbuchunterlagen und die Vertreibung der Enteigneten aus der Umgebung ihres früheren Besitzes beweisen[89]. Die Bodenreform ist damit nur ein erstes Mittel, um das Ziel der Aushöhlung des Privateigentums zu erreichen. Ob nun Kommunisten, die Russen oder Sozialdemokraten dieses Ziel haben, erzählt der Berichtende nicht – möglicherweise, weil die Handelnden dem Blomeyerschen Auditorium ohnehin bekannt sind. Andererseits lässt die Geschichte allein auch Platz für Vermutungen, die beispielsweise das Volk als Ganzes in demokratischer Aktion – denn wer sagt, dass Demokratie dem gerade geltenden Recht gemäß ist – oder alle Parteien zum Handelnden machen. Fest steht angesichts der erzählten Widerrechtlichkeit aber wohl, dass die Bodenreform nicht im Einklang mit dem Willen der anderen alliierten Besatzer stand.

Nach der Teilung (1989/1990–2007)

Mächtige UdSSR. Einklang mit internationalen Abkommen. Alle Deutschen weitgehend einverstanden

Wieder einmal Badstübner erzählt 2007 gemeinsam mit Peter Bucher (1990) und Wilfried Loth (1993) eine andere Geschichte. Die UdSSR mit ihrer SMAD ist – wie jede andere Besatzungsmacht auch – die hauptsächlich planende und initiierende Macht in ihrer Besatzungszone. Grundsätzlich konnten unmittelbar nach der Kapitulation etwaige Pläne deutscher Gruppen nur dann Erfolg haben, wenn sie von einer Besatzungsmacht ausdrücklich angeordnet wurden[90]. Die SMAD geht nun bei der Enteignung der Großgrundbesitzer konsequent und mit nachhaltiger Wirkung vor[91], tut dies aber nicht aus machtpolitischen Unter-

[89] Blomeyer, Entwicklung des Zivilrechts 1950, S. 4: »Als ein Zeichen des guten Gewissens kann man wohl die weitere Bestimmung auffassen, dass nach der Zuweisung ›die Grundbücher und Grundakten der aufgeteilten Güter mit allen auf sie bezüglichen Vorgängen und Unterlagen zu vernichten sind‹«. Bei H. Benjamin wird die Vernichtung der alten Grundbuchakten ebenfalls erwähnt, hier erscheint sie aber als eine Maßnahme die hauptsächlich deswegen von den deutschen Verwaltungsorganen angeordnet wurde, weil die Neubauern selbst sie für eine Notwendigkeit hielten, vgl. Geschichte der Rechtspflege I 1975, S. 305.

[90] Bucher, Nachkriegsdeutschland 1990, S. 2.

[91] Badstübner, Clash 2007, S. 31.

werfungs- oder Sowjetisierungsgründen, sondern weil sie bei der Besetzung ihres Gebietes davon ausging, dass sehr bald auch in den anderen Besatzungsgebieten eine Reform des Bodens durchgeführt werden würde[92]. Das Handeln der Siegermächte war anfangs insgesamt von gemeinsamen Zielen geprägt[93]. Unabhängig von der Frage, ob die Bodenreformpläne von den westlichen Alliierten tatsächlich verwirklicht werden wollten, ist der Glaube an die gesamtalliierte Umsetzung tatsächlich Grund für die Russen, den Kommunisten noch Anfang Juni 1945 die Instruktion zur Vollendung der bürgerlich-demokratischen Revolution in Gestalt der Beseitigung der Macht der landwirtschaftlichen Rittergüter zu geben[94]. Dass die Forderung nach einer Bodenreform dann im Aufruf der KPD vom 11. Juni 1945 auftaucht, geht auf den Wunsch der Sowjets zurück, im Sinne der alliierten Vereinbarungen Reformmaßnahmen in ihrer Zone vorzunehmen[95]. Über die einheitliche Beurteilung von Junkern und Großgrundbesitzern als homogene, mit dem preußisch-deutschen Militarismus und Nationalsozialismus in enger Verbindung stehende soziale Schicht, gab es einen Konsens zwischen allen Alliierten[96]. Nach den Vorstellungen der Besatzungsmacht sollten bei der Umsetzung der Bodenreform alle Deutschen, nicht nur die Kommunisten, aktiv mitarbeiten und für ihre Durchführung sorgen[97]. Grundsätzlich war dieses Ziel auch nicht unrealistisch, weil die Notwendigkeit einer Bodenreform über die Ostzonengrenzen hinaus weit verbreitet und anerkannt war[98]. Auch wenn es bei der Art und Weise der Durchführung durch die Russen zu einigen politischen Ungerechtigkeiten und ökonomischen Ungereimtheiten kam[99], die Reform stückweise zu autoritär und damit undemokratisch durchgesetzt wurde[100], waren grundsätzlich auch alle bürgerlichen Parteien mit einer Bodenreform einverstanden[101]. Bei aller anfänglichen Zurückhaltung und der anhaltenden Umstrittenheit im Einzelnen, wurde sie schließlich doch von einer überwiegenden Mehrheit der Bevölkerung angenommen[102]. Die Bodenreform war also im Sinne Moskaus tatsäch-

[92] Loth, Ungeliebtes Kind 1994, S. 23/24.
[93] Bucher, Nachkriegsdeutschland 1990, S. 1.
[94] Loth, Ungeliebtes Kind 1994, S. 24.
[95] Ebd.
[96] Badstübner, Clash 2007, S. 29.
[97] Loth, Ungeliebtes Kind 1994, S. 23/24.
[98] Bucher, Nachkriegsdeutschland 1990, S. 15.
[99] Badstübner, Clash 2007, S. 29.
[100] Loth, Ungeliebtes Kind 1994, S. 56.
[101] Ebd., S. 55.
[102] Badstübner, Clash 2007, S. 29.

lich ein notwendiger Schritt zur Entmachtung der Junker sowie der Vollendung der Bürgerlichen Revolution[103]. Sie hat zur Demokratisierung der ländlichen Verhältnisse beigetragen und einen wichtigen Beitrag zur Integration der zwangsumgesiedelten Bauern und Landarbeiter geleistet[104].

Mächtige UdSSR. Internationale, sich irrende Überzeugung von Bodenreformnotwendigkeit

Von grundsätzlicher Einigkeit über die Notwendigkeit einer Bodenreform bei allen in Frage kommenden Akteuren[105], geht auch ein US-amerikanischer Erzähler aus. Nach 1990 erzählt Norman Naimark, dass gerade die Westalliierten davon überzeugt sind, dass die Deutschen selbst niemals den beherrschenden gesellschaftlichen Einfluss der Junker überwinden können[106]. Weil aber aus gesamtalliierter Sicht die deutschen Junker gemeinsam mit dem preußischen Staat den Kern und Ursprung des Militarismus verkörpern, gehört ihre Enteignung (und die Auflösung Preußens als Verwaltungseinheit) zu den vorrangigen Zielen aller Besatzungsmächte[107]. Ein Konsens über diese grundsätzliche Notwendigkeit besteht darüber hinaus bei allen deutschen Parteien, die sich lediglich über die Art und Weise der Durchführung nicht einigen können[108]. Deren Uneinigkeit ist dabei jedoch gleichgültig, denn es ist ohnehin allein die UdSSR, die mit ihrer Besatzungsmacht Art und Weise der Durchführung bestimmt. Unter anderem nimmt sie konkreten Einfluss auf den genauen Bodenreformwortlaut des KPD Aufrufs vom 11. Juni 1945[109].

[103] Loth, Ungeliebtes Kind 1994, S. 55.

[104] Badstübner, Clash 2007, S. 29.

[105] Naimark, Russen in Deutschland 1997, S. 142.

[106] Naimark, sowohl auf S. 142 der Russians in Germany 1995, als auch auf S. 182 der Russen in Deutschland 1997, spricht er von den »siegreichen Alliierten« ohne diese nun besonders als die russischen Alliierten zu bezeichnen. Die Fußnote ist im Deutschen nur als Gerschenkron zitiert, der 1989 über Brot und Demokratie in Deutschland geschrieben hat – vgl. Naimark, Russen in Deutschland 1997, S. 634. In der englischen Ausgabe ist Gerschenkron etwas ausführlicher zitiert, zunächst gibt es von dessen 1989er Ausgabe eine Seitenangabe, nämlich S. 165-224, dann bezieht sich Naimark auch noch auf eine Erstveröffentlichung von 1943, in der Gerschenkron selbst während des Krieges geschrieben hat, dass nichts eine deutsche Regierung dazu verleiten oder ermöglichen könne, die Vormacht der Junker in Deutschland zu zerstören. Vgl. Naimark, Russians in Germany 1995, S. 509.

[107] Naimark, Russen in Deutschland 1997, S. 182; 1995, S. 142.

[108] Naimark, Russians in Germany 1995, S. 142 und 150.

[109] Naimark, Russians in Germany 1995, S. 143.

Trotz dieser ausdrücklichen Einflussnahme auf das Aktionsprogramm der KPD, lässt sie dann aber nicht einmal vordergründig die Kommunisten oder den Block der Antifaschistischen Parteien die Reform durchführen, sondern ordnet selbst zusätzlich eine eigene Rechtsgrundlage an, auf die die Landreform zurückgeht. Am 3. September 1945 ergeht ein SMAD-Bodenreformbefehl, der die Enteignungen auf dem Land einleitet[110]. Leider sind Inhalt und Name, bzw. Nummer des Befehls nicht Gegenstand der Naimarkschen Geschichtserzählung. Neben dem konkreten Bodenreformbefehl weist diese Geschichte eine weitere Besonderheit auf, die sie von anderen Geschichten, die auch von einer Bodenreformnotwendigkeit erzählen, unterscheidet. Naimark geht zwar grundsätzlich davon aus, dass die Bodenreform in Übereinstimmung mit anderen Alliierten, und von der UdSSR auch wirklich allein wegen der Militarismusbeseitigung, nicht zur Durchsetzung der Sowjetisierung oder zur Beschleunigung der deutschen Teilung durchgeführt wurde[111]. Dann aber bezeichnet er diese allgemeine Angst vor den Junkern als unbegründet, da ihre Macht im östlichen Teil Deutschlands mit dem Ende der Kampfhandlungen ohnehin weitgehend beseitigt war[112]. Zunächst wurden die Junker schon durch das Dritte Reich geschwächt[113] und durch die Russische Armee gegen Ende des Krieges ausgerottet[114]. Die Durchführung einer Landreform zur Ausschaltung der Junker hatte sich also von selbst erledigt. Auch ließen sich Bauern und Vertriebene jedenfalls nicht selbst zu revolutionären Aktionen verleiten. Zunächst versucht die KPD wie bei Staritz, die Bevölkerung durch den Erlass von Enteignungsgesetzen von der Notwendigkeit der Reform zu überzeugen[115]. Angesichts der dann erfolgenden chaotischen Umsetzung der Reform, konnte sie sich trotz der anfänglichen Überzeugungsarbeit nicht zu der erhofften Massenrevolution ausweiten[116].

[110] Naimark, Russen in Deutschland 1997, S.194; Russians in Germany 1995 S. 151/152.

[111] Naimark, Russen in Deutschland 1997, S. 206.

[112] Naimark, Russians in Germany 1995, S. 152-156.

[113] Naimark, Russen in Deutschland 1997, S. 187, 182, 183. Er bezieht sich hier auf das »Gedenkbuch des Deutschen Adels« von Matthias Graf von Schmettow/Ingrid Gräfin von Schmettow; Limburg a. d. Lahn 1980. Auch im weiteren beschreibt er mitleidvoll das Schicksal der Deutschen Adeligen, vgl. S. 194ff.

[114] Naimark, Russians in Germany 1995, S. 152-156; Russen in Deutschland 1997, S. 182-184; 187-191; 196-197.

[115] Naimark, Russians in Germany 1995, S. 150/151.

[116] Naimark, Russen in Deutschland 1997, S. 201-206.

Autoritäre UdSSR überlässt Initiative. Bevölkerung will Reform, braucht aber Anstoß. Den übernimmt die KPD

1993 erzählen drei DDR-Rechtswissenschaftler, Rolf Steding, Jens-Uwe und Klaus Heuer, von einem die Beseitigung des Großgrundbesitzes und Junkereinflusses vorschreibenden Potsdamer Abkommen[117]. Damit steht auch die Bodenreform der Sowjetischen Zone mit der interalliierten Vereinbarung im Einklang. Die Rolle der Besatzungsmacht ist ambivalent. Selbstverständlich liegt die oberste Macht bei ihr[118] und geschieht der Neuaufbau auch hauptsächlich durch ihre Befehle[119]. Trotzdem haben die deutschen Verwaltungsorgane und Parteien einen nicht unerheblichen Gestaltungsspielraum[120], was sich insbesondere bei der Bodenreform bemerkbar macht. Hier überlassen die Russen – wie schon bei Reinert angedeutet – den deutschen Organen selbst die Ausgestaltung der Bodenreform und greifen nur einmal grundsätzlich mit einem sanktionierenden Befehl ein[121]. Die Überlassung der Ausgestaltung ist den Russen wegen entsprechender Regelungen im Potsdamer Abkommen möglich[122]. Eigentliche Rechtsgrundlagen sind also die von den deutschen Organen freiwillig erlassenen Bodenreformverordnungen[123]. Sie werden in der SBZ ausgehend von Bauernforderungen und gestützt auf das Potsdamer Abkommen erlassen und lösen juristisch das Problem der unter den günstigen Voraussetzungen gewollten Diskontinuität[124]. Die Reform entspricht einer Grundstimmung in der gesamten Bevölkerung, die die im kapitalistischen Gesellschaftssystem liegenden Ursachen für den Hitlerkrieg ein für alle Mal beseitigt wissen lassen wollte[125]. Trotzdem hat sie diese Forderung nicht aus eigener Kraft laut werden lassen, sondern wurde insbesondere durch die KPD motiviert[126]. Die anderen Parteien sind hier auch teilweise gegen die Bodenreform, werden aber durch die von der KPD motivierte Bevölkerung, und die von der SMAD unterstützte KPD selbst zur Verab-

[117] Heuer U., Rechtsverständnis. In: Ders. (Hg.), Rechtsordnung der DDR 1995, S. 25/26.

[118] Ebd., S. 31.

[119] Ebd., S. 32.

[120] Ebd.

[121] Ebd., S. 37.

[122] Ebd., S. 36.

[123] Heuer U., Rechtsverständnis. In: Ders. (Hg.), Rechtsordnung der DDR 1995, S. 36 und Heuer K., Bodenrecht. In: Heuer U. (Hg.), Rechtsordnung der DDR 1995, S. 149/150 (und nicht wie bei Naimark ein SMAD Befehl).

[124] Steding, Agrarrecht. In: Heuer U. (Hg.), Rechtsordnung der DDR 1995, S. 76.

[125] Heuer U., Rechtsverständnis. In: Ders. (Hg.), Rechtsordnung der DDR 1995, S. 35.

[126] Ebd., S. 36.

schiedung des Blockbeschlusses gezwungen[127]. Unter der Besatzungsmacht dominieren bestimmte politische Kräfte, KPD und SPD, die einen Neuanfang unbedingt wollen, um eine antifaschistisch-demokratische Neuordnung zu etablieren[128]. Durchaus im Einklang mit anderem Parteiwillen machen sie sich so zum Fürsprecher der ohnehin auch von der Bevölkerung gewollten Maßnahmen[129]. Die Reform könnte damit nur in positiver Erinnerung bleiben, wenn nicht die SMAD mit teilweise rigiden Eingriffen die gesamtdemokratische Durchführung getrübt hätte[130].

Von allem etwas (1948–2000)

Alles bestimmende und gegen alles verstoßende UdSSR will nur einen Satellitenstaat errichten

Für Hans Liebe (1948), Bruno Gleitze (1951) und Georg Brunner (1971), die vor 1990 aus dem deutschen Westen erzählen, ist ausschließlich die UdSSR alles überwachender Initiator der Bodenreform. Deren Durchsetzung ist nicht mehr als der erste Akt einer in der Besatzungsmachtskonzeption von vornherein vorgesehenen, systematischen Sowjetisierung[131]. Durch sie soll die bestehende Wirtschafts- und Eigentumsordnung ausgehöhlt werden, um weite Teile des bürgerlichen Privatrechts in die Bedeutungslosigkeit zu führen[132]. Deutsche Kommunisten, die Arbeiter, andere Parteien oder die Bauern, spielen als Initiativgeber oder Teilnehmer für die Reformdurchführung keine Rolle. Lediglich Deutsche Verwaltungen finden neben der allgegenwärtigen Besatzungsmacht noch Erwähnung. Als der Besatzungsmacht direkt unterstellte Dienststelle[133] erlassen sie im September 1945 die Verordnungen, jedoch nur nach russischer Veranlassung[134]. Die für alle Maßnahmen verantwortliche SMAD

[127] Ebd., S. 35-36.

[128] Steding, Agrarrecht. In: Heuer U. (Hg.), Rechtsordnung der DDR 1995, S. 75.

[129] Ebd., S. 76.

[130] Heuer U., Rechtsverständnis. In: Ders. (Hg.), Rechtsordnung der DDR 1995, S. 36, hier wird dasselbe wie bei Badstübner erzählt, also die SMAD hat zwar vieles den Deutschen überlassen, für alles Schlechte wird sie dann aber wieder herangezogen.

[131] Gleitze, Wirtschaftsstruktur 1951, S. 14.

[132] Brunner, Einführung 1975, S. 20.

[133] »Haben lediglich beratende und ausführende Befugnisse«, Liebe, Organisation der Landwirtschaft. In: Wirtschaftsprobleme der Besatzungszonen 1948, S. 190.

[134] Brunner, Einführung 1975, S. 21.

überwacht vor Ort genau die Durchführung ihrer Befehle[135] und führt ihre Macht mit äußerster Strenge und Schärfe aus[136]. Internationale Vereinbarungen oder auch nur ein eigenes Sicherheitsbedürfnis, spielen für die handelnden Russen keine Rolle. Vor diesem Hintergrund ist schon die Bezeichnung der Maßnahmen als Bodenreform äußerst zynisch. Tatsächlich wurden allein die Großgrundbesitzer enteignet, während sich ansonsten an der Landstruktur der Sowjetischen Zone auch nach Reformdurchführung kaum etwas geändert hat[137].

Alles bestimmende und gegen alles verstoßende KPD will nur die Sowjetisierung

Drei andere westliche Erzähler stimmen dagegen vor und nach 1990 darin überein, dass die deutschen Kommunisten für die umfassenden Enteignungen verantwortlich sind. Beim Bundesministerium für Gesamtdeutsche Fragen (1956), Werner Matschke (1988/1993) und Gerhard Dilcher (1997) hat die deutsche KPD im sowjetischen Exil einen durchdachten Plan zur Einführung des Sozialismus ausgearbeitet, den sie unter den günstigen Rahmenbedingungen des Endes der Kampfhandlungen mit russischer Unterstützung auch umsetzt[138]. Obwohl die UdSSR in Gestalt der SMAD grundsätzlich in allen politischen Fragen tonangebend ist, lässt sie bei der Bodenreform die KPD handeln, die allein eine Direktive zur ihrer Durchführung beschließt[139]. Die Bodenreform, oder nach Lesart dieser Erzähler besser gesagt die Enteignung des Großgrundbesitzes, soll die Umgestaltung des Rechtssystems nach leninistisch-stalinistischer Rechtstheorie beschleunigen[140]. Von Beginn an ist die marxistische Rechtspolitik nur darauf aus, als feststehenden Ansatzpunkt die Umwandlung der Eigentumsverhältnisse durchzusetzen[141], was damit auch einziges Ziel der Bodenreform selbst ist. Durch die Propagandaidentifikation von

[135] Liebe, Organisation der Landwirtschaft. In: Wirtschaftsprobleme der Besatzungszonen 1948, S. 195, ebenfalls mehr auf die Organisations- und Abgabeform der Landwirtschaft bezogen.

[136] Liebe, Organisation der Landwirtschaft. In: Wirtschaftsprobleme der Besatzungszonen 1948, S. 196-197.

[137] Gleitze, Wirtschaftsstruktur 1951, S. 13.

[138] Dilcher, Bürgerliches Gesetzbuch. In: Ders. (Hg.) Rechtserfahrung DDR 1997, S. 95.

[139] Matschke, Wirtschaftliche Entwicklung. In: Fischer (Hg.), Studien 1993, S. 104.

[140] Dilcher, Bürgerliches Gesetzbuch. In: Ders. (Hg.) Rechtserfahrung DDR 1997, S. 94.

[141] Ebd.

Junkern und Kapitalismus mit dem Nationalsozialismus schafft es die KPD, diese Forderungen zu verwirklichen[142]. Wenn die anderen Parteien am 13. September 1945 die Reform als eine »volkswirtschaftliche Notwendigkeit und einen entscheidenden Schritt zur friedlich-demokratischen Erneuerung unseres sozialen Lebens« bezeichnen, so tun sie dies nur unter dem Druck der KPD[143]. Auch hier erlassen die Landes- und Provinzialverwaltungen ihre Bodenreformverordnungen nicht freiwillig, werden aber nicht von der SMAD, sondern von den deutschen Kommunisten zum Erlass veranlasst[144]. Die Widerrechtlichkeit der Reform ergibt sich in diesem Erzählerkreis bereits aus der seit 1933 bekannten Illegalität der KPD[145].

Bodenreform grundsätzlich von allen gewollt. Die tatsächlich Handelnden sind jedenfalls rot. Viele Facetten einer Geschichte

Bei den vier folgenden Erzählern kommt keiner aus dem Osten. John Peter Nettl (1951) Horst Duhnke (1955) Kurt Sontheimer, Wilhelm Bleek (beide 1973/1979) und Hermann Weber (1966/2000) weisen streckenweise unterschiedliche, sich sogar widersprechende Facetten auf. Gemein ist ihnen, dass der Grundbesitz in Deutschland immer eine politische und wirtschaftliche Macht war[146]. Auf der Debetseite des Produktionssystems der Ostdeutschen Landwirtschaft stand der unverhältnismäßig große politische Einfluss großagrarischer Junker auf die deutsche Politik der letzten Jahrhunderte[147], womit auch ein großer Teil des Grundbesitzes – und hierin liegt ein Unterschied zu Naimark – in den Händen aktiver oder passiver Nutznießer des Hitlerregimes lag[148]. Im Sommer 1945 wissen bürgerliche Parteien, die Westalliierten und auch die deutsche Bevölkerung um diesen Faktor. Demgemäß hat eigentlich niemand etwas gegen eine grundsätzliche Umverteilung des landwirtschaftlichen Großgrund-

[142] Ebd., S. 95.

[143] Bundesministerium für Gesamtdeutsche Fragen, SBZ chronologisch 1956, S. 21; Matschke, Wirtschaftliche Entwicklung. In: Fischer (Hg.), Studien 1993, S. 103.

[144] Matschke, Wirtschaftliche Entwicklung. In: Fischer (Hg.), Studien 1993, S. 103.

[145] Bundesministerium für Gesamtdeutsche Fragen, SBZ chronologisch 1956, S. 9.

[146] Weber, Geschichte der DDR 2000, S. 65; Weber, DDR 1945–1990 2000, S. 13; Nettl, Deutsche Sowjetzone 1953, S. 76. Auch Sontheimer/Bleek gestehen einen verderblichen Einfluss der Junker und Großgrundbesitzer auf die Deutsche Politik ein, vgl. Dies., Die DDR 1973, S. 37 und Die DDR 1979, S. 29.

[147] Duhnke, Stalinismus in Deutschland 1955, S. 114.

[148] Ebd., S. 115; Weber, Geschichte der DDR 2000, S. 66.

besitzes einzuwenden[149], es treten sogar bürgerliche Stimmen für die Durchführung einer Reform ein[150]. Aus dieser grundsätzlichen Übereinstimmung folgt aber nicht, dass die tatsächliche Bodenreform auch von allen sie Befürwortenden gleichermaßen initiiert und durchgeführt wurde. Nur Sozialisten und Kommunisten kommen angesichts der historischen Lage für die dann umgesetzte Bodenreform in Betracht – und hier gehen die Geschichten ein wenig auseinander.

Eindeutig zwischen russischen und deutschen Roten unterscheidend, erklärt ein Teil der Erzähler die UdSSR mit ihrer SMAD zu den alles entscheidenden Machthabern. Sontheimers Russen sind dabei schon 1973 intensiv auch mit der konkreten Art und Weise der Reform beschäftigt, was sich 1979 noch verstärkt. In beiden Fällen bereitet die SMAD selbst die Bodenreform bis in die Einzelheiten vor und nimmt sie bereits Ende 1945 in Angriff[151]. Während noch 1973 die Reform im Großen und Ganzen dem Willen aller Parteien entspricht[152], haben 1979 die deutschen Parteien insgesamt mit dieser sowjetischen Detailplanung nichts zu tun[153].

Bei Hermann Weber haben die deutschen Kommunisten etwas mehr Gestaltungsspielraum. Sie selbst erarbeiteten in der Emigrationszeit eigenständig Richtlinien für die Durchführung einer Bodenreform[154]. Als es tatsächlich zur Umsetzung kommt, steht jedoch die UdSSR in Form der SMAD im Vordergrund. Die KPD-Pläne hatten beispielsweise eine Durchführung erst für 1946 vorgesehen, was angesichts der russischen 1945er Anordnung keinen Bestand mehr haben konnte[155]. So bedeutet auch ein Bodenreformaufruf der KPD vom 8. September 1945 keine autarke Mobilisierungsanstrengung, da er tatsächlich von der SMAD initiiert wurde[156]. In diesem von Weber, Sontheimer und Bleek erzählten Teilbereich der Geschichte steht also fest, dass die Russen das Heft fest in der Hand haben und die deutsche KPD – wenn überhaupt – nur als untergeordnete Verwaltungsstelle eigenständige Richtlinien ausgestalten darf.

149 Weber, SBZ zur DDR 1966, S. 26; Weber, DDR 1945–1990 2000, S. 13; Sontheimer/Bleek, Die DDR 1973, S. 36; Nettl, Deutsche Sowjetzone 1953, S. 86; Duhnke, Stalinismus in Deutschland 1955, S. 115.

150 Weber, Geschichte der DDR 2000, S. 66: der CDUler Ernst Lemmer hält die Agrarreform wegen der Verbindung zwischen Hitler und den ostelbischen Großagrariern für unausweichlich, und der SPDler Grotewohl beschreibt die Junker als die Feinde jeder freiheitlichen Entwicklung in Deutschland.

151 Sontheimer/Bleek, Die DDR 1973, S. 36, Sontheimer/Bleek, Die DDR 1979, S. 28.

152 Sontheimer/Bleek, Die DDR 1973, S. 36.

153 Sontheimer/Bleek, Die DDR 1979, S. 28.

154 Weber, SBZ zur DDR 1966, S. 25.

155 Weber, SBZ zur DDR 1966, S. 25.

156 Weber, DDR 1945–1990 2000, S. 13.

Dagegen unterscheiden Duhnke und Nettl nicht eindeutig zwischen deutschen und russischen Kommunisten. Hier handeln »sowjetdeutsche Machthaber[157]« oder »sowjetdeutsche Behörden«[158] und ein deutscher Kommunist wird im Juli 1945 zur Umsetzung der Bodenreformrichtlinien aus Russland eingeflogen[159]. Dann greifen Sowjets höchstpersönlich in die CDU Mitgliederstruktur ein[160], aber die KPD (SED) macht bei der Bodenreform Anstrengungen[161], unternimmt Kampagnen[162] und hegt bezüglich des Reformerfolges bestimmte Hoffnungen[163]. Sie ist es auch, die während des Krieges Durchführungsdetails ausgearbeitet hat, und trotzdem (oder deswegen) steht die Bodenreform für den Höhepunkt russischer Nachkriegsplanung in Deutschland[164].

Die sich an dieser Stelle ein wenig unterscheidenden Geschichten verneinen wieder einheitlich, dass spontane Forderungen und Aktionen der Bevölkerung die Aufteilung des Großgrundbesitzes eingeleitet haben[165]. Auch die bürgerlichen Parteien vermögen trotz ihrer grundsätzlichen Zustimmung gerade die Art und Weise der Reformdurchführung überhaupt nicht zu beeinflussen[166], sondern stimmen ohne eigene Ideen eingebracht zu haben und teilweise auch gegen ihre eigene Überzeugung im Block der Antifaschistischen Parteien nach bewährtem Appellationsrezept der KPD für die Durchführung[167]. Die Bodenreform wird also hauptsächlich und unter unantastbarer Vorherrschaft der Kommunisten in der Sowjetischen Zone eingeleitet und durchgeführt. Für das Warum gehen Sontheimer und Bleek davon aus, dass die Russen im Einklang mit dem Potsdamer

[157] Duhnke, Stalinismus in Deutschland 1955, S. 114.
[158] Ebd., S. 121.
[159] Nettl, Deutsche Sowjetzone 1953, S. 85.
[160] Duhnke, Stalinismus in Deutschland 1955, S. 115.
[161] Ebd., S. 114.
[162] Ebd., S. 115, 123.
[163] Ebd., S. 121.
[164] Nettl, Deutsche Sowjetzone 1953, S. 85.
[165] Weber, Geschichte der DDR 2000, S. 66; Weber, DDR 1945–1990 2000, S. 13; Duhnke, Stalinismus in Deutschland 1955, S. 114. Nettl und Sontheimer/Bleek sprechen diese Möglichkeit nicht einmal an.
[166] Duhnke, Stalinismus in Deutschland 1955, S. 114/115; Sontheimer/Bleek, Die DDR 1973, S. 36; Nettl, Deutsche Sowjetzone 1953, S. 86.
[167] Duhnke, Stalinismus in Deutschland 1955, S. 115/116; anders klingt es bei Weber, nach dem im Block der Antifaschistischen Parteien tatsächlich alle vier auch die radikale Maßnahme der Bodenreform unterstützt hätten, und der Widerstand Einzelner zu einer (tatsächlichen) Führungskrise innerhalb der CDU geführt habe. Er schreibt jedoch nicht, dass die ganze CDU eigentlich schon mit der ersten Art und Weise der Durchführung nicht einverstanden war. Vgl. Weber, SBZ zur DDR 1966, S. 26, der in dieser Formulierung sogar eher zu Herrn Reinert passen könnte.

Abkommen die Reform durchführten, um den verderblichen Einfluss der Junker und Großgrundbesitzer auf die deutsche Politik ein für alle Mal auszuschalten[168]. Trotzdem aber wurde mit der Art und Weise der Durchführung schon 1945 ein Stück Vorbereitung auf die einige Jahre später erst richtig beginnende Kollektivierung der Landwirtschaft umgesetzt, die demnach gleichermaßen trotz eigentlich hauptsächlicher Junkerbeseitigung und Aufteilung der Güter als Ziel schon 1945 angelegt war[169].

In beiden 50er Jahre Geschichten von Nettl und Duhnke kommt den Kommunisten die preußisch-militärische Vorgeschichte Ostdeutschlands sehr gelegen. Während sie in den anderen osteuropäischen Ländern zur Begründung einer Bodenreform komplizierte marxistische Theorien heranziehen müssen, genügt im ostdeutschen Gebiet ein Hinweis auf die historisch-verderbliche Junkerherrschaft und Verknüpfung mit dem Nationalsozialismus, um die Notwendigkeit einer Bodenreform jedem zu verdeutlichen[170]. Die speziellen deutschen Gegebenheiten ermöglichen die Durchsetzung der eigentlichen Ziele unter ständiger Betonung des demokratischen Charakters der Bodenreform.[171]. Hier zeigt sich eine klassische Methode der Kommunisten, die zur Ausnutzung der antinationalsozialistischen Stimmung Aktionen unter dem Deckmantel der Entnazifizierung verschleiern[172]. Während nun aber Duhnke aufgrund der eigentlich bestehenden Ziele an der gesamten Bodenreformaktion nichts Positives mehr finden kann, ist die Reform bei Nettl insgesamt ein Erfolg. Obwohl den Kommunisten eigentlich nicht zu trauen ist, hat die Umverteilung des Landes eine neue, zwar bescheidene aber doch selbstständige Eigentümerklasse geschaffen[173]. Durch die Reform wurde tatsächlich und endlich die Vorherrschaft der Junker gebrochen[174], was sie gleichermaßen zu einer erfolgreichen Maßnahme zur Zerstörung der Wurzeln des Militarismus macht[175]. Die so entstandene neue Eigentümerklasse schuldet und gibt – wenn nicht gerade den Kommunisten – so doch immerhin der Landes- und

[168] Sontheimer/Bleek, Die DDR 1973, S. 37; Sontheimer/Bleek, Die DDR 1979, S. 29.

[169] Sontheimer/Bleek Die DDR 1973, S. 36, Sontheimer/Bleek, Die DDR 1979, S. 28. Das klingt ein bisschen wie Naimark: Selbst wenn die Russen/KPD tatsächlich ehrlich nur die Militarismusbeseitigung aufgrund der Vorgeschichte anstreben, können sie gar nicht anders als in der Art und Weise eine Sowjetisierung vorzunehmen, weil sie nun einmal so sozialisiert sind.

[170] Nettl, Deutsche Sowjetzone 1953, S. 77.

[171] Duhnke, Stalinismus in Deutschland 1955, S. 115.

[172] Nettl, Deutsche Sowjetzone 1953, S. 77/78.

[173] Ebd., S. 86/87.

[174] Ebd., S. 76/78.

[175] Ebd., S. 86.

Zonenverwaltung ihre Loyalität[176]. Was auch immer die weiteren Ziele der Kommunisten waren, die Bodenreform erscheint als eine hauptsächlich und grundsätzlich erfolgreiche Maßnahme zur Zerstörung der Wurzeln des Militarismus, die zwar radikal, aber keineswegs kommunistisch war[177].

Ganz anders sieht Duhnke die Bodenreform der Ostzone. Hier geht es den Russisch-deutschen Kommunisten nie tatsächlich um die Ausmerzung der Junkerklasse, sondern von vornherein eigentlich nur um die Kollektivierung der Landwirtschaft und – damit verbunden – um die Unterwerfung der Bauern[178]. Sie sollten nur scheinbar zu einer selbstständigen, unabhängigen Klasse erzogen werden, durch die Bodenzuteilung den Kommunisten gegenüber Dankbarkeit beweisen und darüber hinaus den Bestand des Regimes unterstützen, um ihr neu – und demnach auch widerrechtlich zugeteiltes Eigentum – beständig erhalten zu können[179]. Der wirtschaftliche Erfolg der Reform war so von den Machthabern nicht erwünscht[180]. Auch dass die Kommunisten am Anfang tatsächlich Großbauernwirtschaften bestehen ließen (und sogar vergrößerten, was insbesondere Nettl als Beweis für die lauteren Ziele der Roten wertet[181]) ist nur ein taktischer Zug, um im späteren Verlauf der Reform einen Sündenbock für den Misserfolg zu haben[182]. Wie weit Nettl und Duhnke trotz vieler Übereinstimmungen auseinander liegen, verdeutlicht sich letztendlich an ihrer (Teil)Geschichte zur Vereinigung der Gegenseitigen Bauernhilfe (VdGB). Weil die Kommunisten ihr Ziel, allein durch den materiellen Anreiz, die Neubauern zu zuverlässigen Kommunisten zu machen, nicht erreichten, griffen sie auf das sowjetische Vorbild zurück, mittels »Organisation« ein beachtliches wirtschaftliches Machtmittel zu schaffen[183]. Zu diesem Zweck schufen die Kommunisten die VdGB als Zentrum der politischen Agitation der SED[184]. Bei Nettl sind dieselben Vereinigungen dagegen nichts weiter als eine sinnvolle, sich aus der nach-

176 Ebd., S. 86/87. Hier klingt es, als sei dies berechtigterweise der Fall, und sollte deswegen die eigentlichen Feinde der Kommunisten, zu denen er auch sich selbst zählt, zum Nachdenken anregen.

177 Nettl, Deutsche Sowjetzone 1953, S. 86.

178 Duhnke, Stalinismus in Deutschland 1955, S. 114, 121. In dieser Geschichtserzählung ist er dem Europa-Archiv, Dilcher, Brunner, Gleitze, Matschke und dem 1956ger Bundesministerium für Gesamtdeutsche Fragen äußerst ähnlich.

179 Duhnke, Stalinismus in Deutschland 1955, S. 121, insoweit also auch eine Erzählung der Einheitsherstellung zwischen Arbeiter- und Bauernklasse.

180 Duhnke, Stalinismus in Deutschland 1955, S. 114/115.

181 Nettl, Deutsche Sowjetzone 1953, S. 85/86.

182 Duhnke, Stalinismus in Deutschland 1955, S. 118.

183 Duhnke, Stalinismus in Deutschland 1955, S. 121.

184 Ebd., S. 121/122.

kriegsbedingten Mangelsituation ergebende Notwendigkeit und gerade nicht das Ergebnis politischer oder ökonomischer Theorie[185].

Der letzte des Viererkanons, Hermann Weber, hält sich bezüglich der Beurteilung des Bodenreformcharakters zurück, stimmt aber immerhin darin mit Nettl überein, dass die Reform selbst zwar radikal, nicht aber kommunistisch war[186].

Zusammenfassung

Schließen wir die Aufzählung an dieser Stelle. Was sagt sie uns im Unterschied zu dem abstrakt Erzählten? Wenig. Die eben zitierten dreißig[187] Erzählenden, die zwischen 1946 und 2007 aus Ost- und Westdeutschland, England, Frankreich und den USA berichten, sind nur ein Bruchteil aller möglichen Einzelerzählenden. Insgesamt bin ich im Zusammenhang mit dieser Arbeit auf 267 Subjekte gestoßen, die sicherlich 546 Bodengeschichten geschrieben haben[188]. Schon das Lesen jeder Geschichte ist damit schwer zu realisieren[189], das Nacherzählen der Ausführungen jede(r)s einzelnen in ähnlicher Art und Weise wie für die Dreißig würde den Rahmen dieser Arbeit überschreiten. Doch »(könnte) die Liste (…) noch gewaltig vermehrt werden, ohne ein Ende zu finden, obwohl wir so summarisch und unpräzis wie nur möglich verfahren sind«[190]. Schon Einzelerzählende, die ich gelesen habe und die nicht in die Einzelberichterstattung eingeflossen sind, erzählen andere Varianten als die soeben kennen gelernten[191]. Jedenfalls

[185] Nettl, Deutsche Sowjetzone 1953, S. 86.

[186] Weber, SBZ zur DDR 1966, S. 26.

[187] Archivberichte aus den Zeitschriften zähle ich wie Einzelerzählende.

[188] Eine Übersicht liefere ich bei Interesse gerne nach. Mit den »mir begegneten« meine ich Treffer aus Bibliothekskatalogen und Beiträge, auf die ich durch das Lesen anderer Bodengeschichten gestoßen bin. Nicht enthalten sind damit zum Beispiel Geschichten, die innerhalb größerer Erzählungen stehen, oder alle Einzelbeiträge in gefunden Sammelbänden. Die »Dunkelziffer« an Bodengeschichten und Bodenerzählern ist sicherlich gewaltig. Ich würde so weit gehen, anzunehmen, dass noch mindestens doppelt so viele Geschichten von ebenfalls doppelt so vielen Erzählern geschrieben wurden.

[189] Und ich habe bei Weitem nicht alle mir begegneten gelesen.

[190] Weber, »Objektivität« sozialwissenschaftlicher Erkenntnis [1922]. In: Winckelmann (Hg.), Max Weber: Gesammelte Aufsätze 1985, S. 211.

[191] Wer sich für weitere Vielfältigkeiten in den Geschichten interessiert: Wilhelm Friedrich Boyens und Erich Arp aus dem frühen Westen; Siegfried Kuntsche, erzählt aus dem Osten vor und nach 1990 Vielfältiges zur Reform. Weitere Geschichten aus dem Westen von Constanze Paffrath und wieder aus dem ehemaligen Osten von Jens Schöne, Jens Kluge oder Elke Scherstanoj. Für Vielfalt lohnenswert auch Ulrich Enders, der 1998 von der Enttäuschung in den Westzonen über die nicht durchgeführte Bodenreform berichtet.

konnte ich keine *Mehrheit* an Erzählenden finden, die dasselbe erzählen und vielleicht so zu der Geschichte der Bodenreform geführt hätten. Bereits die inhaltliche Zueinanderordnung dieser dreißig (für die ich mich aus keinem besonderen Grund entschieden habe), ist nur eine mögliche Art und Weise der Nacherzählung. Obwohl sie sich auf drei signifikante Merkmale (1. warum, 2. von wem und 3. mit welchen Ergebnissen die Reform durchgeführt wurde) beschränkt, gelingt sie nur uneindeutig. Schon diese drei Fragen sind nicht klar voneinander zu trennen, unter anderem weil die Unterscheidung zwischen Ziel und Ergebnis nicht gelingen will. Einmal ist die Herstellung der Arbeiterklasse schon Grund für die Reform, dann ist allein die Ernährungssicherung und Vollendung der lange versuchten Revolution von 1848 das Ziel, was in geschichtsphilosophischem Automatismus zur Einheit der Klassen führt, dann ist zwar das Ziel der Militarismusbeseitigung nur vorgeschoben (existiert aber trotzdem, oder existiert schon gar nicht), im Ergebnis der Reform hat sich die Lage der Bauern trotz reinem Vorwand dennoch verbessert und ist der Militarismus geschwächt – oder eben nicht. Die Erzählenden überschneiden sich – etwa in der Benennung der UdSSR als alles bestimmenden Faktor – um in der Beurteilung ihres Handelns wieder auseinander zu gehen. Das führt von einer planvoll ein Ziel konsequent durchsetzenden Besatzungsmacht (mit »gutem« oder »bösem« Ziel) über eine mehrere Ziele verfolgende, aber doch jedes einzelne ausgearbeitet habende, bis zu einer Besatzungsmacht, die schlichtweg keine Ziele hat. Gleiches gilt für die KPD, die manchmal schon plante und genau diese Pläne dann auch umsetzte, dann plante aber andere Pläne umsetzte und dann wieder noch nicht einmal geplant hat. Erzählende, die in Teilen dieselbe Geschichte erzählen, gehen an anderer Stelle auseinander und verbinden sich mit anderen Erzählenden, denen sie an wieder anderer Stelle ebenso widersprechen, wie den ersten. Manche der dreißig Erzählenden treten in Gruppen auf, andere alleine, andere ordnen sich wiederum mit verschiedenen Geschichten in verschiedene Erzählgruppen ein.

Die (eine) Geschichte der Bodenreform entsteht also nicht durch Mehrheitsbeschluss. Haben sich damit einige Erzählende geirrt (oder sogar gelogen)? Gibt es darüber hinaus gute, mittelmäßige und schlechte Erzählende, derentwegen sich die Geschichte der Bodenreform in Vielfältigkeiten verliert? Und wenn ja, wie kann diese Erkenntnis zu einer universalen Geschichte der Bodenreform führen, wie kann ich wissen, wer falsch, gut oder schlecht erzählt?

An dieser Stelle der Untersuchung würde ich lediglich nach eigenem, nicht systematisierten und schwer zu erklärendem Gutdünken einzelnen Erzählvarianten den Vorrang geben. Für die Geschichte der Bodenreform wäre wenig gewonnen. Viel versprechender scheint mir eine intensivere Beschäftigung mit der Art und Weise (professioneller) Geschichtsschreibung.

Trotz ihrer universalen Kategorie hängt »jede Geschichtsschreibung (...) von den Fragen ab, die man an sie richtet«, und »je nach Sachfrage erweist sich dann die Geschichte als sehr unterschiedlich beschreibbar«[192]. Auch ich bin bei Betrachtung der dreißig Erzählenden von Fragen ausgegangen, um sie inhaltlich zu ordnen. Dabei haben verschiedene, aber auch gleiche Erzählende auf dieselben Fragen Unterschiedliches geantwortet. Was bedeutet also das Fragen, oder anders gesagt, wie gehen die Geschichtswissenschaftler(innen) beim Schreiben von Geschichte überhaupt vor? Meine drei Fragen habe ich als Ordnungsversuch angeführt, ohne mir Gedanken darüber gemacht zu haben, nach welcher Methode (und ob überhaupt nach einer Methode) die Geschichtswissenschaft Geschichte schreibt. Bevor sich immer weitere Kuriositäten über den Inhalt der Bodenreform aneinanderreihen, will ich deswegen einen Blick auf die Methode werfen. Vielleicht ergibt sich so, wer die Geschichte richtig erzählt, oder möglicherweise, dass ich zu viel von der Geschichte erwarte und sie gar nicht einheitlich erzählt werden kann.

[192] Koselleck, Zeitschichten 2003, S. 293.

5. Die Erzählenden und die Methode

Beginnen wir mit einem Klassiker. Johann Gustav Droysen, dem vielleicht »die bedeutendste systematische Ordnung der Geschichte als Wissenschaft im Europa des 19. Jahrhundert gelang«[1], betreibt zwar durch die Grundüberzeugung eines »metaphysisch vorausgesetzten Fortschritts der geschichtlichen Welt«[2] (gegenwärtig überholt) Geschichtsphilosophie, sein für das professionelle Schreiben von Geschichte(n) formulierter Dreischritt aus Heuristik[3], Kritik[4] und Interpretation[5] ist jedoch (geschichtsphilosophisch gesäubert) nach wie vor zentrales Element historischer Methodik[6]. Droysens erstmals 1858 gedruckter »Grundriss der Historik« ist einer von zwei maßgeblichen Einführungstexten in das Geschichtsstudium[7]. Für manche Historik Betreibenden ist Droysen »unzweifelhaft der bedeutendste Geschichtstheoretiker deutscher Sprache«[8]. Manch andere sehen nach ihm (und Dilthey) keinen Bedarf mehr für eine Theorie der Geschichtswissenschaft[9]. Betrachten wir also knapp diese traditionelle, Geschichtsschreibung konstituierende Methode[10].

Im ersten Schritt, der Heuristik, ist als Ausgangspunkt des Forschens die historische Frage zu formulieren[11]. Die Heuristik »schafft uns die Materialen zur historischen Arbeit herbei«[12], und prüft gleichzeitig, welche

[1] So jedenfalls Wagner, Geschichtswissenschaft 1951, S. 213.

[2] Barrelmeyer, Geschichtliche Wirklichkeit 1997, S. 29. Er zitiert für diese Annahme Hardtwig, Begriff der Forschung. In: Diemer (Hg.), Begriff der Forschung 1978, S. 23: »Droysen hat immer nur Fortschritts- und Steigerungsgeschichten geschrieben«.

[3] Droysen, Historik [1858], Hg. von Rothacker 1925, §§ 20-27.

[4] Ebd., §§ 28-36.

[5] Ebd., §§ 37-44.

[6] Jaeger, Geschichtstheorie. In: Goertz (Hg.), Grundkurs 2007, S. 808.

[7] Ich danke Philipp Müller vom Geschichtswissenschaftlichen Institut der Humboldt Universität für diesen Hinweis. Neben Droysens Historik nannte er Max Webers »Objektivität« sozialwissenschaftlicher und sozialpolitischer Erkenntnis, auf das ich später eingehen werde.

[8] Hardtwig, Johann Gustav Droysen. In: Ders. (Hg.), Über das Studium der Geschichte 1990, S. 83.

[9] Nordalm, Zweifel am Methodendiskurs. In: Eckel/Etzmüller (Hg.), Neue Zugänge 2007, S. 286: »was (...) in der geisteswissenschaftlichen Forschung vor sich geht, lässt sich immer noch am besten mit den Theoretikern des Historismus Droysen und Dilthey erläutern«.

[10] Für eine ausführlichere Darstellung vgl. Barrelmeyer, Geschichtliche Wirklichkeit 1997, vor allem S. 32-83.

[11] Droysen, Historik [1858], Hg. von Rothacker 1925, § 20.

[12] Ebd., § 20.

Materialien sich als Grundlage für die historische Frage eignen[13]. Fragestellung und Materialsichtung sind ein gleichzeitiger Prozess. Der Forscher[14] formuliert zunächst eine Fragestellung, betrachtet den aktuellen Forschungsstand und präzisiert die Fragestellung, um erneut den aktuellen Stand der Forschung einzubeziehen[15], bis sich aus der historischen Frage selbst ergibt, welches historische Material (Überrest, Denkmal oder Quelle[16]) zu ihrer Beantwortung heranzuziehen ist[17].

Nachdem die historische Frage gestellt und das historische Material erweitert und ergänzt ist[18], wendet sich der Forscher dem zweiten Schritt zu. Aufgabe der Kritik ist es, zu bestimmen, »in welchem Verhältnis das noch vorliegende Material zu den Willensakten steht, von denen es Zeugnis gibt«[19]. Das historische Material, die Quellen, sind der Kritik der Echtheit[20], des Früheren und Späteren[21] und der Kritik des Richtigen[22] zu unterziehen. »Vor diesem Hintergrund werden alle Befunde der Quelle ermittelt und dokumentiert, die der Bearbeitung der historischen Fragestellung dienen können«[23]. Im Resultat der Kritik wird das historische Material bereitgemacht, um eine sichere Auffassung über die Vergangenheit zu ermöglichen[24]. Mit diesen Resultaten ist nun weiter zu arbeiten[25], und das Weiterarbeiten geschieht im dritten Schritt, der Interpretation.

Nach Droysen »(irrt) die Gewissenhaftigkeit, die über die Resultate der Kritik nicht hinausgehen will (…) darin, daß sie der Phantasie überläßt, mit ihnen [den Resultaten, JK] weiter zu arbeiten, statt auch für die weitere Arbeit Regeln zu finden, die ihre Korrektheit sichern«[26]. Für die auf Heuristik und Kritik folgende Interpretation, deren Wesen das Sehen vergangener Wirklichkeiten in ihrer Gesamtheit ist[27], gibt es also klare,

[13] Ebd., § 26.
[14] Droysen kennt nur Forscher.
[15] Ähnlich Budde/Freist, Verfahren. In: Dies./Günther-Arndt (Hg.), Geschichte 2008, S.160.
[16] Zur Unterscheidung von Überrest, Quelle und Denkmal vgl. Droysen, Historik [1958], Hg. von Rothacker 1925, §§ 22-24.
[17] Ebd., § 26.
[18] Ebd.
[19] Ebd., § 29.
[20] Ebd., § 30.
[21] Ebd., § 31.
[22] Ebd., § 32.
[23] Budde/Freist, Verfahren. In: Dies./Günther-Arndt (Hg.), Geschichte 2008, S. 160.
[24] Droysen, Historik [1858], Hg. von Rothacker 1925, § 36.
[25] Ebd., § 36.
[26] Ebd., § 36.
[27] Ebd., § 37.

Korrektheit sichernde Regeln[28]. Hier werden »die aus den Quellen gewonnenen Befunde geordnet und systematisiert und mit der Fragestellung quellenkritisch und sinnbildend verknüpft«[29]. Unter vier verschiedenen Gesichtspunkten vollzieht sich die Interpretation[30]. Pragmatisch fasst sie »die in der Kritik verifizierten und geordneten Reste und Auffassungen des einst wirklichen Sachverlaufes nach dem in der Natur des Verlaufs liegenden Kausalnexus auf, um den Gang des einst wirklichen Sachverlaufs zu rekonstruieren«[31]. Sie wird von der Interpretation der Bedingungen[32], der psychologischen[33] und der Interpretation der Ideen[34] unterstützt. Im Ergebnis dieser Methode weist die Interpretation in einem Sachverlauf einen Gedankenkomplex auf, in dem das Geschehene verstanden wird[35]. Freist und Budde (vielleicht aber auch schon der Klassiker selbst) sehen in Heuristik und Kritik gleichermaßen interpretatorische Momente, weswegen im dritten Schritt genauer von einer »abschließenden Interpretation« gesprochen werden solle[36].

Nach der Methodik ergibt sich die Geschichte also nicht aus den nackten Quellen, liegt nicht einfach in den Archiven und ist dort nur »abzustauben«[37]. Der Geschichtsschreiber arbeitet nicht wie ein klarer, glänzender und ein Bild scharf zurückwerfender Spiegel, der die vergangenen Geschehnisse genauso zeigt, wie er sie aufnimmt und »in keiner Weise entstellt, verblasst oder verzerrt«[38], die Geschehnisse brauchen nicht »nur noch geordnet und dargestellt zu werden«[39]. Bereits vor Droysen bei Wilhelm von Humboldt modifiziert sich diese frühere »erkenntnistheoretische Unbekümmertheit«[40]. Von Droysen als »ein Bacon für die Geschichts-

[28] Droysen unterscheidet Pragmatische Interpretation, die Interpretation der Bedingungen, die Psychologische Interpretation und die Interpretation der Idee, vgl. §§ 39-42.

[29] Budde/Freist, Verfahren. In: Dies./Günther-Arndt (Hg.), Geschichte 2008, S. 160/161.

[30] Droysen, Historik [1858], Hg. von Rothacker 1925, § 38.

[31] Ebd., § 39.

[32] Ebd., § 40.

[33] Ebd., § 41.

[34] Ebd., § 42.

[35] Ebd., § 44.

[36] Budde/Freist, Verfahren. In: Dies./Günther-Arndt (Hg.), Geschichte 2008, S. 161.

[37] Welskopp, Erklären, begründen, theoretisch begreifen. In: Goertz (Hg.) Grundkurs 2007, S. 138. Er bezeichnet diese Auffassung als »bequemste« unter den Geschichtswissenschaftlern.

[38] Lukian, Wie man Geschichte schreiben soll [166-168 n. Chr.], Hg. und übersetzt von Homeyer 1965, S. 155, Nr. 51. Auch Lukian kennt nur Geschichtsschreiber.

[39] Ebd., S. 155, Nr. 51.

[40] Koselleck, Geschichte, Historie. In: Brunner/Conze/Ders. (Hg.), Historisches Lexikon, Band 2 E-G 1992 [1975], S. 659, Hier als Beurteilung der methodischen Ansichten von Fénelon und Gottsched.

wissenschaften«[41] bezeichnet, geht Humboldt beim Geschichtsschreiben von einem ersten Schritt aus, in dem die »nackte Absonderung des wirklich Geschehenen«[42], also seine »genaue, partheilose, kritische Ergründung«[43] erfolgen soll. Diese erste Ergründung ist eine große Herausforderung – nur mit »höchster Vorsicht« kann erfasst werden, wie es sich wirklich zugetragen hat[44], und oft sind die Ergebnisse des ersten Schritts »wenig mehr, als die Resultate der Ueberlieferung und Forschung, die man übereingekommen ist, für wahr anzunehmen«[45]. In jedem Fall und ohnehin ist das Beschreiben der vergangenen Tatsachen lediglich »die nothwendige Grundlage der Geschichte, der Stoff derselben, aber nicht die Geschichte selbst«[46]. Diese kann erst in einem zweiten Schritt entstehen, in dem der Geschichtsschreiber die gefundenen Tatsachen zueinander in Beziehung setzt und die »unsichtbaren Theile jeder Tatsache« miteinander verbindet[47]. Das Interpretieren ist wie bei Droysen eigentliches Element für das Schreiben von Geschichte.

Anscheinend gehen Historiker(innen) also schon lange von der Notwendigkeit fiktionaler Erkenntnismittel aus, die Geschichtsschreibung erst ermöglicht: »ohne Annahmen und Erzählstrategien, die keinen beweisbaren Anhalt in einzelnen Quellen haben, lassen sich historische Zusammenhänge nicht darstellen«[48]. Die (nicht mehr selbstverständlich existierenden) Fakten allein führen nicht zu Erkenntnis, es muss gedichtet werden – »die Wissenschaft ist eine Leistung der Subjektivität«[49]. Während diese Annahme jedenfalls noch von einem beweisbaren Anhalt in den Quellen ausgeht, stellen andere auch die Faktenmöglichkeit in Frage. Wolfgang Hardtwig ist sich sicher, dass das »lange Zeit gängige Vorurteil, die Darstellung verhalte sich zu den Fakten wie die Form zum Stoff« ebenso endgültig ausgeräumt ist wie der Glaube an die Möglichkeit, »Tatsachen in einem ersten Schritt der Erkenntnis rein und objektiv zu ermitteln [um sie] (...) in einem zweiten, grundsätzlich abtrennbaren Vorgang darstellerisch [zu präsentieren]«[50]. Rankes Diktum (das an dieser Stelle

[41] Droysen, Historik [1858], Hg. von Rothacker 1925, S. 6.

[42] Humboldt, Aufgabe des Geschichtschreibers 1822, S. 2.

[43] Ebd., S. 3.

[44] Ebd., S. 1.

[45] Ebd., S. 2.

[46] Ebd.

[47] Ebd., S. 2/3.

[48] Goertz, Vorwort [1997]. In: Ders. (Hg.) Grundkurs 2007, S. 11/12.

[49] Sellin, Einführung in die Geschichtswissenschaft 2005, S. 13.

[50] Hardtwig, Formen der Geschichtsschreibung. In: Goertz (Hg.), Grundkurs 2007, S. 225.

nicht fehlen darf, im Übrigen aber auch »ad nauseam« wiederholt wird[51]), der Geschichtsschreiber solle »bloß sagen, wie es eigentlich gewesen«[52], gilt manchen Historik Betreibenden als »Zeugnis einer fatalen Bequemlichkeit des Denkens«[53]. Paravicini zufolge »erntet müdes Lächeln, schlimmstenfalls Hohn«, »wer heute [2010, JK] unter Fachleuten Ranke zustimmend zitiert«[54]. Ob nicht auch eine andere Geschichte von einem anderen, nicht ganz so naiven Ranke erzählt werden könnte, sei an dieser Stelle dahingestellt[55]. Jedenfalls wird – das versichert die gegenwärtige Geschichtsmethodik wohl einhellig – beim Schreiben von Geschichte »kein ›naturgetreues‹ Abbild dessen geschaffen, was sich einst zutrug. Das wäre zu traditionell und einfach gedacht«[56].

Was Goertz 2007 formuliert, ist schon 1904 bei Max Weber nachzulesen. In dessen Abhandlung über die »›Objektivität‹ sozialwissenschaftlicher Erkenntnis«, neben Droysens Historik der zweite mir empfohlene klassische Einführungstext in das Geschichtsstudium[57], ist »die Erkenntnis der historischen Wirklichkeit [nie] ›voraussetzungslose‹ Abbildung ›objektiver‹ Tatsachen«[58]. Bezüglich der ›Fakten‹, die aus den Vergangenheit übermittelnden Quellen gewonnen werden sollen, wird bei Weber besonders deutlich, dass eine Einheitlichkeit in der Erkenntnis (und so eine einheitliche Geschichtsschreibung über einen Sachverhalt) vielleicht nicht möglich ist: »Wenn immer wieder die Meinung auftritt, jene Ge-

[51] So die Formulierung Wehlers, Literarische Erzählung oder kritische Analyse? [2007]. In: Ders. (Hg.), Essays 2010, S. 125 für Lyotards Ende der großen Erzählungen. Vgl. oben unter 3. Das Erzählte und die Geschichte, S. 22 Fn. 35.

[52] Ranke, Vorrede [1824]. In: Hardtwig (Hg.), Über das Studium der Geschichte 1990, S. 45.

[53] Oexle, Begriff und Experiment. In: Borsò/Kann (Hg.), Geschichtsdarstellungen 2004, S. 25.

[54] Paravicini, Wahrheit der Historiker 2010, S. 3.

[55] Nach Paravicini, Wahrheit der Historiker 2010, S. 3, wusste Ranke selbst, dass sein formuliertes Ideal des objektiven Wissens nicht erreichbar ist: »Man bemüht sich, man strebt, am Ende hat man‹s nicht erreicht«: Ranke, Vorwort zur Serbischen Revolution, S. 46. Auf S. 3 in Fn. 21 weist Paravicini außerdem auf Jörn Rüsen hin, nach dem Rankes Sammeln die Heuristik, Rankes Finden die Kritik und Rankes Durchdringen die Interpretation von Droysen ist. Vgl. Rüsen, Zerbrechende Zeit. Über den Sinn der Geschichte, Köln 2001, S. 107; Rüsen, Droysen heute – über verlorene Themen der Historik [2005], In: Ders., Kultur macht Sinn, 2006, S. 39-61, S. 46; Eine ein wenig differenziertere Objektivismusverurteilung Rankes findet sich bei Barrelmeyer, Geschichtliche Wirklichkeit 1997, S. 99-105.

[56] Goertz, Geschichte – Erfahrung und Wissenschaft. In: Ders. (Hg.), Grundkurs 2007, S. 20.

[57] Vgl. in diesem Kapitel, S. 49 Fn. 7.

[58] Weber, »Objektivität« sozialwissenschaftlicher Erkenntnis [1922]. In: Winckelmann (Hg.), Max Weber: Gesammelte Aufsätze 1985, S. 192.

sichtspunkte [darüber, was wichtig für die Vergangenheit ist] könnten dem ›Stoff selbst entnommen‹ werden, so entspringt das der naiven Selbsttäuschung des Fachgelehrten, der nicht beachtet, daß er von vornherein kraft der Wertideen, mit denen er unbewußt an den Stoff herangegangen ist, aus einer absoluten Unendlichkeit einen winzigen Bestandteil als *das* herausgehoben hat, auf dessen Betrachtung es ihm allein *ankommt*«[59].

Vielleicht ist sogar »der direkte Zugang zum Tatsächlichen vergangener Tage – zu den res gestae (…) verdeckt. (…) Was den Quellen abgerungen werden kann, steht nicht ein für alle Mal fest, sondern enthüllt sich stets aufs Neue in den komplizierten Vorgängen des historischen Erkenntnisprozesses, der nicht unveränderlichen Regeln folgt, nicht normativ konzipierte Arbeitsphasen durchläuft und nicht zu Urteilen führt, die unumstößlich wären. Die Quellen lassen Züge erkennen, die genauso der Veränderlichkeit unterliegen wie die Sachverhalte, auf die sie verweisen, und wie diejenigen, die sie erfassen wollen. Geschichtswissenschaft ist Wissenschaft von der Veränderlichkeit des zu Erkennenden, des Erkannten und des Erkennenden. Sie ist eine bewegliche Disziplin«[60]. »Historische Erkenntnis ist« also »nicht Abbildung einer äußeren gewesenen ›Wirklichkeit‹, sondern ist vielmehr ›Entwurf‹, sie ist Hypothese, Konstruktion«[61].

Ohne in diesem kurzen Methodenabriss auf postmodernes Geschichtsschreiben, (um nur einige Vertreter zu nennen) auf Hayden White, Roland Barthes oder Frank Ankersmit eingegangen zu sein, könnte Vielfalt in der Geschichtsschreibung also ein Umstand sein, der niemanden mehr ernsthaft beschäftigt. Kann die Untersuchung also an dieser Stelle aufhören? Gibt es kein Problem der verschiedenen Geschichten, weil ohnehin jeder(m) aufgeklärten Historiker(in) bewusst ist, dass die historische Wirklichkeit nicht erfahrbar ist, ja dass es – um diesen bisher nur am Rande beachteten Begriff nun zu nennen – keine objektive Wahrheit gibt? Ist die Bodenreform also zugleich demokratisch wie undemokratisch, (nur) russisch, (nur) deutsch, international, sozialistisch, kommunistisch, liberal, notwendig, gerecht, erzwungen und automatisch? Erfolgreich und gescheitert? Enteignend und Eigentum erhaltend? Wenn »von den gleichen Ereignissen verschiedene Darstellungen gleich wahr sein«[62] können, folgt dann, dass *alle* Darstellungen des gleichen Ereignisses gleich wahr sein können? Wenn dem so ist, ist es dann überhaupt noch möglich, von dem Ereignis zu sprechen? Hat die Geschichtswissenschaft *tatsächlich* – wie Paravicini

[59] Ebd. S. 181.
[60] Goertz, Geschichte – Erfahrung und Wissenschaft. In: Ders. (Hg.), Grundkurs 2007, S. 20.
[61] Oexle, Vom Wissen wissen? In: Landwehr (Hg.), Geschichte(n) 2002, S. 42.
[62] Koselleck, Zeitschichten 2003, S. 294.

in Anlehnung an Konersmann bedauernd feststellt – »Abschied von der nackten Wahrheit« genommen[63]?

So einfach ist es nicht. Schon das Bedauern des soeben Zitierten lässt Anderes vermuten, und auch die meisten der hier am Rande erwähnten, »unbequemen«[64] und streckenweise von Fiktion ausgehenden Historik Betreibenden ziehen andere Konsequenzen. Die Sache ist komplizierter. Zu Methode, historischer Wirklichkeit, Wahrheitsfähigkeit und der Frage, ob die kollektivsinguläre Geschichte überhaupt möglich sein kann, ist längst nicht alles gesagt. Alles kann ohnehin nicht gesagt werden, und ich will es auch nicht versuchen. Ausgangspunkt dieser Untersuchung war und ist die konkrete Vielfalt in der Geschichtsschreibung über die Bodenreform – oder über das als Bodenreform Bezeichnete. Wenn wir uns wieder auf diesen Bereich konzentrieren, finden sich Historik Betreibende, denen die Vielfalt bewusst ist, und die sich eben nicht mit dieser Vielfalt abfinden. Wir finden Erzählende, die die Geschichte erzählen wollen und sich mit dem Anspruch auf wahre Abbildung des damals tatsächlich Geschehenen mit anderen Varianten streiten. Wenden wir uns also wieder der Praxis, hier der konkreten Geschichtsschreibung über die Bodenreform, zu.

63 Paravicini, Wahrheit der Historiker 2010, S. 6: »so der Titel der bebilderten Abhandlung bei« Ralf Konersmann, Kulturelle Tatsachen. Frankfurt am Main 2006, S. 380-399.

64 Um auf diesen Ausdruck Oexles zurückzugreifen, vgl. in diesem Kapitel, S. 53, Fn. 53.

6. Eine Geschichte über Bodenreformgeschichtsschreibung

Nacherzählung, Urteil, Standort

Selbstverständlich kennt die Geschichtswissenschaft den Umstand verschiedener Erzählungen über die Vergangenheit. Ein berühmtes westdeutsches Beispiel ist der in den 80er Jahren von Ernst Nolte ausgelöste Historikerstreit[1]. Als jüngeres, weniger populäres Exempel, eignet sich die Diskussion um Canossa, Heinrich den IV. und sein Verhältnis zum Papst[2]. Abschließend sei für Frankreich die wieder berühmte, von François Furet 1968 initiierte Neuerzählung der Französischen Revolution genannt[3]. In den letzten zwanzig Jahren sind insbesondere verschiedene Erzählinhalte im Angesicht deutsch-deutscher Teilung Gegenstand geschichtstheoretischer Untersuchungen geworden4. Speziell über die unterschiedlichen Varianten der Bodenreform hat sich jedenfalls ein professioneller Historiker Gedanken gemacht. Arnd Bauerkämper schreibt 1996 einen Aufsatz über »Interpretationen der Bodenreform und Kollektivierung im Kontext der deutschen Teilung und Vereinigung«[5], und widmet sechs Jahre später diesen »Interpretationen« ein einleitendes Kapitel in seiner Habilitation[6]. »Zum Forschungsstand als Zwischenbilanz ausführ-

[1] Vgl. hierzu die 1987 im Piper Verlag erschienene »Dokumentation der Kontroverse«, die auf S. 2 »die entscheidenden Beiträge aller Kontrahenten zu versammeln« ver[illegible]richt. Der in diesem Band nicht zu Wort kommende Hans-Ulrich Wehler hat mit »[illegible]orgung der deutschen Vergangenheit« 1988 ein eigenes »polemisches Essay« zum [illegible]orikerstreit verfasst. Ernst Nolte, der Auslöser, äußert sich 1987 mit »Das Vergeh[illegible]er Vergangenheit«. Eine »Betrachtung des Streits von außen« hat 1991/1987 [illegible]rd Evans mit »Im Schatten Hitlers« geschrieben, vgl. dort S. 7.

[2] Vgl. Fried, [illegible] von Canossa. In: Hartmann/Herbers (Hg.), Faszination 2008, S. 133-197. Dage[illegible] Althoff, Kein Gang nach Canossa?, In: Damals 2009, S. 59-61.

[3] François Furet/De[illegible]ichet, La Révolution française, 1968; Anders die Geschichte von Albert Soboul, H[illegible]re de la Révolution française, 2 Bände, 1. De la Bastille à la Gironde, 2. De la Mo[illegible]e à la Brumaire, Paris, 1962.

[4] Vgl. nur Eichhorn, Geschich[illegible]ssenschaft zwischen Tradition und Innovation 2006, S. 121/122 über den Umgang mi[illegible] Historischen Zunft der DDR. Von östlicher Seite über den Westen: Lozek, Geschicht[illegible]eibung im 20ten Jahrhundert 1998; vom Westen über den Osten vgl. nur: Sabrow, Gesc[illegible]tswissenschaft in der DDR 1949–1969, 2009.

[5] Bauerkämper, Interpretationen 1996, S. [illegible]

[6] Bauerkämper, Ländliche Gesellschaft 200[illegible] Kapitel 1 Einleitung: Kommunistische Diktatur und ländliche Gesellschaft. 2. Di[illegible] Ländliche Gesellschaft in der SBZ/DDR: Interpretationen und Forschungsstand, S. 22-35.

licher« empfiehlt er auch hier den 1996 geschriebenen Aufsatz. Diese ausführlichere Historiographie repetiert Bodenreformgeschichten, die einundfünfzig Jahre lang in beiden Deutschländern erzählt wurden. In Teilen erinnern sie an die von mir nacherzählten Geschichten der dreißig Einzelerzählenden, wobei Bauerkämper in den Varianten Regelmäßigkeiten erkennt, die sich mir aus dem Lesen der Einzelgeschichten so nicht erschlossen haben.

Die Ost-Geschichtsschreibung ordnet er chronologisch. Sie besteht in seiner 1996er Historiographie aus drei Generationen. Als historisch (Vollendung der 1848er und 1919er Revolution sowie zur Überwindung des Nationalsozialismus) und pragmatisch (zur Lösung der Flüchtlingsproblematik und zur Ernährungssicherung) unausweichlich[7], wird die Bodenreform in der ersten DDR-Geschichtsgeneration dargestellt. Nur durch sie konnte (wegen ertragreicherer kleinbetrieblicher Erzeugung) in der schweren Mangellage der unmittelbaren Nachkriegszeit die Ernährung sichergestellt werden[8]. Mit Beginn der fünfziger Jahre verändert sich diese Erzählweise: Lenin und Marx treten erstmalig in den Geschichtenvordergrund[9]. Während die Geschichten der ersten Generation keine Kollektivierungsabsicht kennen, erzählt die zweite Generation von einem stufenweisen, aber gezielten Vorgehen der KPD/SED von der Bodenreform zur Kollektivierung[10]. Die Reform ist hier der Anfangspunkt einer von der deutschen Parteiführung langfristig angelegten, geradlinigen und kontinuierlich verfolgten Strategie des Übergangs vom Kapitalismus zum Sozialismus[11]. Die Sowjetische Besatzungsmacht ist in diesen Geschichten ein gütiger Helfer bei der Bodenreformdurchsetzung[12]. In den jüngsten, dritten und letzten DDR-Geschichten finden sich sozialgeschichtliche Aspekte, leichte Hindernisse und Probleme ein. Die Bodenreform wird zu einem etwas komplexeren Vorgang, der sich auch aus beteiligten Volksgruppen, politischen Entscheidungsträgern und deren Schwierigkeiten zusammensetzt[13].

Die bundesdeutschen Erzählweisen grenzt Bauerkämper chronologisch weniger klar voneinander ab. In den frühen fünfziger Jahren wird hier von einer langfristig geplanten, programmatisch direkt aus dem Marxismus-Leninismus abgeleiteten und zielstrebig durchgeführten Transformation der Agrarwirtschaft und ländlichen Gesellschaft in der SBZ/DDR

[7] Bauerkämper, Interpretationen 1996, S. 40/41.
[8] Ebd., S. 41.
[9] Ebd., S. 42.
[10] Ebd., S. 45.
[11] Ebd., S. 43.
[12] Ebd., S. 45.
[13] Ebd., S. 46.

erzählt[14]. Diese Geschichte des ausschließlich sowjetischen Diktats[15], die vom Paradigma der ›Sowjetisierung‹ oder ›Bolschewisierung‹ geprägt ist[16], bleibt dem Erzählkanon grundsätzlich erhalten. Mit der Zeit gesellen sich andere Geschichten zu ihr. Manch westdeutscher Historiker[17] berichtet in den siebziger Jahren von der Bodenreform als »historischem Fortschritt«[18] und eine häufig erzählte Geschichte handelt von der Bodenreform als umfassender Entnazifizierungsmaßnahme[19], die immer öfter zwar radikal, nicht aber kommunistisch ist[20]. Außerdem entdecken die Erzählenden seit den achtziger Jahren die Sozialgeschichte der Bodenreform[21].

Bauerkämpers Nacherzählung von sich unterscheidenden Bodenreformgeschichten enden 1996 nicht mit dem Fall der Mauer. Auch als es nur noch ein Deutschland gibt, wird aus vielen Geschichten nicht eine Geschichte[22]. Die Bodenreform ist nun mal ein Beispiel des versuchten, aber gescheiterten demokratischen Neubeginns[23] und mal ein erfolgreich verwirklichtes, einzigartiges Existenzgründungsprogramm[24]. In manchen Erzählungen ein Beleg für die (im Vergleich zum Westen) gerechtere Lösung der Agrarfrage[25], bleibt auch die »Sowjetisierungsgeschichte« nach 1990 erzählbar[26]. Daneben werden Varianten von einer hauptsächlich durch deutsche Kommunisten vorangetriebenen Bodenreform laut, die ausschließlich die Klientelbildung im Sinn hatten[27], während andere von einer »von breiten Schichten der Bevölkerung selbst durchgesetzten Aktion«[28] berichten.

Bauerkämper beschreibt in seinem Aufsatz also auch Vielfältigkeiten bei der Geschichtsschreibung zur Bodenreform. Anders als in meiner Aufzählung werden die Erzählungen in seiner Variante jedoch in mehr oder weniger eindeutige Geschichtengenerationen eingeordnet. Ich hatte eine derartige Einordnung aus Mangel an Maßstäben, die eine Beurtei-

14 Ebd., S. 48.
15 Ebd.
16 Ebd., S. 48/49.
17 Bei Bauerkämper sind alle Historiker, Soziologen, Agrarwissenschaftler oder Erzähler, männlich. Deswegen sind sie es auch in dem nun folgenden Abschnitt.
18 Ebd., S. 50.
19 Ebd., S. 51.
20 Ebd.
21 Ebd., S. 51-52.
22 Ebd., S. 52.
23 Ebd., S. 53.
24 Ebd., S. 58.
25 Ebd., S. 54.
26 Ebd., S. 54/55.
27 Ebd., S. 55/56.
28 Ebd., S. 56.

lung ermöglicht hätten, unterlassen[29]. Bauerkämper scheint nun derartige Maßstäbe zu kennen. Über die Nacherzählung und Einordnung in Generationen hinaus sind seine Ausführungen – im Gegensatz zu meinen Betrachtungen über Erzähltes und Erzählende – keine bloßen Nacherzählungen. Er verbindet das Nacherzählen mit Qualitätsurteilen. Die frühste Ost-Geschichte zur Bodenreform ist eine historisch-pragmatische Interpretation, ja eine »historisierende Deutung« der Geschehnisse[30]. Die Erzählweise der zweiten Generation »nivelliert« divergierende Strategien unter den kommunistischen Funktionären oder »reduziert« die vorhandenen Widersprüche zu »Unklarheiten«. Tatsächliche Kurswechsel in der agrarischen Transformation werden »verdeckt«[31], die Studien sind »glorifizierend« und »verherrlichend«[32]. Außerdem »leugnen« ihre Erzähler »nahezu durchweg«[33] Druckausübung, Zwangsmaßnahmen und Repressionsmechanismen der UdSSR bei der Durchsetzung der Bodenreform. Die Geschichtenqualität bessert sich erst in den späten achtziger Jahren, weil auch das Spannungsverhältnis zwischen alteingesessener und neuer Bevölkerung[34], die Folgelasten, und die Beteiligung der anderen Blockparteien an der Reform[35] nacherzählt werden. Dennoch, obwohl die Interpretationen dieser Epoche »flexibler« geworden sind, verschweigen sie weiterhin die so wichtige sozialgeschichtliche Darstellung der Bodenreform[36].

In der Bundesrepublik bestehen ebenfalls Qualitätsunterschiede. Ihre älteste und langlebigste Sowjetisierungsgeschichte »akzentuiert« die Repression, ist »ausschließlich« und hebt Zwangsmaßnahmen »hervor«[37]. Die Bodenreform wird »lediglich« als erste Etappe auf einem vorgesehenen Kollektivierungsweg dargestellt[38] und ist damit »simplifizierend«[39]. Spätere Vorwendewestgeschichten des Historischen Fortschritts und der Entnazifizierung sind dagegen »unkritisch« oder »undifferenziert positiv«[40]. Nach 1990 sind Geschichten, die von Bodenreform- und DDR-

[29] Siehe oben, unter 4. Erzählende. Fünfzehn Sachverhalte einer Bodenreform – Zusammenfassung, S. 47: »lediglich nach eigenem, nicht systematisierten und schwer zu erklärendem Gutdünken (würde ich) einzelnen Erzählvarianten den Vorrang geben«.

[30] Ebd., S. 41.

[31] Ebd., S. 43.

[32] Ebd., S. 44/45.

[33] Ebd., S. 45.

[34] Ebd., S. 46.

[35] Ebd.

[36] Ebd., S. 47.

[37] Ebd., S. 48.

[38] Ebd., S. 49.

[39] Ebd., S. 50.

[40] Ebd.

Legitimität erzählen, teilweise »offen apologetisch«[41], oder »abwegig«, soweit sie die Bodenreform als Existenzgründerprogramm beschreiben[42]. Die hohe Attraktivität der Agrarpolitik von KPD/SED ist eine Unterstellung[43], und in der Klientelbildungsgeschichte wird die politische Bindung der Profiteure »überschätzt«, außerdem die Bodenreform auf eine abgeleitete Größe im Machtkalkül der Entscheidungsträger »reduziert«[44]. »Erschüttert« ist die antifaschistische Legitimation der Bodenreform, »der Mythos einer gesellschaftlichen Erhebung auf dem Lande ist (widerlegt)« und die »pseudodemokratische Legitimation der Bodenreform (demontiert)«[45].

Auch wenn Bauerkämper die anderen Geschichten nur selten als »falsch« oder »unwahr« bezeichnet, zeigen seine Beurteilungen doch, dass er die Einschätzungen durch andere von einem bestimmten Standpunkt aus misst. 1994 und 1996 schreibt er auch Rezensionen zu den vierbändigen, von Hans Modrow, Dietmar Keller und Herbert Wolf herausgegeben »Ansichten zur Geschichte der DDR«[46], die ähnliche Bewertungsbeispiele enthalten. Hiernach wird in manchen Geschichten »die Offenheit der Entwicklung in der DDR tendenziell überbetont«[47]. Einige Interpretationen »überzeugen nicht« oder sind »verkürzt«, »Charakterisierungen unterstellen« oder »verdecken« was eindeutig ist[48]. Deutungen sind »undifferenziert«[49], »einseitig«[50] und Interpretationen »apologetisch«[51]. Teilweise sind Geschichten der anderen sogar »unhistorisch«, die verwendeten Begriffe »unzutreffend« oder »verharmlosend«[52]. Während manche ›Fakten‹ »unzureichend berücksichtigt«, »unterbelichtet«[53] oder »unterschätzt«[54] werden, werden andere »überschätzt«, »überzeichnet« oder »politisch funktionalisiert«[55].

[41] Ebd., S. 53.
[42] Ebd., S. 58.
[43] Ebd., S. 57.
[44] Ebd., S. 56.
[45] Ebd., S. 58/59.
[46] Band 1: 1993; Band 2: 1994; Band 3: 1994.
[47] Bauerkämper, Verengte Ansichten. In: Deutschland-Archiv 1994, S. 865.
[48] Ebd., S. 865.
[49] Ebd., S. 867.
[50] Ebd., S. 865.
[51] Ebd., S. 866.
[52] Ebd., S. 867.
[53] Bauerkämper, DDR-Geschichte und politische Kultur. In: Deutschland-Archiv 1996, S. 131.
[54] Bauerkämper, Verengte Ansichten. In: Deutschland-Archiv 1994, S. 865.
[55] Bauerkämper, DDR-Geschichte und politische Kultur. In: Deutschland-Archiv 1996, S. 132.

Derlei Beurteilungen antizipieren einen Maßstab. Um sagen zu können, wann etwas über- oder unterbetont, undifferenziert, einseitig, unzutreffend oder verharmlosend dargestellt wird, muss ich wissen, wie in richtiger Art betont wird, wann eine Aussage differenziert, vielseitig, zutreffend ist oder die Schwere des Geschehenen richtig beschreibt. Gleichzeitig ergibt sich aus diesen Anschauungen, dass differenzierte Aussagen auch ›richtig‹ sind. Ich wollte eine derartige Systematisierung der Geschichtenvielfalt zur Bodenreform nicht vornehmen, weil ich lediglich nach meinem eigenen Geschmack, meinem »Gutdünken«[56], die einzelnen Erzählungen als besser, schlechter, sich irrend oder gar lügend beurteilt hätte. Woher weiß Bauerkämper nun von diesen Qualitätsbewertungen?

Der Historiker nennt die Vielfältigkeiten nicht Geschichten, sondern Interpretationen, Deutungen und unterschiedlichste »Formen der Aneignung historischer Realität«[57]. In Anlehnung an Droysens Methodik haben also viele verschiedene Erzählende die historische Realität unterschiedlich interpretiert. Verschiedene erzählen somit Verschiedenes über die Bodenreform, und innerhalb der Verschiedenheit gibt es Wertunterschiede. Die Varianten bestehen nicht gleichwertig nebeneinander, sondern manche nivellieren, reduzieren, verurteilen, verdecken, unterstellen, stilisieren, glorifizieren, verherrlichen, leugnen, verschleiern, heben hervor, akzentuieren, konstatieren, simplifizieren, sind ausschließlich oder stellen nicht dar. Ich wage hier – vielleicht verkürzt – zusammenzufassen, dass nach Bauerkämpers Lesart also einige Darstellungen der Bodenreform (als Aneignung historischer Realität) falsche, andere dagegen richtige Aneignungen sind.

Bei diesem Werturteil bleibt der Autor nicht stehen. Er weiß auch, *warum* manche Erzählende Verschiedenes (Falsches) berichten. Die Fehler hängen mit der Subjektivität jeder Interpretation zusammen: Bauerkämper will in seinem Beitrag aus 1996 vor allem die »Standtortgebundenheit des Historikers« verdeutlichen[58]. Aus dem jeweiligen Standort der betroffenen Geschichtsschreiber ergibt sich die Art und Weise ihrer Interpretation. Damit weiß Bauerkämper, *dass* und *warum* die anderen falsche Geschichten der Bodenreform erzählen, wobei das »Warum« das »Dass« bedingt – und umgekehrt.

Im Einzelnen führen folgende Standorte zu jeweilig ›falschen‹ Varianten. Die erste Generation der DDR-Geschichtsschreibung wurde noch »von der politischen Auseinandersetzung beeinflusst«[59]. Die Nachkriegs-

[56] Siehe in diesem Abschnitt auf S. 59 Fn. 29, sowie oben unter 4. Erzählende. Fünfzehn Sachverhalte einer Bodenreform – Zusammenfassung, S. 47.

[57] Bauerkämper, Interpretationen 1996, S. 36.

[58] Ebd., S. 37.

[59] Ebd., S. 40.

not bedingt die Art der Argumente – Pragmatismus von Ernährungssicherung und Heimatangebot eigneten sich am besten, um die Unterstützung der Bodenreform zu erhöhen[60]. In den sechziger Jahren der DDR prägen besonders »ungebrochene(r) Zukunftsoptimismus, eine nahezu grenzenlose Fortschrittseuphorie und weit reichende Modernisierungsillusionen«[61] den Standort der Geschichtenschreiber. Historischer Materialismus und »Formationstheorien«[62] sind zusammenfassend der Grund für die Darstellung der Bodenreform als Ergebnis der omnipotenten SED. Für die Geschichten der achtziger Jahre kennt Bauerkämper keinen speziellen Standort der Erzählenden, doch ist die DDR-Geschichtsschreibung epochenunabhängig an einen – schon in den einzelnen Nacherzählungen anklingenden – immer gleichen Standort gebunden: die Politik. Durch überwiegend enge politische Funktionalisierung »zur rückprojizierten Gegenwart degradiert«[63], richtete sich die Historiographie weitgehend an den Herrschaftsinteressen des SED-Regimes aus und zwang die Historiker, politische Kurswechsel auf die Geschichte umzuschreiben[64]. Gerade die Agrargeschichtsschreibung wurde zu einem Instrument der politischen Legitimation entwertet[65], und obwohl sich die Qualität der Geschichtsschreibung in den achtziger Jahren »besserte«, blieb auch diese »der Legitimationsideologie der SED und dem offiziellen Selbstbild der DDR verhaftet«[66]. Dieser »wirkungsmächtigen Tendenz zur direkten Instrumentalisierung der Geschichtsschreibung« konnten und wollten sich die Agrarhistoriker nicht entziehen[67].

Der westliche Standort wird jedenfalls in der ersten Generation von der heißen Phase des Kalten Krieges bestimmt[68]. Im Angesicht der Angst, und um die Abgrenzung gegenüber den östlichen Einflüssen zu festigen, erzählen Historiker die Sowjetisierungsgeschichte. Über weitere Weststandorte schweigt Bauerkämper[69]. Auch Standortbindungen nach 1990 beschreibt er nur fragmentarisch. Abstrakt stellt er fest, dass der Umbruch von 1989/90 in Ost und West (selbst)kritischen Reflexionen zwar Auftrieb verlieh[70], die Deutungen aber »bisweilen« von »politischen Über-

[60] Ebd., S. 41.
[61] Ebd., S. 44.
[62] Ebd., S. 45.
[63] Ebd., S. 40.
[64] Ebd.
[65] Ebd., S. 45.
[66] Ebd., S. 46.
[67] Ebd., S. 40.
[68] Ebd., S. 47/48.
[69] Ebd., S. 50.
[70] Ebd., S. 54.

zeugungen und den persönlichen Prägungen« beeinflusst waren, »die aus unterschiedlichen Sozialisationsverläufen resultierten«[71]. Im Deutschlandarchiv spricht Bauerkämper von einer »Larmoyanz« mancher ostdeutschen Erzähler, »die eine wissenschaftliche Untersuchung behindert«[72].

Bauerkämper bietet also mit dem Hinweis auf die Standortbindung der Historik Betreibenden eine Erklärung für die Vielfalt in der Geschichtsschreibung. Sollte ich deswegen an dieser Stelle dazu übergehen, zum Beispiel für die dreißig zufällig ausgewählten Einzelerzählenden die Biographien, Zeiten und Umstände zu erklären? Sollte ich selbst versuchen, die Faktenbasis, auf der sie ihre jeweilige Geschichte aufbauen, zu recherchieren – auch mit dem Gedanken, dass es vielleicht keine Fakten gibt und das Faktum selbst schon ein Gemachtes ist? Sollte ich den Gründen und Motiven für die Deutung der »Fakten« nachgehen, die Profile der Erzählenden ermitteln, die Zeitachsen nachvollziehen, um Bauerkämper ähnlich zu erklären, wie und warum sich ihre Erzählung verändert?

Fragen, die bereits meine Skepsis ob des Erkenntnisgewinns eines solchen Vorhabens andeuten. Doch weil mir im Zusammenhang mit den Recherchen zu dieser Arbeit ein Erzähler aufgefallen ist, der sich sehr gut zu eignen scheint, wage ich einen Versuch. Der Standort des besagten Erzählers ist relativ offensichtlich, obwohl er nicht ostdeutscher Larmoyanz oder Legitimation zuzurechnen ist. Ebenso wenig gehört er zum Kanon der dreißig Einzelerzählenden. Ich will anhand seiner Erzählungen versuchen, Bauerkämpers Erklärung der Bodengeschichtenvielfalt durch die Standortbindung praktisch anzuwenden. Der von mir für dieses Vorhaben ausgewählte Erzähler kommt aus der Rechtsgeschichte, und die Rechtsgeschichte ist (wir erinnern uns) Teil der Geschichtswissenschaft[73]. Dem juridischen Sachverhalt gemäß handelt es sich also um einen Juristen, der – gemeinsam mit anderen Erzählenden – ein offen gelegtes Ziel verfolgt und diesem Ziel angepasst strategisch die Begründung ändert. Gleichzeitig beruft er sich in jeder Variante auf historische Fakten und die wahre Geschichte. Betrachten wir nun, welch unterschiedliche Gestalt die Wahrheit und die Fakten in seiner Geschichte annehmen können.

[71] Ebd., S. 52.

[72] Bauerkämper, Verengte Ansichten. In: Deutschland-Archiv 1994, S. 868.

[73] Stolleis, Rechtsgeschichte schreiben 2008, S. 6; Koselleck, Zeitschichten 2003, S. 353, 355. Siehe oben unter 3. Das Erzählte und die Geschichte, S. 18 Fn. 53-55.

7. Ein wahrheitsgläubiger Erzähler

Thomas Gertner – mit Ziel und ohne Methode

Biographisches

Thomas Gertner ist ein als Anwalt praktizierenden Rechtshistoriker und – so steht es im Internet – Lehrbeauftragter an der Universität Erfurt[1], der Geschichte als Argument verwendet und gleichzeitig als wahre, Ereignisse umfassende Tatsächlichkeit begreift. Thomas Gertner vertritt Personen, die nach dem 8. Mai 1945 in der Sowjetischen Besatzungszone Verfügungsgewalt über Grundstücke verloren haben. Als Anwalt zieht er vor viele Gerichte. Beim Bundesverfassungsgericht erhebt er erstmals 1995 eine nicht zur Entscheidung angenommene Verfassungsbeschwerde[2]. Zwar gehen die vier Grundsatzentscheidungen des Verfassungsorgans zur Bodenreform[3] auf andere Bevollmächtigte zurück[4], im Anschluss an die dritte Bodenreformentscheidung zieht Gertner jedoch vor den Europäischen Gerichtshof für Menschenrechte in Straßburg. Hier erhebt er im Mai 2001 Indivi-

[1] Website seiner Kanzlei: http://www.drgertner.de/; unter »Team«.

[2] Brief von Gertner an Manfred Pohl vom 16. November 1995, »Verfassungsbeschwerde mit Schriftsatz vom 25.9.1995« gegen das »Urteil vom OLG Naumburg vom 29.8.1995 (7 U 195/94). Der Brief ist abgedruckt bei Madaus, Allianz des Schweigens 2002, S. 189.

[3] Urteil des Ersten Senats vom 23. April 1991 – BVerfGE 84, 90; Beschluß des Ersten Senats vom 18. April 1996 - BVerfGE 94, 12; Urteil des Ersten Senats vom 22. November 2000 – BVerfGE 102, 254; Beschluß des Zweiten Senats vom 26. Oktober 2004 – BVerfGE 112, 1. Diese vier »Grundsatzurteile« zitiert EuGRZ 2005, 305-319, S. 306-310. Siehe auch Reports of Judgments and Decisions/Recueil des Arrêts et Décisions 2005-V, S. 359-367, S. 359: »quatre arrêts des principe« und S. 405-411, S. 403: »four leading judgments«. René Fiedler zitiert dagegen nur BVerfGE 84, 90; 94, 12 und 112, 1 als »Die Bodenreform-Entscheidungen des Bundesverfassungsgerichts«, vgl. Bundesverfassungsgericht und Völkerrecht 2010, S. 66.

[4] BVerGE 84, 90 (90), BVerfGE 94, 12 (12, 13) und BVerfGE 102, 254 (254/255): Rüdiger Zuck; BVerGE 84, 90 (90) und BVerfGE 94, 12 (12, 13) Michael Quaas, und Thomas Bohle. BVerfGE 84, 90: Christoph Hollenders, Werner Niedzwicki, BVerfGE 94, 12 (12, 13): Manfred Bulling, Albrecht Wendenburg, Klaus-Peter Dolde, Rainard Menke; BVerfGE 103, 254 (254/255): Fritz Rosenberger, Klaus Märker, Peter Wüst, Joachim Brauer; BVerfGE 112, 1 (1): Gottfried J. Janiurek, Sozietät White & Case, Feddersen.

dualbeschwerden für (mindestens) fünfundvierzig Beschwerdeführer[5], weil es nach dem Bundesverfassungsgerichtsurteil vom 22. November 2000 für die Betroffenen »keine effizienten innerstaatlichen Rechtsmittel«[6] mehr gibt. Nachdem die Beschwerden mit Entscheidung vom 2. März 2005 für unzulässig erklärt werden[7], will sich Gertner zunächst an die UN-Menschenrechtskommission wenden[8]. Gegenwärtig (2012) hat er dieses Vorhaben noch nicht realisiert[9]. Stattdessen zieht er für die Betroffenen wieder vor bundesdeutsche Gerichte, unter anderem vor das Bundesverfassungsgericht. Die seit 1998 online[10], seit 2003 teilweise auch in einer amtlichen Sammlung[11] veröffentlichten Kammerentscheidungen des Gerichts geben hierüber Auskunft. Ende 2008 werden zwei von Gertner eingelegte Verfassungsbeschwerden nicht zur Entscheidung angenommen[12], aufgrund ihrer »über den Einzelfall hinaus bedeutsamen verfassungsrechtlichen Aussagen« jedoch in der amtlichen Sammlung der Kammergerichtsentscheidungen des Bundesverfassungsgerichts veröffentlicht[13]. 2010 lehnt die 1. Kammer des Ersten Senats des Gerichts erneut

[5] Arrêt rendu par la Grande Chambre sûr le fond. Von Maltzahn et autres c. Allemagne[GC], nos 71916/01, 71917/01 et 10260/02, CEDH 2005-V, p. 351-393, p. 357; EuGRZ 2005, S. 305-319, S. 305. Gertner selbst gibt am 23. Mai 2001 an, »insgesamt 50 Beschwerden beim EuGH für Menschenrechte in Straßburg eingereicht« zu haben: http://www.staatshehlerei.org/archiv/gertner/2001/ge_230501.htm

[6] Stellungnahme Gertners vom 18. Juni 2001: http://www.staatshehlerei.org/archiv/gertner/2001/ge_180601.htm

[7] CEDH 2005-v, S. 351-393, S. 391; EuGRZ 2005, S. 305-319, S. 319.

[8] Jedenfalls im Anschluss an das Urteil des EGMR angekündigt, vgl. u. A.: Alteigentümer bekommen definitiv keine Entschädigung«, Bericht aus der Süddeutschen Zeitungvom30.03.2005,http://www.sueddeutsche.de/politik/enteignungen-in-der-sbzddr-alteigentuemer-bekommen-definitiv-keine-entschaedigung-1.806530

[9] Nach Angaben auf der kanzleieigenen Website: Gertner/von Maltzahn, UN-Menschenrechtsausschuss letzter Ausweg für SBZ-Verfolgungsopfer? Völkerrechtliche Unterlagen zu den aktuellen Verhandlungen, http://www.drgertner.de/rgbs_pdf/un-menschenrechtsausschuss-sbz-verfolgte.pdf: »Wir haben (...) mit der Einreichung dieser im Konzept bereits seit Langem entworfenem und einem ständigen Aktualisierungsprozess unterworfenen Beschwerde noch abgewartet«.

[10] http://www.bundesverfassungsgericht.de/entscheidungen.html: »Beginnend mit dem 1. Januar 1998 werden die Entscheidungen des Bundesverfassungsgerichts an dieser Stelle in ungekürzter Form veröffentlicht«.

[11] BVerfGK. Kammerentscheidungen des Bundesverfassungsgerichts. Eine Auswahl. Band 1 bis Band 14.

[12] http://www.bundesverfassungsgericht.de/entscheidungen/rk20081214_2bvr233807.html und http://www.bundesverfassungsgericht.de/entscheidungen/rk20081215_2bvr246207.html

[13] BVerfGK 14, 498 – Beschluss der 2. Kammer des Zweiten Senats vom 14. Dezember 2008; BVerfGK 14, 502 – Beschluss der 2. Kammer des Zweiten Senats vom 15. Dezember 2008. In der amtlichen Sammlung werden insgesamt nur solche

die Annahme einer von Gertner eingelegten Verfassungsbeschwerde ab[14] und legt dem Anwalt gleichzeitig eine Missbrauchsgebühr nach § 34 Abs. 2 BVerfGG in Höhe von jeweils EUR 500,–[15] auf. Ob auch diese Entscheidung in der amtlichen Veröffentlichung erscheinen wird ist noch nicht zu sagen[16]. Trotz Missbrauchsgebühr und obwohl (oder weil) das Verfassungsgericht damit noch keine Gertnerbeschwerde zur Entscheidung angenommen hat, gibt er nicht auf. Nach Kanzleiangaben mit Stand vom 30. November 2011 sind »neue Verfassungsbeschwerden wegen der Ausgrenzung der Opfer der Boden- und Wirtschaftsreform in der SBZ aus dem Anwendungsbereich der Rehabilitierungsgesetzgebung bei beiden Senaten anhängig«[17].

Gertner ist ein Beispiel für einen Kreis von Erzählenden, deren Bodengeschichten in der jeweiligen Gegenwart beginnen und sich meistens auf die jüngere Vergangenheit konzentrieren. Karl Feldmeyer[18], Klaus Peter Krause[19], Walter Leisner[20], Wolfgang Seiffert[21], Katharina Sobota (mittler-

Kammerbeschlüsse abgedruckt, die »über den Einzelfall hinaus bedeutsame verfassungsrechtliche Aussagen und Entscheidungen« enthalten, vgl. http://www.bundesverfassungsgericht.deentscheidungen.html; BVerfGK Band 1, Vorwort S. V.

[14] BVerfG, 1 BvR 690/10 vom 25.5.2010, Absatz-Nr. 3, http://www.bverfg.de/entscheidungen/rk20100525_1bvr069010.html

[15] BVerfG, 1 BvR 690/10 vom 25.5.2010, Absatz-Nr. 5, http://www.bverfg.de/entscheidungen/rk20100525_1bvr069010.html

[16] Der jüngste, 2010 herausgegebene Kammergerichtsentscheidungsband, endet mit Entscheidungen des Jahres 2008.

[17] http://www.drgertner.de/.

[18] Karl Feldmeyer: *1938, Journalist, FAZ bis 2004, dann in den Foren »Allianz für den Rechtsstaat« und »Zivile Koalition für Deutschland«. CDU/CSU Mitglied, schreibt für die Junge Freiheit, »Alter Herr« im Sonderhäuser Verband/nichtschlagende Verbindung. Werk zur Bodenreform: Schwierige Heimkehr: Neusiedler auf altem Boden, Berlin 1997, (1998²).

[19] Klaus Peter Krause: Wirtschaftsredakteur der FAZ 1966–2001, 1994–2003 Geschäftsführer FAZIT Stiftung. Werke zur Bodenreform: In Sobotka (Hg.), Wiedergutmachungsverbot?, Ein schöner Rechtsstaat S.355-358 und Ein deutscher Polit- und Rechtsskandal der Wiedervereinigung – Die Bundesregierung bei den Enteignungen 1945 bis 1949 auf verlorenem Posten – Eine Zusammenfassung der Sach- und Rechtslage, S. 638-652.

[20] Walter Leisner: *1929, Studium in München, dann 1960–1998 Professor für Staats-, Verwaltungs- und Völkerrecht an der Uni Erlangen-Nürnberg. Festschrift 2004: Effizienz als Rechtsprinzip. Werke zur Bodenreform: In Sobotka (Hg.), Wiedergutmachungsverbot?, Rückgabe der Schlösser – Ein Gebot von Recht, Geschichte, Kultur, S. 407-410; Außerdem Rechtsgutachten über die Verfassungsmäßigkeit der »Festschreibung« der sog. Bodenreform im Einigungsvertrag, Erlangen 1990 und zahlreiche Aufsätze, z.B. in DÖV 1992, S. 423, NJW 1991, S. 1569; DVBl. 1992, S. 131; NJW 1993, S. 353.

[21] Wolfgang Seiffert: 1926–2009, Erst Professor in der DDR, an der DASR, 1978 Flucht in BRD. Werk zur Bodenreform: In: Sobotka (Hrsg.), Wiedergutmachungsverbot?, Es ist nicht alles verloren – Völkerrechtliche Fragen der Enteignungen in der SBZ

weile Gräfin von Schlieffen)[22], Wolfgang Graf von Vitzthum[23], Ernst Wolf[24], Karl Doehring[25], Constanze Paffrath[26] und Alfred Maurice de Zayas[27] sind nur einige Beispiele für diese Gruppe von Erzählenden. Ihr (einheitlicher) Haupterzählgegenstand betrifft die Geschehnisse um

---

zwischen 1945 und 1949, die bisher vom Bundesverfassungsgericht nicht entschieden wurden, S. 535-539; Gutachten zur Interessenlage der Sowjetunion hinsichtlich des Schicksals zwischen 1945 und 1949 in der SBZ erfolgten Enteignungen nach der deutschen Vereinigung 1990 und deren völkerrechtliche Beurteilung, Köln 1991.

[22] Katharina Gräfin von Schlieffen, *1956, Studium der Rechtswissenschaft, Soziologie, Politik und Philosophie in Bonn und Mainz; seit 1997 Professorin an der Fernuniversität Hagen. In: Sobotka (Hg.), Wiedergutmachungsverbot?, Katharina Sobota, Rechtsstaatliche Probleme bei der Regelung der Enteignungen in der Sowjetischen Besatzungszone, S. 524-534.

[23] Wolfgang Graf von Vitzthum *1941, Studium der Rechtswissenschaft in Berlin und Freiburg; 1978 Professor an Bundeswehruniversität München; 1981–2009 Ordentlicher Professor an der Universität Tübingen; Werke zur Bodenreform: In: Sobotka (Hrsg.), Wiedergutmachungsverbot?, Widersprüche der Wiedergutmachung – Zum Entwurf des Entschädigungs- und Ausgleichsleistungsgesetzes, S. 239-245 und »Mein unendlich fernes Eigentum«, S. 616-623.

[24] Ernst Wolf, 1914–2008, Studium 1934–1938 in Frankfurt am Main und Berlin, 1937 in Gestapohaft wegen Demonstration gegen Zwangsemeritierung; 1948 Außerplanmäßiger Professor an der Universität Frankfurt am Main, 1955 Professor in Marburg. Werke zur Bodenreform: In: Sobotka (Hg.), Wiedergutmachungsverbot?, Eigentumsrecht oder Katastrophenpolitik, S. 512-515.

[25] Karl Doehring, 1919–2011, Schüler Forsthoffs. Studium der Rechtswissenschaft in Heidelberg, Lehrt in Göttingen und München, 1980–1987 Direktor am Max-Planck-Institut für ausländisches öffentliches Recht und Völkerrecht in Heidelberg und Professor an der dortigen Universität. Werke zur Bodenreform: Die Entscheidungen des BVerfG zur Entschädigung von Opfern der Bodenreform im Lichte der EMRK: Rechtssicherheit oder mit Sicherheit Unrecht?, In: NJW 2001, S. 640-643; Der Schutz der kommunistischen Bodenreform durch »rechtsstaatliche« Gerichtsbarkeit, In: Eckart Klein (Hg.), Rechtsstaatliche Ordnung Europas: Gedächtnisschrift für Albert Bleckmann, Köln 2007.

[26] Constanze Paffrath, *1969 oder 1974, Studium der Politikwissenschaft an der Universität Duisburg/Essen, 2003 Promotion zum Dr. phil. bei Claus-Ekkehard Bärsch. Seit 1988 aktives CDU-Mitglied, sitzt 2011 im Stadtrat von Mühlheim. Werke zur Bodenreform: Macht und Eigentum: Die Enteignungen 1945–1949 im Prozeß der deutschen Wiedervereinigung, Köln 2004; Die »Bodenreform« in den Verhandlungen zur Deutschen Einheit, In: Bernhard Kempen (Hg.), Rechtsstaatliche Bewältigung der demokratischen Bodenreform, Frankfurt am Main 2005.

[27] Alfred Maurice de Zayas, *1947, Studium der Rechtswissenschaft in Harvard, Promotion 1970, 1974-1979 Wissenschaftlicher Assistent an der Universität Göttingen, 1977 Promotion zum Dr. phil, 1980 Wissenschaftlicher Mitarbeiter am MPI Heidelberg, 1981 UNO in Genf; Werke zur Bodenreform: Die deutschen Vertriebenen: keine Täter – sondern Opfer; Hintergründe, Tatsachen, Folgen, Graz 2006; A terrible revenge: the ethnic cleansing of the East European Germans, New York 2006; Anmerkungen zur Vertreibung der Deutschen aus dem Osten, 3. Auflage Stuttgart 1993.

1989/90, die zusammen mit den 1945er Ereignissen dazu führen, dass die immer-schon-und-immer-noch-Eigentümer ihre Verfügungsgewalt über die verlorenen Grundstücke zurückerhalten müssen oder wenigstens umfassend zu entschädigen sind. Bis auf dieses Haupterzählanliegen unterscheiden sich die Erzählenden durchaus voneinander.

Der hier interessierende Vertreter dieser Gruppe untermauert sein Gegenwartsanliegen insbesondere mit Bodengeschichten, die 1945 spielen[28]. Seit 1994 veröffentlicht er Aufsätze in Juristischen Fachzeitschriften und Sammelbänden[29], hat außerdem mit seiner 1995 an der Universität Konstanz verteidigten Dissertation eine lange Geschichte über »die Bodenreform in der SBZ« geschrieben[30]. Die Gutachten zu dieser von Dieter Blumenwitz[31] beeinflussten Arbeit haben Rainer Hausmann und Hartmut Maurer erstellt. Nach Udo Madaus sollte die Arbeit Anfang 1996 im Verlag Duncker und Humblot bei den »Schriften zum bürgerlichen Recht« veröffentlicht werden[32]. Die Dissertation existiert jedoch nur in maschinenschriftlicher Microfiche-Verfilmung[33].

Neben diesen klassischen Publikationen veröffentlicht der »Studienkollege und Freund« von Alfred Maurice de Zayas[34] auch im Internet zahlreiche Aufsätze[35] und Stellungnahmen[36]. Er schreibt Zeitungsartikel

[28] Wird in den folgenden Fußnoten dieses Kapitels kein Autor genannt, so ist Gertner der Autor.

[29] (1) VIZ 1994, S. 158-163; (2) Sobotka I 1995, 222-230; (3) VIZ 1995, S. 390-395; (4) VIZ 1995, S. 440-445; (5) VIZ 1995, S. 496-500; (6) ZOV 1995, S. 330-338; (7) Sobotka II 1996, S. 333-343, (8) VIZ 1996, S. 397-400; (9) Sobotka III 1997, S. 450-459; (10) VIZ 2001, S. 407-413; (11) ZOV 2001, S. 383-384 ; (12) ZOV 2002, S. 76-80; (13) VIZ 2003, S. 49-55; (14) ZOV 2003, S. 298-301; (15) ZOV 2003, S. 342-344; (16) IFLA 2007, S. 109-120; 2009: (17) IFLA 2008, S. 37-46 (18) EJLE 2009, p. 1-13 (19) ZOV 2011, S. 50-61.

[30] Gertner, Die Bodenreform in der SBZ und deren zivilrechtliche Auswirkungen bis zur und nach der Herstellung der Einheit Deutschlands, Konstanz, Diss. Jur. 1995, Maschinenschrift.

[31] Madaus, Allianz des Schweigens 2002, S. 186.

[32] Brief vom 27. September 1995 an Manfred Pohl, Gesellschaft für Unternehmensgeschichte, vgl. Madaus, Allianz des Schweigens 2002, S. 189.

[33] Auf der Website des Verlages. http://www.duncker-humblot.de (abgerufen am 30.11.2011) sind die in dieser Reihe erschienenen Schriften aufgeführt. Gertners Dissertation ist nicht darunter. In den Suchkatalogen der Universitätsbibliotheken findet sich die Arbeit nur als Maschinenschrift.

[34] Jedenfalls nach einem Artikel von Winfried Labatzke in den »Schlesischen Nachrichten«, 12/2007, S. 9, http://www.oberschlesien-aktuell.de/presse/presse/schlesien/070615.pdf

[35] http://www.staatshehlerei.org/archiv/gertner/inh_ge.htm; auf seiner Kanzleieigenen Website http://www.drgertner.de/rgbs.php.

[36] Aktionsgemeinschaft Recht und Eigentum e. V.: http://www.are-org.de; SBZ-Unrecht und die Folgen bis heute: http://s136031516.online.de/

und gibt Interviews[37], hält Vorträge auf Tagungen, die von »staatlich anerkannten Einrichtungen der Weiterbildung« organisiert sind[38], oder auf Vortragsabenden, die von Vereinen veranstaltet werden[39]. Auch an Universitäten[40] oder vor Schlesiendeutschen[41] spricht Gertner über die Bodenreform.

Ein Jurist also, der die Vergangenheit nacherzählt. Ein Jurist als Geschichtenerzähler, der mit Originalarchivakten, geschriebenen Zeitzeugenberichten, Geschichtsbüchern und Dokumentensammlungen argumentiert. Manchmal ist in Gertners Geschichten etwas »nicht von juristischem Interesse, wohl aber für die Geschichtsforschung bedeutsam«[42], Archivakten »bergen ungeahnten Sprengstoff (...) historischer [und] juristischer Art«[43]. Juristische Feststellungen prüft er »anhand der [historischen] Quellenlage«[44], häufig erlangt er »historische Erkenntnisse«[45] und kennt die »richtige Auswertung« von »spärlichen Dokumenten«, durch die man »zwangsläufig« zu einem einzig richtigen Ergebnis gelangen muss[46]. »Historisch-politische Plausibilitätsprüfungen«[47] bestätigen seinen als einzig wahr anzuerkennenden Sachverhalt. Gertners Appell richtet sich an »die [von der Bodenreform] Betroffenen«, die »(...) die

[37] Zum Beispiel für die Junge Freiheit, Interview vom 30. Januar 2004 zu Straßburg: http://www.jf-archiv.de/archiv04/064yy09.htm.

[38] Zum Beispiel jüngst auf einer Tagung der Europäischen Akademie Mecklenburg-Vorpommern über die Nationale und internationale Durchsetzung von Rehabilitierungsansprüchen der SBZ- Verfolgten am 19. März 2011, http://www.europaeische-akademie-mv.de/downloads/18.03._19.03.2011.pdf.

[39] Im Juni 2006 als Mitglied der »Aktionsgemeinschaft Recht und Eigentum Ost«: http://www.are-org.de/are/?q=de/node/52; Im Januar 2006 auf einem vom »Göttinger Kreis – Studenten für den Rechtsstaat« organisierten Vortragsabend, gemeinsam mit Alfred Maurice de Zayas, vgl. den Bericht in der Jungen Freiheit: http://www.jungefreiheit.de/Archiv.611.0.html

[40] Vortrag vom 5. April 2007 an der Universität Erfurt im Rahmen des Brown-Bag-Seminars, organisiert von Jürgen Backhaus, Robert Jung, Manfred Königstein, Bettina Rockenbach, Tobias Rötheli, Gerhard Wegner und Johannes Jaenicke, http://www.uni-erfurt.de/mikrooekonomie/brown-bag-seminar/

[41] Referat auf der Jahreshauptversammlung der Landsmannschaft Schlesien am 31. März 2007 in Heppenheim, vgl. Schlesische Nachrichten 12/2007, S. 9: http://www.oberschlesien-aktuell.de/presse/presse/schlesien/070615.pdf

[42] ZOV 1995, S. 330-338, S. 333: an dieser Stelle bedeutsam ist für die Geschichte, »ob die Bodenreform eigenverantwortlich durch die KPD durchgeführt wurden (sic) aufgrund ›vorauseilendem Gehorsams‹ gegenüber der UdSSR oder ob diese die Durchführung der Bodenreform betrieben hat.«

[43] Sobotka II 1996, S. 333-343, S. 333.

[44] ZIV 2001, S. 407-413, S. 408.

[45] ZOV 1995, S. 330-338, S. 333.

[46] Sobotka III 1997, S. 453.

[47] Ebd., S. 455.

historischen Fakten aufarbeiten (müssen)«[48]. Er beklagt »juristische Fehlinterpretation auf Grund falschen Geschichtsverständnisses«[49] oder fordert, »vor den Zivilgerichten die Vergangenheit gleichermaßen historisch wie juristisch aufzuarbeiten«[50]. Beim Erzählen beruft sich der Jurist meistens auf Quellen aus dem Bereich der Geschichtswissenschaft[51]. Umgekehrt beziehen sich auch professionelle Geschichtenerzähler auf Gertners Bodengeschichten. Jan Foitzik verweist im Zusammenhang mit der Veröffentlichungspraxis von Befehlen innerhalb der SBZ[52] auf ihn, und Eckart Conze empfiehlt den Rechtsanwalt für »einen Überblick über die einzelnen Verordnungen und ihre administrative Genese«[53]. Auch Arnd Bauerkämper nimmt in vielen Geschichten Gertnerdarstellungen in seine Fußnoten auf[54]. Der Rechtshistoriker hat also ebenfalls bei hauptberuflich Geschichtswissenschaft Betreibenden eine Stimme. Betrachten wir nun im Einzelnen den Inhalt seiner wahren Geschichte der Bodenreform.

Gertners Bodengeschichten

Für diese Veranschaulichung stütze ich mich auf insgesamt siebzehn Erzählungen, die historische Tatsächlichkeiten über die Bodenreform enthalten. Drei von ihnen sind lediglich online veröffentlicht worden[55], die

[48] ZOV 2002, S. 76-80, S. 78.

[49] Gertner, »Junkerland in Ulbrichts Hand?«, Artikel vom 11. Februar 2001 im Archiv von Staatshehlerei: http://staatshehlerei.org/archiv/gertner/2001/110201_2.htm.

[50] ZOV 1995, S. 330-338, S. 334.

[51] Z. B. auf Hermann Weber, Wilfried Loth, Hans-Peter Schwarz, Wolfgang Leonhard, Archivdokumente, Rolf Badstübner, Stefan Doernberg, Wladimir Semjonow, um nur ein paar zu nennen.

[52] Jan Foitzik, Sowjetische Militäradministration in Deutschland, S. 220-221, Fn. 9.

[53] Eckart Conze, Von deutschem Adel 2000, S. 472 Fn. 19.

[54] z.B. Bauerkämper, Vergleichende Perspektive 1996, S. 14; Kampf um den Boden 1999, S. 59 Fn. 5; Bodeneigentum in Ost- und Westdeutschland, S. 123 Fn. 40; Junker Rojos 2004, S. 118 Fn. 37 und S. 119 Fn. 42.

[55] (1) Ursprüngliches Konzept der KPD für eine Bodenreform, Archivbericht vom 26. März 2003 auf staatshehlerei.org: http://www.staatshehlerei.org/archiv/gertner/2003/ge_260303.htm, (2) Die befürwortende Haltung der Ost-CDU gegenüber der Bodenreform Enteignungen (sic) 1945-1949, Archivbericht vom 18. Oktober 2006 auf staatshehlerei.org: http://www.staatshehlerei.org/archiv/gertner/gertner_ost-cdu.pdf (3) Verfassungsrechtlich durchsetzbarer Anspruch der Opfer der Boden- und Wirtschaftsreform auf Einbeziehung in die bestehende Rehabilitierungsgesetzgebung? Vortrag auf einer Tagung der Europäischen Akademie Mecklenburg-Vorpommern über die nationale und internationale Durchsetzung von Rehabilitierungsansprüchen der SBZ- Verfolgten am 19. März 2011, auf drgertner.de: http://www.drgertner.de/egmr_pdf/Innerstaatliche_Durchsetzung_der_Rehabilitierung_f%C3%BCr_Opfer_der_Boden-_und_Wirtschaftsreform.pdf.

restlichen Geschichten hat Gertner traditionell (in Zeitschriften, Sammelbänden oder – mit der Dissertation – als Monographie) publiziert[56]. Von den eingangs vorgestellten, insgesamt zwanzig gedruckten Abhandlungen werden sechs nicht Gegenstand der nun folgenden Betrachtung werden, denn sie betreffen die Bodenreform, o h n e historische Tatsächlichkeiten über sie zu erzählen[57]. In der folgenden Darstellung treten manche Geschichten in verschiedenen Varianten auf. Das gilt vor allem für die Dissertation, die mit mehreren Einzelgeschichten übereinstimmt. Daneben gibt es einzelne Aufsätze, die in Teilen dasselbe erzählen, für andere Erzählaspekte aber wieder auseinander gehen. Dieser Umstand begründet Mehrfachnennungen derselben Geschichten. Die von mir vorgenommene Einteilung hätte damit genauso gut mit anderem Erzählfokus anders ausfallen können. Sie entspricht wieder einmal nur meiner Lesart der Gertnergeschichten.

Die nun folgende thematische Einteilung richtet sich nach den Aussagen zum politisch Hauptverantwortlichen. Sie gestaltet sich mit Ausnahme einiger Ausreißer weitgehend chronologisch. Inhaltlich bleibt Gertners eigentlichem Ziel entsprechend zunächst ein Erzählfragment in den meisten Geschichten gleich. Juristisch geprägt enthält fast jede Erzählung die Feststellung, dass durch die Geschehnisse in der SBZ im Jahr 1945 Personen nur Verfügungsgewalt über ihre Grundstücke, nicht aber ihr Eigentum verloren haben[58]. Erst in den jüngsten Geschichten verändert sich auch diese Erzählvariante[59].

[56] (1) VIZ 1994, S. 158-163; 1995: (2) Sobotka I 1995 S. 222-230; (3) VIZ 1995, S. 440-445; (4) VIZ 1995, S. 496-500; (5) Dissertation 1995; (6) ZOV 1995, S. 330-338; (7) Sobotka II 1996 S. 333-343; (8) Sobotka III 1997S. 450-459; (9) VIZ 2001, S. 407-413; (10) ZOV 2002, S. 76-80; (11) ZOV 2003, S. 298-301; (12) IFLA 2007, S. 109-120; (13) EJLE 2009, p. 1-13; (14) ZOV 2011, S. 50-61.

[57] (1) VIZ 1995, S. 390-395; (2) VIZ 1996, S. 397-400; (3) ZOV 2001, S. 383-384; (4) ZOV 2003, S. 342-344; (5) VIZ 2003, S. 49-55; (6) IFLA 2008, S. 37-46.

[58] (1) VIZ 1994, S. 161; (2) Sobotka I 1995, z.B. S. 226; (3) Nicht ganz eindeutig in: VIZ 1995, 441, 445; (4) VIZ 1995, 496; (5) ZOV 1995, S. 333; (6) Dissertation 1995, z.B. S. 177/178; (7) VIZ 1996, S. 398; (8) Nur suggestiv formuliert in: Sobotka II 1996, S. 333 und 343; (9) Sobotka III 1997, z.B. S. 458; (10) VIZ 2001, z.B. S. 409; (11/12) Nicht ganz eindeutig/mit anderem Erzählfokus: ZOV 2002, S. 79 und ZOV 2003, S. 302.

[59] (1) Völkerrechtlicher Anspruch 2007, S. 10: hier räumt er immerhin ein Entweder-oder ein: »Die Betroffenen (sind) entweder noch immer Eigentümer der entzogenen Vermögenswerte (…) oder sie (haben) zumindest einen ebenfalls unter die Eigentumsgarantie der Art. 14 GG fallenden Anspruch auf Restitution (…)«; (2) Ähnlich in EJLE 2009, S. 6 (3) Nur noch auf Entschädigung, ohne Beschreibung des Eigentumserhalts allerdings die jüngste Geschichte: Vortrag vom 19. März 2011 auf einer Tagung der Europäischen Akademie Mecklenburg-Vorpommern.

Alleinverantwortliche Russen. KPD unbekannt.
Bodenreform als Sowjetisierung

Zivilrechtliche Ansprüche der Bodenreform-Opfer gegen Bund, Länder und Gemeinden? In: VIZ 1994, S. 158–163 (VIZ 1994, S.).
Das Bodenreform-Urteil des Bundesverfassungsgerichts vom 23. April 1991 – Ende aller Hoffnungen? [1995], In: Sobotka (Hg.), Wiedergutmachungsverbot? 1998, S. 222–230 (Sobotka I 1995, S.).
Schutz des redlichen Erwerbs im Zivilrecht. In: VIZ 1995, S. 496–500 (VIZ 1995, S.).
Die Bodenreform in der SBZ und deren zivilrechtliche Auswirkungen bis zur und nach der Herstellung der Einheit Deutschlands, Konstanz, Diss. Jur. 1995 (Dissertation 1995).
Dritter Teil, 7. Kapitel: Vereinbarkeit einer (unterstellten) rechtsverbindlichen Weisung der SMAD an die Länder- und Provinzialverwaltungen mit der HLKO, S. 145–154.
Vierter Teil, 1. Kapitel: Aufsiedlung des Bodenreformlandes an private Dritte«, S. 179–186; 4. Kapitel: Änderung der Eigentumslage aufgrund des Gesetzes über die Rechte der Eigentümer von Grundstücken aus der Bodenreform vom 06.03.1991«, S. 192–199.

Gertners frühe Geschichten sind unkompliziert und kennen keine KPD. Zweimal erzählt er von Bodenreformverordnungen, die von den Landes- und Provinzialverwaltungen zwischen dem 3. und 10. September 1945 erlassen wurden[60]. Sie sind Übersetzungen aus dem Russischen[61], und werden »ausdrücklich« durch den SMAD-Befehl Nr. 110 »bestätigt«[62]. Von der Befehlsbestätigung weiß Gertner durch das erste Bodenreformurteil des Bundesverfassungsgerichts[63], Wolfgang Leonhard belegt die russische Übersetzung der Deutschen Verordnungen[64]. Trotz russischer Legitimierung verliert niemand sein Eigentum, denn der Russenbefehl verstößt – soweit er eine Ermächtigungsgrundlage für die Bodenreformverordnungen sein will – gegen Völkerrecht und ist damit nichtig[65]. Deswegen ist der in die Grundbücher eingetragene Eigentumswechsel nur ein »angeblicher«[66].

[60] VIZ 1994, S. 160; Sobotka I 1995, S. 225.
[61] Ebd.
[62] Ebd.
[63] VIZ 1994, S. 160 Fn. 10: BVerfG, NJW 1991, 1598; Gertner, Sobotka I 1995, S. 225 spricht nur im Text vom Erkennen des Bundesverfassungsgerichts.
[64] VIZ 1994, S. 160 Fn. 9: Wolfgang Leonhard, Die Revolution entlässt ihre Kinder, 1987; Sobotka I 1995, S. 225 zieht Leonhard im Text heran.
[65] VIZ 1994, S. 160; Sobotka I 1995, S. 225.
[66] Ebd.

Im Übrigen – so der Inhalt einer etwas später, aber immer noch 1995, erzählten Geschichte – würden selbst die legitimierten Verordnungen keinen Eigentumsverlust nach sich ziehen, denn ihr Wortlaut bestimmt keinen neuen Eigentümer. Auch in dieser Variante hat sich die dingliche Rechtslage im Herbst 1945 nicht verändert[67]. Nach dem Verordnungstext sollten die Grundstücke zunächst nur zur treuhänderischen Verwaltung in einen Bodenfonds überführt werden[68]. Daran anschließend wurden Neubauern aus dem Bodenfonds mit Grundstücken bedacht – doch auch hier erfolgte kein Eigentumsverlust, denn die Neubauern erhielten kein vollwertiges Eigentum[69]. Zunächst, weil wesentliche Merkmale des in § 903 BGB festgeschriebenen Eigentumsrechts in Bezug auf die Grundstücke fehlten[70]. Der alles entscheidende Grund für das nach wie vor bestehende Eigentum folgt jedoch aus der eigentlichen Funktion der Reform. In dieser Geschichte ist sie »als Vorstufe zur Sowjetisierung der SBZ/DDR« zu verstehen[71]. Weil »nach der marxistisch-leninistischen Weltanschauung das Eigentum (…) an Grund und Boden abgeschafft und die bürgerliche Eigentumsordnung insgesamt aufgehoben werden sollte«[72], kann in Gertners Erzählweise durch genau diesen ersten Schritt unmöglich neues Eigentum geschaffen worden sein. Seine historischen Erkenntnisse zu erfolgtem oder nicht erfolgtem Eigentumsübergang zieht der Anwalt aus den Anschauungen zeitgenössischer DDR Autoren. Insbesondere Rainer Arlt, Wilhelm Radloff und Ernst Schietsch bestätigen, dass niemand Eigentum an den Bodenreformgrundstücken erlangt hat[73].

Wenn wir die Entsprechungen zwischen Gertners Dissertation und den Aufsätzen betrachten, stimmen die ältesten beiden mit Teilen der Dissertation überein. Gertner formuliert jedoch eine Einschränkung[74]: Diese Variante gilt hier »nur für den Fall (…), daß man zu der abweichenden Auffassung gelangte, die SMAD habe die Durchführung der Bodenreform juristisch zurechenbar veranlaßt«[75]. Worte, die auf eine andere Verantwortungsgeschichte hinweisen, die später noch erzählt werden

[67] VIZ 1995, S. 496.
[68] Ebd.
[69] Ebd.
[70] Ebd., S. 497.
[71] Ebd.
[72] VIZ 1995, S. 497; Dissertation 1995, S. 184.
[73] VIZ 1995, S. 497 Fn. 19: »Arlt, Grundfragen des Bodenrechts in der DDR, zit. nach Krüger DtZ 1991, 385 (389 r. Sp.)«; VIZ 1995, S. 497, Fn. 10, 13-16, 17: Wilhelm Radloff, Rechtliche Probleme der Bodenreform. In: NJ 1947/48, S. 85 ff.; VIZ 1995, S. 497, Fn. 20/21: Schietsch, in: Hähnert/Richter/Rohde (Hrsg.), LPG-Recht, Berlin (Ost) 1975; Dissertation 1995, S. 185/186.
[74] Deswegen stammen die Fußnoten aus den Aufsatzvarianten.
[75] Dissertation 1995, S. 144.

wird[76]. Zuvor folgen an dieser Stelle jedoch zwei Geschichten, die die Bodenreformverantwortung offen lassen.

Verantwortung bleibt offen. Proklamation Nr. 3

Vereinbarkeit der Bodenreform-Verordnungen mit der Proklamation Nr.3 des Alliierten Kontrollrats vom 20. Oktober 1945. In: VIZ 1995, S. 440–445 (VIZ 1995, S.).

Die Bodenreform in der SBZ und deren zivilrechtliche Auswirkungen bis zur und nach der Herstellung der Einheit Deutschlands, Konstanz, Diss. Jur. 1995, Maschinenschrift. (Dissertation 1995):

Dritter Teil, 5. Kapitel: Vereinbarkeit der Bodenreform-Verordnungen mit der Proklamation Nr. 3 des Alliierten Kontrollrats vom 20.10.1945«, S. 80–104.

Zwischen den beiden eben vorgestellten Geschichtenvarianten schreibt Gertner noch eine KPD-freie Erzählung, aus der die Verantwortung der Russen nicht mehr klar hervorgeht. Zunächst wurden in dieser Geschichte die Bodenreformverordnungen nur »angeblich« erlassen[77]. In einer einleitenden Fußnote führt Gertner hierzu weiter aus, dass »nach der derzeitigen Quellenlage (…) vielmehr feststehen (dürfte), dass die Präsidien der Länder und Provinzen der SBZ derartige Verordnungen nicht beschlossen haben«[78]. Darüber hinaus enthält der (die Verordnungen eben noch ausdrücklich legitimierende) SMAD-Befehl Nr. 110 in dieser Geschichte »keine Aussagen« mehr »zu den [vielleicht gar nicht existierenden] Verordnungen«[79]. Weitere Informationen zu Nichterlass und Nichtlegitimierung gibt es in dieser Erzählung nicht. Jedoch kann nach Gertners Ausführungen ohnehin dahinstehen, ob Verordnungen beschlossen und im Falle ihres Beschlusses legitimiert wurden, denn der Alliierte Kontrollrat hat am 20. Oktober 1945 die Proklamation Nr. 3 erlassen. Damit ist der nicht erfolgte Eigentumsverlust für Gertner eine Tatsache. Anderen Geschichtenerzählenden als »Kontrollratsgesetz zur Rechtspflege«[80]

[76] Vor allem für die Dissertationsgeschichte: Russen und KPD gleichermaßen radikal und verantwortlich. Gemeinsames Handeln und Planen für die Reformdurchführung. Bodenreform als Sowjetisierung., S. 95-102.

[77] VIZ 1995, S. 440.

[78] VIZ 1995, S. 440 Fn. 1.

[79] VIZ 1995, S. 440.

[80] So in SJZ 1946, Nr. 1, S. 19; vgl. daneben: Michaelis/Schraepler (Hg.), Ursachen und Folgen Band 23 1979, S. 338: »Proklamation Nr. 3 des Kontrollrats vom 20. Oktober 1945 über Grundsätze für die Umgestaltung der Rechtspflege«; Kobuch, Rechtsprechung in SBZ und DDR. In: Mohnhaupt/Simon (Hg.), Vorträge zur Justizforschung, Band 2 1993, S. 500: »Proklamation Nr. 3 vom 20. Oktober 1945 (Grundsätze für die Umgestaltung der Rechtspflege)«; Rösler, Justizpolitik in der SBZ/DDR 2000, S. 19.

bekannt, wird die Nr. 3 bei ihm zu einer rudimentären Bill of Rights mit Verfassungscharakter[81]. Damit bindet sie auch – ohne Umwege über das Völkerrecht – die deutschen Behörden[82]. Unabhängig von den bisher kennen gelernten Bodenversionen gab es deswegen in dieser Geschichte keine Enteignungen. Einmal unabhängig von tatsächlichem Verordnungserlass – denn selbst wenn die Verordnungen erlassen worden wären, würden sie gegen die allgemeinverbindliche Proklamation Nr. 3 verstoßen[83]. Zum anderen unabhängig davon, ob die SMAD mit ihrem Befehl Nr. 110 besagte Verordnungen legitimieren wollte – denn selbst wenn sie gewollt hätte, der zwei Tage nach besagter Proklamation erlassene Befehl erkennt ausdrücklich die Kontrollratsgesetzgültigkeit an und konnte deswegen schon tatsächlich die Bodenreformverordnungen nicht legitimieren[84].

Nicht erlassene Bodenreformverordnungen und eine Exkursgeschichte über Gegenwehr

Die Bodenreform in der SBZ. In: ZOV 1995, S. 330–338, besonders II formelle Wirksamkeit der jeweiligen Verordnungen?, S. 334–338. (ZOV 1995, S.).

September 1945 – Die Geschichte der Bodenreformverordnungen in der SBZ unter Berücksichtigung des nunmehr zugänglichen Archivmaterials [1996]. In: Sobotka (Hg.), Wiedergutmachungsverbot? 1998, S. 333–343 (Sobotka II 1996, S.).

Die Bodenreform in der SBZ und deren zivilrechtliche Auswirkungen bis zur und nach der Herstellung der Einheit Deutschlands, Konstanz, Diss. Jur. 1995, Maschinenschrift. (Dissertation 1995):

Dritter Teil, 2. Kapitel: Die Bodenreform-Verordnungen der Länder- und Provinzialverwaltungen der SBZ als Rechtsgrundlage für die vorgenommenen Vermögensentziehungen , S. 39–59.

Exkursgeschichte: Die befürwortende Haltung der Ost-CDU gegenüber der Bodenreform Enteignungen 1945–1949, Archivbericht vom 18. Oktober 2006, http://www.staatshehlerei.org/archiv/gertner/gertner_ost-cdu.pdf

[81] VIZ 1995, S. 442, 444.

[82] VIZ 1995, S. 444.

[83] Gertner prüft so, als seien sie erlassen worden, entgegen der einleitenden Worte: VIZ 1995, S. 444/445.

[84] VIZ 1995, S. 445.

Nicht erlassene Bodenreformverordnungen

Der im Vorangegangenen angedeutete, nur angebliche Erlass der Bodenreformverordnungen[85], wird in diesen Geschichten genauer erklärt. Alle drei[86] stützen sich auf Archivakten aus Thüringen[87], Sachsen[88] und Brandenburg[89], auf von Benser und Krusch herausgegebene Dokumente[90], Erinnerungen von Wladimir Semjonow[91] und des Grafen von Schwerin[92], sowie Geschichten von Fritz Reinert[93] und Siegfried Stein[94].

Die drei Erzählungen ähneln sich. In großen Teilen stimmt auch ihr Wortlaut überein. Jede zählt zunächst als »rechtliche Grundlage für die in den Ländern und Provinzen der SBZ durchgeführten Bodenreformen Rechtssetzungsakte«[95] (oder »Normen[96]«) auf[97]. Hieran anschließend wird

[85] Vgl. VIZ 1995, S. 440.

[86] Gertners Erzählung aus Sobotkas Wiedergutmachungsverbot verwendet keine Fußnoten, doch finden die genannten Quellen im Text selbst Erwähnung.

[87] Thüringisches Hauptstadtarchiv Weimar, Signatur 459, Bl. 117 ff. In: ZOV 1995, S. 334 Fn. 9-14 und Dissertation 1995, S. 38-40, Fn. 46-52.

[88] Sächsisches Hauptstadtarchiv, Landesverwaltung Sachsen, Ministerpräsident, Signatur 675, B. 161. In: ZOV 1995, S. 335 Fn. 21-23 und Dissertation 1995, S. 43-47 Fn. 58-64.

[89] Brandenburgisches Landeshauptarchiv, Signatur Ld. Br. Rep. 202 A – Büro des Ministerpräsidenten und Landesarchiv Magdeburg, Signatur: Rep. K MinPräs 253 Bl. 53 ff. In: ZOV 1995, S. 337 Fn. 32, 35/36 und Dissertation 1995, S. 51-54, Fn. 75, 78/79, 81/82.

[90] Günter Benser/Hans-Joachim Krusch (Hg.), Dokumente zur Geschichte der kommunistischen Bewegung in Deutschland, Reihe 1945/1946, Band 1 München 1993 Band 2 München 1994. In: ZOV 1995, S. 335 Fn. 15/16, S. 336 Fn. 25 und 29, S. 337 Fn. 33/34 und Dissertation 1995, S. 41 Fn. 53; S. 47 Fn. 65/66, S. 49 Fn. 71/72; S. 51/52 Fn. 76/77; S. 53 Fn. 80.

[91] Semjonow, Stalin bis Gorbatschow. Berlin 1995. In: ZOV 1995, S. 335, Fn. 17; Dissertation 1995 S.42 Fn. 54.

[92] Graf von Schwerin, Zettemin, Neuauflage München 1995: ZOV 1995, S. 336 Fn. 30/31; Dissertation S. 50 Fn. 73/74.

[93] Reinert, in Schöneburg (Hg.), Errichtung des Arbeiter und Bauernstaates, Berlin (Ost) 1983, ZOV 1995, S. 336 Fn. 24, 26, 37, Dissertation S. 48 Fn. 67.

[94] Stein, Demokratische Bodenreform in Mecklenburg, Schwerin 1960. In: ZOV 1995, S. 336, Fn. 27/28; Dissertation 1995, S. 48 Fn. 68-70.

[95] Dissertation 1995, S. 36; Bodenreform in der SBZ, ZOV 1995, S. 334.

[96] Sobotka II 1996, S. 333.

[97] (1)»Verordnung über die Bodenreform« der Provinz Sachsen vom 3. September 1945 – Verordnungsblatt der Provinz Sachsen 1945, S. 28; (2) »Verordnung Nr. 19 über die Bodenreform vom Lande Mecklenburg-Vorpommern« vom 5. September 1945 – Amtsblatt Mecklenburg 1946, S. 14; (3) »Verordnung über die Bodenreform in der Provinz Mark Brandenburg« vom 6. September 1945 – Verordnungsblatt der Provinzialverwaltung Mark Brandenburg 1945, S. 8; (4) »Verordnung über die

in jeweils derselben Reihenfolge die Situation für jedes der fünf Gebiete der SBZ[98] behandelt, und alle drei schließen ihre Erzählung mit einer »Überprüfung des anhand der Quellenlage gefundenen Ergebnisses«[99] ab.

Aus dem Quellen- und Bodengeschichtenstudium ergeben sich für Gertner die folgenden historischen Wahrheiten. In Thüringen »steht aufgrund der Quellenlage eindeutig fest, daß (...) das ›Gesetz über die Bodenreform‹ nicht einmal wirksam erlassen worden ist, weil der am 10. September 1945 einstimmig gefaßte Beschluß des Präsidiums einen in wesentlichen Punkten anderen Regelungsgehalt hatte als das später unter diesem Datum bekanntgemachte ›Gesetz‹«[100]. In Sachsen wurde am 10. September »entweder keine oder aber eine inhaltlich von derjenigen in der amtlichen Bekanntmachung abweichende Verordnung beschlossen«[101] und in Mecklenburg lassen die Akten »nur die Schlußfolgerung zu, daß eine Verordnung mit dem radikalen Inhalt der amtlichen Bekanntmachung aus dem Jahre 1946 am 5. September 1945 in Wahrheit nicht vom Präsidium beschlossen worden ist«[102]. Etwas zurückhaltender erzählt Gertner für Brandenburg. Hier »gewinnt man [bzw. er, JK] den Eindruck, daß die Verordnung ohne jegliche Legitimation durch die

landwirtschaftliche Bodenreform« des Landes Sachsen vom 10. September 1945- Amtliche Nachrichten der Landesverwaltung Sachsen 1945, S. 27; (5) »Gesetz über die Bodenreform im Lande Thüringen« vom 10. September 1945 – Regierungsblatt für das Land Thüringen, Teil I, 1945, S. 13. In der Dissertation 1995, S. 36-37 und in der ZOV 1995, S. 334 mit Angaben des jeweiligen Amts- oder Regierungsblattes, in Sobotka, S. 333-334 ohne Angabe des Veröffentlichungsblattes.

[98] Land Thüringen: Dissertation 1995, S. 39-44; ZOV 1995, S. 334-335; Sobotka II 1996, S. 334-337; Land Sachsen: Dissertation 1995, S. 44-48; ZOV 1995, S. 335-336; Sobotka II 1996, S. 337-338; Land Mecklenburg-Vorpommern: Dissertation 1995, S. 48-52; ZOV 1995, S. 336-337; Sobotka II 1996, S. 339-340; Provinz Mark-Brandenburg: Dissertation 1995, S. 52-53; ZOV 1995, S. 337; Sobotka II 1996, S. 340-341; Provinz Sachsen: Dissertation 1995, S. 53-59; ZOV 1995, S. 338; Sobotka II 1996, S. 341-342.

[99] Dissertation 1995, S. 59; ZOV 1995, S. 338; Sobotka II 1996, S. 342.

[100] ZOV 1995, S. 335; Sobotka II 1996, S. 337.

[101] So der Wortlaut aus ZOV 1995, S. 336. In Sobotka II, S. 338 »steht [dagegen] fest, dass entweder am 10. September 1945 kein Beschluß über den Erlaß der Bodenreform-Verordnungen zustandegekommen ist, weil die KPD auch hier im Präsidium ihr radikalen Vorstellungen über die Modalitäten nicht durchsetzen konnte, oder dass an jenem Tag eine Sitzung zwar anberaumt worden war, die dann aber doch letztlich nicht stattgefunden hat«; in der Dissertation 1995, S. 47, »(lassen) Indizien (...) die sichere Schlussfolgerung zu, daß die amtlich bekanntgemachte Verordnung über die landwirtschaftliche Bodenreform nicht in der Sitzung vom 10.09.1945 beschlossen, sondern in der Präsidialsitzung vom 12.09.1945 nachträglich oktroyiert worden ist«.

[102] So der Wortlaut aus Sobotka II 1996, S. 340 und aus ZOV 1995, S. 337. In der Dissertation 1995, S. 50/51 statt 5. September 05.09.

anderen im Präsidium vertretenen Blockparteien oktroyiert«[103] wurde. Gleichermaßen zurückhaltend erzählt, sind in der Provinz Sachsen jedenfalls »Zweifel angebracht, ob tatsächlich exakt diejenige Bodenreform-Verordnung erlassen wurde, die dann im Verordnungsblatt bekanntgemacht worden ist«[104].

Für die Identität des tatsächlichen Urhebers der Vorlage legt sich Gertner in keiner der drei Geschichten fest. In den anderen beiden Erzählungen aus 1994 und 1995 wusste er noch von Wolfgang Leonhard, dass es sich bei den Verordnungen um Übersetzungen aus dem Russischen handelte[105]. Auch in diesen Varianten von angeblich erlassenen Verordnungen erzählt er, dass Wladimir Semjonow »von Stalin den Auftrag erhalten hatte, ›Gesetzesentwürfe‹ für die von Stalin gewollte Bodenreform für die verschiedenen Provinzen und Länder der SBZ auszuarbeiten«[106]. Doch trotz des Auftrags kommt nach Gertners Dafürhalten in allen Erzählvarianten als Urheber »entweder die SMAD oder das Sekretariat des ZK der KPD«[107] in Frage. In den beiden Aufsätzen wird jedenfalls diesbezüglich keine Entscheidung gefällt, sondern festgestellt, dass sich »diese Frage [ohnehin] nicht mit Sicherheit aufklären lässt«[108]. In der Dissertation ist sie dagegen »noch an anderer Stelle aufzuklären«[109]. Sie wird uns in einer späteren Geschichte wieder begegnen.

Die nun für alle drei Geschichten angekündigte, auf die Beschreibung der Situation in den einzelnen Ländern[110] folgende »Überprüfung des an-

[103] ZOV 1995, S. 337 und Dissertation 1995, S. 52. Etwas anderer Wortlaut in Sobotka II 1996, S. 341 »Es entsteht der Eindruck, als habe die KPD mit diktatorischer Gewalt auch hier gegen die Mehrheit der bürgerlichen Parteien von vornherein beabsichtigt, dem Präsidium die Annahme der im Entwurf gefertigten Bodenreform-Verordnung zu oktroyieren.«.

[104] ZOV 1995, S. 338; Sobotka II 1996, S. 342. Ein bisschen anders die Dissertation 1995, S. 57: hier »spricht alles dafür, daß eine wesentlich weniger einschneidende Verordnung beschlossen worden war – analog zu Thüringen – und daß dann zu einem späteren Zeitpunkt (...) die später bekanntgemachte Verordnung oktroyiert worden ist«.

[105] Vgl. VIZ 1994, S. 160; Sobotka I, S. 225.

[106] ZOV 1995, S. 335, Fn. 17; Sobotka II 1996, S. 336; Dissertation 1995, S. 41/42.

[107] Dissertation 1995, S. 42.

[108] Sobotka II 1996, S. 337; ZOV 1995, S. 335.

[109] Dissertation 1995, S. 42.

[110] Land Thüringen: Dissertation 1995, S. 39-44; ZOV 1995, S. 334-335; Sobotka II 1996, S. 334-337; Land Sachsen: Dissertation 1995, S. 44-48; ZOV 1995, S. 335-336; Sobotka II 1996, S. 337-338; Land Mecklenburg-Vorpommern: Dissertation 1995, S. 48-52; ZOV 1995, S. 336-337; Sobotka II 1996, S. 339-340; Provinz Mark-Brandenburg: Dissertation 1995, S. 52-53; ZOV 1995, S. 337; Sobotka II 1996, S. 340-341; Provinz Sachsen: Dissertation 1995, S. 53-59; ZOV 1995, S. 338; Sobotka II 1996, S. 341-342.

hand der Quellenlage gefundenen Ergebnisses«[111], ist nur in der Dissertation ausführlich dargestellt. Hier »soll aufgrund von zeitgenössischen Darstellungen bzw. rechts- sowie geschichtswissenschaftlichen Abhandlungen aus der ehemaligen DDR untersucht werden, ob dieses Ergebnis einer kritischen Überprüfung standhält«[112]. Neben Sergej Tjulpanow[113], Walter Ulbricht[114] und Stefan Doernberg[115], sind Erzählungen von Rainer Arlt[116] und Fritz Reinert[117] Überprüfungsmaßstab. Die beiden Letztgenannten hatte Gertner schon als Primärquelle verwendet. Alle fünf bestätigen seine gefundene Erkenntnis. Insbesondere weil diese Erzähler den revolutionären Charakter der Bodenreform betonen, ist bewiesen, dass »die Bodenreform-Verordnungen überhaupt nicht auf Präsidial-Beschlüssen (...) beruhen«[118]. Die Betonung des revolutionären Charakters wird zu einer Verlegenheitslösung im Angesicht des allseits bekannten Fehlens legitimer Rechtsgrundlagen für die Bodenreform[119].

Widerstand und Einmütigkeit

An dieser Stelle eignet sich die Nacherzählung einer Exkursgeschichte im Zusammenhang mit Druckausübung auf den Erlass einer Bodenreformverordnung. In den soeben vorgestellten drei Erzählungen zum (nicht erfolgten) Verordnungserlass, beschreibt Gertner ausführlich außerkommunistische Gegenwehr[120]. Regelmäßig widersetzt sich besonders die CDU der Reformdurchführung. Stefan Doernberg belegt »den erbitterten Widerstand, den die bürgerlichen Parteien, insbesondere die CDU unter der Führung von Hermes und Schreiber, gegen die (sic) Durchfüh-

[111] ZOV 1995, S. 338; Sobotka II 1996, S. 342-343; Dissertation 1995, S. 58-68. Ergebnis sind die tatsächlich nicht erlassenen Bodenreformverordnungen.

[112] Dissertation 1995, S. 58.

[113] Tjulpanow, Deutschland nach dem Kriege (1945–1949), Berlin 1987: Dissertation 1995, S. 58-60.

[114] Ulbricht, Die Bauernbefreiung in der Deutschen Demokratischen Republik. Band I, Berlin 1961«: Dissertation 1995, S. 60-63.

[115] Doernberg, Kurze Geschichte der DDR. Berlin 1969: Dissertation 1995, S. 66-68.

[116] Arlt, DDR, In: Götz/Kroeschell/Winkler (Hg), Handwörterbuch des Agrarrechts, o.J« Dissertation 1995, S. 65-66.

[117] Reinert, in: Schöneburg (Hg.) Errichtung des Arbeiter- und Bauernstaates, Berlin 1983: Dissertation 1995, S. 64-65.

[118] Ebd., S. 62 und 63 für Walter Ulbricht; S. 65 und 66 für Rainer Arlt.

[119] Ebd., S. 65.

[120] ZOV 1995, S. 335, 336; Sobotka II 1996, S. 336, 341.

rung der Bodenreform entgegensetzten«[121]. Auch in einer Geschichte aus 2007 erzählt Gertner vom kollektiven Widerstand der CDU, die schon zur damaligen Zeit die Bodenreform als Ausartung zum »terroristischen Klassenkampf« »unter Anwendung faschistischer Methoden« bezeichnet hatte[122]. Insbesondere für die letztgenannten Zitate stützt er sich auf einen 1982 von Siegfried Suckut geschriebenen Aufsatz[123].

Das ist bemerkenswert, weil derselbe Aufsatz nur ein Jahr früher die einzige Gertnergeschichte belegt, in der die Bodenreform in Übereinstimmung mit dem Willen der CDU durchgeführt wurde. Diese Ausnahmegeschichte über »die befürwortende Haltung der Ost-CDU gegenüber der Bodenreform« wird am 18. Oktober 2006 auf der »staatshehlerei« Website veröffentlicht[124]. Bereits die einleitenden Worte heben sich von allen anderen Erzählungen ab: denn »die Haltung der CDU war schon in den Jahren 1945/46 gegenüber der Bodenreform in der SBZ keineswegs so, wie man uns dies gern glauben machen will«[125]. Anschließend stellt Gertner den von Suckut geschriebenen Aufsatz als eine »Forschungsarbeit« vor, die »mehr denn je aktuell und keineswegs nur von akademischem Interesse« ist[126]. Aus der Lektüre der Suckutausführungen liest er dieses Mal, dass Kaiser und Lemmer (seit Ende 1945 Vorsitzende der CDU) »die Bodenreform trotz der Exzesse (...) durchaus begrüßten«[127]. Im Akt des Begrüßens ließen sich die Mitglieder im Ausschuss der Reichsgeschäftsstelle »von angeblichen wirtschaftlichen Nützlichkeitsüberlegungen leiten«. Gleichzeitig traten die »durchaus (geäußerten) rechtsstaatlichen Bedenken (...) im Hinblick auf die betonte große soziale Bedeutung der Bodenreform angesichts der gesamtgesellschaftlichen Situation in den ersten Nachkriegsmonaten« in den Hintergrund[128]. Die im Dezember 1945 in den Westen geflüchteten Vorsitzenden Hermes und Schreiber »waren zwar sehr ehrenhaft, aber sie repräsentierten eben nicht die Mehrheit der CDU«[129]. Vielmehr beschreibt Gertner »die von der

[121] Dissertation 1995, S. 67.

[122] http://www.drgertner.de/rgbs_pdf/beitrag_0108.pdf , S. 4.

[123] Siegfried Suckut, Der Konflikt um die Bodenreform in der Ost-CDU, in: Deutschland-Archiv 1982, S. 1080, zitiert in http://www.drgertner.de/rgbs_pdf/beitrag_0108.pdf S. 4 Fn. 16.

[124] Gleichnamige Kurzgeschichte vom 18. Oktober 2006, Die befürwortende Haltung der Ost-CDU gegenüber der Bodenreform Enteignungen 1945-1949, in: http://www.staatshehlerei.org/archiv/gertner/gertner_ost-cdu.pdf

[125] Befürwortende Haltung der Ost-CDU, in: http://www.staatshehlerei.org/archiv/gertner/gertner_ost-cdu.pdf, S. 1.

[126] Ebd.

[127] Ebd., S. 2.

[128] Ebd.

[129] Ebd., S. 3.

KPD verfolgte Reformpolitik« als »bei der CDU durchaus populär«[130], weil auch die CDU »in dem Junkertum ein Grundübel« sah, »welches es ein und für allemal zu beseitigen« galt[131]. Die Bodenreform wird so in den Gertnergeschichten (einzigartig) zu einer Maßnahme, von deren Notwendigkeit alle beteiligten Akteure überzeugt waren. Im Gesamterzählkanon bleibt diese Variante einer gewissermaßen auf dem Willen der Mehrheit beruhenden Bodenreform für sich – und auch nur online. Für weitere, nun folgende Erzählvarietäten über die Hauptverantwortung der Reformdurchführung, gehe ich deswegen von oktroyierenden Vertretern aus. Die soeben kennengelernte Einzelgeschichte ließe sich jedoch auch in wenigstens drei der fünf nun folgenden Varianten einfügen[132].

Hauptverantwortliche radikale Russen. Moderatere, von der SMAD angetriebene und instrumentalisierte KPD

Die Bodenreform in der SBZ. In: ZOV 1995, S. 333 (ZOV 1995).
Die Bodenreform in der SBZ und deren zivilrechtliche Auswirkungen bis zur und nach der Herstellung der Einheit Deutschlands, Konstanz, Diss. Jur. 1995, Maschinenschrift (Dissertation 1995) – Einzelzitate.
Ursprüngliches Konzept der KPD für eine Bodenreform, Archivbericht vom 26. März 2003 auf http://www.staatshehlerei.org/archiv/gertner/2003/ge_260303.htm

»Ob die Bodenreform eigenverantwortlich durch die KPD durchgeführt wurde (...) oder ob (die UdSSR) die Durchführung der Bodenreform betrieben hat«[133] ist für Gertner 1995 »nicht von juristischem Interesse, wohl aber für die Geschichtsforschung bedeutsam«[134]. In dieser Variante stellt er die Frage beantwortend, »als historische Erkenntnis zusammenfassend fest, dass die Bodenreform unmittelbar auf Betreiben von Stalin durchgeführt worden ist«[135]. Die von Wilfried Loth und Rolf Badstübner herausgegebenen Pieckschen Aufzeichnungen zur Deutschlandpolitik führen zu dieser Erkenntnis, denn sie geben den »endgültig zuverlässigen Aufschluß über die Beteiligung der Sowjetunion an der Durchführung der Boden-

[130] Ebd., S. 2.
[131] Ebd., S. 3.
[132] Jedoch nicht in die Variante, in der auch die KPD nicht so radikale Pläne hatte wie die SMAD, und von der SMAD zur radikalen Durchführung gezwungen werden musste. Denn in der »befürwortenden Haltung der Ost-CDU« folgt diese CDU ja gerade der Gesellschaftspolitik der KPD.
[133] ZOV 1995, S. 333.
[134] Ebd.
[135] Ebd.

reform«[136]. »Die Schlüsselfigur auf Seiten der SMAD (war) Semjonow (...), der auf die KPD-Führung erheblichen Druck ausgeübt hat, damit die Bodenreform beschleunigt durchgeführt wurde«[137]. In dieser Geschichte finden am 4. und am 7. Juni 1945 in Moskau Beratungen statt, aus denen Beschlüsse zur Bodenreform hervorgehen, die »offensichtlich« auf Stalins Forderungen zurückzuführen sind. Der von der passiven deutschen KPD im Anschluss an die Besprechungen herausgegebene 11.-Juni-Aufruf erhebt zwar »die Durchführung der Bodenreform zur programmatischen Forderung«, tut dies aber nur wegen Stalins Drängen[138]. Das »Ursprüngliche(..) Konzept der KPD für eine Bodenreform«[139] ergibt sich gleichermaßen aus den von Badstübner und Loth herausgegebenen Pieckschen Dokumenten zur Deutschlandpolitik. Sie belegen, dass sich »die Agrarpolitik der KPD (...) erst einige Monate später nach dem Zusammenbruch des Dritten Reichs (radikalisierte)«[140]. Unter Führung ihres Agrarspezialisten Hoernle plante die KPD im Gegenteil noch im Februar 1945 eine Bodenreform, die im Falle ihrer Durchführung im Einklang mit den Vorstellungen Adolf Damaschkes gestanden hätte, und damit rechtmäßig gewesen wäre[141]. Diese Variante soll eine von Peter Erler, Horst Laude und Manfred Wilke herausgegebene Dokumentensammlung[142] belegen. Erst »durch ein Zusammenwirken der Gruppe Ulbricht mit der SMAD« endete, »was als ›Bodenreform‹ geplant war (...) als eine beispiellose politische Verfolgungswelle analog der Vernichtung der Kulaken unter Stalin«[143].

Gleichzeitig bleibt die Deutsche KPD auch nach den Moskauer Radikalisierungsgesprächen zunächst zurückhaltend. »In der [auf den 11. Juni bezogenen, JK] Folgezeit« unternimmt sie »keine weiteren Anstrengungen

[136] Badstübner Rolf/Loth Wilfried (Hrsg.), Wilhelm Pieck – Aufzeichnungen zur Deutschlandpolitik 1945–1953. Berlin 1994: ZOV 1995, S. 333.

[137] Dissertation 1995, S. 122, auch hier mit den Badstübner-Loth Dokumenten belegt.

[138] ZOV 1995, S. 333.

[139] Ursprüngliches Konzept der KPD für eine Bodenreform, in: http://www.staatshehlerei.org/archiv/gertner/2003/ge_260303.htm

[140] Ebd.

[141] Ebd.

[142] Peter Erler/Horst Laude/Manfred Wilke (Hrsg.), »Nach Hitler kommen wir«, Dokumente zur Programmatik der Moskauer KPD-Führung 1944/45 für Nachkriegsdeutschland, Berlin 1994.

[143] Ursprüngliches Konzept der KPD für eine Bodenreform, in: http://www.staatshehlerei.org/archiv/gertner/2003/ge_260303.htm. Durch den Kulaken Vergleich als Strafmaßnahme finden sich in dieser Geschichte Parallelen zur Vierten Erzählvariante.

zur Durchführung der Bodenreform«[144]. Wie Gertner berichtet, akzeptiert die Sowjetische Führung diese Zurückhaltung nicht. Ende August 1945 ist sie unzufrieden mit den Bodenreformaktionen der KPD[145] und wirft den Deutschen »nicht genügenden Eifer und Ernst an der Bodenreform-Kampagne« vor[146]. Sogar gegen deutsche Einwände besteht sie auf die »umgehende Durchführung« der Reform[147]. Dass die Reform in Bezug auf die Großgrundbesitzer noch radikaler durchgeführt wurde, fällt gleichermaßen in den Russischen Verantwortungsbereich[148]. Dennoch tritt die Sowjetunion nach Gertners Dafürhalten nicht als Urheber der Bodenreformverordnungen auf: Obwohl tatsächlich Initiator der Bodenreform, hat es die SMAD in dieser Variante »in dem sicheren Wissen, daß diese Vorgehensweise mit dem geltenden Völkerrecht nicht in Übereinstimmung zu bringen war (...) unterlassen, selbst einen Befehl zur Durchführung der Bodenreform zu erlassen; diese ›Drecksarbeit‹ hat Stalin bzw. die SMAD der Parteiführung der KPD überlassen«[149].

Russen und KPD gleichermaßen radikal und verantwortlich. Gemeinsames Planen und Handeln für die Reformdurchführung. Bodenreform als Sowjetisierung

Die Bodenreform in der SBZ und deren zivilrechtliche Auswirkungen bis zur und nach der Herstellung der Einheit Deutschlands, Konstanz, Diss. Jur. 1995, Maschinenschrift. (Dissertation 1995):
Dritter Teil, 6. Kapitel: Problematik des »verdeckten Besatzungshandelns« S. 109–142.

In seiner Dissertation »untersucht« Gertner »ob die SMAD den Erlaß der Bodenreform-Verordnungen durch Befehl oder durch eine verbindliche Anweisung erzwungen hat oder ggf. in welcher anderen Weise die SMAD an dem Erlaß der Verordnungen beteiligt war«[150]. Hierfür zieht er in unterschiedlichen Untersuchungsschritten verschiedene Paralleldarstellungen zu

[144] ZOV 1995, S. 333.
[145] Dissertation 1995, S. 121.
[146] Am 28. August 1945: ZOV 1995, S. 333.
[147] Ebd.
[148] Ebd.
[149] Ebd.
[150] Dissertation 1995, S. 109. Das »Folgende« zieht sich bis S. 128.

Rate. Historische Erkenntnisse verspricht zuerst die »Geschichtsschreibung und Rechtswissenschaft der DDR«[151], anschließend die »Geschichtsschreibung der UdSSR«[152], wobei beide Erkenntnisse danach an der »Quellenlage«[153] zu messen sind. Abschließend betrachtet Gertner als Plausibilitätsmaßstab die »Deutschlandpolitik der UdSSR«[154]. Dabei ähnelt die nun folgende Geschichte *zunächst* der vorangegangenen von hauptverantwortlicher SMAD, verliert sich jedoch aufgrund der veränderten Rolle der deutschen Kommunisten.

Gertner beginnt hier mit der Untersuchung der Beteiligung der UdSSR an der Bodenreform »im Spiegel der [ostdeutschen] Geschichtsschreibung«[155]. Die DDR-Geschichte Schreibenden, von Gertner herangezogenen Quellen sind Lothar Kölm[156], Dokumente und Materialien zur Geschichte der Deutschen Arbeiterbewegung[157], Fritz Reinert[158], Rainer Arlt[159], Ernst Schietsch[160] und Stefan Doernberg[161]. Sie alle leugnen nach der Lesart des Anwalts einen der SMAD oder der UdSSR juristisch zuzurechnenden Rechtssetzungsakt im Zusammenhang mit der Durchführung der Bodenreform[162]. Doch nach Lektüre der Leugnenden weiß Gertner wieder einmal, dass sich »die SMAD der KPD als Instrument bedient hat, um zumindest in der SBZ das kommunistische Herrschaftssystem einzuführen«[163].

151 Ebd., S. 110-113.
152 Ebd., S. 113-119.
153 Ebd., S. 119-128.
154 Ebd., S. 128-142.
155 Ebd., S. 109.
156 Kölm, Die Befehle des Obersten Chefs der Sowjetischen Militäradministration in Deutschland 1945–1949. Eine analytische Untersuchung. Gesellschaftswissenschaftliche Dissertation Berlin HU 1977: Dissertation 1995, S. 110.
157 Dokumente und Materialien zur Geschichte der deutschen Arbeiterbewegung. Hrsg. vom Institut für Marxismus-Leninismus beim ZK der SED. Reihe 3, ab 1945. Band 1: Mai 1945-April 1946. Berlin 1959: Dissertation 1995, S. 110.
158 Reinert, in: Schöneburg (Hrsg), Errichtung des Arbeiter- und Bauernstaates der DDR 1945–1949, Berlin (Ost) 1983: Dissertation 1995, S. 111.
159 Arlt mit Lothar Schramm, Landwirtschaftsanpassungsgesetz. Erläuterungen. Anlage 1: Gutachten zur Legitimität der Bodenreform auf dem Gebiet der DDR. Haufe Verlag Berlin 1990: Dissertation 1995, S. 111.
160 Schietsch, in: Hähnert/Rohde (Hrsg.), LPG Recht. Lehrbuch. Staatsverlag der DDR Berlin 1976: Dissertation 1995, S. 111/112.
161 Doernberg, Kurze Geschichte der DDR, Berlin (Ost) 1968: Dissertation 1995, S. 112/113.
162 Dissertation 1995, S. 113.
163 Ebd.

Danach betrachtet Gertner »die Bewertung des Verhaltens der UdSSR (...) in der Geschichtsschreibung der UdSSR«[164]. Georgi K. Shukow[165], die Große Sowjet-Enzyklopädie[166], Sergej Tjulpanow[167] und Wladimir S. Semjonow[168] kommen zu Wort. Die ersten drei sollen bestätigen, dass »nicht nur die SMAD, sondern auch Stalin persönlich mit der Durchführung der Bodenreform einverstanden gewesen war«[169], und dass die »Agrarreform unter der Leitung der Sowjetischen Militärverwaltung verwirklicht wurde[170]. Gleichzeitig ging die SMAD von einer völkerrechtlichen Grundlage im Sinne des Potsdamer Abkommens aus, wusste somit von dem Verstoß der Bodenreform gegen diese Vorgaben und wollte deswegen »in rechtlicher Hinsicht bewusst alles unterlassen (...), was diese mit den Enteignungen im Zuge der Bodenreform hätte in Verbindung bringen können«[171]. Auch der vierte Erzähler, Wladimir Semjonow, bestätigt bei Gertner diese, bisher der vorangegangenen entsprechende Variante[172]. Eine Doktrin, »an die sich fortan sowohl in der UdSSR als auch in der DDR alle rechts- wie geschichtswissenschaftlichen Autoren gehalten (haben)«[173]. Trotzdem, das weiß Gertner, »wollte Stalin selbstverständlich die Bodenreform so radikal durchführen, wie dies dann auch geschehen ist«[174]. Anders als bisher erzählt, führen die soeben nacherzählten »Bewertungen in der Geschichtsschreibung bzw. Rechtswissenschaft« hier »zu keinem klaren Ergebnis«[175], weswegen er anschließend die »Beteiligung der SMAD an der Bodenreform nach Quellenlage«[176]untersucht. Die die Wahrheit beinhaltenden Quellen sind neben den bereits vorgestellten Badstübner-Loth Doku-

[164] Ebd.: »Die Bewertung des Verhaltens der UdSSR bzw. der SMAD in der Geschichtsschreibung der UdSSR«.

[165] Shukow, Erinnerungen und Gedanken. Nach Gertner Stuttgart 1969 (vgl. Dissertation LIT 8).

[166] Diese Enzyklopädie zitiert Gertner nur als »in von Kruses Weißbuch zur Demokratischen Bodenreform abgedruckt«, vgl. Dissertation 1995, S. 114, Fn. 230: Kruse, Weißbuch.

[167] Tjulpanow, Deutschland nach dem Kriege (1945–1949). Berlin (Ost) 1987: Dissertation 1995, S. 114-116.

[168] Semjonow, Von Stalin bis Gorbatschow. Ein halbes Jahrhundert in diplomatischer Mission 1939–1991, Berlin 1995: Dissertation 1995, S. 116-118.

[169] Dissertation 1995, S. 114 – Shukow, siehe oben Fn. 165.

[170] Dissertation 1995, S. 114 – Große Sowjet Enzyklopädie, siehe oben Fn. 166.

[171] Dissertation 1995, S. 115 – Tjulpanow, siehe oben Fn. 168.

[172] Ebd., S. 117/118.

[173] Ebd., S. 119.

[174] Ebd.

[175] Ebd.

[176] Ebd.

menten[177] die »Schilderungen von Wolfgang Leonhard«[178], Archivdokumente[179], Wolfgang Zank[180] und Wilfried Loth[181]. Sie alle sollen die tatsächliche Beteiligung der SMAD an der Bodenreform aufzeigen – und bestätigen als »Originalquellen«, was Gertner ohnehin bereits ahnte. Die SMAD »hat sich dafür entschieden, die Bodenreform über die KPD durchzusetzen, weil sie nach außen hin den Eindruck erwecken wollte, es handele sich hierbei um eine Vollendung der bürgerlichen Revolution von 1848«[182]. Aus den Piekschen Aufzeichnungen zieht Gertner abschließend die Erkenntnis, dass »die Einflussnahme auf die KPD die effektivere und völkerrechtlich unverfänglichere Methode einer beginnenden Sowjetisierung« war[183].

Dabei ist die KPD jedoch keineswegs zurückhaltend. Im Gegensatz zu anderen Teilen der Dissertation[184], zu dem 1995er ZOV Aufsatz[185] und der 2003 online veröffentlichten Geschichte[186], nimmt sie freiwillig eine aktive Rolle ein. Das wird insbesondere deutlich, wenn Gertner ausführlicher auf die Umstände zur Ausarbeitung des Verordnungsentwurfes eingeht. Der in zwei anderen Geschichten russische Ursprünge der Bodenreformverordnungen beweisende Wolfgang Leonhard[187] belegt nun nicht mehr, dass die SMAD der deutschen KPD eine Anordnung erteilt hat, diese Verordnungen zu erlassen[188]. Gertner betont mit Unterstützung derselben Erzählung stattdessen ein Mitspracherecht der KPD bei der Ausarbeitung des Verordnungsentwurfes: Die KPD musste *nicht* nach einem Moskauer Schema handeln, sondern konnte eine an die spezifischen Bedingungen des eigenen Landes angepasste Politik vertreten[189]. Die Eckdaten der Ver-

[177] Ebd., S. 119-124.

[178] Ebd., S. 124-125: Die Revolution entlässt ihre Kinder, Taschenbuch-Ausgabe Köln 1990.

[179] Ebd., S. 126: Protokoll des Sitzung des Präsidiums der Provinz Sachsen vom 3. September 1945 – Landesarchiv Magdeburg – Landeshauptarchiv: Rep. K Min-Präs 253.

[180] Ebd., S. 126: Wirtschaftliche Zentralverwaltungen und Deutsche Wirtschafskommission (DWK), in: Broszat/Weber (Hg.) SBZ-Handbuch. Oldenburg Verlag München, 2. Auflage 1993.

[181] Ebd., 195, S. 128: Stalins ungeliebtes Kind, Rowohlt Verlag Berlin 1994.

[182] Ebd., S. 123.

[183] Ebd., S. 124.

[184] Ebd., S. 119-122.

[185] ZOV 1995, S. 333-334.

[186] Ursprüngliches Konzept der KPD für eine Bodenreform, http://www.staatshehlerei.org/archiv/gertner/2003/ge_260303.htm

[187] Vgl. VIZ 1994, S. 160 ; Sobotka I 1995, S. 225.

[188] Dissertation 1995, S. 125.

[189] Ebd., S. 125.

ordnungen wurden hiernach von beiden kommunistischen Parteien abgesprochen, wobei die KPD klar ihre Vorstellungen eingebracht hat. Lediglich im »Interesse einer Rechtsvereinheitlichung« arbeiten die russischen Besatzer nun im Anschluss an die Absprachen Verordnungstexte aus[190]. Bestätigen soll diese Geschichtenvariation das Protokoll der Präsidiumssitzung der Provinz Sachsen vom 3. September 1945. Aus diesem liest Gertner, dass der Bodenreformentwurf zur Verabschiedung lediglich »*em*pfohlen« wurde, weil »von Fachleuten ausgearbeitet«, es lässt sich aber gerade nicht begründen, dass die Verabschiedung dieser Vorlage von der SMAD *be*fohlen wurde[191].

Dasselbe Protokoll, was in der Dissertation an früherer Stelle den Druck und das Undemokratische beim Erlass des Bodenreformgesetztes belegt[192], weist also an späterer Stelle auf eine »immerhin kontroverse Diskussion« hin, die auch Gegenstimmen zulässt[193]. Für den Anwalt ein weiterer Beweis seiner (gerade aktuellen) These, dass die SMAD den Eindruck einer demokratischen Legitimation erwecken wollte, und es deswegen streckenweise tatsächlich ein bisschen demokratisch zuging[194]. Die Bodenreform wird als offiziell innerdeutsche Angelegenheit auch von Wolfgang Zank und einem weiteren Archivdokument bestätigt[195].

Nach der ausführlichen, mit zahlreichen Quellen untermauerten Darstellung ist in dieser umfassendsten und facettenreichen Gertnergeschichte jedenfalls auf Seite 128 »bewiesen, dass die SMAD die Bodenreform initiiert hat«. Lediglich juristisch sind die russischen Besatzer für die Reform nicht verantwortlich, weil nach außen um den Anschein demokratischer Legitimität besorgt[196].

Ein Ergebnis, das Gertner in den Quellen gefunden hat – und dennoch erneut überprüfen will[197]. Als nun endgültig zur Wahrheit führenden Maßstab zieht er die »Deutschlandpolitik der UdSSR unmittelbar im Anschluß an die Installation des Besatzungsregimes«[198] heran. Die weitere

190 Ebd., S. 125.
191 Ebd., S. 125.
192 Ebd., S. 53-55, außerdem Sobotka II 1996, S. 341 und ZOV 1995, S. 338.
193 Ebd., S. 126.
194 Ebd., S. 126.
195 Diese beiden sollen belegen, dass die bei der SMAD vor den Bodenreformmaßnahmen Hilfesuchenden von den Russen mit dem Hinweis abgewiesen wurden, die Reform sei eine rein innerdeutsche Angelegenheit, Dissertation 1995, S. 126/127.
196 Dissertation 1995, S. 128.
197 Ebd., S. 128/129: Das»aufgrund der Quellenlage gewonnene Ergebnis« will Gertner in derselben Geschichte »auf seine Plausibilität überprüfen«.
198 Dissertation 1995, S. 128/129.

Analyse[199] führt nun zu dem Schluss, dass »die Bodenreform in der SBZ ebenso wie in den anderen osteuropäischen Staaten der sowjetischen Hegemonialsphäre als [der] Beginn einer Sowjetisierung zu sehen« ist[200]. Hermann Weber, der die Bodenreform als zwar radikal, nicht aber kommunistisch bezeichnet[201], irrt sich, wie Gertner nach der Untersuchung des Marxismus-Leninismus erkennen kann: »Eindeutig (ist) ein Zusammenhang zwischen der marxistisch-leninistischen Ideologie einerseits und der in der SBZ durchgeführten Bodenreform andererseits zu bejahen«[202]. Dass sich die KPD beim Aufruf zur Bodenreform nicht auf marxistisch-leninistisches Vokabular stütze, sondern die Bodenreform als Vollendung der Bürgerlich-demokratischen Revolution von 1848 angekündigt habe, beweist erst recht ihre in Wahrheit umfassend kommunistische Intention. Das weiß Gertner, weil »gerade in diesem Jahr [1848] das Kommunistische Manifest als revolutionäres Programm veröffentlicht worden ist[203]. Im Vergleich zum Vorangegangenen ergibt sich damit aus der Plausibilitätsprüfung für den Anwalt die Erkenntnis, dass »die KPD die Bodenreform initiierte« und so »einen ersten Schritt (...) in Richtung auf eine Installation des kommunistischen Herrschaftssystems (getan hat), an deren Errichtung aber auch die UdSSR ein vitales Eigeninteresse hatte«[204]. Die aus den Badstübner-Loth Dokumenten gezogene, eindeutige Erkenntnis der Stalinschen Initiativstellung und Druckausübung zur Durchführung der Bodenreform – 2003 noch einmal erzählt – ist an dieser Erzählstelle vergessen. Neuerdings war die Reform »eine kommunistische

[199] Dieses Mal durch Hans Lemberg (Hg.), Sowjetisches Modell und nationale Prägung. Marburg 1991: Dissertation 1995, S. 129 Fn. 265; Roy. A. Medwedew, Die Wahrheit ist unsere Stärke. Geschichte und Folgen des Stalinismus, Frankfurt am Main 1973: Ebd. S. 129, Fn. 266; Milovan Djilas, Gespräche mit Stalin, Frankfurt am Main 1962: Ebd., S. 129, Fn. 267; Hans-Joachim Torke, Historisches Lexikon der Sowjetunion, München 1993 mit folgenden Stichwörtern: Dekret über das Land, Ebd., S. 130 Fn. 268; Kollektivierung S. 130 Fn. 267; Kulak S. 130 Fn. 268; Dimitri Wolkogonow, Lenin. Utopie und Terror. Düsseldorf 1994, Ebd., S. 130 Fn. 269; Werner Rösener, Die Bauern in der europäischen Geschichte, München 1993: Ebd., S. 130 Fn. 271; Hermann Weber, Geschichte der DDR, Taschenbuch Ausgabe München 1989: Ebd., S. 135 Fn.291; Karl Marx, Die Frühschriften, Stuttgart 1971: Ebd., S. 135 Fn. 292; Friedrich Engels, Umrisse zu einer Kritik der Nationalökonomie (1844) in: Marx/Engels, Studienausgabe. Band II: Politische Ökonomie: Ebd., S. 136 Fn.294; Engels, zur Geschichte der preußischen Bauern, Berlin 1946«: Ebd., S. 137 Fn. 296.

[200] Ebd., S. 134.

[201] Ebd., S. 135: Hermann Weber, Geschichte der DDR, München 1989.

[202] Ebd., S. 137.

[203] Ebd.

[204] Ebd., S. 138.

Maßnahme, die die KPD (...) federführend im Eigeninteresse durchgeführt hat«[205].

Nun möchte Gertner in dieser lang(atmi)gen Geschichte noch klären, warum SMAD und KPD gleichermaßen die eingeleitete Sowjetisierung kaschieren wollten. Aus diesem Grund untersucht er auch noch die (Gesamt)Deutschlandpolitik der UdSSR. Hans-Peter Schwarz[206], Wilfried Loth[207] und (der sich zuvor mit seiner Analyse so geirrt habende) Hermann Weber[208] belegen diesbezüglich, dass die Kommunisten ihr eigentliches Ziel der Installierung des eigenen Herrschaftssystems wegen Westzoneninteresse und Reparationennotwendigkeit nach außen vertuschen wollten[209].

Im »Ergebnis« der Dissertation stimmt Gertner dann mit einer zuvor schon zitierten, Ostdeutschen Quelle überein. Lothar Kölm, aus dem vorangegangenen Abschnitt zur »Geschichtsschreibung und Rechtswissenschaft der DDR« bekannt[210], hat die historische Realität richtig erfasst. Obwohl (oder weil?) es »bemerkenswert [ist], dass westliche Historiker zu einem diametral entgegengesetzten Urteil gelangt sind als diejenigen der DDR«[211], kommt Gertner zu demselben Ergebnis wie seine östlichen Kollegen:

> *»Die hier wiedergegebenen Quellen lassen die sichere Schlussfolgerung zu, dass die von Kölm in seiner Dissertation wiedergegebene Bewertung richtig ist, wonach es kein Dokument oder und (sic) keinen Hinweis dafür gebe, welchem zufolge die Verantwortlichkeit für den Entschluss zur Durchführung der Bodenreform der SMAD zuzurechnen sei (Kölm, Diss. 1977, S. 90). Da Kölm Zugang zu unveröffentlichtem sowjetischen Archivmaterial gehabt haben dürfte und das hier zugängliche Archivmaterial die gleichen Schlussfolgerungen zulässt, wird man davon auszugehen haben, dass die Bodenreform-Verordnungen deutsche Rechtsvorschriften ohne besatzungsrechtliche Ermächtigungsgrundlagen sind.«*[212]

[205] Ebd., – und immerhin noch »allerdings die massive Hilfestellung der SMAD benötigt hat«.

[206] Hans-Peter Schwarz, Vom Reich zur Bundesrepublik. Deutschland im Widerstreit der außenpolitischen Konzeptionen in den Jahren der Besatzungsmacht 1945–1949, Stuttgart 1980.

[207] Wilfried Loth, Die Teilung der Welt. Geschichte des Kalten Krieges 1941-1955, 8. Auflage München 1990.

[208] Hermann Weber, Geschichte der DDR, München 1989.

[209] Dissertation 1995, S. 141/142.

[210] Ebd., S. 110.

[211] Ebd., S. 109. Gertner kennt nur Historiker.

[212] Ebd., S. 143.

»Federführend« war also die KPD bei der Verabschiedung der Bodenreformverordnungen tätig, auch wenn sie ohne die massive Unterstützung der SMAD an dem Vorhaben Bodenreform gescheitert wäre[213].

Hauptverantwortliche radikale KPD. Handelt gegen den Willen der moderaten Russen. Deren Fernziel ist Demokratie

September 1945 – Die Geschichte der Bodenreform-Verordnungen in der SBZ unter Berücksichtigung des nunmehr zugänglichen Archivmaterials, [1996]. In: Sobotka (Hg.), Wiedergutmachungsverbot? 1998, S. 333–343 (Sobotka II 1996, S.).

Die Bodenreform in der SBZ – ein sogenannter Exzeßfall? [1997]. In: Sobotka (Hg.), Wiedergutmachungsverbot? 1998, S. 450–459 (Sobotka III 1997, S.).

»Junkerland in Ulbrichts Hand?« – Begründung von Volkseigentum an Bodenreform-Grundstücken? In: VIZ 2001, S. 407–413 (VIZ 2001, S.).

Diese Variante wird von Gertner erstmalig 1996, in seinem Aufsatz zum (Nicht)Erlass der Bodenreformverordnungen, angekündigt. Hier beginnt er seine Erzählung mit dem (in seinen Augen) »bisherige(n) Erkenntnisstand der Geschichtsforschung«[214]. Nach diesem (nicht seinem!) Erkenntnisstand hat »die UdSSR mit Hilfe der SMAD und der KPD die Bodenreform durchgesetzt«. Wolfgang Leonhard belege, dass »es sich bei den Verordnungen um Übersetzungen von Vorlagen der sowjetischen Besatzungsmacht« handele[215]. Dass die Enteignungen im Zuge der Bodenreform nicht der UdSSR zugerechnet werden können, bezeichnet dieser »Erkenntnisstand« als »Beteuerungen in geschichts- und rechtswissenschaftlichen Abhandlungen in der früheren UdSSR bzw. DDR«, die »von Historikern und Juristen in den alten Bundesländern als kommunistische Propaganda abgetan«[216] werden. Gertner, der bundesrepublikanische Jurist, hat nun »Zweifel, ob sich dieser [Erkenntnisstand] aufrechterhalten läßt«[217]. In der sich an diese Vorbemerkungen anschließenden

[213] Ebd.
[214] Sobotka II 1996, S. 333: 1. Der bisherige Erkenntnisstand der Geschichtsforschung.
[215] Ebd.
[216] Ebd.
[217] Ebd.

Geschichte übernimmt dann regelmäßig die KPD aktiv das Oktroyieren der Verordnungsvorlage[218].

Deutlicher formuliert er diese Variante in den beiden anderen Geschichten. Hier erschüttern neue (und alte) Quellen den noch 1995 gefundenen, »endgültig zuverlässigen Aufschluß«[219] über die Vergangenheit. »Neuerdings [also 1997, JK] im Bundesarchiv Potsdam ausfindig gemachte Dokumente«[220] ändern die Geschichte. Nun ist bewiesen, »dass die Bodenreform, wie sie von den deutschen Kommunisten konkret durchgeführt worden ist, von der Besatzungsmacht ausdrücklich nicht gewollt war«[221]. In dieser 1997er Variante war »die neue Gesellschaftsordnung des besetzten Deutschland« nach Gertners Dafürhalten »noch völlig ungewiss«[222] – eine Ungewissheit, die der Autor mit denselben Pieckschen Aufzeichnung aus den Badstübner-Loth Dokumenten belegt, die zwei Jahre zuvor die »Methode einer beginnenden Sowjetisierung« bestätigt hatten[223]. Bemerkenswert ist außerdem, dass diese – neuerdings »falsche« – Darstellung der »Bodenreform als ersten Schritt zur Installierung einer Gesellschaftsordnung nach sowjetischem Vorbild«, nach Gertners 1997er Version ausschließlich in der Geschichtsschreibung der DDR erzählt worden sein soll[224]. Gertner weiß nun, dass lediglich SED-Historiker und Rechtswissenschaftler diese »Sachdarstellung« der beabsichtigten »Gründung eines Separatstaates in der SBZ mit sowjetischer Herrschaftsordnung« vertreten haben. Seine eigenen, kurz zuvor noch erzählten Sowjetisierungsgeschichten, scheinen nie erzählt worden zu sein[225]. Dafür berichtet Gertner nun, wie es sich »entgegen der Sachdarstellung von SED-Historikern und Rechtswissenschaftlern«[226] tatsächlich zutrug:

[218] Sobotka II 1996, S. 337: »›Gesetz‹, welches (…) dem Präsidium des Landes Thüringen (…) von der Bezirksleitung Thüringen der KPD (…) oktroyiert worden ist«.

[219] So in ZOV 1995, S. 333, über die Qualität der von Badstübner und Loth herausgegebenen Pieckschen Dokumente.

[220] Sobotka III 1997, S. 450. Bei »den Dokumenten« handelt es sich wohl um »Bundesarchiv Stiftung der Parteien und Massenorganisationen der ehemaligen DDR, FBS 161/8212. Das ist jedenfalls das einzige, in diesem Aufsatz zitierte Archivdokument, Vgl. Fn. 14.

[221] Sobotka III 1997, S. 450.

[222] Ebd., S. 454.

[223] Dissertation 1995, S. 124, siehe oben. Mit anderer Formulierung, über die hineingetragene Entkulakisierung und die zurückhaltende Stellung der KPD in ZOV 1995, S. 333.

[224] Sobotka III 1997, S. 454.

[225] Ebd., S. 455.

[226] Ebd.

Innerhalb der Sowjetführung setzte sich – im Einklang mit Stalins Sicherheitsstreben – die Idee eines neutralisierten, antifaschistischen und vereinten Deutschlands durch[227]. Stalin selbst stellte sich lediglich realpolitisch auf die Möglichkeit einer unterschiedlichen Entwicklung der verschiedenen Besatzungszonen ein. »In der Überzeugung, dass damit den sowjetischen Europa-, Sicherheits- und auch Reparationsinteressen am besten gedient sei«, wollte er vordringlich und am liebsten den »einheitlichen entmilitarisierten und neutralisierten deutschen Staat erhalten«[228].

Die KPD-SED war in den bisher vorgestellten Gertnergeschichten oft ein Instrument der SMAD bei der Durchsetzung ihrer deutschlandpolitischen Interessen[229]. Nun erfahren die Lesenden, dass »die Interessen der SED-Führung und der UdSSR (keinesfalls) deckungsgleich waren«[230]. Auseinander gingen die Interessen bisher nur insofern, als die SMAD die KPD zu radikaleren Maßnahmen drängen musste. Nun bestätigt Suckut, dass die »UdSSR sich bis Ende 1953 die Optionen offengelassen habe, den von ihr kontrollierten Teilstaat zugunsten einer für sie vorteilhafteren gesamtdeutschen Lösung aufzugeben«[231].

Für diese, sich unter anderem von der Dissertation stark unterscheidende, Bodenversion beruft sich Gertner auf insgesamt neun Erzähler. Drei von ihnen, Hermann Weber, Wilfried Loth und Hans-Peter Schwarz, haben als einzige Quellen schon die andere Deutschlandpolitikversion als Fußnoten bestätigt[232]. Damals, 1995, unterstützen sie eine Geschichte, in der das »Fernziel der UdSSR (...) primär darin (bestand), in der von ihr militärisch okkupierten Zone Deutschlands ihr eigenes Herrschaftssystem zu installieren«[233].

[227] Ebd., S. 455, Fn. 22: Naimark, die Russen in Deutschland, Berlin 1997, S. 404.

[228] Ebd., S. 457.

[229] Vgl. nur ZOV 1995, S. 333/334; Dissertation 1995, z.B. S. 128.

[230] Sobotka III 1997, S. 457.

[231] Sobotka III 1997, S. 457, Fn. 34: Suckut, Zur Vorgeschichte der DDR-Gründung, in: Die Deutschlandfrage von Jalta und Potsdam bis zur staatlichen Teilung Deutschlands 1949, S. 143.

[232] Dissertation 1995, S. 138-141, Fn. 297-303. Siehe oben: Russen und KPD gleichermaßen radikal und verantwortlich. Gemeinsames Handeln und Planen für die Reformdurchführung. Bodenreform als Sowjetisierung., S. 89 Fn. 206-208.

[233] Ebd., S. 140.

1997 gesellen sich sechs weitere Erzähler zu ihnen. Norman Naimark[234], Jochen Laufer[235], Rolf Steininger[236], Alexander Fischers Dokumentenausgabe[237], Gottfried Zieger[238] und Heinrich Bodensieck[239] (die meisten von ihnen schon 1995 lesbar) bestätigen gemeinsam mit auch 1995 schon gelesenen Quellen das Gegenteil des 1995 Erzählten. Unter anderem aus den *nun tatsächlichen* Zielen der Russen folgt jedoch dasselbe, was auch schon aus den 1995 *tatsächlichen* Zielen der Russen folgte: »Es fehlt an der Wirksamkeit der durch die Bodenreform-Verordnungen angeordneten Enteignungen, weil niemals geregelt worden ist, zu wessen Gunsten diese erfolgen sollten«[240].

Die zweite Erzählung aus 2001, die sich in diese Variante einfügt[241], weiß gleichermaßen »dass es nicht angebracht ist, die Bodenreform historisch als ersten Schritt in Richtung auf eine Sowjetisierung der SBZ zu begreifen«[242]. Unter anderem deswegen »steht [auch hier] fest, dass im Zuge der Bodenreform das Eigentum an den betroffenen Ländereien mangels Zuordnung zu einem neuen Rechtssubjekt nicht entzogen worden ist«[243]. Hier weiß Gertner von dem Ostdeutschen Geschichtenerzähler Stefan Doernberg, dass »die UdSSR ein einheitliches Deutschland unter bürgerlich-demokratischer Gesellschaftsordnung in ihr politisches Kalkül ein(bezog)« und »unter allen Umständen eine Restauration verhindern (wollte)«[244]. 2001 wird der Jurist in diesem Geschichtsausschnitt fast zu einem ›Antifaschisten‹. Im Anschluss an das wichtigste Ziel der UdSSR, die Verhinderung der Restauration, konstatiert er, dass eben

[234] Norman Naimark, Die Russen in Deutschland, Berlin 1997 (The Russians in Germany, London 1995).

[235] Jochen Laufer, Konfrontation der Kooperation?, in: Alexander Fischer (Hg.), Studien zur Geschichte der SBZ/DDR, Berlin 1993, S. 57.

[236] Rolf Steininger, Deutsche Geschichte seit 1945: Darstellung und Dokumente in vier Bänden. Band 1 : 1945–1947, Fischer Verlag Frankfurt am Main, 1996.

[237] Alexander Fischer (Hg,), Teheran Jalta Potsdam. Die sowjetischen Protokolle von den Kriegskonferenzen der »Großen Drei«, Verlag Wissenschaft und Politik, 3. Auflage 1985.

[238] Gottfried Zieger, Die Sowjetisierungspolitik Moskaus, in: Boris Meissner (Mitarbeiter), die Deutschlandfrage von Jalta und Potsdam bis zur staatlichen Teilung Deutschlands 1949, Berlin Duncker & Humblot, 1993, S. 58.

[239] Heinrich Bodensieck, Wilhelm Piecks Moskauer Aufzeichnungen, in: Alexander Fischer (Hg.), Studien zur Geschichte der SBZ/DDR, Berlin 1993, S. 34.

[240] Sobotka III 1997, S. 450. Kein Eigentumsverlust wegen fehlender Eigentumsverteilung auch schon in VIZ 1995, S. 496.

[241] VIZ 2001, S. 407-413.

[242] Ebd., S. 412.

[243] Ebd.

[244] Ebd., S. 411, Fn. 37. Stefan Doernberg, die Geburt eines neuen Deutschland 1959, S. 166.

diese Restauration des vorangegangenen Regimes tatsächlich »nur durch Zerschlagung des Großgrundbesitzes nach Aufteilung an möglichst viele kleinbäuerliche Siedler zu erreichen gewesen« war[245].

Die nicht erfolgte Enteignung ist damit (nach Gertners gerade aktueller Erkenntnis) ausschließlich den Russen zu verdanken: »wertet man (...) die vorhandenen – spärlichen – Dokumente richtig aus, so wird man zwangsläufig zu [diesem] Ergebnis gelangen müssen«[246]. In diesem Zusammenhang tritt auch die schon seit 1995 bekannte Proklamation Nr. 3 des Alliierten Kontrollrates wieder, wenn auch in anderem Zusammenhang, in den Geschichten auf. Dieses Mal sind die Verordnungen jedoch nicht nichtig, weil sie gegen besagte Proklamation verstoßen, sondern gerade wegen der Proklamation wirksam. »Die SMAD wollte und konnte im Hinblick auf die zum Schutz der Zivilbevölkerung erlassene Proklamation Nr. 3 vom 20. Oktober 1945 die betroffenen ›Großgrundbesitzer‹ nicht enteignen«[247]. Weil jedenfalls die Beschlagnahme der Flächen auch nach den Besatzungsstatuen zulässig war, beschränkte sich die SMAD eben auf diese Beschlagnahme der Güter und die Besitzverteilung an Landarbeiter[248]. Die Bodenreformverordnungen sind damit rechtswirksam zustande gekommen. Sie wären nur dann »nichtig gewesen, wenn in ihnen die Überführung in Volkseigentum geregelt worden wäre«[249]. Weil die Besatzungsmacht die Klasse der Großgrundbesitzer aber politisch entmachten wollte, erließ sie am 30. Oktober 1945 den im Rahmen der Besatzungsvorschriften zulässigen Befehl Nr. 124[250]. Damit »hat die SMAD die Überführung von Bodenreformgrundstücken nicht legitimiert, [sondern] diese vielmehr ausdrücklich aus wohlerwogenen politischen Motiven verhindert«[251]. Das nun nur noch als Bodenreform Bezeichnete ist tatsächlich lediglich »eine Regelung zur Zwangsbewirtschaftung landwirtschaftlicher Flächen«[252]. Die Bodenreform erhält so mit dem SMAD-Befehl Nr. 124 vom 30. Oktober 1945 eine neue Rechtsgrundlage[253], die beweist, dass die betroffenen Grundstücke nie enteignet worden sind.

[245] Ebd., S. 411 Fn. 37.
[246] Sobotka III 1997, S. 453.
[247] Ebd.
[248] Ebd., S. 458.
[249] VIZ 2001, S. 409.
[250] Sobotka III 1997, S. 453.
[251] Ebd., S. 459.
[252] VIZ 2001, S. 408.
[253] Sobotka III 1997, S. 453; VIZ 2001, S. 410.

Russen und KPD gleichermaßen radikal und verantwortlich. Bodenreform als klassenkämpferische Strafmaßnahme

Vermögensrückgabe nach dem Verwaltungsrechtlichen Rehabilitierungsgesetz (VwRehaG). In: ZOV 2002, S. 76–80 (ZOV 2002, S.).
Strafrechtliche Rehabilitierung für »Junker und Großgrundbesitzer«? In: ZOV 2003, S. 298–301 (ZOV 2003, S.).
Völkerrechtlicher Anspruch auf strafrechtliche Rehabilitierung für die Opfer der Boden- und Industriereform. In: IFLA 2007, S. 109–120 (http://www.drgertner.de/rgbs_pdf/beitrag_0108.pdf).
Property in the New Federal States of Germany – Cause of the Phenomenom »Sleeping Owners«. In: EJLE 2009, p. 1–13 (EJLE 2009, S.).

Nur ein Jahr nach den rechtsstaatlichen Russen, die das Eigentum gerettet haben, sieht die Vergangenheit schon wieder anders aus. Gertner fordert in seiner 2002 geschriebenen Geschichte über »Vermögensrückgabe nach dem Verwaltungsrechtlichen Rehabilitierungsgesetz«[254], dass »die Betroffenen die historischen Fakten aufarbeiten (…) müssen«. Die Bodenreform ist nun »eine von der marxistisch-leninistischen Ideologie beeinflusste Form des Klassenkampfes«[255], von UdSSR und KPD in gleichen Teilen durchgeführt. Mit Unterstützung der SMAD kämpft die KPD den ideologischen Kampf gegen die Großgrundbesitzer[256]. Unterlegt wird diese neue alte Geschichtenversion mit den alt bekannten Badstübner-Loth Dokumenten. Gertner schreibt 2002 fast wortgleich wie 1995 in Aufsatz- und Dissertation zur Rolle der SMAD bei dem Erlass der Bodenreformverordnungen[257]. 2002 kann es »keinem Zweifel unterliegen, dass die Bodenreform eine von der marxistisch-leninistischen Ideologie beeinflusste Form des Klassenkampfes war mit dem Ziel, die Großgrundbesitzer analog den Kulaken im ehemaligen Russland als Klasse zu vernichten«[258]. Russen und Deutsche handeln gemeinsam, die Bodenreform ist »in dieser konkreten Ausgestaltung dem in der SBZ bestehenden eigenen Herrschaftssystem zuzurechnen«[259]. Dieses Herrschaftssystem verstößt im Einklang mit der SMAD sehenden Auges gegen die Gesetze des Alliierten Kontrollrats, insbesondere gegen die Proklamation Nr. 3[260]. Dieselben Quellen, die nur ein bis fünf Jahre zuvor belegt haben, dass die

[254] ZOV 2002, S. 76-80.
[255] Ebd., S. 79.
[256] Ebd.
[257] ZOV 1995, S. 333 und Dissertation 1995, S. 119-120.
[258] ZOV 2002, S. 79.
[259] Ebd., S. 80.
[260] Ebd.

SMAD eine nicht enteignende, im Einklang mit den Vorschriften des Alliierten Kontrollrats stehende Bodenreform wollte und die KPD mit der tatsächlichen Art und Weise der Durchführung gegen die Vorgaben der SMAD verstoßen hat[261], belegen nun eine von Anfang an geplante Kulakisierung. Dabei fällt schon in dieser Variante auf, dass nicht mehr die Sozialisierung im Vordergrund steht, sondern vielmehr die Verfolgung einer Bevölkerungsgruppe. Ein Jahr später beweisen dieselben Pieckschen Aufzeichnungen, dass die Bodenreformverordnungen, die Bodenreformkampagne der KPD und die Vorgaben führender SMAD Offiziere eigentlich Strafmaßnahmen waren[262]. Hauptsächlich wurde die Reform jedoch von den Deutschen durchgeführt. Belege findet Gertner einmal mehr bei Doernberg und Tjulpanow. »Die SMAD hat es dem deutschen Volk überlassen, selbst darüber zu entscheiden, welche Gesellschaftsordnung in Deutschland bestehen soll«[263]. Auch wenn Gertner – Hermes zitierend – einräumt, dass es sich bei dieser »Sachdarstellung« um eine »Geschichtsfälschung« handeln könnte[264], beweist die mögliche Fälschung in Gertners Lesart dennoch, dass die SMAD »jegliche juristische Verantwortung für die Bodenreform abgelehnt hat, um den revolutionären Charakter der Bodenreform begründen zu können«[265].
In den beiden jüngsten veröffentlichten Aufsätzen schließlich verdrängt der Strafcharakter der Bodenreform die anderen Durchführungsgründe. 2007 ist die Bodenreform als Kollektivstrafe vergleichbar mit der Sippenhaftung aus Nationalsozialismus und Stalinismus[266]. Hier gerät die Bodenreform zu einer ausschließlichen Strafmaßnahme, deren Strafcharakter von anderen Erzählern »generell geleugnet« wird[267]. Die anderen stellen fälschlicherweise »die Behauptung auf (...), dass primäre Ziel sei die Herstellung einer neuen Eigentumsordnung gewesen«[268]. Die Umformung der Eigentumsordnung ist 2007 also im Angesicht des eigentlich allein gewollten Strafcharakters in den Hintergrund getreten.

Noch eklatanter wird der Strafverfolgungscharakter der Bodenreform in Gertners zweitjüngster Geschichte. 2009 widmet er »historischen Fak-

[261] Sobotka III 1997, S. 454.

[262] ZOV 2003, S. 300.

[263] Ebd., S. 301. Hier zitiert Gertner Doernbergs Erzählung aus der Geburt eines neuen Deutschlands.

[264] Ebd., S. 301. Nach Fn. 23 tätigte Hermes diese Aussage in: Die Christlich-Demokratische Union und die Bodenreform in der Sowjetischen Besatzungszone Deutschlands, 1963, S. 27.

[265] Ebd., S. 301.

[266] http://www.drgertner.de/rgbs_pdf/beitrag_0108.pdf, S. 4.

[267] Ebd., S. 6.

[268] Ebd.

ten«[269] den zweiten Abschnitt des Aufsatzes. Diese sollen untermauern, wie die Ostdeutsche Verwaltung in der SBZ eine vorkommunistisch-sozialistische Ordnung einrichten wollte[270]. Die 1997 und 2003 erzählte, nicht geplante Sowjetisierung widerspricht also der neuen(alten) historischen Realität. Die neuen, deutschen kommunistischen Machthaber werden von der Sowjetischen Besatzungsmacht unterstützt[271]. Unmittelbar nach dem Ende der Kampfhandlungen am 8. Mai 1945 beginnen sie mit der Verfolgung der politisch Unerwünschten. Dabei beschreibt Gertner die Maßnahmen der KPD zur politischen Unterstützung der Reform als teilweise erfolgreich – jedenfalls schuf eine Rede von Wilhelm Pieck am 2. September 1945 in Kyritz eine tatsächlich »blutrünstige Stimmung« gegen die Großgrundbesitzer in der Bevölkerung[272].

Die dann vorgenommene Vertreibung der Großgrundbesitzer ist vor allem mit der Vertreibung der Juden 1938/39 vergleichbar[273]. In jedem Fall waren die Bodenreformmaßnahmen ein Verbrechen gegen die Menschlichkeit[274]. Wie sehr es bei der nun erzählten Bodenreform mehr um ideologisch begründete Strafmaßnahmen als die Umformung der Eigentumsordnung ging, zeigt, dass die Indoktrinierung gegen die Junker durch die Sowjetunion sogar bis zu den westlichen Alliierten getragen wurde. Wie Gertner weiß, hatte auch der in den USA ausgearbeitete Morgenthau-Plan die Vertreibung der Junker aus öffentlichen Ämtern und die Verteilung ihres Großgrundbesitzes an landarme Bauern ohne Entschädigung für die Großgrundbesitzer vorgesehen[275]. Damit könnte sich die rein marxistisch begründete ideologische Verfolgung der Großgrundbesitzer relativieren. Dieser Eindruck täuscht jedoch, denn die Enteignung und Vertreibung der Junker wurde nur durch Sowjetische Geheimdienstaktivitäten Inhalt des Morgenthau-Plans: der »principal architect behind this plan«[276] war Harry Dexter-White, Sohn Litauisch-jüdischer Immigranten, der als geheimer Agent unter dem Decknamen »Jurist« für die Sowjetunion gearbeitet hatte[277]. Dass die Herangehensweise für die Behandlung der Junker in der SBZ Wirklichkeit wurde, geht in dieser Geschichte also auch eindeutig auf Sowjetische Pläne zurück[278].

[269] EJLE 2009, S. 2, »2. Historical facts«.
[270] Ebd., S. 2.
[271] Ebd.
[272] Ebd., S. 4, »This way, Pieck created a bloodthirsty mood«.
[273] Ebd., S. 3, 5.
[274] Ebd., S. 6.
[275] Ebd., S. 3.
[276] Ebd.
[277] Ebd.
[278] Ebd.

Russen gemeinsam mit anderen Alliierten verantwortlich. Bodenreform als Entnazifizierung

Verfassungsrechtlich durchsetzbarer Anspruch der Opfer der Boden- und Wirtschaftsreform auf Einbeziehung in die bestehende Rehabilitierungsgesetzgebung? Vortrag auf einer Tagung der Europäischen Akademie Mecklenburg-Vorpommern über die Nationale und internationale Durchsetzung von Rehabilitierungsansprüchen der SBZ-Verfolgten am 19. März 2011: http://www.drgertner.de/egmr_pdf/Innerstaatliche_Durchsetzung_der_Rehabilitierung_f%C3%BCr_Opfer_der_Boden-_und_Wirtschaftsreform.pdf (Vortrag in Waren 2011, S.)

Durchsetzung von Rehabilitierungsansprüchen vor dem BVerfG. In: ZOV 2011, S. 50–61 (ZOV 2011, S.)

Die soeben noch aktuelle Erzählung der Bodenreform als klassenkämpferischer Vernichtungsmaßnahme, die nur durch Sowjetische Geheimdienstmaßnahmen auch über die Grenzen des Bolschewismus hinaus indoktriniert, und (wenn überhaupt) lediglich als Entnazifizierungsmaßnahme *getarnt* wurde, ist nicht Gertners letztes Wort. Auch die Bodenreform als erster Schritt auf dem Weg zur Sozialisierung oder jedenfalls Umformung der Eigentumsordnung ist 2011 vergessen. Die Reform wird in diesen letzten Geschichten zu einer *tatsächlichen* Entnazifizierungsmaßnahme, die von allen vier Besatzungsmächten durchgeführt wurde. Gertner will nun der »weit verbreiteten Fehlvorstellung entgegen (…) treten, dass sich die Bodenreform [in der US-amerikanischen Besatzungszone, JK] gänzlich von derjenigen unterschied, die in der sowjetischen Besatzungszone durchgeführt worden ist«[279]. Trotz einzelner Unterschiede ist »festzuhalten (…), dass die Zielrichtung der Bodenreform (…) nach den übereinstimmenden Willen der Besatzungsmächte dem Zweck dienen sollte, gemäß den Festlegungen im Potsdamer Abschlusskommuniqué, Personen auch aus dem gesellschaftlichen und wirtschaftlichen Leben [zu eliminieren[280]], die bezichtigt wurden, den Nationalsozialismus entweder als Hauptschuldige oder zumindest als Belastete gestützt zu haben«[281]. In der US-Amerikanischen Besatzungszone wurde nur »unter anderen ideologischen Prämissen, aber ebenso systematisch wie in der SBZ, die Entnazifizierung betrieben«[282]. Auch die westlichen Besatzungsmächte bestanden ungeachtet der durchaus bekannten Mängel in ihrer

[279] Vortrag in Waren 2011, S. 6.

[280] Im Vortrag steht stattdessen »aus dem gesellschaftlichen und wirtschaftlichen Leben eliminiert werden sollte«. Ich nehme einen Druckfehler an.

[281] Vortrag in Waren 2011, S. 7.

[282] Ebd., S. 6.

Entnazifizierungspolitik darauf, dass in das Grundgesetz eine Norm aufgenommen wurde, die die Maßnahmen »zur Befreiung des Deutschen Volkes vom Nationalsozialismus und Militarismus« für verfassungsfest erklärt(e)[283]. Vor diesem Hintergrund ist verständlich, dass die Sowjetregierung 1990 darauf bestand, dass die Bodenreform »im Einvernehmen mit den Westmächten in allen vier Besatzungszonen durchgeführt wurde(..)«[284]. Die Reform war also »(nicht nur) nach dem Willen (…) der sowjetischen Besatzungsmacht eine Maßnahme zur »Befreiung des deutschen Volkes vom Nationalsozialismus und Militarismus«[285]. In der SBZ wurde die Bodenreform zwar mit schwereren rechtsstaatlichen Mängeln durchgeführt als in den westlichen Zonen, doch haften diese Mängel »auch den Spruchkammerverfahren in den westlichen Besatzungszonen Deutschlands an«[286]. Der wesentliche Unterschied der Maßnahmen verschiebt sich auf die Zeit nach ihrer Durchführung. In der Bundesrepublik hatten »Betroffene solcher Entnazifizierungsmaßnahmen, die mit vergleichbar schweren Sanktionen verbunden waren, die Möglichkeit einer Überprüfung der Schuldvorwürfe«[287]. Sie konnten die »Schuldzuweisungen durch deutsche Kommissionen in einem justizförmigen Verfahren durch den gesetzlichen Richter überprüfen und aufheben« lassen[288]. Eine Überprüfung, die den Betroffenen in der Sowjetischen Zone und späteren DDR versagt blieb[289]. Erstmalig geht es Gertner im Einklang mit dieser veränderten Vergangenheit auch nicht mehr um die Rückgängigmachung der Bodenreform – denn »es kann nicht ausgeschlossen werden, dass Einzelne, die im Rahmen der Bodenreform (…) mit ihrem Vermögen herangezogen wurden, tatsächlich strafbare Handlungen begangen haben«[290]. Sein Ziel verlagert sich auf die erneute Prüfung, ob sich die Betroffenen »nach dem damals geltenden Recht, wozu auch das KRG 10 und die KRD 38 gehören, strafbar gemacht haben«[291].

Für die Bodenreformverantwortlichkeit hat jedenfalls diese jüngste mit den ältesten Gertnergeschichten die Gemeinsamkeit, keine KPD zu kennen. Hier wird die Bodenreform alleinverantwortlich von der Sowjetischen Besatzungsmacht als Entnazifizierungsmaßnahme durchgesetzt. Etwas anders beschreibt Gertner die Bodenreform in der Zeitschrift für Offene

283 Ebd., S. 8.
284 Ebd., S. 4/5; ZOV 2011, S. 51.
285 Vortrag in Waren 2011, S. 15; ZOV 2011, S. 61.
286 ZOV 2011, S. 51.
287 Ebd., S. 57.
288 Vortrag in Waren 2011, S. 15.
289 Ebd.; ZOV 2011, z.B. S. 53.
290 ZOV 2011, S. 57.
291 Ebd.

Vermögensfragen. Zwar ist mit der Umsetzung der Potsdamer Beschlüsse vornehmlich die Besatzungsmacht verantwortlich, die konkreten Wegnahmeentscheidungen im Rahmen der Bodenreform sind jedoch »ausnahmslos (...) Entscheidungen deutscher Stellen«[292]. Außerdem spielt in dieser Geschichte die KPD immerhin eine Nebenrolle, weil (auch) ihr 11.-Juni-Aufruf den Charakter der Bodenreform als ausschließlicher Entnazifizierungsmaßnahme bestätigt. Der Aufruf beweist, dass die »repressive Tätigkeit« der Bodenkommissionen »gerade nicht einer Sozialrevolution«[293] diente, sondern der Ausrottung von Nazismus und Militarismus[294].

Zusammenfassung

Gertners Geschichte(n) der Bodenreform unterliegen – obwohl ihr Erzähler vorgibt, in jeder einzelnen die Wahrheit über die Bodenreform zu erzählen – einer beeindruckenden Wandelbarkeit. Die gut acht Varianten könnten auch von völlig verschiedenen Erzählenden stammen. An anfänglich unproblematisch verantwortliche Russen, die ohne deutsche Hilfe auskommen und mit der Bodenreform die Sowjetisierung anstreben, schließt sich (über den Umweg einer Geschichte ohne Verantwortliche) eine tatsächliche Russenverantwortung, die sich jedoch vordergründig einer widerwilligen KPD bedienen muss, um (unter anderem) mit Hilfe der Reform ihren Satellitenstaat zu errichten. Darauf folgt gleichlaufende Russen- und KPD-Verantwortung, bei der beide die Sozialisierung wollen. Die KPD hat hier ein echtes Mitspracherecht bei der Reformdurchführung, und übernimmt in ähnlicher Weise wie der große Bruder die Initiative. Diese Variante wird von derjenigen einer hauptverantwortlichen KPD abgelöst, die gegen den Willen der Russen die Sozialisierung will und eine radikale Bodenreform durchsetzt, während die Russen für Demokratie einstehen und mit ihren Eingriffen Schlimmeres verhindern. Die Sowjetunion will nun keinen Satellitenstaat, sondern Frieden auch um den Preis der Neutralität, und die Bodenreform erhält mit dem SMAD Befehl Nr. 124 eine einzigartig neuartige Rechtsgrundlage, die die nicht erfolgte Enteignung beweist.

Schon bald aber handeln alle Roten, KPD wie KPdSU, wieder diktatorisch. Nun wird sogar das in anderen (grundsätzlich ähnlich diktatorischen) Bodenreformgeschichten benannte Ziel der Sowjetisierung und Umformung der Eigentumsordnung gleichgültig. Über allen anderen Gründen steht in dieser zweitjüngsten Geschichte die klassenkämpferi-

[292] Ebd., S. 50.
[293] Ebd., S. 53.
[294] Ebd.

sche Vernichtung einer Volksgruppe. Umso bemerkenswerter, dass schon bald darauf die Bodenreform (wieder hauptsächlich von den Russen) im Einklang mit den anderen Besatzungsmächten als eine in Potsdam beschlossene Entnazifizierungsmaßnahme durchgeführt wurde, die nicht mehr rückgängig gemacht, sondern lediglich für die ehemalige SBZ erneut überprüft werden soll.

Daneben wurden Bodenreformverordnungen mal erlassen, mal nicht erlassen, mal nicht nacherzählt, und selbst der bürgerliche Widerstand ist keine feste Größe in den Gertnergeschichten. Eine weitere Wunderlichkeit ist der sich wandelnde Grund für den nicht erfolgten Eigentumsverlust (der seinerseits keine feste Größe ist). So hat 1997 und 2001 niemand Eigentum an den Grundstücken erlangt, weil die Bodenreform gerade nicht als der erste Schritt zur Sowjetisierung anzusehen ist. Nur zwei Jahre früher hat niemand wirksam Eigentum an den beschlagnahmten Grundstücken erlangt, weil die Bodenreform der erste Schritt zur Sowjetisierung war[295]. In eine Richtung ist der Erhalt der grundsätzlichen Eigentumsposition trotz Verlust der eigentumstypischen Verfügungsbefugnisse möglich – »die Betroffenen (sind) Eigentümer geblieben, wenngleich das Eigentumsrecht wirtschaftlich vollständig entwertet worden ist«[296]. In die andere Richtung wurde gerade deswegen kein Eigentum erworben, weil die das Land Erhaltenden nicht über die Grundstücke verfügen konnten[297]. In beiden Fällen spielt § 903 BGB eine Rolle. Die Großgrundbesitzer bleiben Eigentümer, obwohl sie aus den mit dem »Eigentum verbundenen typischen Nutzungs- und Verfügungsbefugnissen (vgl. § 903 BGB) vollständig verdrängt«[298] wurden. Dagegen werden die Neubauern nie Eigentümer, weil in ihrer Rechtsposition »wesentliche Merkmale, wie sie in § 903 BGB als den Inhalt des Eigentum kennzeichnend geregelt sind«, fehlen[299].

Gertner selbst scheint die Veränderung in seiner Erzählweise nicht zu bemerken. Mal ist die russenverantwortliche Sowjetisierungsgeschichte der zu kritisierende Erkenntnisstand westlicher Geschichtsschreibung[300], mal erzählt allein die aus dem Osten kommende Zunft diese (falsche) Geschichte[301], und zu wieder anderem Zeitpunkt wird Gertner selbst zum Erzähler dieser Geschichtenvariante, die damit gleichzeitig (kurzzeitig) wahr wird[302].

[295] VIZ 1995, S. 497; Dissertation 1995, S. 184/185.
[296] VIZ 2001, S. 410.
[297] VIZ 1995, S. 497; Dissertation 1995, S. 184.
[298] VIZ 2001, S. 410.
[299] VIZ 1995, S. 497, Dissertation 1995, S. 184.
[300] Sobotka II 1996, S. 333.
[301] Sobotka III 1997, S. 454/455.
[302] Zum Beispiel VIZ 1995, S. 497 oder – mit Schwerpunkt auf die Strafverfolgung – ZOV 2002, S. 80.

Auch die Quellen, die fast jede Erzählung (geschichtswissenschaftlich korrekt) belegen, bieten keine Sicherheit. Überwiegend sind sie schon seit 1994 lesbar, erzählen aber je nach Lesezeitpunkt andere Dinge. Mal folgt aus den Dokumenten von Badstübner und Loth die Stalinsche Initiativstellung sogar gegen den Willen der KPD[303], mal folgt aus ihnen, dass die Bodenreform eine kommunistische Maßnahme war, die die KPD »federführend im Eigeninteresse durchgeführt hat«[304]. Dasselbe Archivprotokoll belegt innerhalb derselben Geschichte an einer Stelle das Oktroyieren, an anderer Stelle kontroverses Diskutieren der Beteiligten. Oktroyierendes Verhalten und bürgerlicher Widerstand gehen auf denselben Suckut zurück, der in einer anderen Geschichte die Variante der Reform unterstützenden CDU beweist. Der 11.-Juni-Aufruf *be*legt die kommunistische Intention der Reform[305], um nur vier Jahre später ebendiese Intention zu *wider*legen und die tatsächlich als Entnazifizierung gedachte Bodenreform zu bestätigen[306]. Für die Deutschlandpolitischen Ziele der Sowjetunion gilt Ähnliches. Weber, Schwarz und Loth belegen den Sowjetischen Plan zur Errichtung eines Satellitenstaates[307] gleichermaßen wie das Ziel des Friedens und der Errichtung eines neutralen, demilitarisierten, demokratischen Deutschlands[308]. Ostquellen traut Gertner nach eigenen Angaben nicht, und stützt doch manche eigene Variante auf ebensolche Osterzählung[309].

Wir haben hier also einen Erzähler kennen gelernt, der angibt von historischen Fakten überzeugt zu sein. Einen Erzähler, der in den Quellen die wahre Geschichte der Bodenreform gefunden zu haben meint, und dennoch sich widersprechende, ja sich wechselseitig ausschließende Varianten von ihr erzählt. Dieser Erzähler wird hier so ausführlich behandelt, weil ich an ihm die von Bauerkämper aufgestellte Erklärung der Vielfalt durch die Standortbindung testen wollte[310]. Versuchen wir also, Gertners verschiedene Bodenversionen mit seiner Standortbindung zu begründen und so Rückschlüsse auf die Geschichte der Bodenreform zu ziehen.

Kurz gefasst ist der jeweilige Standort des Anwalts durch die Interessen seiner Mandanten bestimmt. Damit könnte sich seine Erzählweise zum Beispiel der Rechtsprechung des Bundesverfassungsgerichts anpassen: Wenn dieses festlegt, dass Enteignungen auf Besatzungsrechtlicher und Besat-

[303] 2003, Ursprüngliches Konzept der KPD für eine Bodenreform.
[304] Dissertation 1995, S. 138.
[305] Ebd., S. 137.
[306] ZOV 2011, S. 53.
[307] Dissertation 1995, S. 141/142.
[308] Sobotka III 1997, S. 457.
[309] Die Dissertation etwa, die sich grundsätzlich Lothar Kölm anschließt.
[310] Siehe oben: 6. Eine Geschichte über Bodenreformgeschichtsschreibung, S. 63.

zungshoheitlicher Grundlage nicht rückgängig gemacht werden können, ändert Gertner die zuvor erzählte Geschichte der hauptverantwortlichen, aber gegen Völkerrecht verstoßenden UdSSR in eine verdeckt handelnde UdSSR, und geht in einer späteren Variante sogar so weit, deren Bodenreformbezügliche Verantwortung gänzlich zu verneinen. Als auch diese Geschichte keinen Erfolg hat, sucht der Anwalt eine andere mögliche Rechtsgrundlage, nach der seine Mandanten Vermögenswerte zurückerhalten könnten. Deswegen erzählt er die Geschichte der – nun wieder hauptsächlich von der UdSSR durchgeführten – Bodenreform als reiner Strafmaßnahme, die ähnlich der Verfolgung der Juden im Nationalsozialismus ein Verbrechen gegen die Menschlichkeit war und damit unbedingt entschädigt werden muss. Die Erfolglosigkeit dieser Variante führt ihn schließlich dazu, die Reform als ernst gemeinte und in allen Besatzungszonen vorgenommene Entnazifizierung zu beschreiben, bei der lediglich erneut überprüft werden soll, ob die im Einzelnen von der Reform Betroffenen damals tatsächlich Nationalsozialisten waren oder nicht. Auch wenn sich einige Ausreißer (Zustimmung der CDU, eigenes Konzept der KPD, nicht erlassene Bodenreformverordnungen) nicht in diesen kurzen Abriss einfügen, ergibt sich so eine zwar grobe, aber wie ich meine einleuchtende Kategorisierung der Gertnergeschichten. Möglicherweise haben wir damit lediglich die strategische Nutzung der Historischen Vielfalt durch einen Juristen kennengelernt. Da Gertner Advokat ist, also gewinnen will, scheint diese Nutzung der Historiographie naheliegend und verständlich. Die von ihm postulierte Wahrheit wäre nur instrumentell.

Doch was ergibt sich aus dieser Erkenntnis für den Inhalt der Geschichte der Bodenreform? Wenn ich zum Beispiel die jüngste Gertnervariante der unproblematisch hauptverantwortlichen UdSSR aus ihrer Standortbindung heraus erkläre, heißt das dann, dass die UdSSR tatsächlich nicht hauptverantwortlich war? Wenn wir diese Schlussfolgerung auf die anderen Gertnervarianten übertragen, würde dann nicht ohne Standortbindung eine ähnliche, nur in anderer Reihenfolge erzählte Vielfalt der Bodenreform aktuell werden? Oder vielleicht auch nicht? Denn woraus folgt überhaupt, dass die standortgesäuberte Variante das Gegenteil der standortgebundenen Variante ist? Woher soll ich also wissen, was der Kern historischer Realität ist, den Bauerkämper aufgrund der Standortbindung als unterschiedlich angeeignet beschreibt[311]? Indem ich selbst die Quellen lese? Aber wer garantiert auch dann, dass die von mir vorgenommene Standortsäuberung, wie das von mir aus der Quelle Gelesene nicht lediglich durch meinen eigenen Standort bestimmt und von anderen Erzählenden ganz anders wahrgenommen werden würde?

[311] »Formen der Aneignung historischer Realität« – Bauerkämper, Interpretationen 1996, S. 36.

Angesichts dieser Überlegungen wird auch die Einschätzung Gertners als praktizierenden, interessenvertretenden Advokaten, der selbstverständlich nicht die universale Geschichte der Bodenreform erzählen will, problematisch. Gegenwärtig sehe ich mich nicht einmal dazu in der Lage, einen eigenen Standpunkt zum Inhalt der Geschichte der Bodenreform zu entwickeln, da ich an der Allgemeingültigkeit dieses Standpunktes zweifle. Wie soll ich dann weitergehend angesichts meiner eigenen Subjektivität die Subjektivität anderer objektiv entlarven?

Aus eben diesen Gründen will ich mich nicht auf die Ebene einer Bodengeschichtenerzählerin begeben, sondern stattdessen versuchen, das Vorgehen der zahlreichen anderen Geschichtenerzählenden durch Beobachtung zu verstehen. Für Thomas Gertner und den weiteren Verlauf dieser Arbeit ergeben sich deswegen folgende, vielleicht nur vorläufige Konsequenzen:

Zum einen sind die Erzählenden beim Wort zu nehmen und an ihrem eigenen Anspruch zu messen. Das bedeutet für Thomas Gertner, dass ich mich daran orientiere, was er artikuliert. Damit ist er ein Erzähler, der den Anspruch hat, die wahre Geschichte der Bodenreform zu erzählen. Gleichzeitig ist er ein Anwalt, der die Interessen anderer vor Gericht vertritt. So nahe meine Verknüpfung zwischen Inhalt und Standort bei den Gertnergeschichten auch liegen mag, ich kann mich angesichts meiner eigenen Subjektivität lediglich an dem ausdrücklich formulierten eigenen Anspruch der Erzählenden orientieren. Nach eigenem Anspruch beteuert Gertner konstant den wahren und auf Faktenbasis korrekt recherchierten Inhalt seiner Erzählungen. Die sich widersprechende Vielfältigkeit seiner Geschichte der Bodenreform bleibt also zunächst als Wunderlichkeit bestehen.

Gleichzeitig führt uns die Wunderlichkeit zur zweiten Schlussfolgerung, denn die Geschichtswissenschaft gibt sich mit diesem Erkenntnisstand nicht zufrieden. Wie an Bauerkämper gesehen, beziehen die Historik Betreibenden Stellung. Sie kennen den Inhalt der Geschichte und scheinen zu wissen, welche anderen Erzählenden sich in der Darstellung des Geschehenen irren. Es gilt also zu betrachten, mit welchen Argumenten die historische Zunft den im Vorangegangenen formulierten Zweifeln an der Möglichkeit der Darstellung der tatsächlich geschehenen Geschichte begegnet. Bisher habe ich mir – trotz Skepsis[312] – über die Bedeutung der in dieser Untersuchung von Bauerkämper eingeführten Standortbindung keine tieferen Gedanken gemacht. Das soll sich nun ändern. Dabei ziehe ich auch in Betracht, dass die hier zunächst gezogene Schlussfolgerung, den Erzähler Gertner beim Wort zu nehmen, revidiert werden könnte.

[312] Vgl. oben: 6. Eine Geschichte über Geschichtsschreibung, S. 63.

8. Betrachtungen zur Standortbindung

Wege zur Überwindung der Vielfalt

Standortbindung als Sehepunckt. Chladenius und Lukian

Die Standortbindung ist altbekannt. Hans-Ulrich Wehler hat vor nicht allzu langer Zeit Ute Daniel kritisiert, die in ihrem »Kompendium Kulturgeschichte« die Standortgebundenheit des Historikers[1] »wie eine brandneue Innovation« feiere, obwohl sie keiner schon präziser betont habe als Max Weber[2]. Andere – etwa Reinhart Koselleck, Friedrich Jaeger und Christoph Friedrich – erkennen in Johann Martin Chladenius den Entdecker einer »anthropologisch sowie sozial unentrinnbare(n) Standpunktbezogenheit«[3]. Dieser Sohn eines protestantischen Pfarrers und späteren Professors für Theologie, Beredsamkeit und Dichtkunst[4] veröffentlicht 1752 eine »Allgemeine Geschichtswissenschaft«. Das fünfte Kapitel handelt »vom Zuschauer und Sehepunckte«[5]. Den »Allgemeinen Begriff des Sehepuncktes«[6] definiert Chladenius wie folgt:

> *(...) Der Sehepuckt ist der innerliche und äusserliche Zustand eines Zuschauers, in so ferne daraus eine gewisse und besondere Art, die vorkommenden Dinge anzuschauen und zu betrachten, flüsset. Ein Begriff, der mit den allerwichtigsten in der ganzen Philosophie im gleichen Paare gehet, den man aber noch zur Zeit zu Nuzen anzuwenden noch nicht gewohnt ist, ausser daß der Herr von Leibniz hie und da denselben selbst in der Metaphysick und Psychologie gebracht hat. In der historischen Erkentniß aber kommt alles darauf an.«*[7]

In der historischen Erkenntnis kommt also alles auf diesen Sehepunckt an. »Jeder betrachtet die Sachen nach seinem Stande« und »folglich richtet sich die Vorstellung, oder das Anschauen nach jedes Zuschauers seinem Stande, dergestalt, daß sein Stand daran schuld ist, daß der eine dieses,

[1] Wehler kennt auch nur Historiker.

[2] Wehler, Kursbuch der Beliebigkeit. In: Die Zeit 31/2001, http://www.zeit.de/2001/31/Ein_Kursbuch_der_Beliebigkeit

[3] Koselleck, Vorwort. In: Chladenius, Geschichtswissenschaft [1742] 1985, S. IX.

[4] Friedrich, »Allgemeine Geschichtswissenschaft«. In: Chladenius, Geschichtswissenschaft [1742] 1985, S. XI.

[5] Chladenius, Allgemeine Geschichtswissenschaft [1752] 1985, S. 91-115.

[6] Fünftes Kapitel § 12.

[7] Chladenius, Allgemeine Geschichtswissenschaft [1752] 1985, S. 100/101.

der andere jenes wahrnimmt, daß er die Sache auf dieser, der andere auf jener Seite betrachtet.«[8] Auch Menschen aus demselben Stande, und nach demselben innerlichen Zustand betrachten »einerley Sache öfters nicht auf einerley Art«[9], und auch ein einzelner Mensch kann »zu verschiedener Zeit, wegen des veränderten Zustandes seiner Seele, die Sache ganz mit andern Augen ansehen«[10].

In diesen Ausführungen geht es nicht mehr darum, erkenntnistheoretisch unproblematisch im Sinne von Lukian (und vielleicht noch Ranke) zu verlangen, dass sich Geschichtsschreibende an die Wahrheit zu halten haben. Die Übereinstimmung des Erzählten mit den zweifellos vorhandenen vergangenen Fakten, also die grundsätzliche Möglichkeit einer *in diesem Sinne* wahren Erzählung, wird bei Chladenius in Zweifel gezogen. Christian Meier zufolge konzentrierte sich das Wahrheitsgebot antiker Historiker mehr auf das *dass*, als auf die methodische Problematik, *wie* Wahrheit zu ermitteln sei[11]. Um mit Lukian zu sprechen, sollte Wahrheit gesichert sein, sobald Geschichtsschreibende innerlich unabhängig sind, niemanden fürchten und auf nichts ihre Hoffnungen setzen[12]. Der Geschichtsschreiber wird hier wie von selbst ein guter Geschichtsschreiber, sobald er »furchtlos, unbestechlich, unabhängig, ein Freund der freimütigen Rede« ist und sich »weder von Haß noch von Zuneigung, weder von schonender Rücksicht noch von Mitleid leiten« lässt. Ohne »Angst vor Schande oder von falscher Scham« soll er »ein gerechter Richter« sein, der »allen wohlgesinnt, ohne dabei einer Seite mehr als ihr gebührt, zuzubilligen«, Geschichte schreibt. Ein Geschichtsschreiber also, »der in seinem Werk ein Fremdling und ein Mann ohne Vaterland ist, unabhängig und keinem König untertan, und der keine Rücksicht darauf nimmt, was der eine oder andere denkt, sondern nur berichtet, was sich zugetragen hat«[13]. Gegen dieses Postulat wendet sich Chladenius, wenn er die Möglichkeit bisher verlangter unparteiischer Geschichtsschreibung in Zweifel zieht:

[8] Ebd., S. 98.

[9] Ebd., S. 99.

[10] Ebd.

[11] So jedenfalls Meier, II Antike. In: Brunner/Conze/Koselleck (Hg.) , Historisches Lexikon, Band 2 E-G 1992 [1975], S. 601. Etwas anders sieht das Deininger, nach dem der »für alle antiken Geschichtswerke charakteristische ›Wahrheits-Anspruch‹ durch eine »Vielzahl empirischer Verfahren« gesichert werden sollte. Vgl. Antike. In: Goertz (Hg.), Grundkurs 2007, S. 265.

[12] Lukian, Wie man Geschichte schreiben soll [166-168 n. Chr.], Hg. und übersetzt von Homeyer 1965, S. 143 Nr. 38.

[13] Ebd., S. 147 Nr. 41.

»Sechstes Kapitel, von der Verwandelung der Geschichte im erzehlen.«[14]

> *§ 33 Unbegründeter Begriff von einer unpartheyischen Erzehlung*
> *Jeder wünschet sich, wenn er von einer Sache unterrichtet seyn will, eine unpartheyische Erzehlung, oder Nachricht. Diese Art von Erzehlung ist also von grosser Wichtigkeit; aber der Begriff derselben ist so wenig, als der Begriff einer partheyischen Erzehlung genau bestimmt. Es ist nehmlich bey einer Erzehlung nicht zu vermeiden, daß jeder die Geschichte nach seinem Sehepunckte ansehe; und sie also auch nach demselben erzehle. Denn sie sezet einen Zuschauer voraus, und der kan ohne Sehepunckt nichts sehn. (...) Eine unpartheyische Erzehlung kan also auch nicht so viel heissen, als eine Sache ohne alle Sehepunckte erzehlen, denn das ist einmahl nicht möglich: und partheyisch erzehlen, kan also auch nicht so viel heissen, als eine Sache und Geschichte nach seinem Sehepunckte erzehlen, denn sonst würden alle Erzehlungen partheyisch seyn*[15]*«.*

Standortgebunden ist eine Erzählung nach dieser Anschauung also immer, parteiisch wird sie erst, wenn die Erzählenden bewusst etwas anderes erzählen, als ihre Sehepunckte ihnen vermitteln[16]. Vielleicht spricht Bauerkämper genau von diesem Umstand, wenn er 2002 innerhalb der Historiographie-Übersicht seiner Habilitation konstatiert, dass die ›falsche‹ Geschichtsschreibung Ostdeutschlands ganz bewusst vorgenommen wurde, weil das »Bekenntnis zu ›Parteilichkeit‹ (...) als Errungenschaft der Geschichtswissenschaft in der DDR (galt)«, die sich »gegen traditionale Objektivitätsansprüche der ›bürgerlichen‹ Historiographie«[17] richtete. In Bauerkämpers Gegenwart sind nun – trotz Standort – einige zum Glück wieder objektiv.

Umgang mit dem Sehepunckt. Chladenius und Kocka

Schon nach Chladenius machte der Sehepunckt wahre Erkenntnis nicht unmöglich. Um zu erkennen, wie es sich tatsächlich zugetragen hatte, waren viele Erzählungen verschiedener Zuschauer mit verschiedenen

[14] Chladenius, Allgemeine Geschichtswissenschaft [1752] 1985, S. 115-155.

[15] Ebd., S.150-152.

[16] Möglicherweise erinnern sich die aufmerksamen Lesenden an dieser Stelle an Thomas Gertner. Es liegt nahe, anzunehmen, dass der Anwalt seine Geschichte(n) nicht nur standortgebunden, sondern im Sinne der Mandanteninteressen bewusst parteiisch erzählt. Für diesen Aspekt bitte ich die aufmerksamen Lesenden, sich in diesem Kapitel noch bis S. 117 zu gedulden.

[17] Bauerkämper, Ländliche Gesellschaft 2002, S. 23.

Sehepunckten anzuhören, um dann durch »Einsicht in die Regeln der historischen Erkentniß (...) urtheilen [zu] können, wie die Sache innerlich beschaffen gewesen, welche von dem einen groß, von dem andern klein vorgestellet worden«[18].

Ganz ähnlich formuliert Jürgen Kocka 256 Jahre später, wie trotz Standortbindung die wahre Geschichte möglich bleibt. Nach diesem ist Geschichte ein »Verhältnis, das zwischen Vergangenheit und Gegenwart unter Berücksichtigung der Zukunft hergestellt wird«[19]. Geschichte meine »die Rekonstruktion vergangener Wirklichkeit in ihrer zeitlichen Erstreckung und die Interpretation der Vergangenheit als bedeutsam für die Gegenwart«[20]. Die Interpretation ist also wesentlicher Teil der Geschichte selbst. Insofern sind Geschichten auch Interpretationen und Interpretationen auch Geschichten. Kocka spricht bei geschichtswissenschaftlichen Aussagen zum Einen von empirischer Evidenz, die sich als Fakt unmittelbar aus der Quelle ergibt; zum anderen von über das quellenmäßig Belegbare hinausgehenden Aussagen, die jedoch für die Konstituierung von Geschichte zwingend notwendig sind. Gehen Forschende über das quellenmäßig Belegbare hinaus, müssen sie dies nach dem wissenschaftlichen Verhaltenskodex als »Interpretation« kennzeichnen[21]. Die mit den Quellen verbundene Empirie, die »empirische Evidenz« ist (nach Kocka) die wissenschaftliche Basis der Geschichtswissenschaft[22], wobei »die Geschichte« erst durch das Überwinden der empirischen Basis, eben durch die Interpretation entsteht. Diese ist immer standortgebunden, also von den Interpretierenden selbst abhängig. Herkunft, Lebenswelt, Ansicht, Überzeugung, sprachliche Traditionen, nun, die Individualität des Subjekts bestimmen die Art der Interpretation. Kocka geht deswegen davon aus, dass die Wirklichkeit, die die Historik Schreibenden beschreiben und erklären, erheblich durch ihre eigenen Begriffe, Gesichtspunkte und Fragestellungen mitgeprägt und mitkonstituiert ist[23]: »Geschichtswissenschaftliche Befunde sind zweifellos immer zugleich Konstrukte«[24]. Trotz dieser Einsicht in die Konstruiertheit der Vergangenheit bleibt Wahrheit jedoch ein mögliches Ziel, denn:

[18] Chladenius, Allgemeine Geschichtswissenschaft [1752] 1985, S. 153, § 34.

[19] Kocka, Geschichte als Wissenschaft. In: Budde/Freist/Günther-Arndt (Hg.), Geschichte 2008, S. 15.

[20] Ebd.

[21] Ebd., S. 17.

[22] Ebd., S. 17, 24.

[23] Kocka, Sozialgeschichte in Deutschland 2002, S. 27.

[24] Kocka, Geschichte als Wissenschaft. In: Budde/Freist/Günther-Arndt (Hg.), Geschichte 2008, S. 24.

»die Geschichtswissenschaft (ist) wie andere Wissenschaften in der Lage, zu wirklichkeitsangemessenen und intersubjektiv gültigen, also wahren Aussagen mit universalem Geltungsanspruch zu gelangen. Diese Fähigkeit verdankt sie ihrer empirischen Basis (dem Quellenbezug) sowie ihren methodischen Überprüfungs- und Diskursregeln, in Verbindung mit dem Prinzip der Kritik. Vor allem dieses begründet eine für die Wissenschaft konstitutive Rationalität, die ständige Überprüfung und gleichberechtigte Kommunikation einfordert. Soweit dies gelingt, arbeiten sich Vertreter unterschiedlicher Positionen über die zwischen ihnen bestehenden kulturellen, sozialen, nationalen und biographischen und anderen Differenzen hinweg aneinander ab – in Spannung und in gegenseitiger Anerkennung, mit dem Ziel und der Chance, sich der Kritik und Revision zu verständigen und der Wahrheit zu nähern. Gesichtspunktabhängigkeit und Wahrheitsfähigkeit müssen keine Gegensätze sein.«[25]

Zwei Momente ermöglichen in dieser Auffassung von Geschichtsschreibung also Wahrheit: Quellen und Überwindung – oder Anpassung – der Standortgebundenheit durch Methode und Kritik. Das letzte Zitat zeigt, wie sich der Objektivitätsanspruch der Geschichtswissenschaft aus der erkenntnistheoretischen Unbekümmertheit, die Vergangenheit schlicht so darzustellen wie sie gewesen ist, »in den Bereich der sie ausdifferenzierenden historischen Methode« verlagert hat[26]. Die wahre Wirklichkeitserkenntnis ist zunächst möglich, wenn sich die Geschichtsschreibenden diszipliniert an methodische Vorgaben halten, um im weiteren alle anderen, die trotz derselben methodischen Korrektheit zu einem anderen Ergebnis gekommen sind, sinnvoll zu integrieren, also die verschiedenen Geschichtssichten aufeinander abzustimmen. Konzentrieren wir uns zunächst genauer auf diese intersubjektive Abstimmung.

Intersubjektive Kritik

Wie gesehen, gibt es mannigfaltige Erzählweisen über die Bodenreform. »Historische Erkenntnis [soll nun] objektiv [sein], wenn sie diese individualisierende Tendenz des historischen Denkens nicht im Relativismus der verschiedenen individuellen Standpunkte enden lässt, sondern angesichts der Vielfalt der wirklichen und möglichen Perspektiven auf die Vergangenheit die Frage nach ihrer Verallgemeinerungsfähigkeit und nach

[25] Ebd.

[26] Jaeger, Geschichtstheorie. In: Goertz (Hg.), Grundkurs 2007, S. 800. In wie fern Objektivität, Wahrheit, Wissenschaft und Erkenntnis in einem Zusammenhang stehen, ist eine andere Frage, auf die ich an späterer Stelle noch eingehen werde. Siehe unten: 12. Nordalms Rat, die Quellen und ein Objektivitätsausflug – Ein kurzer Ausflug zur Objektivität, S. 173-183.

den Kriterien intersubjektiver Anerkennungsfähigkeit stellt.«[27] Die (gegenwärtig) guten Geschichtsschreibenden haben also verschiedene Sichtweisen über die Vergangenheit zu respektieren und in ihre Analyse einzubeziehen.

Ganz im Sinne dieser Annahme betont auch Kockas Schüler Bauerkämper, dass »(...) theoretisch-methodologische Präferenzen und der jeweils gewählte Untersuchungsansatz ebenso wie gegenwärtige Erfahrungen und vorwissenschaftliche Überzeugungen (den Rückblick beeinflussen)«[28]. In seinen Rezensionen zu den »Ansichten zur Geschichte der DDR«[29] plädiert er (respektvoll) für die Anerkennung verschiedener Erzählweisen: »Die Geschichtswissenschaft hat die Bedeutung unterschiedlicher historischer Traditionen zu berücksichtigen«[30] und besonders im ost-westlichen Streit um die Vergangenheit soll »die westliche Entwicklung (...) keinesfalls a priori den unverrückbaren Maßstab historischer Interpretationen bilden«. Zu dieser Position passen auch die abschließenden Worte aus Bauerkämpers 1996er Historiographie:

> *»Im Rückblick wird deutlich, dass die Geschichtsschreibung über die Bodenreform (...) bis 1989 (...) durch das Verhältnis zwischen den beiden deutschen Staaten nachhaltig geprägt worden war. Auch nach der Vereinigung Deutschlands hat der von der KPD bzw. SED in der SBZ/DDR vorangetriebene Wandel der Agrarwirtschaft und ländlichen Gesellschaft seinen kaum zu überschätzenden Stellenwert als Bezugsgegenstand für unterschiedliche politische Überzeugungen, aber auch lebensgeschichtlich-biographische Erfahrungen, Deutungen und soziokulturelle Identitäten keineswegs völlig eingebüßt (...). Für die sozialgeschichtlich erweiterte Agrarhistoriographie, die diese affektiven Bezüge in Rechnung stellt und auf eine Annäherung der Geschichtsbilder in Ost- und Westdeutschland zielt, ergibt sich daraus die Aufgabe, die Untersuchung der Herrschafts- und Konstruktionspolitik des SED-Regimes eng mit der Darstellung der wirtschafts- und sozialstrukturellen Umbrüche sowie der damit verbundenen Wahrnehmungen, Erfahrungen und Deutungen der betroffenen Menschen zu verknüpfen. Damit könnte die Geschichtsschreibung über die Bodenreform (...) nicht nur die sozialhistorische DDR-Forschung profilieren und weiterentwickeln, sondern auch zur Überwindung eines zentralen Parameters der politischen Auseinandersetzung in Deutschland beitragen: Legitimation durch Abgrenzung.«*[31]

[27] Jaeger, Geschichtstheorie. In: Goertz (Hg.), Grundkurs 2007, S. 816.

[28] Bauerkämper, Politik der SED 2000, S. 245.

[29] Bauerkämper, Verengte Ansichten. In: Deutschland Archiv 1994 und Ders., DDR-Geschichte und politische Kultur. In: Deutschland-Archiv 1996.

[30] Bauerkämper, DDR-Geschichte und politische Kultur. In: Deutschland-Archiv 1996, S. 130.

[31] Bauerkämper, Interpretationen 1996, S. 69.

Bauerkämper will die verschiedenen individuellen Standpunkte also 1996 nicht im Relativismus enden lassen. Das wird er auch nicht. Die »Annäherung der Geschichtsbilder« setzt sich durch. In seiner jüngeren Historiographie aus dem Jahr 2002 haben sich die Erzähler nach 1990 über den Inhalt der Geschichte der Bodenreform weitgehend geeinigt. Hier scheint es, als würden alle Forscher – mittlerweile – in der Hauptsache dieselbe Geschichte erzählen. Gehen wir ein wenig ausführlicher auf diese jüngere Bauerkämper-Historiographie aus dem Jahre 2002 ein.

Zunächst beschreibt Bauerkämper hier für die Zeit *vor* 1990 eine den 1996er Interpretationen ähnliche Vielfältigkeit in der Geschichtsschreibung zur Bodenreform. Zwar gibt es hier für die DDR nur noch zwei Geschichtslinien – die erste Geschichtengeneration historischer, nicht kommunistischer und automatischer Reformnotwendigkeit wird nicht mehr repetiert[32] – die Geschichten*bewertung* der DDR-Historiographie hat sich gegenüber der 1996er Darstellung jedoch nicht verändert. Tatsächliche Auseinandersetzungen werden immer noch zu »Unklarheiten« »reduziert«[33], die Agrarpolitik der SED »pseudodemokratisch« und »populistisch« auf die Bedürfnisse der werktätigen Bauern zurückgeführt, während man den Machthabern das zielgerichtete Vorgehen nur »unterstellt«[34]. Auch der Standort bleibt 2002 derselbe. Nach wie vor ist die DDR-Geschichtsschreibung politisch funktionalisiert, folgt weitgehend dem jeweiligen Kurs der Staats- und Parteiführung und will das auch so. Die westdeutsche Vorwendehistoriographie verändert sich gegenüber 1996 nur insoweit, als Bauerkämper für das sich wandelnde Geschichtsinteresse Ende der sechziger Jahre nun eine Erklärung hat. Der abflauende Kalte Krieg und das den ostdeutschen Produktionsrückgang stoppende ›Neue Ökonomische System‹[35] führen zu den positiveren, differenzierteren Wirtschafts- und auch Sozialgeschichten der Bodenreform, die sich von dem (vereinzelt immer noch erzählten) Sowjetisierungsparadigma langsam abwenden[36].

Für die Zeit nach 1990 liest sich Bauerkämpers 2002er Beschreibung nun wie eine weitgehend universelle Geschichtserkenntnis – von Geschichtsbildern oder Sozialisierungshintergründen ist keine Rede mehr. Hier erfahren die Lesenden, dass bis 1990 durch den versperrten Archivzugang eine systematische Untersuchung der komplexen Prozesse der Bodenreform kaum möglich war. Nach 1990 wurden die Archive frei zugänglich, »westliche Historiker konnten erstmals einzelne Aktenbestände

[32] Bauerkämper, Ländliche Gesellschaft 2002, S. 23-25.
[33] Ebd., S. 25.
[34] Ebd., S. 24.
[35] Ebd., S. 28.
[36] Ebd.

in Russland auswerten«, so dass sich die agrar- und sozialgeschichtliche Forschung »intensivierte«, politikhistorische Studien die Kenntnisse zur Vorbereitung der Bodenreform und der Rolle der Sowjetunion »vertieften«, Studien Einblicke in die Politik der Parteien eröffneten, den auf die Gutsbesitzer ausgeübten Zwang und Druck »aufzeigten« und wirtschaftsgeschichtlich erstmals den Ressourcenverlust belegten[37]. In der Darstellung aus der Habilitation zweifelt niemand mehr an diesem Geschichtsinhalt. Was trotz Archivöffnung auch 2002 noch umstritten ist, ist lediglich noch nicht untersucht:

> *»Allerdings hat sich die historische Forschung bislang auf die Umbrüche auf dem Lande bis zu den sechziger Jahren konzentriert, so dass der tief greifende Wandel in den siebziger und achtziger Jahren noch eingehend untersucht werden muss. Aber auch [! JK] andere Probleme wie der Übergang zur Kollektivierung in den fünfziger Jahren sind weiterhin umstritten«*[38]

Durch das »aber auch« verdeutlicht Bauerkämper, dass der umstrittene Übergang lediglich noch genauer betrachtet werden muss. So ist das Verhältnis zwischen Bodenreform und Kollektivierung auch deswegen noch umstritten, weil die seit 1990 veröffentlichten geschichtswissenschaftlichen Gesamtdarstellungen die Konzentration auf die SED-Politik (noch) nicht überwunden haben[39]. Obwohl diese neuen Studien (wohl weil sie neu sind) wichtige Befunde zur Bodenreform und Kollektivierung vermitteln[40], haben sie es noch nicht geschafft, den Streit zu schlichten. Abgesehen von diesem Streit hat sich in vielseitigen anderen Themenbereichen die eine Geschichte der Bodenreform aber durchgesetzt. Studien haben bewiesen, dass die Kommunisten die Bauern nicht dauerhaft als Klientel gewinnen konnten, dass die Bodenreform ausschließlich politisch induziert war und sich die dörflichen Milieus nur langsam wandelten[41].

In der Habilitation haben sich die Erzählweisen nach der Archivöffnung also einander so weit angenähert, dass die einheitliche Geschichte allein berichtenswert ist. Von den 1996 kritisierten, auch in einem einzigen Deutschland noch existierenden Sowjetisierungs-, Klientelbildungs- oder Entnazifizierungsgeschichten ist 2002 nur noch mittelbar die Rede. Bauerkämper erzählt derartige Geschichten nicht mehr nach, sondern stellt ostentativ fest, dass die ›antifaschistische‹ Legitimation der Boden-

[37] Ebd., S. 29.
[38] Ebd.
[39] Ebd. S. 30.
[40] Ebd.
[41] Ebd., S. 33/34.

reform durch neuere Studien nachhaltig erschüttert, und die »Legende von der gesellschaftlichen Erhebung auf dem Lande beseitigt«[42] ist. Während er 1996 lediglich abstrakt beschreibt, dass sich seit 1990 mit der Öffnung der Archive »eine sukzessive Annäherung der Deutungen ost- und westdeutscher Historiker« abzeichnete[43], folgt auf die Ankündigung der eigentlichen Annäherung konkret ein Text zur »Bodenreform und Kollektivierung in der Historiographie des vereinigten Deutschlands«, der eine sich von den Vorwende-Geschichten kaum unterscheidende Geschichtenvielfalt enthält[44]. Dagegen schließt sich 2002 an den Fall der Mauer die Beschreibung einer weitgehend einheitlichen Geschichte an, die (wegen des Fehlens konkreterer Untersuchungen) lediglich an manchen Stellen noch verschieden ist.

Hat Bauerkämper es damit geschafft nach der Anweisung Droysens die »spezifische Objektivitätschance des historischen Denkens« zu verwirklichen, »indem er die empirischen Richtigkeiten der vielen Geschichten von der historischen Wahrheit der einen ›Geschichte über den Geschichten‹ unterschieden hat«[45]? Nach Friedrich Jaeger müsste es ihm dann gelungen sein, »diejenigen übergreifenden Kriterien und Gesichtspunkte zu erneuern und zu begründen, die Geschichten in ihrer grundsätzlichen Partikularität und Individualität allgemein anerkennungs- und konsensfähig machen«[46]. Folgerichtig wäre der Objektivitätsanspruch historischer Forschung erfüllt, wenn Bauerkämpers Geschichte der Bodenreform einen »überlegenen Wahrheitsanspruch« hat, weil sie »der Partikularität der vielen individuellen Geschichten gegenüber einen verallgemeinerungsfähigen Standpunkt einnimmt«[47]. So Bauerkämper diesem Anspruch gerecht wird, bleibt die Frage, wie ihm jene objektive Integration gelungen ist – und hier rückt die andere Variable für objektive Geschichtserkenntnis in den Mittelpunkt.

Wir erinnern uns. Nach Kocka (und anderen) wird – neben den Quellen – die Geschichte durch intersubjektive Kritik und objektivierbare Methode möglich. Intersubjektive Kritik haben wir für Bauerkämper soeben kennen gelernt. Nun folgt die objektive Erkenntnis sichernde, ausdifferenzierte historische Methode.

[42] Ebd., S. 30/31.
[43] Bauerkämper, Interpretationen 1996, S. 52.
[44] Ebd., S. 52-64 .
[45] Jaeger, Geschichtstheorie. In: Goertz (Hg.), Grundkurs 2007, S. 816.
[46] Ebd.
[47] Ebd.

Objektivität durch Methode

Beschäftigen wir uns genauer mit dem Umstand, dass – so genannte – Objektivitätsprobleme wie zum Beispiel die Standortbindung durch »Methode« überwunden werden sollen. Das Droysensche Grundgerüst aus Heuristik, Kritik und Interpretation bleibt dabei erhalten. Die Ausdifferenzierung findet innerhalb der drei verschiedenen Stationen statt: »auf allen drei Ebenen (lassen sich) Kriterien namhaft machen, die für den Objektivitätsanspruch der historischen Forschung von konstitutiver Bedeutung sind«[48]. Es gibt mannigfaltigste Methodenüberzeugungen, die in der Geschichtswissenschaft diskutiert werden. Gesprochen wird von »Theorien in der Geschichtswissenschaft«[49]; von Quantitativen[50], Qualitativen[51] und Vergleichenden Methoden oder von Verflechtungsgeschichte[52]. Manche versuchen, durch eine Reflexion neuer Methodenansätze »möglichst vielen Dimensionen der historischen Realität gerecht zu werden«[53], und halten dennoch an einer einzig wahren, richtigen, und besten Methode (in der Methode) zur Erfassung historischer Realität fest. So verteidigt etwa Hans-Ulrich Wehler leidenschaftlich die von ihm favorisierte Methode der Historischen Sozialwissenschaft, weil sie sich trotz kleinerer Schwächen »im Hinblick auf die vier Dimensionen der Bevölkerung, Wirtschaft, sozialen Ungleichheit und Politik«[54] noch am besten dazu eigne, die vergangene Wirklichkeit zu erfassen. Wehler begründet dieses Festhalten aufgrund einer »›doppelten Konstituierung‹ von Realität«, die zum einen »durch die subjektive Perzeption der Lebensbedingungen geschaffen« wird, und zum anderen in einer »objektivierbare(n) Wirklichkeit« besteht, »die sich in Konjunkturzyklen, demographischen Bewegungen, Sozialstrukturen [oder] politischen Regimen (…) erfassen lässt«[55]. Das Individuum, dessen Erfahrungen kulturgeschicht-

[48] Ebd., S. 809.

[49] Welskopp, Theorien. In: Budde/Freist/Günther-Arndt (Hg.), Geschichte 2008, S. 138.

[50] z.B. Deskriptive Statistik, Historische Demographie; Historische Mobilitätsforschung oder Historische Wahlforschung.

[51] z.B. Diskursanalyse; Oral History als Teil der Historischen Biographik; Historische Bildkunde

[52] Budde/Freist, Verfahren. In: Dies./Günther-Arndt (Hg.), Geschichte 2008, S. 162 f., 165 f. und 172 f. Aus diesen stammen auch die Beispiele für Quantitative und Qualitative Methode.

[53] Wehler, Literarische Erzählung oder kritische Analyse? [2007]. In: Ders. (Hg.), Essays 2010, S. 131.

[54] Wehler, Herausforderungen der Kulturgeschichte 1998, S. 153.

[55] Wehler, Literarische Erzählung oder kritische Analyse? [2007]. In: Ders. (Hg.), Essays 2010, S. 132.

liche Ansätze ins Zentrum stellen, lebt nach Wehlers Auffassung in einer anderen Wirklichkeit als in derjenigen, die durch große Synthesen und Strukturen erfasst werden kann und darin objektivierbar ist. Dieser »›doppelten Konstituierung‹ von Wirklichkeit« kann die analytische Geschichtswissenschaft »ungleich besser gerecht werden (…) als die narrative Erzählung oder die kulturgeschichtliche Monographie«[56]. Dabei erkennt jedoch auch Wehler »theoretische und methodische Schwachpunkte der neueren Sozialgeschichte«[57] an, die durch Einbeziehung von Begriffsgeschichte, Wissenssoziologie und Sprachanalyse[58] und insgesamt durch die flexible Aufnahme der »unabweisbaren Impulse aus der kulturwissenschaftlichen Debatte«[59] überwunden werden könnten.
Andere (vielleicht die meisten) plädieren für eine methodische Vielfalt beim Erfassen der Vergangenheit – im konkreten, eben genannten Fall statt »einem sterilen Entweder-oder zwischen ›Kultur‹ und ›Gesellschaft‹ eher« für »ein produktives Sowohl-als-auch«[60].

Gemein ist den hier Genannten, dass die Methode objektive und (hier gleichbedeutend) wahre Erkenntnis über die vergangene und tatsächlich erfassbare historische Realität ermöglicht – wenngleich manche streiten, welche Methode sich zum Erfassen dieser Realität besser eignet. Für Wehler schafft es nur eine analytische Geschichtstheorie, alle Ebenen historischer Realität aufeinander zu beziehen[61]. Tolerantere wollen verschiedene Methodenansätze gleichberechtigt nebeneinander bestehen lassen und kritisieren – hier konkret – Wehlers Methodenauffassung als Idealisierung einer »Monopol-Organisation mit ein paar akkreditierten Grundströmungen (…), die sich ihrerseits sozialdarwinistisch bekämpfen und von denen die *eine* sich die *andere* methodisch unterordnen möchte, um ihre Position im akademischen Machtkampf mit einer *dritten* zu verbessern«[62]. Bei allen (hier Genannten) bleibt das Erfassen historischer Realität im Einklang mit dem Abbilden kollektivsingulärer Geschichte als Ziel der Erzählung erhalten-, und durch objektivierbare Methode außerdem erreichbar.

Auch Bauerkämper ist von dieser Realitätsabbildung durch methodische Reflexion – teilweise trotz weiter bestehender Parteilichkeit – über-

56 Ebd.

57 Wehler, Herausforderungen der Kulturgeschichte 1998, S. 145.

58 Ebd., S. 149.

59 Ebd., S. 153.

60 Jessen, Dimensionen. In: Budde/Freist/Günther-Arndt (Hg.), Geschichte 2008, S. 119.

61 Wehler, Literarische Erzählung oder kritische Analyse? [2007]. In: Ders. (Hg.), Essays 2010, S. 132.

62 Kittsteiner, Krisis der Historiker-Zunft. In: Kiesow/Simon (Hg.), Verlorene Wahrheit 2000, S. 86.

zeugt. Nach seinem Dafürhalten nähert sich in den achtziger Jahren die DDR-Geschichtsschreibung ein wenig *der* Geschichte an, bleibt aber gleichzeitig dem Legitimationsparadigma der Staatsführung verpflichtet. Möglich ist diese Qualitätsverbesserung trotz Legitimierungsstandorts durch das Überwinden der Politikgeschichte. Weil sich in der DDR die Zeitgeschichte als Teildisziplin entwickelt[63], die gesellschaftliche Entwicklung durch Volkskundler, Kulturwissenschaftler und Soziologen untersucht wird[64] und auch regionalhistorische Arbeiten geschrieben werden[65], ist das Erfassen historischer Realitäten möglich. Die Annäherung geschieht automatisch. Nur durch den veränderten methodischen Ansatz, der Zeit-, Gesellschafts-, Alltags- und Kulturgeschichte in die Politikgeschichte mit einbezieht, wird eine Tatsächlichkeitsannäherung möglich, obwohl die Geschichtenschreiber der »Legitimationsideologie der SED und dem offiziellen Selbstbild der DDR verhaftet« bleiben[66]. Indem Individuum und gesellschaftliche Prozesse zum Untersuchungsgegenstand werden, verbessert sich – automatisch – auch die Darstellung der SED-Politik. An diesem Beispiel zeigt sich sehr schön, wie (jedenfalls nach der Überzeugung mancher Historik Betreibenden) trotz Weiterbestehens der Parteilichkeit standortgebundene Erzählschwächen durch Methode überwunden werden können.

Nach Bauerkämpers Erzählung gilt für die alte Bundesrepublik Ähnliches. Hauptsächlich die durch den Kalten Krieg im Vordergrund stehende Politikgeschichte bedingt das (zumindest) ›simplifizierende‹ Sowjetisierungsparadigma. Für den Westen kommen die Quellen als weiterer Wahrheitsfaktor und Urteilsgrund hinzu. Als sich hier die Geschichtsschreibung methodisch öffnet, sozial- und gesellschaftsgeschichtlich aktiv und dadurch insgesamt besser wird, steht der Erfassung der tatsächlichen Geschichtsrealität der beschränkte Zugang zu den Archiven im Wege. Dieser behindert einerseits »(nachhaltig) die sozialgeschichtliche Forschung«[67] und lässt andererseits »eine systematische Untersuchung politikhistorischer Aspekte der Bodenreform (…) nicht zu«[68]. Die *sozial*geschichtlichen altbundesrepublikanischen Erzählungen von Entnazifizierung und Klientelbildung verstummen nach Bauerkämpers Dafürhalten unmittelbar durch zugängliche Quellen, weil sie eben nur auf dem mangelnden Quellenzugang beruhen. Dagegen tritt mit der Öffnung der Archive, der Zugänglichkeit der Quellen, in Bauerkämpers 2002er Historiographie

[63] Bauerkämper, Interpretationen 1996, S. 46.
[64] Bauerkämper, Ländliche Gesellschaft 2002, S. 26.
[65] Bauerkämper, Interpretationen 1996, S. 47.
[66] Ebd., S. 46. Ähnlich (wie gesehen) in der Ländlichen Gesellschaft 2002, S. 26/27.
[67] Bauerkämper, Ländliche Gesellschaft 2002, S. 29.
[68] Bauerkämper, Interpretationen 1996, S. 52.

wieder der falsche methodische Ansatz als Erklärung für manchmal noch ergänzungswürdiges Schreiben der Geschichte in den Vordergrund.

In seiner jüngeren Historiographie, die – wie gesehen – verschiedene Geschichten für die Zeit nach 1990 schon nicht mehr nacherzählt, wird die Verknüpfung von Methode und Wahrheitsfindung besonders deutlich. Das Verhältnis von Bodenreform und Kollektivierung ist nach wie vor umstritten, weil die Konzentration auf die SED-Politik noch nicht überwunden ist. Die sich hierüber streitenden Nachwendestudien vermitteln schon »wichtige Befunde«, aber so gut sie auch sein mögen, sie können das Abbilden der historischen Realität nicht leisten, weil sie eben immer noch nur Politikgeschichte schreiben[69]. Die nacherzählten mikrohistorischen Studien eignen sich zum Erfassen historischer Realitäten relativ gut, aber auch sie sind ungenügend, denn sie »(lösen) die Geschichte der DDR tendenziell in einzelne Ereignisse auf« und erfassen dabei manche Tatsächlichkeiten nicht[70]. Auch die makrohistorische Perspektive der klassischen Modernisierungstheorien vermag *die* Geschichte nicht zu erfassen, weil sie den Fortschritt idealisiert und durch ein (falsches) holistisches Geschichtsverständnis geprägt ist[71]. Diese Ausführungen zeigen im Einklang mit der später erzählten Einigung auf eine Geschichte, dass auch Bauerkämper von der Überlegenheit historischer Methodik überzeugt ist.

Schlussfolgerungen. Für Gertner und für den weiteren Gang dieser Untersuchung

Es gibt also Historik Betreibende, die in der gerade bestehenden Gegenwart nach historischer Methode darstellen wollen, welches Ereignis sich in der Vergangenheit wie zugetragen hat. Die Probleme, die sich beim Erfassen dieses Ereignisses stellen, können überwunden werden. Vielfältige, sich widersprechende Varianten zur Bodenreform bestehen, weil Erzählende historische Quellen parteiisch oder standortgebunden interpretieren. Sie lassen sich aber in die Geschichte im Kollektivsingular integrieren, wenn die Historiker(innen) nur fachgerecht und richtig forschen. Die Quellen bilden eine realitätsgarantierende Basis für die Darstellung von Ereignissen, müssen aber gleichermaßen mit der richtigen Methode gelesen werden, um objektive Erkenntnis zu ermöglichen.

Erinnern wir uns vor dem Hintergrund dieser Argumentation an Gertners sich widersprechende Bodenreformgeschichten. Zunächst scheint der zuvor angesprochene Ansatz, dessen Geschichtenvielfalt durch standortgebun-

[69] Bauerkämper, Ländliche Gesellschaft 2002, S. 29/30.

[70] Ebd., S. 34

[71] Ebd. Daneben auch Bauerkämper, Traditionalität in der Moderne 2003, S. 9.

dene Anpassung an höchstrichterliche Rechtsprechung zu erklären[72], nach der nun kennengelernten Differenzierung zwischen Parteilichkeit und Standortgebundenheit erneut aktuell zu werden. Angesichts der Eigenschaft, nicht lediglich Erzähler, sondern auch praktizierender Rechtsanwalt zu sein, liegt nahe, dass Gertner das Vergangene bewusst anders darstellt, als es sich ihm selbst präsentiert.

Doch spielt diese Differenzierung keine bedeutende Rolle. Jede(r) Lesende kann für sich selbst entscheiden, ob Gertner nur standortgebunden oder gar parteilich erzählt. Ich möchte keine Wahl treffen – und muss das auch nicht. Nach den in diesem Abschnitt kennengelernten Theorien eignen sich die Ausführungen seine ohnehin nicht für die Abbildung kollektivsingulärer Geschichte. Letzteres liegt nicht an möglicher Parteilichkeit, sondern vor allem daran, dass Gertner zu keinem Zeitpunkt seine methodische Vorgehensweise reflektiert. Bauerkämper hatte teilweise trotz Weiterbestehens der Parteilichkeit eine Verbesserung der aus der DDR erzählten Geschichten anerkannt, wenn Methoden umfassender reflektiert wurden[73]. Dagegen schreibt Gertner Geschichte(n), ohne eine Bemerkung über Heuristik, Kritik oder Interpretation zu verlieren. Objektivitätsgarantierende Überwindung des Standorts, Begriffsreflektion, mikro- oder makrogeschichtliche Analyse sind ihm fremd. Seine Geschichtsschreibung lässt sogar die Frage zu, ob er die »klassische historische Methode«[74] jemals zur Kenntnis nahm. Gertners Erzählungen können die von der Geschichtswissenschaft aufgestellten Kriterien also ohnehin nicht erfüllen. Was folgt aus dieser Erkenntnis? Sollte ich nun, ausgestattet mit diesem neuen Methodenwissen um Wahrheitsmöglichkeiten und Überwindung des Standorts, versuchen, selbst die Geschichte der Bodenreform herauszufinden?

Nein, ich denke das sollte ich nicht. Mit einem derartigen Vorhaben würde mit mir nur eine weitere Erzählerin erzählen, wie viel andere welche Erzählungen warum erzählen. Ich beobachte lieber, weil erhellender, weiterhin erzählend die Erzählenden[75]. Genauer gesagt will ich mich im Folgenden auf besagten Arnd Bauerkämper konzentrieren. Mit ihm gibt

[72] Vgl. oben in diesem Kapitel: S. 107 Fn. 16. Für 7. Ein wahrheitsgläubiger Erzähler. Thomas Gertner – mit Ziel und ohne Methode – Zusammenfassung S. 119-122. Für diese Erklärungsversuche vgl. S. 102-104.

[73] Siehe oben, in diesem Kapitel unter Objektivität durch Methode, S. 136: »durch den veränderten methodischen Ansatz, der Zeit-, Gesellschafts-, Alltags- und Kulturgeschichte in die Politikgeschichte mit einbezieht, wird eine Tatsächlichkeitsannäherung möglich, obwohl die Geschichtenschreiber der ›Legitimationsideologie der SED und dem offiziellen Selbstbild der DDR verhaftet‹ bleiben«.

[74] So genannt von Budde/Freist, Verfahren. In: Dies./Günther-Arndt (Hg.), Geschichte 2008, S. 160.

[75] Vgl. Stolleis, Rechtsgeschichte schreiben 2008, S. 8.

es einen Historiker, der an die Wahrheit und die Möglichkeit DER Geschichte der Bodenreform glaubt. Überdies einen Historiker, der sich der Vielfalt der Geschichtsschreibung über die Bodenreform bewusst ist und Historiographie-Betrachtungen zur Bodenreform übernommen hat. Und schließlich einen Historiker, der selbstständig ausführlich zur so genannten Bodenreform geforscht hat. Wenn die Ausgangsfrage dieser Untersuchung wissen will, wie angesichts der Varietäten die Geschichte der Bodenreform lautet, ist vielleicht Bauerkämper ein Schlüssel. Er ist nicht postmodernem Relativismus verhaftet, glaubt wie Kocka an die Fakten, ist methodisch versiert, kein Interessenvertreter für ehemalige Verfügungsgewaltinhaber, sondern ein berufsmäßiger Historiker. Bisher haben wir nur mittelbar, aus seiner Beurteilung der Erzählungen anderer, gehört, wie die Geschichte der Bodenreform lauten soll. Konzentrieren wir uns nun auf sein eigenes geschichtswissenschaftliches Arbeiten.

9. Noch ein wahrheitsgläubiger Erzähler

Arnd Bauerkämper – ohne Ziel und mit Methode

Arnd Bauerkämpers Beschäftigung mit der Bodenreform beginnt Anfang 1993 und erfährt 2002 mit der Fertigstellung seiner Habilitationsschrift ihren Höhe- wenn auch nicht ihren Endpunkt[1]. Er hat in Bielefeld sein Handwerk erlernt und lange am Potsdamer Zentrum für Zeithistorische Forschung gearbeitet[2]. Jürgen Kocka, Christoph Kleßmann, Konrad Jarausch und Martin Sabrow gehören zu seinen wissenschaftlichen Freunden. 2001 bis 2004 leitet er geschäftsführend das Zentrum für Vergleichende Geschichte Europas, und übernimmt im Anschluss bis 2009 dieselbe Aufgabe für das (nun so genannte?) Berliner Kolleg für vergleichende Geschichte Europas. Gegenwärtig lehrt er als Professor für die Geschichte des 19. und 20. Jahrhunderts am Friedrich-Meinecke-Institut der Freien Universität Berlin. Bauerkämper hat umfassend über Methode reflektiert und eine große Menge an Texten veröffentlicht. Bevor wir uns ausführlich dem Inhalt der Geschichte der Bodenreform zuwenden, will ich seine Methode und seine für die weitere Untersuchung relevanten Texte grundsätzlich vorstellen.

Seine Methode

Inhaltlich lassen sich Bauerkämpers Untersuchungsmethoden im Sinne der soeben vorgestellten geschichtswissenschaftlichen Standards in die klassische Droysen-Historik einordnen. In seiner Habilitation kündigt der Erzähler für den ersten Schritt historischer Fragestellung an, Konzepte und Maßnahmen »in heuristischer Absicht als Zwangsmodernisierung« zu erfassen und diese »in ihrem dialektischen Verhältnis zur Traditionalität«[3] zu untersuchen. Damit hat er gleichzeitig Begriffe geschaffen, die Sinn entstehen lassen und – in Anlehnung an Jürgen Kocka – zum

[1] Die – bisher – letzte Geschichte erschien 2008.

[2] 1993–2001.

[3] Bauerkämper, Ländliche Gesellschaft 2002, S. 17.

Ordnen der Bodenreformwirklichkeit[4] geeignet sind. »Zwangsmodernisierung« und »Traditionalität« konturieren Bauerkämpers Fragestellung im Sinne der Heuristik.

An dieser Stelle geht Bauerkämper auch auf die Problematik eigener Standortbindung bei der Geschichtsschreibung ein – und erfüllt damit gleichzeitig eine Voraussetzung, die in der Geschichtswissenschaft *Objektivität* sicherstellen soll[5]. Kocka, der wissenschaftliche Lehrer Bauerkämpers, fordert für das Aufdecken der eigenen Standortgebundenheit, dass die Historiker verstärkt über ihre eigenen Begriffe nachdenken, deren Geschichte bedenken und entsprechende selbstreflexive Passagen in ihre Darstellung einfügen[6]. Die Selbstreflexion funktioniert durch die gewählten Begriffe; der Historiker wird selbstreflexiv, indem er »Passagen über die Entstehung, die Berechtigung [und] die Implikationen der gewählten Kategorien einfügt«, die er zum Ordnen der vergangenen Wirklichkeit benutzt[7]. Für »Zwangsmodernisierung« und »Traditionalität« kommt Bauerkämper dieser Forderung nach[8]:

Die Zwangsmodernisierung versteht er als »normatives Konzept«[9], dass sich dazu eignet, »durch eine kritische Historisierung des Modernisierungsparadigmas (den) evolutionäre(n) Fortschrittsoptimismus besonders strukturfunktionalistischer Theorien« zu überwinden[10]. Die Kategorie der Zwangsmodernisierung geht über die »zutreffende, aber wenig weiterführende Denkfigur der Ambivalenz der Moderne« hinaus. Sie soll gleichzeitig in ihrem »dialektischen Verhältnis zu Traditionalität« untersucht werden[11]. Traditionalität wiederum bezeichnet ein »grundlegendes Handlungsmodell, das auch individuelle und kollektive Formen des Umgangs mit politischen Eingriffen in alltägliche Lebenswelten einschließt«[12]. Bauerkämper erklärt also die Entstehung der Begriffe und warum er gerade diese zum Ordnen der historischen Wirklichkeit anwendet. Zwangsmodernisierung und Traditionalität überwinden das bisher verwendete Paradigma der Modernisierungstheorien, binden individualgeschichtliche Momente in Strukturgeschichte ein und vergessen auch politische Einflüsse nicht.

4 In Anlehnung an Kocka, Sozialgeschichte in Deutschland 2002, S. 27/28.

5 Jaeger, Geschichtstheorie. In: Goertz (Hg.), Grundkurs 2007, S. 814.

6 Kocka, Sozialgeschichte in Deutschland 2002, S. 28. Auch Kocka kennt nur Historiker.

7 Ebd.

8 Bauerkämper, Ländliche Gesellschaft 2002, S. 15-19.

9 Ebd., S. 15.

10 Ebd., S. 17.

11 Ebd., S. 15.

12 Ebd., S. 18.

Beide Begriffe stellen deswegen »unabdingbare Deutungskriterien« bereit und sind »geeignet, Fragen zu erschließen, die eine Analyse der Problemstellung erlauben«[13].

Was den zweiten Schritt, die Kritik betrifft, kündigt Bauerkämper die Untersuchung von Aktenbeständen der Parteileitung, der staatlichen Verwaltungseinrichtungen und einzelner wissenschaftlicher Institutionen an[14]. Das »traditionelle hermeneutische Verfahren der Aktenanalyse«[15] bestimmt seinen Umgang mit den Dokumenten. Dabei betont er, dass »die Auswertung der archivarischen Überlieferung umfassende Kenntnisse über die Selbstbilder der Machthaber und ihre Herrschaftsformen« voraussetzt, weil die von ihnen angelegten Akten eine vieldeutige, komplexe Sprache aufweisen, die entschlüsselt werden muss[16]. Bauerkämper verfügt über diese Kenntnisse. Er glaubt an die Quellen. Er glaubt an die Fakten, die durch Quellen vermittelt werden und an ihre Macht, selbst (methodisch so gefährliche) Zeitzeugenaussagen einzugrenzen und zu verbessern[17]. Auch diese fließen in seine Untersuchung ein. Er befragt lebende Subjekte, »um die Wahrnehmung der Akteure in einem dichten räumlichen Bezugsnetz zu erfassen und die Kenntnisse über ihre Handlungsform zu vertiefen«[18]. Der Gefahren dieser Art von Untersuchung ist er sich dabei bewusst - durch die ergänzende Auswertung von Archivalien zur Gemeinde sollen die »beträchtlichen methodischen Probleme der oral history – besonders das Verhältnis von Gedächtnis und Erinnerung« – verringert werden[19]. Die durch seine spezifische Kenntnis sprechenden Quellen sind also dazu in der Lage, auch die noch sprechenden Quellen in richtiger Art und Weise zu erfassen und so die Vergangenheit abzubilden. Daneben benutzt er statistische Daten als Quellen, ist sich aber auch hier der Gefahren der »amtlichen DDR-Statistik« bewusst[20].

Bei der weiteren Auswertung der Quellen, die möglicherweise auch den dritten Schritt der Interpretation mit betreffen könnten, kündigt Bauer-

[13] Ebd., S. 15.

[14] Ebd., S. 47: Akten der Akademie der Landwirtschaftswissenschaften (AdL), der Abteilung Landwirtschaft beim ZK der SED, der Abteilung Landwirtschaft der Deutschen Verwaltung für Land- und Forstwirtschaft (1945-1948), der Hauptverwaltung Land- und Forstwirtschaft in der Deutschen Wirtschaftskommission (1948/49) und dem Ministerium für Land- und Forstwirtschaft (seit 1949). Außerdem für Brandenburg die für Landwirtschaft zuständigen Abteilungen der Provinzialverwaltung (1945/46) bzw. Provinzial- und (ab 1947) Landesregierung, die in die BR involviert waren.

[15] Ebd., S. 47.

[16] Ebd., S. 48.

[17] Ebd.

[18] Ebd.

[19] Ebd.

[20] Ebd.

kämper nun eine kumulative Methodenverwendung an[21]. Ein Methodenaspekt ist die vergleichende Geschichtswissenschaft. Mit »komparativen Fallstudien« zwischen der Agrarentwicklung in der UdSSR und den sozialistischen Bruderstaaten sind »individualisierende (oder typisierende) Spezialvergleiche in analytischer Absicht« möglich, die »vorrangig die Unterschiede zwischen den jeweiligen Gesellschaften und ihren Entwicklungswegen zeigen sollen«[22]. Auch aus dem Vergleich mit der Agrargeschichte der BRD ergeben sich für Bauerkämper zahlreiche Erkenntnisse, obgleich er sich des asymmetrischen Vergleichs bewusst ist, der »die Perspektive unvermeidlich (verzerrt) und nur begrenzt zur Theoriebildung geeignet (ist)«[23]. Diese Begrenztheit der Theoriebildung ist angesichts der zahlreichen auch verwendeten, Objektivität sichernden Theorien jedoch weniger schlimm, und so kommen wir zum dritten Schritt, der Interpretation[24].

Hier unterscheidet der Autor innerhalb der Geschichtsschreibungsvielfalt (grob) zwischen Politikgeschichte, Sozialgeschichte und Alltags- oder Kulturgeschichte. Politikgeschichte beschäftigt sich demnach mit dem Staat und konzentriert sich auf hoheitliche Entscheidungen, um die Vergangenheit zu beschreiben. Dagegen steht die Sozialgeschichte, die Entwicklungstendenzen in sozialen Gruppen betrachtet. Die Gesellschaft als solche, soziale Strukturen und Handlungsmechanismen sollen hier der Untersuchungsgegenstand sein, der Aufschluss über die Vergangenheit gibt. Zuletzt befasst sich die Alltagsgeschichte mit Individuen, die Handlungen vornehmen und damit die Geschichte beeinflussen – oder eben die Geschichte schreiben.

Bauerkämper verbindet mit diesen verschiedenen Geschichtsansätzen nicht lediglich verschieden gelagerte Interessen an der Vergangenheit, sondern formuliert einen »überlegenen Zugriff zur Untersuchung der Geschichte überhaupt«[25]. Auch wenn die »Milieugeschichte« (vorliegend die ›Ländliche Gesellschaft‹) sein Hauptinteresse weckt, will er durch eine Verbindung der eingangs erwähnten Geschichtsrichtungen die Vergangenheit rekonstruieren. Immer wieder bedauert er, dass zur Geschichte der DDR hauptsächlich »politikgeschichtliche« Untersuchungen vorliegen,

[21] Ebd., qualitativ z.B. S. 48 »als Quellen wurden statistische Daten genutzt«, quantitativ z.B. S. 47 »Interviews (wurden) durchgeführt«; vergleichend z.B. S. 49 »komparative Fallstudien (...) sollen (...) Unterschiede zeigen«.

[22] Ebd., S. 49/50.

[23] Ebd., S. 50.

[24] Jaeger, Geschichtstheorie. In: Goertz (Hg.), Grundkurs 2007, S. 814/815: Reflexionen über die Verbindung politik-, struktur-, wirtschafts-, sozial- und alltagsgeschichtlicher Ansätze sollen auf dieser Ebene Objektivität in der Methodenverwendung sichern.

[25] Kocka, Sozialgeschichte 1986, S. 3.

die den Blick allein auf hoheitliche Handlungsmechanismen lenken[26]. Gleichwohl will er diesen (Geschichts-)Aspekt in seinen Untersuchungen nicht außer Acht lassen. Auch politische Entscheidungen der Staatselite sind demnach notwendig zu erfassen, weil sie als Teilbereich die Geschichte darstellen. Mindestens ebenso wichtig ist für ihn die »Alltags- und Erfahrungsgeschichte«, denn »historische Prozesse vollziehen sich durch das Handeln von Akteuren in ihren übergreifenden Rahmenbedingungen«[27]. Bauerkämper erfasst in Anlehnung an Ute Daniel[28] das historische Subjekt in seiner sinnstiftenden, wertenden und deutenden Tätigkeit als »konstitutives Element jeder sozialen Welt«[29]. Er will agrar- und gesellschaftspolitische Eingriffe in der kommunistischen Diktatur eng auf ihre wirtschafts- und sozialstrukturellen Auswirkungen sowie die Wahrnehmungsformen und Handlungspraxen der Akteure auf dem Lande beziehen[30]. So greift er »Überlegungen zur kulturhistorischen Erweiterung der Sozialgeschichte« auf[31]. Obwohl andere nach wie vor »kein Konzept der historischen Interpretation« anerkennen, »das die Ebene der kulturellen Intentionen und Selbstdeutungen der Zeitgenossen und die Ebene der strukturellen Bedingungsfaktoren ihrer Lebenspraxis zur Einheit der Geschichte als Handlungs- und Strukturprozess plausibel zusammenführen könnte«[32], schafft Bauerkämper in seiner Habilitation eine Verknüpfung der »mikro- und makrogeschichtliche[n] Perspektive« und vermeidet so »gleichermaßen eine kulturalistische und strukturalistische Verengung«[33]. Durch diesen »explizite[n] Theoriegebrauch« hat Bauerkämper gleichzeitig »eine weitere Bedingung historischer Objektivität auf der Ebene der Interpretation«[34] erfüllt.

Bauerkämpers methodische Vorbemerkungen (aus der Habilitation schließe ich, dass er grundsätzlich beim Schreiben von Geschichte nach diesem Schema vorgeht) zeigen jedenfalls, dass wir es mit einem von der

[26] Z.B. Bauerkämper, Bodenreform zur Kollektivierung 1994, S. 120; Ders., Bodenreform Mark Brandenburg 1995, S. 266; Ders., Interpretationen 1996, S. 47.

[27] Bauerkämper, Interpretationen 1996, S. 36.

[28] Daniel, Quo vadis, Sozialgeschichte? In: Schulze (Hg.), Sozialgeschichte, Alltagsgeschichte, Mikro-Historie. 1994, S. 60, vgl. Fn. 1 in Bauerkämper, Interpretationen 1996, S. 36. Wobei Bauerkämper Ute Daniels Wahrheitsbegriff gerade nicht zu teilen scheint. Vgl. Daniel, Kompendium Kulturgeschichte 2006, S. 388: bezeichnet (ohne metaphysischen Bedeutungsgehalt)»als Wahrheit (…), was wir für richtig, wissenswert und begründungsfähig halten und wofür wir bereit sind, Verantwortung zu übernehmen«.

[29] Bauerkämper, Interpretationen 1996, S. 36.

[30] Bauerkämper, Ländliche Gesellschaft 2002, S. 35.

[31] Ebd., S. 14.

[32] Jaeger, Geschichtstheorie. In: Goertz (Hg.), Grundkurs 2007, S. 815.

[33] Bauerkämper, Ländliche Gesellschaft 2002, S. 41.

[34] Jaeger, Geschichtstheorie. In: Goertz (Hg.), Grundkurs 2007, S. 815.

Wissenschaftlichkeit der Geschichte und der Möglichkeit *objektiver* Erkenntnis überzeugten Historiker zu tun haben. Methode und Quellenbindung sollen bei diesem von mir exemplarisch genannten Vertreter der Historischen Zunft den sicheren Zugang zu Vergangenem garantieren. Nun hat dieser Autor eine große Menge an Texten geschrieben, die in sehr unterschiedlichem Umfang auch die Bodenreform betreffen. Angesichts der Menge folgt zunächst eine allgemeine Inhaltsübersicht. Ausführlich werden die Inhalte im folgenden Kapitel behandelt.

Seine Texte[35]

Insgesamt hat Bauerkämper nahezu vierzig Geschichten verfasst, in denen die Bodenreform eine Rolle spielt[36]. Die erste wird 1994 veröffentlicht, die – bisher – letzte Geschichte erscheint 2008. Viele der in Sammelbänden erschienenen Geschichten gehen auf Beiträge zuvor veranstalteter Tagungen zurück[37]. Wobei die meisten einleitenden Bemerkungen der

[35] Wird in den folgenden Fußnoten dieses und des nächsten Kapitels kein Autor genannt, so ist Bauerkämper der Autor.

[36] Aufzählung nach Veröffentlichungsdatum: **1994:** (1) Bodenreform zur Kollektivierung; (2) Verlorener Antifaschismus; (3) Neubauernprogramm in Brandenburg. **1995:** (4) Problemdruck und Ressourcenverbrauch (5) Bodenreform Mark Brandenburg; (6) Führungsgruppen auf dem Lande; (7) De la réforme foncière à la collectivisation; (8) Bodenreform nach fünfzig Jahren. **1996:** (9) Bodenreform in Mecklenburg [1994]; (10) Neubauern in der SBZ; (11) Vergleichende Perspektive; (12) Strukturumbruch ohne Mentalitätenwandel; (13) Interpretationen; (14) Elitenwechsel in der SBZ. **1997:** (15) Amerikanisierung und Sowjetisierung [1996]; (16) Flüchtlinge in Brandenburg; (17) Ländliche Gesellschaft in BRD und DDR. **1998:** (18) Abweichendes Verhalten. **1999:** Bodeneigentum in Ost- und Westdeutschland; (20) Landarbeiter in der SBZ [1998]; (21) Bodenreform und Flüchtlingssiedlung; (22) Flüchtlinge im Osten Brandenburgs [1998]; (23) Der Kampf um den Boden; (24) SED und die Bauern; (25) Loyale Kader; (26) Bodenreform und Kollektivierung in Brandenburg. **2000:** (27) Die Politik der SED. **2001:** (28) Integration of Expellees; (29) Verdrängung der »Großbauern«. **2002:** (30) Ländliche Gesellschaft. **2003:** (31) Traditionalität in der Moderne. **2004:** (32) DDR-Kollektivierung und BRD-Strukturwandel; (33) Junker Rojos. **2005:** (34) Bodenreform in Sachsen-Anhalt; (35) Sozialgeschichte der DDR [2003]; (36) Bodenreform und Kollektivierung [2003]; (37) Agrarpolitik in SBZ und DDR. **2007:** (38) Strukturwandel und Alltagsleben. **2008:** (39) Vertriebene in SBZ/DDR.

[37] Problemdruck und Ressourcenverbrauch 1995 = Tagung Frühjahr 1994; Bodenreform in Mecklenburg 1996 = Kolloquium Februar 1994; Neubauern in der SBZ 1996 = Kongress Juli 1994; Strukturumbruch ohne Mentalitätenwandel 1996 = Tagung September 1995; Amerikanisierung und Sowjetisierung 1996 = Tagung Sommer 1995; Flüchtlinge in Brandenburg 1997 = Kolloquium September 1995; Flüchtlinge im Osten Brandenburgs 1998 = Konferenz 1997; Bodeneigentum in Ost- und Westdeutschland 1999 = Tagung April 1997; Landarbeiter in der SBZ 1998 = Tagung Sep-

Sammelbandherausgebenden angeben, lediglich auf den vorangegangenen Veranstaltungen zu »basieren«[38]. Nur zwei Geschichten stellt Bauerkämper den Hinweis voran, dass sein Beitrag vor Veröffentlichungsdatum fertig gestellt wurde, und später erschienene Literatur nicht (mehr) berücksichtigt werden konnte[39]. Seine »Bodenreform in Mecklenburg« ist deswegen im Folgenden, anders als das 1996er Veröffentlichungsdatum suggeriert, eine Geschichte aus 1994, seine »Sozialgeschichte der DDR« erhält statt »2005« den Zusatz »2003«. Fehlen derartige Hinweise, nehme ich das Datum des Vorworts oder der Einleitung in den Sammelbänden als maßgebliches Verfasserdatum. Die »Amerikanisierung und Sowjetisierung« ist deswegen entgegen dem Veröffentlichungsdatum eine Geschichte aus 1996[40], die »Landarbeiter in der SBZ« erhalten wie die »Flüchtlinge im Osten Brandenburgs« den Zusatz »1998« statt »1999«[41], und bei »Boden-

tember/Oktober 1997; Vorgetäuschte Integration 1999 = Kolloquium Juni 1996; Die Politik der SED 2000 = Kolloquium Ende 1998; Integration of Expellees 2001 = Conference 1997; Vertreibung als Exklusion 2001 = Tagung 1999; Agrarpolitik in SBZ und DDR 2005 = Tagung 2004; Strukturwandel und Alltagsleben 2007 = Öffentliche Vorlesungsreihe von 2005; Vertriebene in SBZ/DDR 2008 = Konferenz Juli 2006.

38 Buchheim, Einleitung. In: Ders. (Hg.), Wirtschaftliche Folgelasten des Krieges 1995, S. 15: der vorliegende Sammelband enthält »die überarbeitete Fassung jener Vorträge«; Bessel/Jessen, Einleitung. In: Dies. (Hg.), Die Grenzen der Diktatur 1996, S. 22: Die Aufsätze »haben ihren Ursprung in den Vorträgen einer Tagung«; Schultz, Einleitung. In: Dies. (Hg.), Bevölkerungstransfer und Systemwandel 1998, S. 7: Konferenz, »aus der dieser Band hervorgegangen ist«; Hoffmann/Schwartz, Einleitung. In: Dies. (Hg.), Geglückte Integration? 1999, S. 20: »Forschungskolloquium (…) auf das dieser Band zurückgeht«; Hübner/Tenfelde, Vorwort. In: Dies. (Hg.), Arbeiter in der SBZ – DDR 1999, S. 12: »Die Tagung, aus der dieser Band hervorgegangen ist«; Schulz, Zur Einführung. In: Ders. (Hg.), Vertriebene Eliten. 2001: »Die Beiträge des vorliegenden Bandes 24 sind aus der 37. Tagung 1999 hervorgegangen«; Krauss, Vorwort. In: Dies. (Hg.), Integrationen 2008, S. 7 »Dieser Band basiert auf«.

39 In Bauerkämper, Bodenreform in Mecklenburg 1996, S. 361: »Das Manuskript dieses Beitrags wurde im Oktober 1994 abgeschlossen. Danach erschiene Literatur konnte nicht mehr berücksichtigt werden« und in Bauerkämper, Sozialgeschichte der DDR 2005, S. X: Die Bibliographie enthält »eine Auswahl bis Herbst 2003 veröffentlichter Studien. Nur ausnahmsweise konnten auch Werke aufgenommen werden, die bis Frühjahr 2004 erschienen«.

40 Jarausch/Siegrist (Hg.), Vorwort. In: Dies. (Hg.) Amerikanisierung und Sowjetisierung 1997, S. 10: »Berlin, im Juli 1996«.

41 Hübner/Tenfelde. Vorwort. In: Dies. (Hg.), Arbeiter in der SBZ – DDR 1999, S. 13: »Potsdam und Bochum im September 1998«; Schultz, Bevölkerungstransfer. In: Dies. (Hg.), Bevölkerungstransfer und Systemwandel 1999, S. 16: »Frankfurt (Oder) im Dezember 1998«.

reform und Kollektivierung« ersetzt »2003« »2005«[42]. Bei den anderen Geschichten ist das Veröffentlichungsdatum der Sammelbände zugleich der für meine Untersuchung ausschlaggebende Zeitpunkt.

Die eingangs zitierten neununddreißig Geschichten betreffen die Bodenreform in unterschiedlicher Intensität. Viele handeln hauptsächlich von anderen Begebenheiten, im Rahmen derer Bauerkämper auch Bodengeschichten erzählt. Eine der neununddreißig ist für die weitere Abhandlung unbeachtlich, weil ihr Inhalt mit einer anderen Geschichte identisch ist: Der 1995 in einem Publikationsorgan der École des Hautes Études en Sciences Sociales erschienene Aufsatz »De la Réforme foncière à la collectivisation« ist die französische Fassung der »Bodenreform zur Kollektivierung« aus dem Jahr 1994.

Es bleiben also zunächst achtunddreißig Erzählungen, in denen die Bodenreform *selbstständig* nur selten im Mittelpunkt steht. Die meisten Erzählungen handeln von Veränderungen, die das Ereignis in Menschengruppen und zwischenmenschlichen Beziehungen ausgelöst hat. Zum selbstständigen Erzählaspekt wird die Bodenreform *an sich* lediglich in drei Geschichten[43]. Dabei erscheinen zwei dieser *puren* Bodenreformgeschichten einmal als ein den Begriff erklärender Beitrag im »Handwörterbuch zur ländlichen Gesellschaft«[44], einmal als Vortrag zur Bodenreform in Sachsen-Anhalt, der sich in einer von insgesamt drei Unterteilungen mit »soziale(n) Beziehungen und Alltagsleben«[45] beschäftigt. Die »Gesellschaft« ist also auch aus diesen Bodenreformgeschichten nicht wegzudenken. In folgenden zweiundzwanzig Geschichten wird diese »Gesellschaft« – teilweise mit sich unterscheidenden Vertretern – zum zentralen Geschichtenthema:

Die *ganze* ländliche Gesellschaft, die bei Bauerkämper meistens aus Neubauern, Vertriebenen oder Flüchtlingen, Landarbeitern, Klein-, Mittel- und Großbauern besteht, steht zehnmal im Mittelpunkt der Erzählung[46]. In den verbleibenden zwölf hauptsächlichen Gesellschaftsgeschichten konzentriert sich Bauerkämper auf einzelne Gruppen aus der ländlichen

[42] Beetz/Brauer/Neu, Vorwort. In: Dies. (Hg.), Handwörterbuch zur Ländlichen Gesellschaft 2005, S. IX: »Berlin/Rostock, Dezember 2003«.

[43] Bodenreform und Kollektivierung in Brandenburg 1999; Bodenreform und Kollektivierung 2003; Bodenreform in Sachsen-Anhalt 2005.

[44] Bodenreform und Kollektivierung 2003.

[45] Bodenreform in Sachsen-Anhalt 2005, S. 12-17.

[46] Bodenreform zur Kollektivierung 1994; Bodenreform Mark Brandenburg 1995; Bodenreform in Mecklenburg 1994; Strukturumbruch ohne Mentalitätenwandel 1996; Ländliche Gesellschaft in BRD und DDR 1997; Abweichendes Verhalten 1998; SED und Bauern 1999; Ländliche Gesellschaft 2002; Traditionalität in der Moderne 2003; Strukturwandel und Alltagsleben 2007.

Gesamtgesellschaft. Die Einzelgruppe, die am häufigsten eine Hauptrolle in den Bauerkämpererzählungen spielt, ist die Gruppe der Flüchtlinge (oder der Vertriebenen, nie die der Umsiedler). Insgesamt fünfmal, 1997, 1998, 1999, 2001 und 2008, erzählt Bauerkämper Geschichten von ihnen und ihrem Verhältnis zur Bodenreform[47]. Dagegen interessiert sich der Erzähler nur in jeweils einer Geschichte speziell für die Gruppe der Landarbeiter[48], der Großbauern[49] oder der Gutsbesitzer[50].

Neben diesen unabhängig von der Bodenreform möglichen Personeneinteilungen erzählt Bauerkämper von zwei Gesellschaftsgruppen, die erst durch die Bodenreform kategorisiert werden können. So interessieren ihn mehrfach Individuen, die nach dem 8. Mai 1945 aus der Bevölkerung zu Entscheidungsträgern geworden sind. Bauerkämper berichtet 1995, 1996/97 und 1999 von den »neuen Eliten«[51], den »neuen Führungsgruppen«[52] oder dem »Elitenwechsel«[53] in der ländlichen Gesellschaft. Neben den neuen Eliten gibt es noch die Neubauern als eigenständige Gruppe, die einen zentralen Platz in Bauerkämpergeschichten einnehmen. 1996 handelt eine Geschichte speziell von dieser Großgruppe der Land Erhaltenden[54]. Dagegen steht in einer zwei Jahre zuvor veröffentlichten Geschichte nicht die Personengruppe, sondern die auf die Bodenreform folgenden Maßnahmen für diese Personengruppe im Mittelpunkt des Erzählerinteresses[55]. Dieses Interesse für »Voraussetzungen, Entwicklungen und Auswirkungen« des Neubauernprogramms, lenkt den Blick auf Bauerkämpergeschichten, in deren Zentrum politische Maßnahmen und ihre Entscheidungsträger stehen:

2005 beschäftigt sich der Erzähler mit Agrarpolitik Deutscher Kommunisten[56], 2000 will er eine Geschichte über »die Politik der SED 1948/49«[57] erzählen und 1997 betrachtet er den »Einfluss der Hegemonialmächte auf die deutsche Agrarpolitik«[58].

[47] Flüchtlinge in Brandenburg 1997; Flüchtlinge im Osten Brandenburgs 1998; Bodenreform und Flüchtlingssiedlung 1999; Integration of Expellees 2001; Vertriebene in SBZ/DDR 2008.

[48] Landarbeiter in der SBZ 1998.

[49] Verdrängung der Großbauern 2001.

[50] Verlorener Antifaschismus 1994.

[51] Loyale Kader 1999.

[52] Führungsgruppen auf dem Lande 1995.

[53] Elitenwechsel in der SBZ 1997.

[54] Neubauern in der SBZ 1996.

[55] Neubauernprogramm in Brandenburg 1994.

[56] Agrarpolitik in SBZ und DDR 2005.

[57] Die Politik der SED 2000.

[58] Amerikanisierung und Sowjetisierung 1996.

Wieder mehr die Auswirkungen der Bodenreform betreffend behandeln viele (der schon zitierten) Bauerkämpergeschichten (neben) den Menschen die Wirtschaft. Oft erzählt Bauerkämper von Auswirkungen der Bodenreform auf ländliche Gesellschaft *und* Agrarwirtschaft[59]. Allein im Zentrum einer Bauerkämpergeschichte stehen die wirtschaftlichen Auswirkungen der Reform indes nur in einer Erzählung aus dem Jahr 1995[60].

Unabhängig von Wirtschaft und ländlicher Gesellschaft interessiert sich der Historiker auch für rechtliche Aspekte. Zweimal 1999 und einmal 2004 werden Eigentumsfragen und Bodenreform zum Hauptaugenmerk seiner Erzählungen[61].

Bleiben fünf der eingangs zitierten neununddreißig Geschichten, die noch nicht in Themenbereiche eingeordnet wurden. Eine von ihnen behandelt die Bodenreform im Zusammenhang mit der grundsätzlichen großen Sozialgeschichte der DDR[62]. In einer anderen stehen weder Gesellschaft noch Politik, sondern der BRD-DDR *Vergleich* im Geschichtenzentrum[63]. Die letzten drei Geschichten, 1995 und 1996 veröffentlicht, sind ganz anderer Art. Hier erzählt Bauerkämper nichts eigenes von der Bodenreform, sondern wird zum Nacherzähler. In den schon kennen gelernten »Interpretationen« aus dem Jahr 1996 hat er eine umfangreiche Historiographie geschrieben, die sich mit der Bodenreform im Kontext von Geschichtsschreibung durch andere beschäftigt und in der er nur mittelbar auch eine eigene Geschichte zur Bodenreform erzählt[64]. Mit den anderen beiden Geschichten verhält es sich ähnlich. In dem von ihm 1996 herausgegebenen Sammelband zur Bodenreform[65] schreibt Bauerkämper neben seiner eigenen Bodenreformgeschichte[66] auch die Einleitung[67]. Sie enthält eine Zusammenfassung der nun abgedruckten Vorträge[68] und einen den »Interpretationen« ähnlichen, kurz gefassten Überblick zum Forschungsstand über

59 Bodenreform Mark Brandenburg 1995; Bodenreform in Mecklenburg 1994; Ländliche Gesellschaft in BRD und DDR 1997; SED und Bauern 1999; Traditionalität in der Moderne 2003; Strukturwandel und Alltagsleben 2007.

60 Problemdruck und Ressourcenverbrauch 1995.

61 Bodeneigentum in Ost- und Westdeutschland 1999; Kampf um den Boden 1999; Junker Rojos 2004.

62 Sozialgeschichte der DDR 2003.

63 DDR-Kollektivierung und BRD-Strukturwandel 2004.

64 Interpretationen 1996.

65 »Junkerland in Bauernhand«? Durchführung, Auswirkungen und Stellenwert der Bodenreform in der Sowjetischen Besatzungszone 1996.

66 Strukturumbruch ohne Mentalitätenwandel 1996.

67 Vergleichende Perspektive 1996.

68 Vergleichende Perspektive 1996 II Dimensionen der Bodenreform. Die Struktur des Bandes, S. 15-19.

die Bodenreform. Besagter Sammelband geht außerdem auf einen Workshop des Forschungszentrums Zeithistorische Studien von September 1995 zurück, über den Bauerkämper im Potsdamer Bulletin im Dezember desselben Jahres einen Tagungsbericht veröffentlicht[69]. Dieser Bericht fasst sich kürzer als die Sammelbandeinleitung und ist deswegen für die weitere Untersuchung unbeachtlich.

Bauerkämper hat also Geschichten von Gesellschaft, Gesellschaftsausschnitten, wirtschaftlichen und rechtlichen Auswirkungen, politischen Akteuren sowie Vergleiche und Historiographien geschrieben, die alle im Zusammenhang mit der Bodenreform stehen. Diese grobe Einteilung der Bauerkämpergeschichten nach Themenaspekten ist dabei weder ausschließlich noch abschließend. Sie richtet sich nach dem zentralen, vom Erzähler selbst angekündigten Fokus der Geschichten. Vielfach überschneiden sich die Geschichteninhalte, etwa – wie gezeigt – bei Agrarwirtschaft und Ländlicher Gesellschaft. Stehen (politische) Maßnahmen im Geschichtenvordergrund, spielt meistens auch die ländliche Gesellschaft – manchmal auch als »dörflich-agrarisches Milieu« bezeichnet – eine Rolle[70]. Viele der hier genannten bauerkämpereigenen Geschichten enthalten auch, meistens einleitend, Berichte über Historiographie und Forschungsstand[71], und insbesondere längere Geschichten schließen Thematiken kürzerer Geschichten mit ein. So enthält Bauerkämpers Habilitation zugleich Abschnitte über Agrarpolitik[72], Historiographie[73] und alle Vertreter der ländlichen Gesellschaft[74]. Unter Ordnung der Erzählungen nach Raum und Zeit entstehen wieder andere Geschichtengruppen, wobei Orte, Zeiträume und Inhalte nur zufällig miteinander übereinstimmen. Mehr als die Hälfte der siebenunddreißig Erzählungen spielt hauptsächlich in der gesamten Sowjetischen Besatzungszone (und späteren DDR)[75],

[69] Bodenreform nach fünfzig Jahren 1995.

[70] Politik der SED 2000.

[71] Etwa Bodenreform zur Kollektivierung 1994, S. 119-121; Problemdruck und Ressourcenverbrauch 1995, S. 295-297; Ländliche Gesellschaft in BRD und DDR 1997, S. 25-26; Amerikanisierung und Sowjetisierung 1996, S. 196-197.

[72] Ländliche Gesellschaft 2002, S. 51-205.

[73] Ebd., S. 22-35.

[74] Ebd., S. 261-300, 347-407, 414-491 und 493-517.

[75] Bodenreform zur Kollektivierung 1994; Verlorener Antifaschismus 1994; Problemdruck und Ressourcenverbrauch 1995; Führungsgruppen auf dem Lande 1995; Neubauern in der SBZ 1996; Vergleichende Perspektive 1996; Interpretationen 1996; Elitenwechsel in der SBZ 1997; Abweichendes Verhalten 1998; Landarbeiter in der SBZ 1998; Kampf um den Boden 1999; Loyale Kader 1999; Die Politik der SED 2000; Junker Rojos 2004; Sozialgeschichte der DDR 2003; Bodenreform und Kollektivierung 2003; Agrarpolitik in SBZ und DDR 2005; Strukturwandel und Alltagsleben 2007; Vertriebene in SBZ/DDR 2008.

teilweise zugleich in anderen Zonen[76], einmal zugleich auf dem Gebiet der UdSSR[77]. Elf Geschichten beschränken ihren Raum auf Teilgebiete der Gesamtzone, achtmal ist Brandenburg[78], zweimal Mecklenburg[79] und einmal Sachsen-Anhalt[80] der räumliche Bezugspunkt für Bauerkämpers Geschichten.

Die Zeiträume variieren ebenfalls erheblich. Damit meine ich die Zeiträume, die den Hauptgegenstand der Geschichte bilden, wobei - wie auch bei der inhaltlichen Abgrenzung – der Zeitraum nicht ausschließlich ist. Geschehnisse aus vorhergehenden und auf den hauptsächlichen Zeitraum folgenden Jahren werden in fast allen Geschichten auch nacherzählt. Bei den meisten (insgesamt neunundzwanzig) Geschichten beginnt die Haupterzählzeit 1945[81]. Zweimal ist der Anfangs- zugleich der Endpunkt[82], einmal endet die Erzählung 1948[83], einmal 1949[84] und fünfmal 1952[85].

[76] Amerikanisierung und Sowjetisierung 1996; Ländliche Gesellschaft in BRD und DDR 1997; Bodeneigentum in Ost- und Westdeutschland 1999; Vorgetäuschte Integration 1999; DDR-Kollektivierung und BRD-Strukturwandel 2004.

[77] Vertreibung als Exklusion 2001.

[78] Neubauernprogramm in Brandenburg 1994; Bodenreform Mark Brandenburg 1994; Strukturumbruch ohne Mentalitätenwandel 1996; Flüchtlinge in Brandenburg 1997; Flüchtlinge im Osten Brandenburgs 1998; Bodenreform und Kollektivierung in Brandenburg 1999; Integration of Expellees 2001; Ländliche Gesellschaft 2002.

[79] Bodenreform in Mecklenburg 1996; Traditionalität in der Moderne 2003.

[80] Bodenreform in Sachsen-Anhalt 2005.

[81] (1) Bodenreform zur Kollektivierung 1994; (2) Verlorener Antifaschismus 1994; (3) Problemdruck und Ressourcenverbrauch 1995; (4) Bodenreform Mark Brandenburg 1995; (5) Führungsgruppen auf dem Lande 1995; (5a) Vergleichende Perspektive 1996; (6) Strukturumbruch ohne Mentalitätenwandel 1996; (7) Neubauern in der SBZ 1996; (8) Interpretationen 1996; (9) Elitenwechsel in der SBZ 1997; (10) Amerikanisierung und Sowjetisierung 1996; (11) Flüchtlinge in Brandenburg 1997; (12) Ländliche Gesellschaft in BRD und DDR 1997; (13) Landarbeiter in der SBZ 1998; (14) Bodenreform und Flüchtlingssiedlung 1999; (15) Bodenreform und Kollektivierung in Brandenburg 1999; (16) Bodeneigentum in Ost- und Westdeutschland 1999; (17) Loyale Kader 1999; (18) Flüchtlinge im Osten Brandenburgs 1998; (19) SED und die Bauern 1999; (20) Integration of Expellees 2001; (21) Ländliche Gesellschaft 2002; (22) Traditionalität in der Moderne 2003; (23) Sozialgeschichte der DDR 2003; (24) Junker Rojos 2004; (25) Bodenreform und Kollektivierung 2003; (26) Bodenreform in Sachsen-Anhalt 2005; (27) Strukturwandel und Alltagsleben 2007; (28) Vertriebene in SBZ/DDR 2008.

[82] (2) Verlorener Antifaschismus 1994; (4) Bodenreform Mark Brandenburg 1995.

[83] (11) Flüchtlinge in Brandenburg 1997.

[84] (6) Strukturumbruch ohne Mentalitätenwandel 1996.

[85] (1) Bodenreform zur Kollektivierung 1994, (3) Problemdruck und Ressourcenverbrauch 1995; (7) Neubauern in der SBZ 1996; (20) Integration of Expellees 2001; (26) Bodenreform in Sachsen-Anhalt 2005.

Die meisten der 1945 beginnenden Geschichten ziehen sich bis »in die frühen sechziger Jahre«[86], bis 1963[87] oder 1965[88]. Neun Geschichten betreffen auch noch die Zeit, in der es wieder nur ein Deutschland gibt. Fünf enden mit diesem Zeitpunkt[89], insgesamt vier reichen über ihn hinaus und enden erst mit der Geschichtengegenwart, dem jeweiligen Verfasserdatum[90]. Bei den verbleibenden acht Geschichten spielt das Jahr 1945 für den zentralen Erzählzeitraum keine herausragende Rolle. Drei Geschichten beginnen vor 1945, was dazu führt, dass 1945 zweimal genau in der Mitte der Zeiträume liegt[91]. In der letzten vor 1945 beginnenden Geschichte konzentriert sich Bauerkämper unter Auslassung von 1945 auf die Jahre 1929–1933 und 1949–1953[92]. Die verbleibenden fünf Geschichten stellen die Zeit nach 1945 in ihren Fokus. Behandelte Erzählzeiträume sind hier 1947 bis 1952[93], 1948 bis 1949[94], 1952 bis 1990[95], die fünfziger Jahre[96] und 1989 bis 1999[97].

Soweit die grobe Einteilung des historiographischen Fleißes von Arnd Bauerkämper. Seine Texte eignen sich nicht in gleicher Art und Weise für eine intensive Beschäftigung. Der die Reform betreffende Anteil in den siebenunddreißig[98] Geschichten variiert. Manchmal verdrängen die anderen Begebenheiten die (hier allein interessierende) Reform soweit, dass die Geschichten ihren Charakter als Bodengeschichte (fast) verlieren. Für den Umfang des Bodenreforminhalts sind die Themengebiete dabei ebenso

[86] (5) Führungsgruppen auf dem Lande 1995; (9) Elitenwechsel in der SBZ 1997; (10) Amerikanisierung und Sowjetisierung 1996; (18) Flüchtlinge im Osten Brandenburgs 1998; (13) Landarbeiter in der SBZ 1998; (14) Bodenreform und Flüchtlingssiedlung 1999; (17) Loyale Kader 1999; (15) Bodenreform und Kollektivierung in Brandenburg 1999; (28) Vertriebene in SBZ/DDR 2008.

[87] (21) Ländliche Gesellschaft 2002.

[88] (12) Ländliche Gesellschaft in BRD und DDR 1997.

[89] (16) Bodeneigentum in Ost- und Westdeutschland 1999; (22) Traditionalität in der Moderne 2003; (23) Sozialgeschichte der DDR 2003; (25) Bodenreform und Kollektivierung 2003; (27) Strukturwandel und Alltagsleben 2007.

[90] (5a) Vergleichende Perspektive; (8) Interpretationen 1996; (19) SED und die Bauern 1999; (24) Junker Rojos 2004.

[91] Bodenreform in Mecklenburg 1994; Agrarpolitik in SBZ und DDR 2005.

[92] Verdrängung der »Großbauern« 2001.

[93] Neubauernprogramm in Brandenburg 1994.

[94] Die Politik der SED 2000.

[95] DDR-Kollektivierung und BRD-Strukturwandel 2004.

[96] Abweichendes Verhalten 1998.

[97] Kampf um den Booden 1999.

[98] Zur Erinnerung: von den insgesamt 39 Geschichten werden nur 37 Bestandteil der weiteren Betrachtung, weil eine Geschichte lediglich eine französische Übersetzung (de la réforme foncière à la collectivisation), die andere die Kurzusammenfassung aus dem Potsdamer Bulletin ist.

wenig ein verlässlicher Indikator wie Raum oder Zeit. Jedoch drängt sich unabhängig vom Umfang des Bodenanteils schnell der Eindruck auf, dass die Inhalte der Geschichten auseinander gehen. Wenden wir uns also in aller gebotenen Ausführlichkeit diesen Inhalten zu.

10. Bauerkämpers Bodenvarietäten: Russen, Deutsche und Entscheidungsgewalt

Ich beschränke mich auf fünfunddreißig Geschichten. Die schon referierten »Interpretationen« und die »Vergleichende Perspektive« aus dem Jahr 1996 werden, weil Bauerkämper in ihnen keine hauptsächlich eigene Geschichte erzählt, nicht Bestandteil der folgenden Betrachtung.

Wenn wir uns nun den Bauerkämpertexten nähern, um möglicherweise über die Darstellung eines wissenschaftsmethodisch versierten Historikers etwas über die Geschichte der Bodenreform zu erfahren, scheint der Autor insbesondere über die Reformdurchführenden Verschiedenes zu erzählen. In fast allen Geschichten steht lediglich fest, dass jedenfalls nicht die Bevölkerung verantwortlich ist – wobei immerhin zwei Geschichten auch eine »Mobilisierung von unten« nacherzählen[1].

Die Verschiedenheit in der Darstellung lässt sich dabei nicht mit den unterschiedlichen Textgattungen erklären, die Bauerkämper für die jeweilig interessierende Geschichte gewählt hat. Obwohl nicht jede Geschichte in gleicher Intensität von der Bodenreform erzählt, findet die Frage des (oder der) politisch (Haupt)Verantwortlichen Einzug in alle fünfunddreißig Bodenreformgeschichten. Doch unterscheidet sich die Ausführlichkeit, mit der der milieugeschichtliche Bauerkämper diesen politikgeschichtlichen Aspekt behandelt. Um die einzelnen Varianten miteinander zu vergleichen, bilde ich deswegen drei »Geschichtengruppen«.

Die größte Gruppe setzt sich aus sechsundzwanzig Geschichten zusammen. Trotz variierender Erzählanliegen stellt Bauerkämper in jeder von ihnen dem *eigentlichen* Thema einen (politischen) Überblick zu Vorbereitung und Durchführung der Bodenreform voran[2]. Die gemeinsame Be-

[1] »Problemdruck und Ressourcenverbrauch 1995, S. 299 (»Mobilisierung ›von unten‹«); Bodenreform Mark Brandenburg 1995, S. 276: »Die Bodenreform wurde in der SBZ sowohl durch Druck ›von oben‹ als auch durch eine Mobilisierung ›von untern‹ durchgesetzt«.

[2] (1): Bodenreform zur Kollektivierung 1994, **II. Die Neubauern**, S. 121-122; (2) Verlorener Antifaschismus 1994, **Die Konzepte der KPD für die Bodenreform und ihre Vorbereitung**, S. 626-627; (3) Neubauernprogramm in Brandenburg 1994, **1. Die Durchführung der Bodenreform in Brandenburg**, S. 184-185; (4) Bodenreform in Mecklenburg 1994, **3. Die Bodenreform und die wirtschaftliche Instabilität der Neubauernbetriebe**, besonders S. 369-370; (5) Bodenreform Mark Brandenburg 1995, **Die Vorbereitung und Durchführung der Bodenreform**, S. 271-272; (6) Führungsgruppen auf dem Lande 1995, **Die Gemeindebodenkommissionen**

trachtung der sechsundzwanzig Geschichten begründet sich damit allein aus diesem – jedenfalls im einleitenden Politikabschnitt ähnlichen – Erzählfokus. Aufgrund ihrer (zufälligen) Ordnungszahl nenne ich diese Geschichtengruppe im Folgenden »das Bodengeschichtenalphabet«. Einen anderen Grund für diese Bezeichnung gibt es nicht.

Kommen wir zur nächsten Gruppe. Vier der fünfunddreißig erzählen zwar auch Bodengeschichten, lassen sich aber nicht so eindeutig in politikgeschichtliche Abschnitte einteilen, wie die Angehörigen des Alphabets. Ihre Erzählausschnitte, die die Bodenreform im Hinblick auf politische Verantwortlichkeit betreffen, werde ich deswegen im Anschluss an die sechsundzwanzig als ein Bodengeschichtenquartett nacherzählen.

---

und die Konstituierung der Neubauern, besonders S. 81-82; (7) Problemdruck und Ressourcenverbrauch 1995, **II Die Durchführung der Bodenreform**, besonders S. 298-300; (8) Neubauern in der SBZ 1996, **II. Die kommunistische Agrarpolitik und die Vorbereitung der Bodenreform**, S. 112-113; (9) Strukturumbruch ohne Mentalitätenwandel 1996, **II. Die Bodenreform und die strukturelle Transformation der ländlichen Gesellschaft in Brandenburg**, S. 73-74; (10) Amerikanisierung und Sowjetisierung 1996, **2. Die Agrarstruktur und -produktion in der SBZ/DDR 1945 bis 1960: Eingriffe der Besatzungsmacht und sowjetische Einflüsse**, S. 198-200; (11) Elitenwechsel in der SBZ 1997, **2. Führungsgruppen auf dem Lande. Traditionsmilieu und die Politik gesellschaftlicher Konstruktion von 1945 bis zu den sechziger Jahren**, S. 280-282; (12) Landarbeiter in der SBZ 1998, **1. Schwierige Klientelbildung. Landarbeiter in der SBZ/DDR in den spätern 40er und frühen 50er Jahren**, S. 249-251; (13) Flüchtlinge im Osten Brandenburgs 1998, **Die Bodenreform**, S. 118-121; (14) Bodeneigentum in Ost- und Westdeutschland 1999, **3. Die Beseitigung der bürgerlichen Eigentumsordnung. Bodenrecht und Transformation der Landwirtschaft in der SBZ/DDR**, S. 122-123; (15) Bodenreform und Flüchtlingssiedlung 1999, **2. Die deklamierte Integration: der Stellenwert der Bodenreform für die Eingliederung der *›Umsiedler‹* in die Agrarwirtschaft und in die ländliche Gesellschaft**, S. 198-199; (16) SED und die Bauern 1999, **2. Die Bodenreform und ihre Auswirkungen (1945–1952), 2.1. Agrarpolitik**, S. 14-16; (17) Loyale Kader 1999, **II Im Zugriff der Machthaber. Der Strukturwandel der Agrarwirtschaft und der Ländlichen Gesellschaft von 1945 bis zu den frühen 1960er Jahren**, S. 272-274; (18) Bodenreform und Kollektivierung in Brandenburg 1999, **II. Neue Probleme nach der Bodenreform und der Weg zur Kollektivierung (1945-1952)**, besonders S. 560-562; (19) Die Politik der SED 2000, **2. Landwirtschaft und ländliche Gesellschaft in der Sowjetischen Besatzungszone 1945-1948**, S. 247-248; (20) Integration of Expellees 2001, **Refugees and the Land-Reform Plan**, besonders S. 287-288; (21) Ländliche Gesellschaft 2002, **2. Sowjetische Hegemonie und die Herrschaftspolitik der SED. Die Durchsetzung der Bodenreform 1945**, S. 71-81; (22) Traditionalität in der Moderne 2003, **II. Politische, soziale und ökonomische Rahmenbedingungen**, S. 14-15; (23) Bodenreform und Kollektivierung 2003, **3. Forschungsstand**, S. 20; (24) Junker Rojos 2004, **1. Los Antecedentes. Reforma Agraria y Colectivización en la zona de ocupatión soviética y en la República Democrática alemana**, S. 104-106; (25) Bodenreform in Sachsen-Anhalt 2005, **1. Die politische Durchsetzung der Bodenreform**, S. 3-11; (26) Strukturwandel und Alltagsleben 2007, **Bodenreform**' S. 201-203.

Damit bleiben noch fünf von den in Frage kommenden fünfunddreißig Geschichten. Je zwei von ihnen handeln von den Flüchtlingen[3] und dem Vergleich beider Deutschländer[4]; die fünfte erzählt von Gesellschaft und Kollektivierung[5]. Während andere Flüchtlingsgeschichten[6], Deutschlandvergleiche[7] oder Kollektivierungsinhalte[8] durchaus ausführlich von politischer Verantwortlichkeit berichten, verdrängt in diesen fünf das Haupterzählanliegen weitgehend die Bodenreform. Sie verfügen nur noch über wenig selbstständige, für die restlichen Varietäten wichtige, Bodengeschichtenanteile. Weil sie dennoch kurze, sich von Geschichte zu Geschichte unterscheidende, Aussagen zur (politischen) Hauptverantwortlichkeit für die Reform enthalten, will ich sie aus Gründen der Vollständigkeit in diese Historiographie-Übersicht mit einbeziehen. Sie werden dem Alphabet und Quartett vorangestellt.

Fünf einleitende Kurzgeschichten

Als Bauerkämper 1998 das grundsätzliche »Verhalten einzelner Menschen und gesellschaftlicher Gruppen in Diktaturen« untersuchen will, nimmt er zur Verhaltensverdeutlichung die Kollektivierung der Landwirtschaft in der DDR in den fünfziger Jahren als diktatorisches Beispiel. Hier führt das Kollektivierungsbeispiel dazu, dass von der Bodenreform nur in einem einleitenden Satz zur Kollektivierungspolitik erzählt wird. Nach diesem Satz wurde »die Bodenreform (…) im Herbst 1945 in der Sowjetischen Besatzungszone Deutschlands (SBZ) von der UdSSR herbeigeführt und auch von der KPD durchgesetzt«[9].

Vollständig gleichwertig verantwortlich für die Bodenreformdurchführung sind SMAD und KPD in Bauerkämpers BRD-DDR Vergleich aus 2004[10]. Der Vergleich konzentriert sich auf die Kollektivierung, weswegen die Bodengeschichtsanteile für das Alphabet nicht erwähnenswert sind. Bauerkämper spricht einleitend, um den Prozess der Kollektivie-

[3] Flüchtlinge in Brandenburg 1997; Vertriebene in SBZ/DDR 2008.

[4] Ländliche Gesellschaft in BRD und DDR 1997; DDR-Kollektivierung und BRD-Strukturwandel 2004.

[5] Abweichendes Verhalten 1998.

[6] Flüchtlinge im Osten Brandenburgs 1998; Bodenreform und Flüchtlingssiedlung 1999; Integration of Expellees 2001.

[7] Amerikanisierung und Sowjetisierung 1996; Bodeneigentum in Ost- und Westdeutschland 1999 und (erneut) Bodenreform und Flüchtlingssiedlung 1999.

[8] Bodenreform zur Kollektivierung 1994; Bodenreform und Kollektivierung 1999; Bodenreform und Kollektivierung 2003.

[9] Abweichendes Verhalten 1998, S 296.

[10] DDR-Kollektivierung und BRD-Strukturwandel 2004.

rung verstehen zu können, von einer »1945 von der SMAD und von der KPD-Führung durchgesetzten Bodenreform«[11]. Darüber hinaus enthält die Geschichte nur Bodenreformerzählungen, die die Brutalität bei der Enteignung betonen, ohne die für die Enteignung Verantwortlichen erneut zu nennen[12].

In der Geschichte, die Ländliche Gesellschaft und Agrarwirtschaft in beiden Deutschländern miteinander vergleichen will und den Vergleich derart in den Vordergrund stellt, dass der Bodengeschichtencharakter nebensächlich wird, treten die Russen wieder in den Hintergrund. Hier ordnet das »Zentralkomitee (ZK) der SED (sic) Ende August 1945 die Durchführung der Bodenreform an«[13]. Dass die SED schon zu diesem Zeitpunkt Anordnungen treffen kann sei dahingestellt. Russische Akteure gibt es im Zusammenhang mit der Bodenreform in dieser Geschichte nur als Sowjetische Militäradministration, die gemeinsam mit der »staatlichen Verwaltung« »Hilfsmaßnahmen« durchführt, die die Ausstattung der Flüchtlingsneubauern verbessern sollen[14]. Daneben erscheint die Bodenreform als »überstürzt durchgesetzt«[15] (ohne den Überstürzenden erneut zu nennen); sowie bei der Beschreibung ihrer Ergebnisse in der Veränderung der Besitzstruktur. In einem weiteren Nebensatz erzählt Bauerkämper von Bodenreformverordnungen, ohne Erlassenden oder Erlassdatum zu nennen[16]. Dabei ist die Sowjetunion in derselben Geschichte durchaus bekannt. So betont Bauerkämper einige Zeilen später, dass »die Kollektivierung von der SED-Führung oktroyiert (wurde), die nicht nur sowjetischen Anweisungen folgte, sondern auch auf den Problemstau reagierte, der sich aus der Bodenreform ergeben hatte«[17].

Eine weitere Bauerkämpergeschichte aus demselben Jahr ist in Bezug auf Erzählungen zur Bodenreform dem Deutschlandvergleich äußerst ähnlich[18]. Dabei hat sie ein anderes Hauptthema, beschränkt sich räumlich (auf Brandenburg), zeitlich (auf 1945–1948) und inhaltlich (auf die Flüchtlinge). Obwohl auch »die Bodenreform« der Geschichte ihren Namen gibt[19], sind ihre Bodenanteile so gering, dass sie sich nicht für den umfas-

11 Ebd., S. 46.
12 Ebd., S. 54/55.
13 Ländliche Gesellschaft in BRD und DDR 1997, S. 28.
14 Ebd.
15 Ebd., S. 29.
16 Ebd., S. 28: »Auch wenn diese Restriktionen [über die Verkehrsfähigkeit der Bodenreformparzellen, JK], die in den Bodenreformverordnungen festgelegt waren, vielfach umgangen wurden«.
17 Ebd., S. 35.
18 Flüchtlinge in Brandenburg 1997.
19 Der Untertitel heißt »Bodenreform und ländliche Gesellschaft in Brandenburg 1945-1948«.

senderen Varietätenvergleich von Alphabet[20] oder Quartett eignet. Bauerkämper beginnt den Abschnitt über »Die Transformation der Agrarwirtschaft: Flüchtlinge als Neubauern in prekärer Lage« damit, dass »das Sekretariat des Zentralkomitees der KPD« »am 23. August 1945« »eine Anweisung an die Bezirks- und Kreisleitungen der Partei zur Bodenreform (erließ)«[21]. Auf diesen einleitenden Satz folgt eine Beschreibung der Reformauswirkung auf die Verteilung des Landes. Die Besatzungsmacht erscheint an keiner Stelle als die Bodenreform initiierende Kraft, sondern nur im Zusammenhang mit (gemeinsam mit Verwaltungsbehörden und KPD/SED) geforderter Integration der Flüchtlingsneubauern in die Gesellschaft[22]. Bauerkämper schließt diesen Aufsatz mit der Aussage ab, dass nicht die Bodenreform, sondern eher die spätere Kollektivierung die »Unterschiede zwischen den einheimischen Landwirten und den zugewanderten Neubauern sukzessive beseitigte«[23].
Bauerkämpers jüngste Flüchtlingsgeschichte von »Assimilationspolitik und Integrationsdynamik« lässt schließlich keine Verantwortungsrückschlüsse zu. Das zentrale Thema des Aufsatzes, die (hier so genannten) Vertriebenen, führt dazu, dass die Bodenreform nur als »Symbol der angestrebten ›Sesshaftmachung‹«[24] auftaucht, die (wie schon 1997 erzählt) für die Eingliederung der Vertriebenen weniger wichtig war als die auf sie folgende Kollektivierung[25]. Diese Bodengeschichte ist so kurz, das gar kein Handelnder mehr benannt wird.

In den Kurzgeschichten erzählt Bauerkämper also zweimal 1997 von hauptverantwortlicher KPD, 1998 von hauptverantwortlichen Russen und 2004 von gleichberechtigter, russisch-deutscher Verantwortung. 2008 ist diese Frage nicht nacherzählt. Aus den fünf Geschichten Rückschlüsse auf lineare Erzählveränderung oder Wahrheitsannäherung zu schließen, ist angesichts des von Bauerkämper so gering gewählten Bodengeschichtenumfangs schwierig. Das ist bei den verbleibenden dreißig Geschichten anders. Das Alphabet lässt sich hinsichtlich zweier Aspekte erneut in Geschichtengruppen einteilen. Die verbleibenden vier Geschichten werde ich nach den sechsundzwanzig als Einzelgeschichtenvarietäten nacherzählen.

[20] Das Alphabet wäre dann selbstverständlich kein Alphabet mehr.

[21] Flüchtlinge in Brandenburg 1997, S. 288.

[22] Ebd., S. 291, einmal alleine in Gestalt der SMA Brandenburg, die die Integrationsarbeit der Landesregierung kritisiert und auf derselben Seite gemeinsam mit Verwaltungsbehörden und KPD/SED.

[23] Ebd., S. 292/293.

[24] Vertriebene in SBZ/DDR 2008, S. 32.

[25] Ebd., S. 33.

Das Bodengeschichtenalphabet

In fast[26] allen sechsundzwanzig Geschichten hat sich die KPD jedenfalls schon vor dem 8. Mai 1945 mit »Konzepten (...) für die Bodenreform und ihrer Vorbereitung«[27] beschäftigt. Diese Vorbereitungen beginnen »nach dem Ende des Ersten Weltkriegs«[28], oder in den zwanziger Jahren[29], manchmal werden sie erst im Moskauer Exil[30], Ende 1944[31] oder Anfang 1945[32] nacherzählt. Die Bedeutung der vorbereitenden KPD-Arbeiten ergibt sich aus dem jeweiligen Erzählkontext, wobei insbesondere ihre Autonomie gegenüber der russischen Besatzungsmacht variiert. Um die Unterschiede dieser kurzen »Politikgeschichten« aufzuzeigen, konzentriere ich mich auf zwei Erzählausschnitte: auf den Gründungsaufruf der KPD vom 11. Juni 1945 (1), und auf die mit einer Augustdirektive[33] eng verbundenen Bodenreformverordnungen (2). Die Geschichten des Alphabets erzählen Verschiedenes über das Zustandekommen von (1) und (2). Für beide Aspekte lassen sie sich grob in drei Untergruppen einteilen: Den 11.-Juni-Aufruf betreffend erzählen je zehn, zwölf und vier Geschichten (relativ) Ähnliches; für die Bodenreformverordnungen fügen sich elf, acht und sieben Geschichten zu einer groben Erzähleinheit zusammen. Grob ist die Erzähleinheit, weil sich die zehn, zwölf und vier aus (1) und die elf, acht und sieben Geschichten aus (2) gruppen*intern* erneut unterscheiden. Die hier getroffene Einteilung ist nicht zwingend. Durch andere Fragestellung und Fokussierung wäre auch eine andere Einteilung möglich.

[26] In folgenden Geschichten erzählt Bauerkämper nicht von vorbereitenden Aktionen der KPD: (1) Bodenreform zur Kollektivierung 1994; (2) Amerikanisierung und Sowjetisierung 1996; (3) Bodenreform und Kollektivierung in Brandenburg 1999; (4) Bodenreform und Kollektivierung 2003.

[27] Verlorener Antifaschismus 1994, S. 624.

[28] Flüchtlinge im Osten Brandenburgs 1998, S. 118; Landarbeiter in der SBZ 1998, S. 248/249; Ländliche Gesellschaft 2002, S. 57; Junker Rojos 2004, S. 105; Bodenreform in Sachsen-Anhalt 2005, S. 3; Strukturwandel und Alltagsleben 2007, S. 201.

[29] Verlorener Antifaschismus 1994, S. 624; Bodenreform in Mecklenburg 1994, S. 362; Bodenreform Mark Brandenburg 1995, S. 270; Neubauern in der SBZ 1996, S. 111; Elitenwechsel in der SBZ 1997, S. 280; Bodeneigentum in Ost- und Westdeutschland 1999, S. 122; Bodenreform und Flüchtlingssiedlung 1999, S. 198; SED und die Bauern 1999, S. 15; Loyale Kader 1999, S. 271.

[30] Politik der SED 2000, S. 247; Traditionalität in der Moderne 2003, S. 14.

[31] Neubauernprogramm in Brandenburg 1994, S. 184; Führungsgruppen auf dem Lande 1995, S. 81; Strukturumbruch ohne Mentalitätenwandel 1996, S. 73; Integration of Expellees 2001, S. 287.

[32] Problemdruck und Ressourcenverbrauch 1995, S. 298.

[33] Die ich z.B. auch »Dekret«, »Beschluss« oder »Anweisung« nennen könnte. »Direktive« fungiert als vereinfachender Begriff für die folgende Darstellung.

Der Aufruf vom 11. Juni 1945

Für die erste Vielfaltverdeutlichung eignet sich ein Dokument, das in den meisten Bauerkämpergeschichten Erwähnung findet und häufig von zentraler Bedeutung für den Auftakt der Bodenreform ist – der Gründungsaufruf der KPD vom 11. Juni 1945[34]. Hierin ist unter anderem die Liquidierung des Großgrundbesitzes als politisches Ziel vorgesehen. *Warum* diese Forderung Einzug in den Aufruf erhalten hat, richtet sich nach der jeweiligen Geschichte und lässt Rückschlüsse auf das deutsch-russische Verhältnis zu.

Selbständiger Gründungsaufruf der KPD (Zehn Junigeschichten[35])

Zehn Junigeschichten hat Bauerkämper zwischen 1994 und 2003 geschrieben. In jeder von ihnen geht der die Bodenreform betreffende Inhalt des 11.-Juni-Aufrufs auf selbstständige KPD-Initiative zurück. Bei der 1994er »Bodenreform zur Kollektivierung« erscheint der Aufruf der KPD vom 11. Juni 1945 schlicht als ihre erste, ureigene Forderung nach der Bodenreform[36]. Die im selben Jahr fertig gestellte, in Mecklenburg spielende Geschichte erzählt ebenfalls von einer »Bodenreform, die in dem Aufruf der KPD vom 11. Juni angekündigt worden war«[37], ohne andere Initiatoren für den Inhalt des Aufrufs zu nennen. Im Brandenburger Neubauernprogramm schließt besagter Aufruf an die seit den 1920er Jahren vertretenen Forderungen der KPD nach einer Entmachtung der Großgrundbesitzer an[38]. Eine ebenfalls weitgehend selbstständige KPD gibt es in Bauerkämpers fünf Jahre jüngerer Erzählung von »neue(n) Eliten und SED-Gesellschaftspolitik«. Hier tritt die deutsche Kommunistische Partei »in ihrem Aufruf am 11. Juni 1945 nochmals nachdrücklich für die ›Liquidierung des Großgrundbesitzes (…)‹ ein«[39]. Auch 2003 berichtet Bauerkämper ohne Russenbezug, dass »die KPD-Führung, die in ihrem Moskauer Exil eine umfassende Bodenreform vorbereitet hatte, (…) schon in ihrem Aufruf vom 11. Juni 1945 die ›Liquidierung des Großgrundbesitzes,

[34] Geschichten ohne den 11. Juni 1945: (1) Elitenwechsel in der SBZ 1997; (2) Amerikanisierung und Sowjetisierung 1996; (3) Bodeneigentum in Ost- und Westdeutschland 1999; (4) Strukturwandel und Alltagsleben 2007.

[35] Kurzbezeichnung, bedingt durch die Anzahl der Geschichten mit diesem Inhalt. Vgl. Unten: Anhang – Legende – Kurzbezeichnung für die Gruppenzugehörigkeit im Alphabet, S. 254.

[36] Bodenreform zur Kollektivierung 1994, S. 121.

[37] Bodenreform in Mecklenburg 1994, S. 369.

[38] Neubauernprogramm in Brandenburg 1994, S. 184.

[39] Loyale Kader 1999, S. 273.

der großen Güter der Junker Grafen und Fürsten‹ an(kündigte)«[40]. Die Umverteilung des Landes erscheint als lang ersehnter Wunsch der deutschen Kommunistischen Partei, den sie sich nach Ende des Krieges schnellstmöglich erfüllen will.

Russen treten in jeder dieser Geschichten in Gestalt der SMAD auf. Sie »protegieren« die KPD[41], die mit »Unterstützung« der SMAD die Bodenreform durchsetzt[42] oder die beim Erzwingen der Bodenreform »von der Sowjetischen Militäradministration in Deutschland (SMAD) massiv unterstützt« wird«[43]. Bei den »Loyalen Kadern« kann sich die KPD jedenfalls bei anderweitigen Maßnahmen der »massive(n) Unterstützung sowjetischer Offiziere« sicher sein[44]. Im »Neubauernprogramm in Brandenburg« üben KPD und SMAD fast drei Monate nach dem 11. Juni gemeinsam Druck auf die anderen politischen Parteien der SBZ aus[45].

1999, in Bauerkämpers Geschichte über die Landarbeiter, treten die Russen nicht einmal protegierend auf. Die KPD will hier in dem 11.-Juni-Aufruf selbstständig an Agitationen anknüpfen, mit denen sie bereits in den 1920er Jahren versucht hatte, die Landarbeiter als Klientel zu gewinnen[46]. Russen gibt es im Zusammenhang mit der Durchsetzung der Bodenreform nur in Gestalt von Offizieren, die im Anschluss an die Bodenreform zwecks Durchsetzung der Aufteilung der Gutsbetriebe gemeinsam mit Funktionären der KPD massive Strafen androhen[47].

In Bauerkämpers »Führungsgruppen auf dem Lande«, schließt sich der Aufruf wie in den zuvor zitierten Geschichten allein an die Moskauer Exilplanungen der deutschen Partei an[48]. Allerdings erzählt Bauerkämper nach der Aufrufveröffentlichung, dass »führende KPD-Politiker (…) ebenso wie der stellvertretende Politische Berater des Chefs der Sowjetischen Militäradministration Deutschland (SMAD), Semjonow, und der Leiter der Abteilung Land- und Forstwirtschaft der SMAD, Tschujenkow, auf eine unverzügliche Durchführung der Bodenreform (drängten)«[49].

[40] Traditionalität in der Moderne 2003, S. 14.

[41] Bodenreform zur Kollektivierung 1994, S. 121; Traditionalität in der Moderne 2003, S. 14.

[42] Bodenreform zur Kollektivierung 1994, S. 122.

[43] Bodenreform in Mecklenburg 1994, S. 369.

[44] Loyale Kader 1999, S. 274, die massive Unterstützung bezieht sich auf den einen durchgesetzten Beschluss des Blocks der antifaschistisch-demokratischen Parteien vom 1. September 1945.

[45] Neubauernprogramm in Brandenburg 1994, S. 185.

[46] Landarbeiter in der SBZ 1998, auf S. 249 für die KPD-Agitation seit den 20er Jahren, auf S. 250 für den Aufruf vom 11. Juni der KPD.

[47] Landarbeiter in der SBZ 1998, S. 251.

[48] Führungsgruppen auf dem Lande 1995, S. 81.

[49] Ebd.

Die Russische Rolle verändert sich damit ein wenig im Vergleich zu den zuvor genannten sechs Geschichten, weil auch Teile der KPD zur Bodenreformdurchführung gedrängt werden. Die Mehrheit der KPD drängt jedoch mit den Russen gemeinsam. Noch ausgeprägter wird die Rolle der Russen in drei weiteren Geschichten aus 1999, 1996 und 1995. In den beiden älteren Erzählungen erwähnt Bauerkämper den selbstständig von der KPD initiierten 11.-Juni-Aufruf, um zu zeigen, dass *zu diesem Zeitpunkt* die Enteignung der Großgrundbesitzer und die Verteilung ihres Landbesitzes »lediglich allgemein« vorgesehen war[50]. Konkret wird das Bodenreformvorhaben erst durch russische Einflussnahme. 1995, weil Stalin persönlich »in einer Besprechung mit der KPD-Führung und Offizieren der SMAD die Enteignungsgrenze von 100ha festlegt«[51], 1996 weil die Enteignungsgrenze nach dem 11. Juni »offenbar nach einer Abstimmung mit Stalin (…) auf einhundert Hektar festgelegt«[52] wurde. Der ältere Stalin ist damit zwar autoritärer und eindeutiger als der jüngere, doch beide Geschichten erzählen von demselben russischen inhaltlichen Reformeinfluss, der indes nichts mit dem nach wie vor selbstständig ausformulierten 11.-Juni-Aufruf der KPD zu tun hat.

Bei »Bodenreform und Flüchtlingssiedlung«, der letzten aus den zehn Junigeschichten, wird der Russeneinfluss wieder abstrakter. Zunächst entschließt sich die KPD in dieser 1999er Geschichte erst zu der öffentlichen Landverteilungsforderung, als das Ausmaß des Flüchtlingszustroms nach Kriegsende deutlich wird[53]. Der 11.-Juni-Aufruf erscheint so wie ein KPD-Spontanentschluss im Angesicht der heimatlos gewordenen Bauern. Die russische Einflussnahme erfolgt in dieser Geschichte wie in der »Bodenreform Mark Brandenburg« und den »Neubauern in der SBZ« durch Stalin persönlich. Allerdings führt er hier (im Anschluss an die Erzählung vom eigenständigen 11.-Juni-Aufruf) ein Gespräch mit Ulbricht, Ackermann und Sobottka am 4. Juni 1945 in Moskau. Der Inhalt des Gespräches ähnelt dagegen mehr dem aus den »Führungsgruppen auf dem Lande« bekannten gemeinsamen Drängen Piecks, Semjonows und Tschujenkows. Hier »fordert« Stalin allein »einen unverzüglichen Beginn der Landumverteilung«[54]. Dieses Gespräch bleibt zwar nicht ohne grundsätzlichen Einfluss auf die Bodenreform[55], für den Inhalt des 11.-Juni-Aufrufs spielt es jedoch keine von Bauerkämper nacherzählte Rolle.

[50] Bodenreform Mark Brandenburg 1995, S. 271 »nur« allgemein; Neubauern in der SBZ 1996, S. 112 »lediglich allgemein«.

[51] Ebd., S. 272.

[52] Neubauern in der SBZ 1996, S. 113.

[53] Bodenreform und Flüchtlingssiedlung 1999, S. 198.

[54] Bodenreform und Flüchtlingssiedlung 1999, S. 199.

[55] Weswegen es uns im hierauf folgenden Abschnitt wieder begegnen wird.

In diesen KPD-Junigeschichten entschließen sich die Deutschen Kommunisten also aus eigener Initiative zur Bodenreformforderung im 11.-Juni-Aufruf. Sechsmal gibt es keinerlei russische Einflussnahme. Vier- von zehnmal nehmen die Russen unabhängig von alleiniger KPD-Initiative für den 11.-Juni-Aufruf selbstständigen inhaltlichen Einfluss auf die Bodenreform. Persönlich entweder gemeinsam mit (Teilen) der deutschen KPD (1x) oder in Gestalt Stalins (3x); sachlich bald durch die Festlegung der 100ha Enteignungsgrenze (2x) bald durch grundsätzliches Drängen auf eine schnelle Reformdurchführung (2x). In den verbleibenden Geschichten wird uns jedes dieser vier Erzählfragmente (in anderer Bedeutung) wieder begegnen.

Von russischen Mächten in Auftrag gegeben (Zwölf Junigeschichten[56])

In anderen Geschichten (12 an der Zahl), ändert sich die zuvor nacherzählte Initiativestellung der KPD. 1994, 1995, 1996, 1999, 2000 und 2001 erzählt Bauerkämper dabei auch[57] von Stalin und dem 4. Juni 1945. In der ältesten dieser Geschichten, dem »verlorenen Antifaschismus«, wird »am 4. Juni (...) in einer Besprechung der KPD-Führung um ihren Vorsitzenden Wilhelm Pieck mit Stalin, Molotow und Shadnow in Moskau die Entmachtung der Gutsbesitzer als erstes Ziel des antifaschistischen Neuaufbaus festgelegt«. »Daher« fordert die KPD In ihrem programmatischen Aufruf vom 11. Juni 1945 die Enteignung der Großgrundbesitzer[58]. Außerdem kennt Bauerkämper hier das aus den »Führungsgruppen auf dem Lande« bekannte Drängen Piecks, Semjonows und Tschujenkows, und wie in den »Führungsgruppen« bleibt dieses Drängen ohne Einfluss auf den 11.-Juni-Aufruf[59]. Ein Jahr später, in Bauerkämpers Wirtschaftsgeschichte von »Problemdruck und Ressourcenverbrauch«, werden am 4. Juni »die konkretisierten Richtlinien zur Bodenreform in Moskau mit Stalin, Shadnow und Molotow abgestimmt«. An diesen Satz anschließend fordert die KPD »schließlich« in ihrem am 11. Juni 1945 veröffentlichten Aktionsaufruf die ›Liquidierung des Großgrundbesitzes‹«[60].

1996, 1999 und 2001 ist Stalin autoritärer. In Bauerkämpers Sammelband »fordert« er »am 4. Juni 1945 (...) in einer Besprechung mit der KPD-Führung in Moskau, die Bodenreform in der SBZ unverzüglich zu

[56] Kurzbezeichnung, bedingt durch die Anzahl der Geschichten mit diesem Inhalt. Vgl. unten: Anhang – Legende – Kurzbezeichnung für die Gruppenzugehörigkeit im Alphabet, S. 254.

[57] Wie Bodenreform und Flüchtlingssiedlung 1999.

[58] Verlorener Antifaschismus 1994, S. 626.

[59] Ebd., S. 627.

[60] Problemdruck und Ressourcenverbrauch 1995, S. 298.

beginnen.« »Deshalb« verlangt die KPD in ihrem Aufruf vom 11. Juni 1945 die »›Liquidierung des Großgrundbesitzes‹«[61]. Drei Jahre später »drängt« Stalin die Leiter der drei Initiativgruppen der KPD, Ulbricht, Ackermann und Sobottka, unverzüglich eine Bodenreform in der SBZ durchzuführen, und fordert die KPD »demzufolge« in ihrem Aufruf vom 11. Juni 1945 die Liquidierung des Großgrundbesitzes[62]. Die englischsprachige Geschichte aus dem Jahr 2001 erzählt folgendes, ähnlich Autoritäres:

> *»In a meeting in Moscow on 4 June 1945, Stalin forced top KPD functionaries Walter Ulbricht, Gustav Sobottka, and Ackermann to implement land reform in the SBZ immediately. The party leadership used a public appeal on 11 June 1945 to proclaim that land intended for expropriation was going to be distributed ›to peasants ruined and rendered property less by the war‹«.*[63]

Stalins Verhalten wird in dieser Geschichtengruppe dabei nicht etwa linear autoritärer. In der – zwischen den »Flüchtlingen im Osten Brandenburgs« und der »Integration of Expellees« – im Jahr 2000 erschienenen Geschichte über »die Politik der SED« ist der erste Sekretär wieder weniger streng. Hier erfahren die Lesenden, dass »die Bodenreform von KPD-Politikern, darunter besonders dem Agrarexperten Edwin Hoernle, im Moskauer Exil vorbereitet, mit Stalin am 4. Juni 1945 abgesprochen und sieben Tage später in dem Gründungsaufruf der Partei angekündigt« wurde[64].

Umfassend einheitlich sind in allen bisher nacherzählten Geschichten nur die Daten (4./11. Juni) und das grundsätzliche Erscheinen Stalins. Manchmal findet ein Gespräch, ein Treffen oder eine Absprache statt, manchmal ersetzt Stalins Aktion die Namensgebung. Nicht alle Geschichten weisen dem Ereignis einen Ort zu und die weiteren Teilnehmer variieren ebenso wie die Art und Weise der Einflussnahme auf den hier in Frage stehenden Aufruf. Mal erzählt Bauerkämper, dass die Forderung nach einer Bodenreform w e g e n Stalin, also »deshalb«, »demzufolge« oder »daher« aufgenommen wurde, mal werden die Kausalbegriffe durch ein »schließlich« ersetzt oder schließt sich (ohne weiteres Begründungswort) an die Erzählung vom 4. Juni unmittelbar der Satz des 11. Juni Erlasses an. Ich wage für alle hier zunächst nacherzählten sechs Geschichten anzunehmen, dass Stalins Verhalten am 4. Juni 1945 das Einfließen der Bodenreformforderung in den 11. Juni mit bestimmt hat. In ähnlicher

[61] Strukturumbruch ohne Mentalitätenwandel 1996, S. 73.
[62] Flüchtlinge im Osten Brandenburgs 1998, S. 119.
[63] Integration of Expellees 2001, S. 287.
[64] Die Politik der SED 2000, S. 247/248.

Art und Weise erzählen auch die verbleibenden Geschichten von dieser Einflussnahme. Sie unterscheiden sich aber durch den Zeitpunkt von den bisher genannten. In zwei Geschichten wird das Datum lediglich vager: 1999, bei der »SED und den Bauern«, drängt Stalin ohne Ortsangabe die KPD »Anfang Juni«, die Bodenreform »unverzüglich in Angriff zu nehmen«[65], bei der »Bodenreform und Kollektivierung in Brandenburg« aus demselben Jahr ist für dasselbe Drängen nach den Buchstaben Anfang Juli 1945 der maßgebliche Zeitpunkt[66]. In beiden Geschichten ist die Aufnahme der Bodenreformforderung in den 11.-Juni-Aufruf mit dem vorangegangenen Stalinverhalten durch Verbindungsworte kausal verknüpft[67].

Kommen wir zu den vier verbleibenden Geschichten. Hier nennt Bauerkämper wieder ein anderes konkretes Datum. Nicht der 4., sondern der 7./8. Juni 1945 wird der Tag Stalinscher Einflussnahme[68]. Jede dieser Geschichten spielt in Moskau, während sich Art und Weise, Kausalverknüpfung und sonstige Teilnehmer in ähnlicher Vielfalt unterscheiden wie bei den anderen Geschichten vom »4.« und von »Anfang« Juni[69].

Datumsunabhängig verbindet jedoch alle Geschichten dieses Abschnitts, dass die KPD (erst) in Folge der jeweiligen Besprechung die Liquidierung des Großgrundbesitzes in ihren Aufruf vom 11. Juni 1945 aufnimmt. Während diese Aufnahme im »verlorenen Antifaschismus«, dem »Problemdruck und Ressourcenverbrauch« und der »Politik der SED« eine einheitliche Entscheidung von deutschen und russischen Kommunisten

[65] SED und die Bauern 1999, S. 15.

[66] Bodenreform und Kollektivierung in Brandenburg 1999, S. 560.

[67] SED und die Bauern 1999, S. 15: »Nachdem Stalin Ulbricht, Sobottka und Ackermann Anfang Juni 1945 gedrängt hatte, die Bodenreform unverzüglich in Angriff zu nehmen, proklamierte die Partei in ihrem Aufruf am 11. Juni die ›Liquidierung des Großgrundbesitzes‹«; Bodenreform und Kollektivierung in Brandenburg 1999, S. 560: »Stalin (drängte) bereits Anfang Juli 1945 die zögernden KPD-Spitzenfunktionäre Ackermann, Ulbricht und Sobottka, in der SBZ unverzüglich eine Bodenreform in Angriff zu nehmen. Daraufhin verlangte die Parteiführung der KPD in ihrem Aufruf vom 11. Juni 1945 die ›Liquidierung des Großgrundbesitzes‹«.

[68] »Nacht vom 7. zum 8. Juni 1945« in Ländliche Gesellschaft 2002, S. 73, Bodenreform und Kollektivierung 2003, S. 20 und Bodenreform in Sachsen-Anhalt 2005, S. 5; »El 7 de junio de 1945« in Junker Rojos 2004, S. 105.

[69] In »Bodenreform und Kollektivierung 2003« schließt der 11.-Juni-Aufruf ohne kausale Verknüpfung unmittelbar an das Treffen mit Stalin an. Außer in der spanischen Geschichte findet am entsprechenden Tag ein »Gespräch« oder eine »Besprechung« statt. Die Teilnehmer: Ländliche Gesellschaft 2002 und Bodenreform in Sachsen Anhalt 2005: Pieck, Ulbricht, Ackermann; Bodenreform zur Kollektivierung 2003: KPD-Führung um den Vorsitzenden Pieck; in Junker Rojos 2004 drängte Stalin Ulbricht, Sobottka und Ackermann.

ist[70], betonen die verbleibenden neun Geschichten den russischen Druck. 1996 »fordert« Stalin den unverzüglichen Beginn der Bodenreform[71], 2002 und 2005 »drängt« er die deutschen Kommunisten insgesamt zur Bodenreform. Dabei wird das Verlangen nach Liquidierung des Großgrundbesitzes meistens ohne Widerworte in den 11.-Juni-Aufruf aufgenommen, doch zweimal regt sich innerhalb der deutschen KPD Widerstand gegen die Stalinsche Forderung. 2005 stehen die deutschen Kommunisten »einem schnellen Eingriff in die landwirtschaftliche Erzeugung in der Vegetationsperiode skeptisch gegenüber«[72]. 2002 verzichten sie in ihrer Berichterstattung gegenüber Stalin sogar auf Angriffe gegen die Junker und reden nicht von radikalen Eingriffen in die bestehenden Besitzverhältnisse[73]. Erst im Angesicht des russischen Drucks lenken sie ein und nehmen die Forderung nach einer Bodenreform in ihr Sofortprogramm auf[74].

Geschichten ohne Juniaufruf (Vier Junigeschichten[75])

Im Bodengeschichtenalphabet erzählt Bauerkämper also sowohl von einem selbstständig durch die KPD veröffentlichten 11.-Juni-Aufruf (10x) als auch von russischer Initiativstellung (12x). Bleiben vier Geschichten, die 1996, 1997, und 2007 entstanden sind. Sie lassen sich nicht in den Initiativkanon der anderen zweiundzwanzig einreihen, weil keine von ihnen den 11.-Juni-Aufruf kennt. Zweimal gibt es dennoch russisch-deutsche Absprachen, zwei andere Male werden auch diese Absprachen nicht nacherzählt.

1996, in »Amerikanisierung und Sowjetisierung«, weiß Bauerkämper, dass Pieck, Ulbricht, Ackermann und Sobottka »im Frühsommer 1945 wiederholt Gespräche mit Offizieren der SMAD sowie der Staats- und

[70] Verlorener Antifaschismus 1996, S. 626: »Am 4. Juni wurde in einer Besprechung (…) die Entmachtung der Gutsbesitzer als erstes Ziel des antifaschistischen Neuaufbaus festgelegt. In ihrem programmatischen Aufruf vom 11. Juni (…) forderte die kommunistische Führung daher die Enteignung der Großgrundbesitzer«.

[71] Strukturumbruch ohne Mentalitätenwandel 1996, S. 73.

[72] Bodenreform in Sachsen-Anhalt 2005, S. 5.

[73] Ländliche Gesellschaft 2002, S. 73.

[74] Vom »Einlenken« jedenfalls in der Ländlichen Gesellschaft 2002, S. 73; 2005 proklamiert die KPD-Führung in ihrem Gründungsaufruf vom 11. Juni 1945 »schließlich« die Liquidierung des Großgrundbesitzes, vgl. Bodenreform in Sachsen-Anhalt 2005, S. 5.

[75] Kurzbezeichnung, bedingt durch die Anzahl der Geschichten mit diesem Inhalt. Vgl. Unten: Anhang – Legende – Kurzbezeichnung für die Gruppenzugehörigkeit im Alphabet, S. 254.

Parteiführung der UdSSR (führten)[76]. Trotz dieser Gespräche gibt es keinen 11.-Juni-Aufruf der KPD. Dafür »legte offenbar Stalin selber fest, dass lediglich Gutsbesitzer, die mehr als einhundert Hektar (ha) Land besaßen, enteignet werden sollten«[77]. Elf Jahre später, in »Strukturwandel und Alltagsleben«, berichtet Bauerkämper von Reform vorbereitenden KPD-Arbeiten aus der Weimarer Republik[78], von Stalins »Druck« und »enger Abstimmung mit den Behörden der SMAD«[79]. Ein Gründungsaufruf vom 11. Juni 1945, der aus dem Druck hervorgehend den Beginn der Bodenreform einleitet, ist auch hier nicht der Erzählung Wert.

In den verbleibenden zwei Geschichten kennt Bauerkämper weder Absprachen noch Gründungsaufrufe, obgleich er in einem eigenständigen Abschnitt (so wie in jeder Geschichte des Alphabets) von Vorbereitung und Durchführung der Bodenreform erzählt. Der 1999er Bericht von »Bodeneigentum in Ost- und Westdeutschland« kommt dabei gänzlich ohne russischen Druck aus. Hier wurde die Bodenreform seit den zwanziger Jahren von der KPD verlangt und von ihren führenden Funktionären während des Zweiten Weltkriegs im Moskauer Exil vorbereitet[80]. Der Aufruf vom 11. Juni 1945 ist nicht der Rede Wert[81]. Ähnliches erzählt Bauerkämper im »Elitenwechsel der SBZ«. Auch hier gibt es keine Stalinsche Druckausübung oder Enteignungsgrenzfestlegung, sondern Vorkriegsplanungen der KPD zur Bodenreform[82]. Außerdem treten die Russen, wie schon aus einigen der selbstständigen Junigeschichten bekannt, in Gestalt der SMAD auf und unterstützen die Bodenreformaktionen der deutschen Kommunisten[83].

Diese letzte, sich aus vier Geschichten zusammensetzende Junigruppe des Bodenalphabets verbindet also der (trotz grundsätzlich einleitendem Politikabschnitt[84]) unbekannte 11.-Juni-Aufruf der KPD. Dabei ist auch

[76] Amerikanisierung und Sowjetisierung 1996, S. 199.

[77] Ebd.

[78] Strukturwandel und Alltagsleben 2007, S. 201.

[79] Ebd., S. 202.

[80] Bodeneigentum in Ost- und Westdeutschland 1999, S. 122.

[81] Weswegen sie nicht zusammen mit der »Bodenreform zur Kollektivierung« dem »Neubauernprogramm in Brandenburg« und der »Traditionalität in der Moderne« vorgesellt wird. Alle vier Geschichten sehen die Bodenreforminitiative ausschließlich bei der KPD.

[82] Elitenwechsel in der SBZ 1997, S. 280/281.

[83] Ebd., z.B. S. 282.

[84] Siehe in diesem Kapitel oben: 10. Bauerkämpers Bodenvarietäten, S. 134, Fn. 2: »In Sechsundzwanzig Geschichten stellt Bauerkämper trotz variierender Erzählanliegen dem eigentlichen Thema einen (politischen) Überblick zu Vorbereitung und Durchführung der Bodenreform voran«.

diese Gruppe in sich verschieden, weil entweder die Russen[85] oder die deutschen Kommunisten[86] die Hauptrolle spielen.

Doch erzählt Bauerkämper in jeder dieser vier Geschichten von einem anderen, für den Auftakt der Bodenreform bedeutenden Dokument, das auch in den *mit* 11.-Juni-Aufruf erzählten Geschichten des Bodenalphabets eine Rolle spielt. Die Rede ist von der KPD-Augustdirektive[87]. Die Direktive(n) stehen für einen Erzählaspekt, dessen Mittelpunkt die Bodenreformverordnungen der Landes- und Provinzialverwaltungen bilden. Sie eignen sich als zweites Beispiel für Bauerkämpers Bodenvielfalt.

Die (KPD)-Augustdirektive und die Bodenreformverordnungen

In (fast) jeder Geschichte des Alphabets[88] erzählt Bauerkämper von Bodenreformverordnungen. Die Landes- und Provinzialverwaltungen sind in keiner Erzählung (selbstständig und unabhängig) für den Inhalt der Verordnungen verantwortlich. Als Urheber kommen entweder die deutschen Kommunisten, die russischen Besatzer oder beide gemeinsam in Betracht.

Dabei erarbeitet die KPD in jeder Geschichte im August 1945 ein (oft und irgendwie) für die später erlassenen Verordnungen relevantes Dokument. Das Zentralkomitee der Partei erstellt zwischen dem 20. und 23. August entweder den Entwurf einer Bodenreformverordnung, eine ›Direktive‹ oder eine ›Anweisung‹[89].

[85] So in Amerikanisierung und Sowjetisierung 1996 und in Strukturwandel und Alltagsleben 2007.

[86] So im Elitenwechsel in der SBZ 1997 und im Bodeneigentum in Ostdeutschland 1999.

[87] Ich fasse aus Darstellbarkeitsgründen alle Augustaktionen unter dem Begriff »Direktive« zusammen. Siehe schon oben 10. Bauerkämpers Bodenvarietäten – Das Bodengeschichtenalphabet, S. 139 Fn. 33.

[88] Lediglich 2003, in der Traditionalität in der Moderne, S. 14, finden sie keine Erwähnung. Hier erlässt lediglich der Block der antifaschistisch-demokratischen Parteien am 3. September 1945 in Mecklenburg einen »Aufruf zur Umverteilung des Gutsbesitzes«, der als einzige Grundlage für die weitere Durchführung der Bodenreform genannt wird.

[89] Nur in der ersten Erzählung, von der Bodenreform zur Kollektivierung 1994, berichtet Bauerkämper auf S. 121 lediglich von **am 12. August beginnenden KPD-Beratungen zu einem Bodenreformentwurf**. In allen anderen Geschichten verwendet er die folgenden Formulierungen und Daten: (2) Verlorener Antifaschismus 1994, S. 627: **am 20. August festgelegt, am 22./23. August verabschiedet**; (3) Neubauernprogramm in Brandenburg 1994, S. 185: **Am 20. August verabschiedet, in erweiterter ZK-Sekretariatssitzung am 22./23. August nochmals diskutiert**; (4) Bodenreform in Mecklenburg 1994, S. 369: **im August 1945 entsprechender Entwurf gebilligt**; (5) Problemdruck und Ressourcenverbrauch 1995, S. 299: **am**

Wie bei den Varietäten zum 11.-Juni-Aufruf lassen sich die Geschichten nach ihrem Inhalt unterteilen, wobei sich die dabei entstehenden Geschichtengruppen von den Junigeschichten unterscheiden.

Von der KPD allein ausgearbeitete Augustdirektive (Elf Augustgeschichten[90])

Diese Geschichten verbindet eine KPD, die die Augustdirektive ohne russische Einflussnahme selbstständig erarbeitet. Zunächst will ich sechs von ihnen nacherzählen, die in den Junigeschichten des Bodenalphabets zur ersten Gruppe gehören, also auch von einem selbstständigen Juniaufruf der deutschen Kommunisten erzählen[91]. Ohne Hinweise auf weitere

22. August 1945 verabschiedet; (6) Bodenreform Mark Brandenburg 1995, S. 272: **am 20. August verabschiedet, am 22./23. August bestätigt**; (7) Führungsgruppen auf dem Lande 1995, S. 81: **in Sitzung vom 22./23. August verabschiedet**; (8) Neubauern in der SBZ 1996, S. 113: **am 22./23. August bestätigt**; (9) Strukturumbruch ohne Mentalitätenwandel 1996, S. 74: **am 23. August verabschiedet**; (10) Elitenwechsel in SBZ/DDR 1996/1997, S. 281: **Ende August angeordnete** Bodenreform; (11) Amerikanisierung und Sowjetisierung 1996, S. 199: **Ende August Direktive beschlossen**; (12) Flüchtlinge im Osten Brandenburgs 1998, S. 119: **ZK erlässt am 22. August eine Direktive**; (13) Bodeneigentum in Ost- und Westdeutschland 1999, S. 122: **Direktive vom 22. August**; (14) Landarbeiter in der SBZ 1998, S. 250: **Direktive vom 22. August**; (15) Bodenreform und Flüchtlingssiedlung 1999, S. 199: **am 23. August erlassene Direktive**; (16) SED und die Bauern 1999, S. 16: **am 22. August erlassene Direktive**; (17) Loyale Kader 1999, S. 273: **am 22. August erlassene Direktive**; (18) Bodenreform und Kollektivierung in Brandenburg 1999, S. 561: **am 22. August Anweisung erlassen, die er später Direktive nennt**; (19) Die Politik der SED 2000, S. 247: **am 22. August beschlossen**; (20) Integration of Expellees 2001, S. 287: **directive of 22 August**; (21) Ländliche Gesellschaft 2002, S. 79: **am 20. August beschlossen, am 22. August bestätigt**; (22) Traditionalität in der Moderne 2003, S. 14: **am 22. August angeordnet**; (23) Junker Rojos 2004, S. 106: **el 22 de agosto, directiva envió**; (24) Bodenreform in Sachsen-Anhalt 2005: **am 20. August angeordnet, zwei Tage später bestätigt**; (25) Bodenreform und Kollektivierung 2003, S. 20: **am 22. August erlassen**; (26) Strukturwandel und Alltagsleben 2007, S. 202: **am 20. August Anweisung, zwei Tage später Direktive bestätigt.**

[90] Kurzbezeichnung, bedingt durch die Anzahl der Geschichten mit diesem Inhalt. Vgl. Unten: Anhang – Legende – Kurzbezeichnung für die Gruppenzugehörigkeit im Alphabet, S. 254.

[91] (1) Bodenreform zur Kollektivierung 1994, S. 121; (2) Neubauernprogramm in Brandenburg 1994, S. 184; (3) Bodenreform in Mecklenburg 1994, S. 369; (4) Führungsgruppen auf dem Lande 1995, S. 81; (5) Landarbeiter in der SBZ 1998, S. 250; (6) Traditionalität in der Moderne 2003, S: 14. Es handelt sich also nicht um dieselben sechs der zehn Geschichten, in denen die Russen grundsätzlich keine mit der KPD besprechende Rolle für den 11.-Juni-Aufruf spielen.

Verfasser erzählt Bauerkämper in jeder von ihnen nur vom »ZK der KPD« das im August die Durchführung der Bodenreform anordnet«[92], »Entwürfe billigt«[93] oder »berät«[94] und einmal ohne Vorarbeit am 22. August über eine Direktive verfügt[95]. Zweimal treten zwar nicht nur das deutsch-kommunistische Zentralkomitee, sondern auch Wilhelm Pieck und Offiziere der SMAD auf, doch ändern diese Zusatzinformationen nichts an dem inhaltlich selbstständigen Beschluss des ZK der KPD[96].
Bis hierhin gleichen sich die Geschichten. Bezüglich des Einflusses der Direktive auf die Bodenreformverordnungen unterscheiden sie sich. 1994, 1995 und 1998 »entsprechen« die kurze Zeit später erlassenen Bodenreformverordnungen der Landes- und Provinzialverwaltungen »weitgehend dem von der KPD vorgelegten Entwurf«[97], »folgen (...) weitgehend der zentralen Direktive des ZK der KPD«[98], »stimmen weitgehend [mit ihr] überein«[99] oder sind »weitgehend mit der Direktive (...) identisch[100]. In der 1994er »Bodenreform in Mecklenburg« erzählt Bauerkämper dagegen direktivenunabhängig, dass die Landesverwaltung Mecklenburg-Vorpommern am 5. September 1945 eine Verordnung zur Bodenreform erlässt[101]. Unmittelbar an die ZK-Direktive knüpft die Verordnung in dieser Geschichte nicht an, ein paar Sätze später spricht Bauerkämper jedoch von einem »vom ZK der KPD durchgesetzten Konzept einer Aufteilung der enteigneten Gutsbetriebe«[102]. 2003 wird die KPD-Direktive schließlich so

[92] Traditionalität in der Moderne 2003, S. 14.

[93] Bodenreform in Mecklenburg 1994, S. 369.

[94] Bodenreform zur Kollektivierung 1994, S. 121.

[95] Landarbeiter in der SBZ 1998, S. 250: »Einer Direktive des KPD-Zentralkomitees vom 22. August 1945«.

[96] Führungsgruppen auf dem Lande 1995, S. 81. Bauerkämper erzählt in diesem Zusammenhang, unabhängig vom durch die KPD verfassten Inhalt der Augustdirektive, dass Pieck, Semjonow und Tschujenkow sich gegen die Meinung von Agrarexperten für eine unverzügliche Durchführung der Reform aussprechen. Bei dem Neubauernprogramm in Brandenburg 1994, S. 184 und 185 erwähnt Bauerkämper ebenfalls ein Gespräch zwischen Pieck und »dem Leiter der Abteilung Land- und Forstwirtschaft der SMAD«, das aber nur belegen soll, dass Ende August das Vorgehen gegen die Gutsbesitzer des Nationalkonservativen Widerstandes noch nicht feststand. Im Anschluss erzählt er von dem am 1. August gefassten Entschluss des ZK der KPD, die Durchführung der Bodenreform auszuarbeiten, die dann in der 20./23. Augustdirektive des ZK der KPD mündet.

[97] Bodenreform zur Kollektivierung 1994, S. 121.

[98] Neubauernprogramm in Brandenburg 1994, S. 185.

[99] Landarbeiter in der SBZ 1998, S. 250.

[100] Führungsgruppen auf dem Lande 1995, S. 82.

[101] Bodenreform in Mecklenburg 1994, S. 370.

[102] Ebd.

bedeutend, dass der Erlass einer Landesverordnung entweder nicht mehr erforderlich, jedenfalls nicht mehr erwähnenswert ist[103].

Es bleiben fünf Varianten mit KPD-eigener Augustdirektive. Sie gehören in den Junigeschichten zu anderen Gruppen. Die 1996er Erzählung vom »Strukturumbruch ohne Mentalitätenwandel« und die fünf Jahre jüngere Geschichte über die »Integration of Expellees« kommen – obwohl in beiden Geschichten die Russen am 4. Juni den Ausschlag für den Inhalt des 11.-Juni-Aufrufs geben – bei der Erzählung über die Augustdirektiven ohne russische Beteiligung an der Ausarbeitung aus[104]. Stalin »fordert« und »forced« zwar, seine Einflussnahme bezieht sich jedoch lediglich auf den Zeitpunkt, auf das »ob« der Reform, nicht auf das »wie«. Er verlangt hier, die Bodenreform unverzüglich durchzuführen. Die KPD kommt der Forderung nach und erarbeitet in ihrer Folge – selbstständig – eine Vorlage für die Reform. In beiden Geschichten stimmt diese Vorlage mit den später erlassenen Bodenreformverordnungen überein[105].

Ähnliches erzählt Bauerkämpers Geschichte aus dem Jahr 2003. Hier »drängt« Stalin zwar nicht am 4., sondern in der Nacht vom 7. zum 8. Juni, inhaltlich wirkt er aber ebenso wenig auf die KPD Arbeiten ein. »Ermuntert durch Stalin«[106], verabschiedet das ZK der KPD im August die Beschlüsse zur Bodenreform, und im Anschluss an sein Moskauer Drängen »verstärken die führenden Parteifunktionäre ihre (...) administrative Vorbereitung der Bodenreform«[107]. Die Bodenreformverordnungen der Länder und Provinzen sind in dieser Geschichte die »konkrete Festlegung« dieser administrativen KPD-Vorbereitungen[108].

In den verbleibenden zwei Geschichten gibt es keinen Juniaufruf. Die ältere, der »Elitenwechsel in der SBZ«, enthält wenig Verständliches von Augustdirektive und Bodenreformverordnungen. Hier ist die Rede von einer »am 23. August 1945 erlassenen Anweisung an die Bezirks- und

[103] Traditionalität in der Moderne 2003, S. 14 : »Nachdem auch das Zentralkomitee (ZK) der KPD am 22. August 1945 die Durchführung der Bodenreform angeordnet hatte, erließ der »Block der antifaschistisch-demokratischen Parteien« in Mecklenburg am 3. September auf Druck der kommunistischen Parteiführung, die von der sowjetischen Besatzungsmacht protegiert wurde, einen Aufruf zur Umverteilung des Gutsbesitzes. Daraufhin wurden Gemeindebodenkommissionen gebildet, die den zu enteignenden Boden (...) beschlagnahmten und an die Landbewerber verteilten.«.

[104] Strukturumbruch ohne Mentalitätenwandel 1996, S. 74; Integration of Expellees 2001, S. 287.

[105] Strukturumbruch ohne Mentalitätenwandel 1996, S. 74: »stimmt (...) überein«; Integration of Expellees 2001, S. 288: »in the same fashion«.

[106] Bodenreform und Kollektivierung 2003, S. 17.

[107] Ebd., S. 20.

[108] Ebd.

Kreisleitungen« der KPD-Führung[109] und an anderer Stelle von der »Bodenreform, die das ZK der KPD Ende August 1945 anordnete«[110]. Bodenreformverordnungen gibt es in dieser Geschichte nur in einem Nebensatz[111], aus dem ich keine Schlüsse auf den Zusammenhang mit der Augustdirektive zu ziehen wage. Doch weil Bauerkämper an keiner Stelle von russischer Einflussnahme erzählt, hat der »Elitenwechsel in der SBZ« einen Platz in *dieser* Augustgruppe des Bodengeschichtenalphabets.

Kommen wir zur letzten Geschichte mit alleiniger KPD-Urheberschaft. Hier wird die Bodenreform mit Verordnungen eingeleitet, die die Länder- und Provinzialverwaltungen in der SBZ vom 2. bis zum 10. September 1945 erlassen, die »aber weitgehend mit einer Direktive des Zentralkomitees (ZK) der KPD vom 22. August 1945 übereinstimmen«[112]. Die Russen in Gestalt der Militäradministration treten 1999 in nachträglich legitimierendem Zusammenhang auf:

Nach der Erklärung der alliierten Siegermächte vom 5. Juni 1945 sollte die oberste Gewalt in Deutschland von den vier Oberbefehlshabern ausgeübt werden. Der Kontrollrat, der eigentlich für alle Deutschland als Ganzes betreffenden Angelegenheiten verantwortlich ist, lehnt im Oktober 1945 einen von den Vereinigten Staaten vorgelegten Gesetzesentwurf ab, der den Grundbesitz durchweg auf 100ha begrenzen sollte[113]. Wegen der Vereinbarung vom 5. Juni 1945 bedürfen die schon im September erlassenen Bodenreformverordnungen aber einer hoheitlichen Bestätigung. Als diese vom Kontrollrat durch die Ablehnung des US-Vorschlages ausbleibt, legalisiert die SMAD eben selbstständig am 22. Oktober 1945 die Bodenreform durch den Befehl Nr. 110[114]. In dieser letzten Geschichte hat die Sowjetische Besatzungsmacht also auch keinen *inhaltlichen* Einfluss auf die Vorbereitung der Bodenreform, tritt aber im Nachhinein als die deutschen Entscheidungen legalisierende Hoheitsgewalt auf.

In diesen KPD-Augustgeschichten arbeiten die deutschen Kommunisten also selbstständig eine Direktive aus, die meist zur Grundlage für die Bodenreformverordnungen wird. Daneben gibt es manchmal keinen (2x), bald einen von den Russen in Auftrag gegebenen (3x) und bald einen gleichermaßen autark erlassenen (6x) 11.-Juni-Aufruf der KPD.

[109] Elitenwechsel in SBZ/DDR 1996/1997, S. 282.

[110] Ebd., S. 281.

[111] Ebd., S. 283: »die Festigung ihrer Betriebe [der Neubauern, JK], die nach den Bodenreformverordnungen der Länder und Provinzen nur fünf bis zehn Hektar umfassen durften«.

[112] Bodeneigentum in Ost- und Westdeutschland 1999, S. 122.

[113] Ebd., S. 123.

[114] Ebd.: »Der Befehl übertrug den Landes- und Provinzialverwaltungen nachträglich das Recht, Gesetze und Verordnungen zu erlassen«.

Deutsch-russische Direktiven Zusammenarbeit (Acht Augustgeschichten[115])

In anderen, 1994–1996, 1999 und 2007 geschriebenen Erzählungen, beeinflussen die Russen auch den Erlass der Augustdirektive. Für den 11.-Juni-Aufruf erzählen die Geschichten mit diesem Inhalt alle drei möglichen Varianten: Dreimal stammt er allein aus der Feder der KPD[116] und wird drei andere Male erst nach russischer Aufforderung erlassen[117]. In zwei Geschichten kommt er gar nicht vor[118].

Die älteste Erzählung dieser Variante ist der »Verlorene Antifaschismus«. Hier legt das ZK der KPD im Anschluss an verschiedene Entwürfe vom 12. und 15. August »nach mehrfacher Rücksprache mit Repräsentanten der SMAD« den Text der Anweisung zur Bodenreform fest[119]. Später werden in allen Ländern und Provinzen »weitgehend identische Verordnungen erlassen«[120], wobei diese Erzählung nicht ausdrücklich betont, dass die Verordnungen der Augustvorlage entsprechen. Bauerkämper erzählt hier also zusätzlich zur 4. Juni »Festlegung[121]« von russischer Beteiligung an den deutschen Arbeiten für einen konkreten Bodenreformentwurf. Dagegen wird 1995 und 2000 die 4.-Juni-Besprechung selbst zur Einflussname auf die Augustdirektive der KPD. In Bauerkämpers Wirtschaftsgeschichte aus dem Jahr 1995 ›fordert‹ Stalin am 4. Juni nicht schlichtweg den Beginn, also das »Ob« einer Bodenreform, sondern werden »die konkretisierten Richtlinien zur Bodenreform« insgesamt abgestimmt[122]. Im Anschluss an dieses Gespräch erarbeitet die KPD (allein) die Direktive[123], in deren Folge »die Provinzial- und Landesverwaltungen vom 5. bis 10. September 1945 entsprechende Gesetze (verabschieden)«[124]. Bei der Beschreibung des Zustandekommens tritt die SMAD noch einmal inter-

115 Kurzbezeichnung, bedingt durch die Anzahl der Geschichten mit diesem Inhalt. Vgl. Unten: Anhang – Legende – Kurzbezeichnung für die Gruppenzugehörigkeit im Alphabet, S. 254.

116 Bodenreform Mark Brandenburg 1995; Neubauern in der SBZ 1996; Loyale Kader 1999.

117 Alle drei aus der Gruppe der ersten sechs: Verlorener Antifaschismus 1994; Problemdruck und Ressourcenverbrauch 1995; Politik der SED 2000.

118 Amerikanisierung und Sowjetisierung 1996; Strukturwandel und Alltagsleben 2007.

119 Verlorener Antifaschismus 1994, S. 627.

120 Ebd., S. 628.

121 Festlegung der »Entmachtung der Großgrundbesitzer als erstes Ziel des antifaschistischen Neuaufbaus«.

122 Problemdruck und Ressourcenverbrauch 1995, S. 298.

123 Ebd., S. 299.

124 Ebd., S. 300.

venierend auf, um die von den anderen Parteien vorgesehene Entschädigungsklausel zu verhindern[125].

In Bauerkämpers Geschichte von der »Politik der SED« beschließt das ZK der KPD am 22. August 1945 unter anderem die Enteignung der ›Junker‹. Die (gesamte) Bodenreform wurde dabei von KPD-Politikern vorbereitet und »mit Stalin am 4. Juni 1945 abgesprochen«[126]. Danach wird die Bodenreform auf Druck der KPD (die ohne Russische Unterstützung Druck ausübt) bei den Parteien durchgesetzt und erlassen die Landes- und Provinzialverwaltungen »entsprechende Verordnungen«[127].

Ganz ohne Stalin oder 4. Juni erfolgt der russische Einfluss bei den »Loyalen Kadern«. Diese Geschichte erzählt, dass die KPD nach ihrem selbstständigen Gründungsaufruf[128] »am 22. August eine Direktive zur Bodenreform (erließ), die zuvor eng mit den zuständigen Offizieren der Sowjetischen Militäradministration Deutschland (SMAD) und der sowjetischen Staats- und Parteiführung abgestimmt worden war[129]«. Im Anschluss an die Direktive »oktroyiert« die KPD im »Block der antifaschistisch-demokratischen Parteien« ihren Bodenreformentwurf, woraufhin die Landes- und Provinzialverwaltungen ihre Bodenreformverordnungen erlassen[130]. Hier tritt die SMAD bei der Druckausübung wieder »massiv« unterstützend auf. Wie aus dem »Bodeneigentum« bekannt, verleiht sie außerdem nachträglich den betreffenden Verordnungen Gesetzeskraft[131].

Bei den beiden verbleibenden Geschichten mit KPD-selbstständigem 11.-Juni-Aufruf beeinflusst Stalins 100ha-Grenze den Direktivenerlass[132]: 1995 verabschiedet das Sekretariat des ZK erst nach der (bekannten) Festlegung »am 20. August 1945 den Text einer Bodenreformdirektive«[133]. Ein Jahr später erwähnt Bauerkämper während der Beschreibung von KPD-Augustarbeiten die »Abstimmung mit Stalin« über die Enteignungs-

125 Ebd.

126 Politik der SED 2000, S. 247.

127 Ebd., S. 248. In dieser Geschichte beschreibt Bauerkämper zunächst einen Parteientschluss vom 13. September 1945, und dass »daraufhin« die Landes- und Provinzialverwaltungen in der SBZ entsprechende Verordnungen erließen. Das Verordnungsdatum nennt er dabei nicht, womit der Eindruck entsteht, dass die Verordnungen nach dem 13. September erlassen wurden.

128 Die »Loyalen Kader« gehören zur ersten Gruppe der zehn Junigeschichten.

129 Loyale Kader 1999, S. 273.

130 Ebd., S. 274.

131 Ebd.

132 Bodenreform Mark Brandenburg 1995, S. 272; Neubauern in der SBZ 1996, S. 113.

133 Bodenreform Mark Brandenburg 1995, S. 272, in der erweiterten Sekretariatssitzung vom 22./23. August wird diese nun Anweisung genannte Direktive bestätigt.

grenze[134]. Auch in diesen Erzählungen lehnen sich alle im September erlassenen Bodenreformverordnungen »eng an die Ende August verabschiedete Direktive an«[135] oder übernehmen »weitgehend die Bestimmungen der ZK-Direktive«[136].

»Amerikanisierung und Sowjetisierung« und »Strukturwandel und Alltagsleben« sind die letzten beiden Erzählungen mit der Variante gemeinsamer Abstimmung. 1997 bestimmt Stalin die 100ha Grenze und »das Vorgehen« zur Bodenreform wird insgesamt »detailliert abgestimmt«, »bevor« das ZK der KPD seine Direktive erlässt[137], zehn Jahre später verabschiedet das ZK »auf Druck Stalins und in enger Abstimmung mit den Behörden der SMAD« die entsprechende Direktive[138]. In beiden Geschichten ergehen im Anschluss »entsprechende« Verordnungen der Landes- und Provinzialverwaltungen[139].

In allen hier nacherzählten Geschichten des Alphabets hat die russische Besatzungsmacht also (inhaltlichen) Anteil an der Augustdirektive und damit an den Bodenreformverordnungen. Dabei unterscheiden sich Umfang sowie Art und Weise der Einflussnahme. Sechsmal finden demokratische, gleichwertige Abstimmungen statt, zweimal üben die Russen Druck aus und erscheint die KPD nur wie ihr ausführendes Organ bei der Durchsetzung der Bodenreform. Allen Geschichten ist indes gemein, dass die KPD die ausführenden inhaltlichen Arbeiten übernimmt. Das ändert sich in den verbleibenden Geschichten.

Eine Direktive aus Russland (Sieben Augustgeschichten[140])

In dieser letzten Gruppe ist Bauerkämper zunächst wie in den zuvor kennengelernten Geschichten von russischer Einflussnahme auf die Augustdirektive überzeugt. Ihre Zusammenfassung unter einer anderen Inhaltsüberschrift liegt an einer wesentlichen Veränderung in der Art und Weise dieser russischen Beeinflussung. Im Gegensatz zu allen anderen Geschichten des Alphabets erzählt jede der nun folgenden von einer selbstständig durch die Russen erlassenen Bodenreformdirektive. Auch im Ver-

[134] Neubauern in der SBZ 1996, S. 113.
[135] Ebd.
[136] Bodenreform Mark Brandenburg 1995, S. 272.
[137] Amerikanisierung und Sowjetisierung 1996, S. 199.
[138] Strukturwandel und Alltagsleben 2007, S. 202.
[139] Amerikanisierung und Sowjetisierung 1996, S. 199; Strukturwandel und Alltagsleben 2007, S. 203.
[140] Kurzbezeichnung, bedingt durch die Anzahl der Geschichten mit diesem Inhalt. Vgl. Unten: Anhang – Legende – Kurzbezeichnung für die Gruppenzugehörigkeit im Alphabet, S. 254.

hältnis zur Einteilung der Junigeschichten weisen diese sieben Geschichten eine Besonderheit auf. In den meisten Geschichten gibt es keinen KPD-selbstständigen 11.-Juni-Aufruf (wenngleich die Beeinflussung sowohl in Gestalt von 4., 7. und »Anfang Juni Besprechungen« erfolgt). Nur einmal erzählt Bauerkämper trotz rein russischer Augustdirektive, dass die KPD ihren Aufruf vom 11. Juni in Eigenregie verfasst.

Das erste Mal berichtet Bauerkämper in den »Flüchtlingen im Osten Brandenburgs« von einem ausschließlich russischen Bodenreformentwurf. Hier »drängt« Stalin am 4. Juni und die KPD »fordert« »demzufolge« das Bekannte im 11.-Juni-Aufruf. Im Anschluss an den Aufruf, nämlich »daraufhin«, wird »im Juli 1945 (...) im Volkskommissariat für Auswärtige Angelegenheiten der UdSSR (...) ein Bodenreformentwurf erarbeitet«[141]. Die am 22. August vom ZK erlassene Direktive zur Bodenreform entsteht, »nachdem Offiziere der SMAD diese Konzeption [des UdSSR-Bodenreformentwurfs, JK] in Gesprächen mit den Spitzenpolitikern der SED (sic) abgestimmt und dabei modifiziert hatten«[142]. Die später erlassenen Verordnungen der Provinzialverwaltung sind dann »weitgehend mit der Direktive des ZK identisch«[143]. Es gibt hier also einen selbstständig und allein von den Russen ausgearbeiteten Entwurf, aus dem in Zusammenarbeit mit den Deutschen die bekannte Augustdirektive entsteht, die schließlich mit den Verordnungen der Länder übereinstimmt.

Sehr Ähnliches erzählt Bauerkämper 2004 und in einer anderen 1999er Geschichte. Obwohl die Stalinsche Einflussnahme in beiden Geschichten nicht am 4., sondern einmal am 7.[144] und einmal Anfang Juni[145] stattfindet, bewirkt Stalins Drängen, dass die KPD »ihre Bodenagitation vorantreibt« »während im Volkskommissariat für auswärtige Angelegenheiten der UdSSR ein Bodenreformentwurf ausgearbeitet« wird[146]. Im Anschluss an diese Erarbeitung stimmen SMAD und KPD-Führung

141 Flüchtlinge im Osten Brandenburgs 1998, S. 119.

142 Ebd.

143 Ebd., S. 120.

144 Junker Rojos 2004, S. 105.

145 SED und die Bauern 1999, S. 15.

146 SED und die Bauern 1999, S. 15/16; Junker Rojos 2004, S. 105/106: »A continuación, el KPD impulsó la agitación rural en favor de la reforma agrarìa, al tiempo que el Comisariado del Pueblo de Asuntos Extreriores soviético elaboraba un proyecto de reforma«. Diese beiden Geschichten wecken für diese Stelle den Eindruck, dieselben in anderer Sprache zu sein. Auch wenn sie sich in Datum (und Ort) der Einflussnahme unterscheiden. Die Besonderheit wird uns bei »Bauerkämpers Quellenverwendung« noch einmal begegnen. Die Originalversion des Aufsatzes stammt aus Juli 2003, die überarbeitete Version wurde im Oktober 2004 fertig gestellt, vgl. Junker Rojos 2004, S. 103: »Fecha de recepción del original: Julio de 2003. Versión definitiva: Octubre de 2004.

dieses UdSSR-Konzept miteinander ab, und aus der Abstimmung geht die bekannte Direktive vom 22. August hervor[147]. Die zwischen 3. und 10. September erlassenen Verordnungen stimmen 1999 und 2004 ausdrücklich »weitgehend mit der Direktive des ZK überein«[148]. Allen drei Geschichten ist gemein, dass die Deutschen trotz Russendirektive noch deutlichen, selbstständigen inhaltlichen Anteil an der Durchführung der Bodenreform nehmen.

Das ändert sich merklich in einer Geschichte, die Bauerkämper auch 1999 erzählt. Bei der »Bodenreform und Flüchtlingssiedlung« bedingt die Forderung Stalins nach »unverzüglichem Beginn der Landumverteilung« vom 4. Juni 1945, dass »Mitarbeiter des Volkskommissariats für Auswärtige Angelegenheiten der UdSSR für den sowjetischen Diktator bis Ende Juli einen Gesetzentwurf zur Bodenreform (erarbeiteten)«[149]. »Diese Vorlage« wird nun »weitgehend in der Direktive übernommen, die das ZK der KPD am 23. August 1945« erlässt[150]. In dieser Geschichte ist keine Rede mehr von inhaltlichen Absprachen, vielmehr ersetzt – oder *ist* – die russische Ausarbeitung gleichzeitig der KPD-Entwurf. Ob die Direktive mit den später erlassenen Verordnungen identisch ist, erzählt Bauerkämper in dieser Geschichte nicht ausdrücklich. Wie im »Elitenwechsel in der SBZ« erwähnt er die Verordnungen nur in einem Nebensatz, weil »die Bodenreform (...) auch nach der Verabschiedung der Verordnungen in den Ländern und Provinzen vom 3. bis 10. September 1945 als ›Bewegung von unten her‹ erscheinen sollte«[151].

Etwas verwirrend bezüglich der Initiativstellung der KPD für den Inhalt der später erlassenen Bodenreformverordnungen werden die Bauerkämpergeschichten (erneut) 1999, 2002 und 2005. Auch hier berichtet Bauerkämper von Augusterlassen der KPD, aus denen eine Bodenreformdirektive hervorgeht[152]. Gleichzeitig erzählt er in allen drei Geschichten von einer Gesetzesentwurfvorlage der Bodenreform, die vollständig autark und unabhängig von den deutschen Kommunisten von den Russen selbst ausgearbeitet wird. Bei »Bodenreform und Kollektivierung in Brandenburg« erarbeiten »Mitarbeiter des Volkskommissariats für Auswärtige Angelegenheiten der UdSSR (im Juli 1945) einen Bodenreform-

[147] SED und die Bauern 1999, S. 16; Junker Rojos 2004, S. 106: »las autoridades de ocupasión soviéticas acordan este proyecto con la dirección del KPD«;»El 22 de ese mes, el Comité Central comunista envió una directiva«.

[148] SED und die Bauern 1999, S. 16; Junker Rojos 2004, S. 105: »coincidían con la directiva del Comité Central«.

[149] Bodenreform und Flüchtlingssiedlung 1999, S. 199.

[150] Ebd.

[151] Ebd.

[152] Bodenreform und Kollektivierung in Brandenburg 1999, S. 561; Ländliche Gesellschaft 2002, S. 77-79; Bodenreform in Sachsen-Anhalt 2005, z.B. S. 7.

entwurf, der weitgehend mit den später in der SBZ verabschiedeten Verordnungen übereinstimmt«[153]. Von dieser Erarbeitung erzählt Bauerkämper hier ohne Kausalverbindung zu Stalins »Anfang Juli (sic) Drängen«[154]. Dafür folgt auf den Satz von der russischen Direktive eine ausführliche Beschreibung der KPD-Augustarbeiten zum Erlass deren Bodenreformdirektive vom 22. des Monats. Bauerkämper erzählt nicht, wie die Direktive des Volkskommissariats mit den KPD-Arbeiten in Beziehung steht, sie stehen losgelöst von dem in einem Satz erwähnten UdSSR-Entwurf.

Auch die umfangreichste Bauerkämpergeschichte ist diesbezüglich schwer verständlich. In der ländlichen Gesellschaft gibt es bereits im Frühsommer 1945 ein von der Landwirtschaftsabteilung der SMAD erarbeitetes Konzept für die Bodenreform, das durch einen späteren, während der Potsdamer Konferenz durch das russische Volkskommissariat für auswärtige Angelegenheiten erarbeiteten, Gesetzesentwurf zur Bodenreform ersetzt wird[155]. Zumindest an dieser Stelle ist die russische Vorlage »weitgehend identisch mit der Bodenreformverordnung, die schließlich am 3. September 1945 von der sächsischen Provinzialverwaltung angenommen wurde«[156]. Neben den russischen Verordnungsarbeiten berichtet Bauerkämper in derselben Geschichte von Augustarbeiten des ZK der KPD[157]. Dieses bereitet selbstständig, wenn auch unter Beteiligung russischer Vertreter[158], eine eigene Vorlage für die Bodenreform vor[159] und schickt am 20. August »den Text der überarbeiteten Fassung seiner Direktive« den Bezirks- und Kreisleitungen der Partei zu. Zwei Tage später wird der Text vom KPD-Führungsgremium bestätigt[160]. Diese KPD-eigene Direktive vom 22. August ist – ebenso wie der russische Entwurf des Volkskommissariats – mit den später erlassenen Verordnungen »weit-

[153] Bodenreform und Kollektivierung in Brandenburg 1999, S. 560/561.

[154] Ebd., S. 560. Nach Stalins Drängen beschreibt er den Aufruf der KPD. An das Zitat aus diesem Aufruf von der »Liquidierung des Großgrundbesitzes« schließt unmittelbar an: »Ende Juli 1945 erarbeiteten Mitarbeiter…«.

[155] Ländliche Gesellschaft 2002, S. 76.

[156] Ebd.

[157] Ebd., S. 79.

[158] Wobei diese Beteiligung nichts mit der UdSSR-Volkskommissariats Direktive zu tun hat, sondern unabhängig von ihr daneben erzählt wird.

[159] Ländliche Gesellschaft 2002, S. 77. Jedenfalls berichtet Bauerkämper nach der Erzählung von dem russischen Gesetzentwurf, dass »trotz der Hegemonie der Sowjetunion (…) auch die Entscheidungen der einflussreichsten deutschen Kommunisten nachhaltig die Durchführung der Bodenreform in der SBZ (prägten)«. Im Anschluss an diese einleitende Erzählung vom »auch-Einfluss« der deutschen, berichtet Bauerkämper von dem Augustentwurf der KPD.

[160] Ländliche Gesellschaft 2002, S. 79. Später redet Bauerkämper nur noch von der ZK-Direktive und den Bodenreformverordnungen, vgl. S. 119.

gehend identisch«[161]. Bauerkämper berichtet also von einem russischen und einem deutschen Gesetzesentwurf. An keiner Stelle erzählt er, dass die beiden Entwürfe dieselben sind. Trotzdem sind beide Entwürfe mit der später erlassenen Bodenreformverordnung identisch. Gleichwohl nehmen die Russen – möglicherweise über Walter Ulbricht – Einfluss auf den Erlass der deutschen Version. Dieser streicht »offenbar«[162] Passagen aus den frühen Augustentwürfen. Aus diesen Eingriffen geht aber auch hervor, dass der russische Entwurf ein anderer sein muss als die KPD-Direktive:

> *»Da Ulbricht im allgemeinen gut über die politischen Ziele der sowjetischen Führung und der SMAD informiert war, könnten seine Eingriffe in den Text [der KPD-Direktive, JK] auch auf die Vorlage zurückzuführen sein, die im Volkskommissariat für Auswärtige Angelegenheiten erarbeitet, der KPD aber nicht offiziell zugeleitet worden war.«*[163]

Soviel zur Direktive aus der Ländlichen Gesellschaft.
Die 2005er Erzählvariante vom Urheber des Inhalts der Bodenreformverordnung ist nicht eindeutiger als ihr Vorgänger. Hier berichtet Bauerkämper, dass die KPD nach der Veröffentlichung ihres Gründungsaufrufs (in den sie allein auf Stalins Druck die Bodenreformforderung aufgenommen hatte) auf dem Lande ihre Bodenreformagitation vorantrieb, »*während* im Volkskommissariat für auswärtige Angelegenheiten der UdSSR ein Bodenreformentwurf ausgearbeitet wurde«[164]. Die SMAD in Deutschland stimmt dieses Konzept mit der KPD-Führung ab, woraufhin diese *Anfang* August in den Ländern und Provinzen die bevorstehende Bodenreform ankündigt[165]. Nach dieser einmaligen Erwähnung der russischen Ausarbeitung wird in der weiteren 2005er Geschichte nur noch von KPD-Direktiven erzählt. Am 20. August weist das ZK der KPD die sächsische Provinzialverwaltung an, am 1. September ein Bodenreformgesetz zu erlassen »und schickt den Text der überarbeiteten Fassung s e i n e r Direktive den Bezirks- und Kreisleitungen der Partei zu«[166]. Diese bestätigt wieder am 22. August »eine« Direktive, die Bauerkämper im Folgenden »parteiintern«[167] nennt. Der russische Entwurf findet keine

[161] Ländliche Gesellschaft 2002, S. 81/82.
[162] Ebd., S. 78.
[163] Ebd.
[164] Bodenreform in Sachsen-Anhalt 2005, S. 5.
[165] Ebd.
[166] Ebd., S. 7.
[167] Ebd., S. 8.

Erwähnung mehr, dafür sind die später erlassenen Bodenreformverordnungen einmal mehr mit der Direktive vom 22. August identisch[168]. Mit dieser letzten Gruppe schließe ich die Zuordnungen von Geschichten zum Bodenalphabet.

Varietätenzusammenfassung für das Bodengeschichtenalphabet

Das Alphabet behandelt die abweichenden Inhalte der Bauerkämpergeschichten am ausführlichsten. Bevor wir uns der letzten Geschichtengruppe zuwenden, fasse ich sie deswegen gesondert zusammen[169]. Die hier variierenden Inhalte folgen in den Facetten ihrer Veränderung keiner Chronologie. Aus der Gruppenzugehörigkeit zum 11. Juni lässt sich keine Regelmäßigkeit für eine Zugehörigkeit zur Augustdirektivengruppe erkennen. Fehlende russische Einflussnahme auf den Juni Aufruf bedingt nicht auch fehlende Beeinflussung der Augustdirektive[170]. Diese führt wiederum in anderen Geschichten nicht zwingend zu einem auch selbstständigen 11.-Juni-Aufruf der KPD[171]. Die insgesamt vier Geschichten ohne Juni Aufruf erzählen im jüngsten und ältesten Fall von hauptverantwortlicher KPD[172], in den beiden mittleren Geschichten von hauptverantwortlichen Russen[173].

Regelmäßigkeiten lassen sich nur vereinzelt erkennen. Eine sich innerhalb des Alphabets ergebende Regel könnte lauten, dass es vor 1998 in keiner Geschichte eine russische Direktive des Volkskommissariats gibt, und ab 2002 Stalinbesprechungen nur noch am 7./8. und nicht mehr »Anfang« oder am 4. Juni stattfinden. Diese chronologisch ablesbaren Einschnitte in die Erzählvarianten relativieren sich jedoch, weil auch

168 Ebd., S. 10/11.

169 Eine Zusammenfassung aller fünfunddreißig Geschichten folgt. Siehe unten 10. Bauerkämpers Bodenvarietäten – Kurzgeschichten, Alphabet und Quartett zusammengefasst, S. 166 und Anhang, Bauerkämpers historiographischer Fleiß, S. 258-263.

170 Bodenreform Mark Brandenburg 1994 (1) Zehn (2) Acht; Neubauern in der SBZ 1996 (1) Zehn (2) Acht; Bodenreform und Flüchtlingssiedlung 1999 (1) Zehn (2) Sieben; Loyale Kader 1999 (1) Zehn (2) Acht.

171 Integration of Expellees 2001 (1) Zwölf (2) Elf; Bodenreform und Kollektivierung 2003 (1) Zwölf (2) Elf; Strukturumbruch ohne Mentalitätenwandel 1996 (1) Zwölf (2) Elf.

172 Elitenwechsel in der SBZ 1997 (1) Vier (2) Elf; Bodeneigentum in Ost- und Westdeutschland 1999(1) Vier (2) Elf.

173 Amerikanisierung und Sowjetisierung 1996 (1) Vier (2) Acht; Strukturwandel und Alltagsleben 2007 (1) Vier (2) Acht.

nach der Datumsfestlegung die Bedeutung der Besprechung[174] variiert oder andere Geschichten ganz ohne Besprechung auskommen[175]. Auch für die russische Direktive des Volkskommissariats gilt dieses relativierende Moment. Nach ihrer Premiere erzählen noch viele Geschichten von KPD-Direktivenbeeinflussung durch die Russen *ohne* eigene russische Direktive[176], oder von gänzlich fehlender Russenbeeinflussung[177].

Zur Unterstützung und Verdeutlichung dieser lesbaren Schlussfolgerungen habe ich zwei Schaubilder gebastelt, die mangels Lesbarkeit im Anhang dieser Arbeit untergebracht sind[178]. Sie zeigen graphisch, dass es bei der Zugehörigkeit der einzelnen Geschichten zu (1) Juni- und (2) Augustgruppen keine lineare Struktur gibt. Wer sich diesen Umstand verdeutlichen will, der möge im Anhang nachschauen. Im Text kommen wir nun zur letzten Gruppe.

Ein Quartett aus Bodengeschichten

Vier verbliebene Geschichten aus 1999[179], 2001[180], 2003[181] und 2005[182] enthalten grundsätzlich durchaus umfangreiche Bodengeschichtenanteile, unterscheiden sich von den Bodenvarietäten des 11.-Juni-Aufrufs und der Augustdirektive jedoch so weit, dass sie sich nicht als Teil des Alphabets (das dann auch kein Alphabet mehr wäre) nacherzählt werden können. In anderer Intensität und Struktur handeln sie auch von Bodenreformverantwortlichkeit. Chronologisch lässt sich die in ihnen erzählte Vielfalt ebenso wenig einordnen, wie bei den sechsundzwanzig Bodengeschichten.

174 Bodenreform und Kollektivierung 2003 (1) Zwölf (2) Elf; Ländliche Gesellschaft 2002 und Bodenreform in Sachsen-Anhalt 2005 (1) Zwölf (2) Sieben; Junker Rojos 2004 (1) Zwölf (2) Sieben, hier wird die Russendirektive mit der KPD-Direktive abgestimmt.

175 Traditionalität in der Moderne 2003, (1) Zehn (2) Zwölf.

176 Loyale Kader 1999 (1) Zehn (2) Acht; Politik der SED 2000 (1) Zwölf (2) Acht; Strukturwandel und Alltagsleben 2007 (1) Vier (2) Acht.

177 Bodeneigentum in Ost- und Westdeutschland 1999, (1) Vier (2) Elf; Integration of Expellees (1) Zwölf (2) Elf; Traditionalität in der Moderne 2003 (1) Zehn (2) Elf; Bodenreform und Kollektivierung (1) Zwölf (2) Elf.

178 Siehe unten: Anhang, Geschichtenseismographen des Bodenalphabets, S. 254-257.

179 Kampf um den Boden 1999.

180 Verdrängung der Großbauern 2001.

181 Sozialgeschichte der DDR 2003.

182 Agrarpolitik in SBZ und DDR 2005.

Agrarpolitik 2005

Bauerkämpers Geschichte über »Agrarpolitik in SBZ und DDR« aus dem Jahr 2005 will die »SED-Agrarpolitik in ihren historischen Kontext« einbetten[183], wobei der Erzähler »Kontinuitäten« und »Umbrüche« zwischen Nationalsozialismus und Kommunismus erkennt. Diese, bei Bauerkämper insgesamt eher seltene, Politikgeschichte sollte eigentlich dem zentralen Themenbereich des Alphabets entsprechen. ›Tatsächlich‹ kann ich sie nur schwer in dessen Kategorien einordnen. Bauerkämper erzählt nicht, ob Russen und/oder Deutsche die Bodenreform hauptverantwortlich durchgeführt haben, sondern nur passiv, dass eine Bodenreform durchgeführt »wurde«[184].

Diese Geschichte ist eine der wenigen, in der die KPD im August 1945 keine (vorbereiteten) Aktionen zur Durchführung der Bodenreform unternimmt. Die Bodenreformverordnungen, die vom 3. bis 10. September 1945 die Landes- und Provinzialverwaltungen erließen, gehören dagegen zum Geschichteninhalt. Auch hier werden die deutschen Verwaltungen nicht zu Hauptverantwortlichen, denn die Verabschiedung der Bodenreformdokumente erfolgt »auf Druck der Sowjetischen Militäradministration«[185]. Exilplanungen der KPD spielen ebenso wenig eine Rolle wie Besprechungen zwischen Deutschen und Russen in Moskau. Das Verhältnis von russischen Besatzern zu deutschen Kommunisten beschreibt Bauerkämper nur einmal im Zusammenhang mit der auf die Bodenreform folgenden Kollektivierung:

> *»Erst diese politische Konstellation [das Scheitern der Stalinnote im März 1952, JK] ermöglichte dem inzwischen SED-Regime den Rekurs auf den ›Genossenschaftsplan‹, mit dem Wladimir I. Lenin die Forderung verbunden hatten [sic], die selbstständigen Bauern in landwirtschaftliche Produktionsgenossenschaften zu überführen. Wenngleich als ideologische Zielperspektive niemals aufgehoben, konnte die SED-Führung die Kollektivierung der Landwirtschaft in der DDR erst nach dem Ende der gesamtdeutschen Illusionen offen zur agrarpolitischen Grundlage erheben und verkünden. (...) Befreit von der Rücksichtnahme [! JK] auf die offenkundig gescheiterte Wiedervereinigungspolitik der UdSSR, ging die ostdeutsche Staatspartei offiziell von der latenten zur offenen Sozialisierung über.«*[186]

[183] Ebd., S. 93.

[184] Ebd., S. 85: »Die Bodenreform war schon im September 1945 in den Ländern und Provinzen der Sowjetischen Besatzungszone (SBZ) durchgeführt worden« und »die überstürzte Durchführung der Bodenreform unmittelbar nach dem Kriegsende«.

[185] Ebd., S. 88.

[186] Ebd., S. 85.

Nach dieser Beschreibung nimmt die SED also Rücksicht auf die Befindlichkeiten der UdSSR. Das klingt nicht nach einer deutschen Kommunistischen Partei, die sich von den Russischen Besatzern zu Aktionen »drängen« oder »zwingen« lässt. Nahe liegt bei dieser Formulierung, dass die Bodenreform von den Sowjetischen Besatzern ›tatsächlich‹ als Entnazifizierung und Erfüllung des Potsdamer Abkommens mit Blick auf eine Deutsche Vereinigung gedacht war, während die deutschen Kommunisten die Bodenreform nur als ersten Schritt auf dem Weg zur Kollektivierung betrachteten. Diese Aspekte weisen auf Erzählfragmente hin, die sich in den Bauerkämpergeschichten für ein (anders) Beispiel der Vielfalt geeignet hätten, aber zu weit führen würden. Die für das Alphabet interessierenden Varianten des 11.-Juni-Aufrufs, der Russisch-Deutschen-Besprechung, der KPD-Augustdirektive und der Bodenreformverordnungen, spielen in der 2005er Politikgeschichte nur eine Nebenrolle.

Sozialgeschichte 2003

Auch Bauerkämpers »Sozialgeschichte der DDR« macht die sechsundzwanzig Geschichten nicht zu siebenundzwanzig. Diese Erzählung enthält ebenfalls keine Augustdirektive, keinen 11.-Juni-Aufruf und keine Deutsch-Russischen (Moskau)Besprechungen. Anders als in »Agrarpolitik in SBZ und DDR« wird hier jedoch nicht einfach eine Bodenreform durchgeführt, sondern setzt »das ZK der KPD in der SBZ (im Herbst 1945) eine umfassende Bodenreform durch, die als Maßnahme zur Entnazifizierung deklariert« wird[187]. Auch hier erlassen die Landes- und Provinzialverwaltungen Anfang September 1945 Bodenreformverordnungen[188], die aber (anders als zwei Jahre später erzählt) nicht auf Druck der SMAD, sondern ohne weitere Angabe von Gründen für ihr Zustandekommen erlassen werden. In der Sozialgeschichte sind diese Verordnungen die einzigen Dokumente mit Bodenreformrelevanz. Die Russen treten in Gestalt der SMAD im Zusammenhang mit der Bodenreform nur auf, weil sie gemeinsam mit der KPD-Führung die ›Junker‹ pauschal als Militaristen und ›Ausbeuter‹ der Kleinbauern diffamieren[189]. Darüber hinaus »legitimiert« ihre Entnazifizierungspolitik in den ersten Nachkriegsjahren die Enteignung der Gutsbesitzer[190]. Die Russen scheinen also ›tatsächlich‹ entnazifizieren zu wollen, während die KPD ihre Reform lediglich als Entnazifizierung »deklariert«. Diese Erzählfragmente lassen sich nicht in die des Alphabets einordnen, wenngleich sie politikgeschichtlich den Ein-

[187] Sozialgeschichte der DDR 2003, S. 31.
[188] Ebd.
[189] Ebd., S. 76.
[190] Ebd., S. 3.

druck einer hauptverantwortlichen KPD vermitteln. Die, der Reihe der Enzyklopädie Deutscher Geschichte eigene, Zusammenfassung geschichtswissenschaftlicher Kenntnisse »auf knappstem Raum«[191] erklärt nicht die fehlende russische Initiative. Für andere Reformmaßnahmen ist die SMAD in derselben »Sozialgeschichte« durchaus hauptverantwortlich. Bei der auf die Beschreibung der Bodenreform folgenden Darstellung der Industriereform steht sie im Mittelpunkt[192], und auch »die Neuordnung der ostdeutschen Sozialversicherung« wird nach Aussage der »Sozialgeschichte« »in den ersten Jahren nach dem Zweiten Weltkrieg weitgehend von den deutschlandpolitischen Zielen und den Reparationsansprüchen der SAMD geprägt«[193]. In anderen *knappen* Geschichten erzählt Bauerkämper zudem von russischen Hauptverantwortlichen auch für die Bodenreform.

Kampf um den Boden 1999

Die Rechtsfragengeschichte aus 1999 zum »Kampf um den Boden« verfügt grundsätzlich über einen recht großen Bodengeschichtenanteil. Bauerkämper widmet der »Bodenreform und Kollektivierung in der Sowjetischen Besatzungszone« vier als »Vorgeschichte« bezeichnete Seiten[194]. Der 11.-Juni-Aufruf oder Russisch-Deutsche Gespräche treten in diesem Abschnitt dennoch nicht auf. Dafür gibt es Augustdirektive, Bodenreformverordnungen und russische Verantwortung. Diese in den sechsundzwanzig Geschichten untersuchten Aspekte fasst Bauerkämper in folgenden Sätzen, knapp zusammen:

> *»In Deutschland oktroyierte die Sowjetunion in ihrer Besatzungszone eine Bodenreform. Im August 1945 verabschiedete das Zentralkomitee der Kommunistischen Partei Deutschlands (KPD) eine entsprechende Direktive, so daß die Verwaltungen der Länder Mecklenburg-Vorpommern, Sachsen, Thüringen sowie der Provinzen Brandenburg und Sachsen Anfang September nahezu identische Verordnungen erließen«*[195]

[191] Gall, Vorwort. In: Sozialgeschichte der DDR 2003, S. V.

[192] Sozialgeschichte der DDR 2003, S. 77; Bauerkämper datiert hier die beiden SMAD Befehle Nr. 124 und 126 auf Ende Oktober 1946. Trotz geschichtstheoretischer Besonderheiten würde ich annehmen, dass es sich hier um einen Druckfehler handelt und die beiden SMAD-Befehle, wie von den meisten Industriereformerzählern berichtet, Ende Oktober 1945 erlassen wurden.

[193] Sozialgeschichte der DDR 2003, S. 7.

[194] Kampf um den Boden 1999, S. 57-60.

[195] Ebd., S. 58.

Die Sowjetunion oktroyierte also, obwohl allein die Kommunistische Partei eine Direktive entwirft, die – in welcher Weise auch immer – dazu führt, dass die Länder und Provinzen entsprechende Verordnungen erlassen. Zusammenhänge vermag ich aus dieser Formulierung nicht zu erkennen.

Großbauern 2001

Die letzte Geschichte, die sich in Bezug auf die sechsundzwanzig Bodenvarietäten nur schwer einordnen lässt, ist die Vergleichsgeschichte Sowjetzonaler ›Großbauern‹ mit UdSSR-Kulaken. In dieser Geschichte wird die Bodenreform zu einer Nebensache, die Bauerkämper nur in Bezug auf den späteren Umgang mit den Großbauern interessiert[196]. Bodenreformergebnis ist hier, dass »die Agrarpolitik der Partei (bis 1948) insgesamt nicht gegen die Großbauern, sondern auf die Festigung der Neubauernstellen, die aus der Bodenreform hervorgegangen waren, (zielte)«[197]. Von die Reform betreffender Vorbereitung oder Durchführung, von Absprachen oder Dokumenten, wird nichts berichtet. Dennoch kann sie nicht in den bereits nacherzählten Kanon der fünf einleitenden Kurzgeschichten eingereiht werden, denn eine Fußnote des Textes enthält alle aus dem Bodengeschichtenalphabet bekannten Varietäten-Beispiele: Bauerkämper beginnt den Abschnitt über den »Ausschluss der ›Großbauern‹ aus der ostdeutschen Gesellschaft 1948 bis 1953« mit folgendem Satz: »Ebenso wie in Russland erfasste die Enteignung der Großgrundbesitzer auch in der SBZ nicht die großen Landwirte.«[198] An diesen ersten Satz schließt eine Fußnote an, die (hier grammatikalisch angepasst) von »*dem* Text der ZK-Direktive«, »*dem* Aufruf vom 11. Juni 1945« und »*der* Forderung Stalins« erzählt, ohne Inhalt und Zusammenhänge dieser drei Bodenvarietäteninhalte zu erklären[199]. Weil auch der auf den ersten Satz folgende

[196] Verdrängung der Großbauern 2001, S. 144-145.

[197] Ebd., S. 145.

[198] Ebd., S. 144.

[199] Ebd., S. 144, Fn. 24: »Joachim Piskol: Zur Entwicklung der agrarpolitischen Konzeption der KPD 1935 bis 1945, in: Historiker-Gesellschaft der Deutschen Demokratischen Republik. Wissenschaftliche Mitteilungen, 1982/II, S. 55-59, hier: 55f. **Der Text der ZK-Direktive** [die er davor an keiner Stelle erwähnt hat, JK] ist als Faksimile abgedruckt in: Günter Benser/Hans-Joachim Krusch (Hg.): Dokumente zur Geschichte der kommunistischen Bewegung in Deutschland. Reihe 1945/1946: Band 2: Protokolle der erweiterten Sitzung des Sekretariats des Zentralkomitees der KPD Juli 1945 bis Februar 1946. München 1994, S. 13-18. Früherer Beschlussentwurf des ZK in: Stiftung Archiv der Parteien und Massenorganisationen der DDR im Bundesarchiv, Berlin (SAPMO), DY 30/IV 2/7/227, Bl. 1-5. **Der Aufruf vom 11. Juni 1945** [welcher Aufruf das sein soll wird an keiner Stelle erläutert, JK] ist abgedruckt in: Hermann Weber (Hg.): DDR. Dokumente zur Geschichte der Deutschen Demokratischen Republik 1945–1985. München 1987,

Text keine weiteren Erklärungen zu »der Direktive« »dem Aufruf vom 11. Juni« oder »der Forderung Stalins« enthält, kann ich diese Geschichte den sechsundzwanzig Varietäten nicht zuordnen. Aufgrund der kryptischen Darstellung vermag ich ebenso wenig zu sagen, ob Deutsche oder Russische Kommunisten für die Reform hauptverantwortlich sind. Sie sei als eine Bauerkämpergeschichtenbesonderheit unabhängig von den Varietäten erwähnt.

Kurzgeschichten, Alphabet und Quartett zusammengefasst

Bauerkämpers Erzählvielfalt ist ebenso beeindruckend wie verwirrend. Wer trotzdem einen Überblick haben möchte – müsste sich eine Tabelle anlegen. Ich habe eine Tabelle angelegt. Eine Tabelle lässt sich nicht »lesen«. Wer weiter lesen will, der lese nun weiter. Wer sich vor dem Weiterlesen einen graphischeren Eindruck von der Vielfalt verschaffen will, der studiere zuerst die von mir erstellte, die fünfunddreißig Erzählungen zusammenfassende und im Anhang untergebrachte Tabelle[200].

Im nun weiter folgenden Text wissen wir jedenfalls, dass sich aus der Lektüre Bauerkämpers eine ähnliche Geschichtenvielfalt ergibt, wie bei unterschiedlichen Erzählenden aus verschiedenen Sozialisierungshintergründen. Die einleitende Überlegung, dass sich aus der konkreten Betrachtung eines sich der Vielfältigkeit in den Erzählungen bewussten, methodenreflektierten und (jedenfalls offensichtlich) keiner Interessenvertretung verpflichteten Einzelerzählers eine einheitliche Geschichte der Bodenreform ergeben könnte, hat sich nicht bestätigt. Bauerkämpers Geschichten sind auch nicht signifikant einheitlicher als die Erzählungen des ohne jegliches Methodenbewusstsein oder Methodenreflexion schreibenden Thomas Gertner. Der einzige Unterschied liegt in dem Umfang des sich widersprechenden Inhalts. Quantitativ sind die Unterschiede geringer, qualitativ ist in kein nennenswerter Unterschied festzustellen.

Und nun?

S. 32-36. **Zur Forderung Stalins** [was Stalin wann von wem fordert wird nicht erzählt, JK]: Wladimir Semjonow: Von Stalin bis Gorbatschow. Ein halbes Jahrhundert in diplomatischer Mission 1939–1991, Berlin 1995, S. 237. Zur Vorbereitung der Bodenreform [Zusatzbemerkung, die Sinn ergibt, JK]: Jochen Laufer: Die UdSSR und die Einleitung der Bodenreform in der Sowjetischen Besatzungszone, in: Arnd Bauerkämper (Hg.): »Junkerland in Bauernhand«? Durchführung, Auswirkungen und Stellenwert der Bodenreform in der Sowjetischen Besatzungszone. Stuttgart 1996, S. 21-35; Friederike Sattler: Bündnispolitik als politisch-organisatorisches Problem des zentralen Parteiapparates der KPD 1945/46, in: Manfred Wilke (Hg.): Anatomie der Parteizentrale. Die KPD/SED auf dem Weg zur Macht. Berlin 1998, S. 119-212, hier S. 143-167, 207-212«.

200 Siehe untern: Anhang, Bauerkämpers historiographischer Fleiß, S. 258-263.

11. Abschied von Methode?

(M)ein falscher Anspruch an Geschichte?

Immer noch frage ich mich, wie es zu dieser Vielfalt kommt und was sie bedeutet. Sind die Veränderungen in der Erzählweise auf in der Geschichtswissenschaft allseits bekannte und akzeptierte Gründe zurückzuführen? Erwarte ich als »Nicht-Historiker«[1] lediglich fälschlicherweise »eindeutige Antworten [die] der Historiker (...) oft nicht geben (kann), weil die Realität so eindeutig nicht war, weil sich in einem historischen Augenblick durchaus gegensätzliche Elemente verbinden können«[2]? Mit dieser Aussage bietet sich eine einfache Erklärung an. Nach Bauerkämpers geschichtswissenschaftlichen Ergebnissen könnten sich im historischen Augenblick der Bodenreform eigeninitiative, oktroyierte und nicht vorhandene 11.-Juni-Aufrufe mit Direktiven verbinden, die von KPD, SMAD, Stalin, allen gemeinsam, nur einzelnen von ihnen und gar nicht ausgearbeitet wurden. Ist das ein Teil von *der* Geschichte der Bodenreform, die nach Jaegers Postulat verallgemeinerungs- und intersubjektiv anerkennungsfähig über empirisch richtigen Einzelgeschichten steht[3]? Möglicherweise, aber jedenfalls nicht nach Bauerkämpers eigenem Anspruch[4]. Diese Lesart würde übersehen, dass jede Geschichte für sich die einzig richtige Rekonstruktion der Vergangenheit beansprucht. Bauerkämper erzählt nicht in einem Bericht von der Bodenreform die verschiedenen Facetten nach, sondern berichtet in unterschiedlichen Geschichten jeweils eine, im Moment der Erzählung seines Erachtens allein mögliche, Version der Geschehnisse. Bauerkämper will eindeutige Antworten geben, doch seine perfektionierte Methodenreflexion, die – wir erinnern uns – Standortbindung überwinden und einen überlegenen Zugriff auf die Vergangenheit garantieren sollte, hat keinerlei Sicherheit geschaffen oder Klarheit gebracht. Trotz ausdifferenzierter Methodenerzählung unterliegen seine Bodengeschichten einer bemerkenswerten Vielfalt. Die Methode kann selbst dann kein einheitliches Abbild einer möglicherweise vorhanden gewesenen vergangenen Wirklichkeit gewährleisten, wenn ein(e) Erzählende(r) mit demselben Erzählfokus und demselben Methodenwissen versucht, die Geschichte zu schreiben.

[1] Möller, Relativität historischer Epochen. In: Ders./Wirsching (Hg.), Historische Studien 2003, S. 358.

[2] Ebd.

[3] Jaeger, Geschichtstheorie. In: Goertz (Hg.), Grundkurs 2007, S. 816.

[4] Und ich orientiere mich am eigenen, vom jeweiligen Erzähler formulierten Anspruch. Siehe oben: 7. Ein wahrheitsgläubiger Erzähler. Thomas Gertner – mit Ziel und ohne Methode - Zusammenfassung, S. 104.

Methode als Trend

Nun sind sich die Historik Betreibenden der Vergänglichkeit aktuell gefeierter Supermethoden innerhalb der Geschichtswissenschaft durchaus bewusst. Die Methodenvielfalt ist ihrerseits nicht gefeit vor (wenn man so will) standortbedingten Einflüssen.

Unter anderem weiß Jürgen Kocka, der mehrfach zitierte wissenschaftliche Ziehvater von Bauerkämper, um diesen Umstand. 2008 schreibt er eine »Geschichtskolumne«, die sich mit Mode und Geschichtswissenschaft befasst[5]. Der Aufsatz zeichnet anhand von Georg Iggers[6] und Geoff Eleys[7] die Entwicklung des Faches seit den 1960er Jahren nach, die – grob gefasst – von Politik- über Sozial- über Kulturgeschichte stattfand und sich gegenwärtig zur Globalgeschichte hinwendet[8]. Dabei stellt Kocka fest, dass die Modeveränderungen in der Geschichtswissenschaft »erschreckend eindeutig« mehr an äußere Einflüsse gebunden sind, als durch wissenschaftliche Erfahrungen selbst getrieben werden[9]. Er zitiert Samuel Butlers Frage nach dem Unterschied zwischen Gott und den Historikern (Gott kann die Vergangenheit nicht mehr ändern), Walter Benjamins »Geschichtsphilosophische Thesen« oder Klaus Laermann, nach dem die Entstehung von Moden in der Geschichtswissenschaft letztlich ein Zufallsprodukt deren eingeschränkter Wahrheitsfähigkeit ist[10]. Auch das Abebben der kulturalistischen Wende, die der Geschichtswissenschaft eine antianalytische, antistrukturalistische, voluntaristische und fragmentierende Stoßrichtung verliehen hatte[11], und die gegenwärtig wieder stärker werdende Orientierung an makrohistorischen Fragen im Einklang mit zunehmender Abkehr von der Nationalgeschichte, hat ihren Grund in einer p o l i t i s c h e n Stoßrichtung: der Überwindung westlicher Modernisierungstheorien[12]. Das sind durchaus kritische, die Geschichtsmethodik relativierende Einsichten. Doch trotz dieser Einsichten bleibt Kocka von einer kontinuierlich besser werdenden Methode überzeugt:

[5] Kocka, Geschichtskolumne. In: Merkur 2008.

[6] Georg Iggers, Geschichtswissenschaft im 20. Jahrhundert. Ein kritischer Überblick im internationalen Zusammenhang. Vandenhoeck & Ruprecht Verlag Göttingen, 2. Auflage 2007.

[7] Geoff Eley. A Crooked Line. From cultural history to the history of society. University of Michigan Press 2005.

[8] Kocka, Geschichtskolumne. In: Merkur 2008, S. 143-144.

[9] Ebd., S. 144.

[10] Ebd., S. 142.

[11] Ebd., S. 145.

[12] Ebd., S. 144/145.

> *»Mit ihrem gesteigerten Interesse am Transnationalen wendet sich die Geschichtswissenschaft wieder den weiteren Perspektiven, großen Strukturen und umfassenden Zusammenhängen zu, die im Zeichen von Mikrogeschichte, Kulturalismus und Narrativität lange zurückstehen mussten. Deshalb wird Geschichtswissenschaft nicht nur transnationaler, sondern auch wieder argumentativer, analytischer und theoretisch offener, ohne doch Erfahrungen, Deutungen und Handlungen als Untersuchungsdimensionen aufzugeben. Die Mode hilft, den Weg dahin zu bahnen«*[13]

Die Mode hilft also, den Weg zu einer optimalen historischen Methode zu bahnen. Immer bessere Fragestellungen oder heuristische Begriffe sollen das immer bessere Erfassen der historischen Realität ermöglichen. Der Fortschrittsglaube in der Geschichte, also ihre (gegenwärtig immer noch überholte) geschichtsphilosophisch utopische Dimension, wird durch den Fortschrittsglauben im *Erfassen der* Geschichte abgelöst. Der Glaube hat sich verlagert. Es geht nicht mehr darum, zu beweisen, dass sich die Menschheitsgeschichte in unendlicher Modernisierung auf die perfekte Welt hin entwickelt, sondern darum, das perfekte Mittel zu finden, um die (im Hinblick auf den Fortschritt) wie auch immer geartete Vergangenheit möglichst genau zu rekonstruieren und abzubilden. Dabei kann dieser Methodenfetischismus – das zeigt sehr schön Bauerkämpers Versuch – keine wahrere, einheitliche Erkenntnis liefern.

Bauerkämper – (k)ein schlechter Erzähler?

Nun könnte entgegnet werden, dass das Scheitern des Versuchs am Versuchsausführenden liegt. Dass es sich bei Bauerkämper schlicht um einen schlechten Erzähler handelt, der historische Methode falsch oder nachlässig anwendet, und deswegen so widersprüchliche Geschichten – und eben nicht DIE Geschichte – erzählt. Manche Lesende werden einwenden, dass ein(e) andere(r), begabtere(r) Historiker(in) zu konziseren, einheitlichen und in sich schlüssigen Ergebnissen kommen, und so mittels richtiger Methodenanwendung die Geschichte der Bodenreform erfassen und vermitteln könnte.

Damit bietet sich eine schöne, weil einfache Erklärung an. Doch unabhängig von dem Unbehagen, das eine Be- oder Verurteilung der überaus umfangreichen historischen Arbeit Bauerkämpers bei mir auslöst, vermag diese Erklärung nicht zu überzeugen. Das Problem ist ein anderes. Doktor Bauerkämper, Ordentlicher Professor an der Freien Universität, Leiter öffentlich geförderter Forschungsprojekte und Organisator zahlreicher

[13] Ebd., S. 147.

historischer Fachkonferenzen, ist nicht lediglich ein schlechter Erzähler. Das wäre zu einfach – vielleicht auch einfach zu schön, um wahr zu sein. Vielmehr liegt die an seinem Beispiel gesehene Kontingenz der Erzählweise gewissermaßen in der Natur der Sache:

»Historische Erklärungen verweisen nicht auf einen Grund, durch den ein Ereignis intelligibel wird, sondern sind der Sinn, den der Historiker der Erzählung verleiht«[14]. Dieser Sinn steckt nicht in der Vergangenheit. Er kann nicht durch methodische Reflektion erfasst und abgebildet werden. Der Sinn, der Kausalzusammenhang, den Erzählende ihren Geschichten geben, entspringt der alltäglichen Lebenserfahrung dieser Erzählenden. Es existiert keine Kausalität in der Vergangenheit, die so erfasst werden kann, dass sie konzise und einzig wahr funktioniert. Jedes Ereignis, oder jede Ereignisabfolge, kann so, kann aber auch anders stattgefunden haben. Deswegen ist es »ein Vorurteil zu glauben, die Geschichte wäre eine Sache für sich und der Historiker würde sich geheimnisvoller Verfahren bedienen, als deren Resultat dann eine historische Erklärung herauskäme«[15].

Die von Bauerkämper verwendete »Methode« beim Schreiben von Geschichte ist keine Methode, denn das Vergangene ist kein hypothetisch-deduktives System[16]. Es gibt für die Abbildung der Vergangenheit keine fest bindende, abstrakt funktionierende Methode. Das in der (sich selbst so bezeichnenden) Geschichtswissenschaft als Methode Bezeichnete bindet nicht durch Anwendung. Deswegen kommen so verschiedenen Erzählweisen über die Vergangenheit – bei Bauerkämper über Gründungsaufrufe, Augustdirektiven und Bodenreformverordnungen – zustande. Die (sogenannte) Methode sichert keine Einheitlichkeit. Wie an Bauerkämper gesehen, formen die Historik Betreibenden jedes Mal aufs Neue eine nach ihrer Menschenkenntnis mögliche Ereignisabfolge aus der Vergangenheit. Geschichtliche Realität ist nicht folgerichtig[17]. »Es gibt keine Lösungen, die normal wären und der Geschichte – zumindest von Zeit zu Zeit – das beruhigende Aussehen einer gut gebauten Fabel verleihen würden, wo das, was geschehen müsste, schließlich geschieht.«[18] Trotz Anwendung der immer selben, als Methode bezeichneten Vorgehensweise, entstehen bei Bauerkämper zu verschiedenen Zeitpunkten verschiedene Kausalzusammenhänge für Russische und Deutsche Kommunisten, für Gründungsaufrufe, Augustdirektiven und Bodenreformverordnungen. »Die Anzahl der Ursachen, in die ein Geschehen zerlegt werden kann, ist

[14] Veyne, Geschichtsschreibung 1990, S. 72.
[15] Ebd., S. 73.
[16] Ebd., S. 72.
[17] Ebd., S. 83.
[18] Ebd.

unendlich« denn »das irdische, kausale Verstehen, anders gesagt Geschichte, (besteht) in der Beschreibung« und »die Anzahl der möglichen Beschreibungen ein und desselben Ereignisses (ist) unendlich«[19]. All das, was die Historik Betreibenden beim Schreiben als Methode bezeichnen, kann also nicht wie von selbst zu einheitlicher Erkenntnis führen.

Methode als Fabel

Bleibt noch zu fragen, was historische Methode ist, wenn sie keine Methode ist. Hören wir wieder Paul Veyne, nach dem »Theorien, Typen und Begriffe (...) ein und dasselbe (sind): Resümees von Fabeln, die fertig zur Verfügung stehen«[20]. Das von der Historischen Zunft als Methode Bezeichnete kann selbst als eine Art konkreter Geschichte verstanden werden, die den Eindruck abstrakter Regelmäßigkeit erwecken soll. ›Zwangsmodernisierung‹, ›Traditionalität‹, ›Krisenzyklen‹, oder ›die Ambivalenz der Moderne‹ sind Kurzbezeichnungen für gemachte Erfahrungen, aus denen (in diesem Fall Bauerkämper) einen Typus zu bilden vorgibt. Auch ›Kulturgeschichte‹, ›vergleichende Perspektive‹ oder ›Erfahrungsgeschichte‹ suggerieren Typologien. Sie erwecken den Eindruck von etwas Abstraktem, von einer sicheren Art der Gesetzlichkeit, sind aber lediglich Kurzbezeichnungen für den alltäglichen Vorgang des Denkens, der mit diesen Systembezeichnungen professionellen Anstrich erlangt. Mit Veynes Worten gewinnt die Geschichtsschreibung an Ansehen. Durch »solche Theorien wird die Geschichte intelligibel und geheimnisvoll wie ein Drama, bewegt von großen Kräften, die vertraut und doch unsichtbar sind und immer denselben Namen tragen. (...) Der Leser taucht in eine allegorische Atmosphäre ein, (...) in der alle Dinge mehr Bedeutung annehmen, als ihnen ehrlicherweise zusteht. (...) Geschichtsschreibung, die tief sein will, achtet daher seit jeher darauf, sich ihrer anekdotischen und unvorhersehbaren Banalität zu entledigen. Stattdessen schmückt sie sich mit dem Ernst und der Erhabenheit, die den ganzen Reiz der Tragödie ausmachen.«[21].

»Geschichte hat keine Methode«[22]. Gleich welche konkrete, neuartige, weiterentwickelte, und als Methode bezeichnete Vorgehensweise der Geschichtsschreiber gerade anzuwenden vorgibt, immer geht es lediglich darum, von einem vergangenen Sachzusammenhang zu erzählen. Ob dieser Sachzusammenhang zeigen soll, wie sich große Strukturen oder

[19] Ebd., S. 126.
[20] Ebd., S. 88.
[21] Ebd., S. 87.
[22] Ebd., S. 9, 10.

kleine Biographien über ein oder fünf, zehn, fünfzig, hundert, zweihundert oder vierhundertsiebenundsechzig Jahre, in einem Dorf, einer Stadt, einem Land, Kontinent oder einer Welt verändert haben – oder gleich geblieben sind, jedes Mal wird nur etwas erzählt.

Das Interesse unterscheidet sich, und so liegt auch kein methodischer Unterschied darin, die Geschichte von Begriffen (oder Wörtern), von Ideen, Wissenschaften, Wirtschaften oder der Umwelt erzählen zu wollen. Wenn ich mich beim Erzählen einer Geschichte auf einzelne Staatsmenschen, Nationen oder auf die Politik konzentriere, unterscheidet sich dieses Erzählen nicht theoretisch von einer Geschichte, die vom Alltag der ländlichen Bevölkerung handelt – oder die global von der Veränderlichkeit und der Beziehung einzelner Nationen zueinander oder zu ihren Kolonien berichtet. Was sie erzählen, ist keiner höheren Art von Logik, keiner Gesetzlichkeit unterworfen, die es zu erfassen gilt. Historiker(innen) betreiben keine Art von Geschichte, die theoriegebunden nachvollziehbar wird. Das ist »höchstens die (Art von Geschichte), die sie vermeintlich betreiben oder die nicht zu betreiben sie angeblich bedauern sollten«[23].

[23] Ebd., S. 9.

12. Nordalms Rat, die Quellen und ein Objektivitätsausflug

Und die Wahrheit? Und die Objektivität? Und die vergangene Wirklichkeit?

Nun, wir haben ja noch die »Quellen«. Bisher bin ich nur auf Bauerkämpers Erzähltes eingegangen, ohne diesen (vielleicht) wichtigsten wissenschaftlichen Faktor innerhalb der Geschichtswissenschaft genauer untersucht zu haben. In diesem Zusammenhang wird deswegen ein Geschichtsschreiber interessant, der die Überzeugung von immer besserer Geschichtsmethodik für falsch hält, und dennoch von der Möglichkeit, das Vergangenen aus den »Quellen« zu erfahren, überzeugt ist. Jens Nordalm ist so ein »Advocatus Diaboli«[1]. Auf seine Position will ich näher eingehen, weil sie den zahlreichen Methodenfetischisten vorwirft, auch nichts anders zu tun, als fragend die Vergangenheit zu verstehen. Für ihn stammt »das Bestreben, nach fixierbaren Methoden zu verfahren, (…) aus einem anderen Gebiet der Erkenntnis und passt nicht zum Fall der Geschichte«[2]. Mit dem »anderen Gebiet der Erkenntnis« meint Nordalm Descartes, dessen »Entdeckung der Methode« und die damit einhergehende Geburt des modernen Wissenschaftsbegriffs[3]. Nach Nordalms Lesart führte Descartes die Trennung der Methode von ihrem Gegenstand ein. Seitdem sei »Methode (…) das, was den Gegenstand objektiv zu erklären erlaubt, und das heißt auch: vollständig, denn Objektivierung wiederum heißt, etwas zu etwas vollständig Erklärbarem zu machen«[4].

Ein kurzer Ausflug zur Objektivität

Letztgenanntes Zitat verlangt ein kurzes Innehalten. Bevor wir uns ausführlicher Nordalms Ratschlägen zuwenden, will ich mich nun ein wenig intensiver mit der Objektivitätsfrage beschäftigen.

[1] Hirschi, Methoden für den Lehrstuhl. In: FAZ vom 22.12.2008, S. 35. Ein Advocatus Diaboli ist Nordalm in diesem Zusammenhang, weil er in einem von Eckel und Etzemüller herausgegebenen Sammelband mit seinem Aufsatz »einen Kontrapunkt zu den übrigen Beiträgen« des Bandes setzt. Vgl. Eckel/Etzmüller, Schreiben der Geschichte der Geschichtsschreibung. In: Dies. (Hg.), Neue Zugänge 2007, S. 25: »Die übrigen Beiträge dieses Bandes« enthalten ausführliche Reflektionen zur (Objektivitätsermöglichung) geschichtswissenschaftlicher Methode.

[2] Nordalm, Zweifel am Methodendiskurs. In: Eckel/Etzmüller (Hg.), Neue Zugänge 2007, S. 286.

[3] Ebd., S. 285.

[4] Ebd., S. 286.

Nordalm sieht die Geburtsstunde der modernen (Natur)Wissenschaft bei Descartes. Objektivität und Wissenschaftlichkeit bilden dabei eine Einheit, denn von nun an sollte »jede(r) beliebige(..) Gegenstand objektiv erklärt« werden können[5]. »Objektivität«, »Wissenschaft«, »Methode« und nicht zuletzt »Erkenntnis«, nennt Nordalm in einem Atemzug. Die Begriffe scheinen hier dasselbe zu bedeuten – sie weisen auf eine »Geschichte der Erkenntnistheorie (und der Wissenschaft)« hin, die »identisch mit der Geschichte der Objektivität« ist[6]. Eine Geschichte dieses Inhalts wird oft erzählt. Für eine solche Erzählung über Descartes, »subjektive Ungewissheit«, »objektive Möglichkeit« und wahre Erkenntnis, sei hier nur Bernard Williams genannt[7]. Auch ich habe bisher ohne weitere Reflektion – ja unbedacht – den Begriff der Objektivität übernommen, und ihn damit vielleicht »als Kürzel für alle epistemischen Tugenden« verwendet[8]. Ich habe gewissermaßen intuitiv von der Objektivität geredet – und will nun Ausschnitte einer »der Intuition zuwiderlaufende(n)«[9] Geschichte der Objektivität nacherzählen.

Jene Geschichte haben Lorraine Daston und Peter Galison geschrieben. Sie verweist zunächst auf den im 14ten Jahrhundert von Duns Scotus und William von Ockham verwendeten, scholastischen Wortgebrauch der lateinischen Begriffe *obiectivus/obiective*. Nicht ohne die Gegenbegriffe *subjectivus/subiective* denkbar, bezog sich »›objektiv‹ (…) auf Dinge, wie sie sich dem Bewusstsein darstellen, ›subjektiv‹ dagegen auf Dinge für sich genommen«[10]. Erst in der »Rezeption der Kantischen Philosophie« kehrte sich diese, dem intuitiven Gebrauch entgegengesetzte, Verwendung in ihr (heute allgemeingültiges) Gegenteil[11].

[5] Nordalm, Zweifel am Methodendiskurs. In: Eckel/Etzmüller (Hg.), Neue Zugänge 2007, S. 285.

[6] Daston/Galison, Objektivität 2007, S. 396.

[7] Williams, Descartes 1996, S. 86. Mehrere Hinweise auf dieses Werk bei Daston/Galison, Objektivität 2007, S. 504, Fn. 5 oder S. 449 Fn. 14: »Philosophiehistoriker haben das Vokabular der Objektivität und Subjektivität routinemäßig zur Analyse der Werke von Bacon und Descartes verwendet: siehe z. B. Bernard Williams«.

[8] Daston/Galison, Objektivität 2007, S. 396. Ich selbst insbesondere im 8. Kapitel unter Betrachtungen zur Standortbindung. Wege zur Überwindung der Vielfalt, S. 105-119.

[9] Daston/Galison, Objektivität 2007, S. 28.

[10] Ebd., S. 30.

[11] Ebd., S. 31. »Spuren dieses scholastischen Wortgebrauchs« finden die Autoren auch noch bei dem von Nordalm und Williams ganz anders vorgestellten Descartes und dessen »Passagen der Meditationes de prima philosophia (1641)«; Hierzu zitieren Daston und Galison S. 115ff. aus der 2004 in Göttingen erschienenen Ausgabe, vgl. Objektivität 2007, S. 30 und S. 447 Fn. 7.

Was Daston und Galison dann (ohne weitere begriffsgeschichtliche Reflektionen[12]) erzählen, deutet sich in der kurzen Betrachtung zum Wortgebrauch bereits an: »Die Geschichte der wissenschaftlichen Objektivität ist überraschend kurz«[13], »erst um die Mitte des neunzehnten Jahrhunderts« wurde Objektivität zu einem »an praktischen Verfahren ablesbare(n) wissenschaftliche(n) Ideal«[14], und dieses Ideal ist schließlich nur ein wissenschaftliches Ideal neben anderen.

Daston und Galison erzählen auch eine Geschichte der Wissenschaft als eine Geschichte der Erkenntnistheorie. Es geht ihnen um die »philosophische Erforschung der Hindernisse, die dem Erkennen und Wissen entgegenstehen«[15]. Bestimmte Handlungsmaxime (oder wissenschaftliche Ideale) sollen die Überwindung dieser Hindernisse ermöglichen; Handlungsmaxime, die die Verfassenden – mit bewusst gewählt moralischer Konnotation – als »epistemische Tugenden«[16] bezeichnen. Was in wissenschaftlichen Kreisen als Hindernis auf dem Weg zu Erkenntnis galt (und gilt), ist vielfältig. Zu unterschiedlichen Zeiten werden unterschiedliche Dinge als Hindernisse identifiziert. Damit ändern sich auch die epistemischen Tugenden, also die Werkzeuge, mit denen den jeweilig als akut erkannten Hindernissen begegnet werden soll.

Den Weg der Erkenntnistheorie kennzeichnen nun drei zentrale epistemische Tugenden: Naturwahrheit, Objektivität und geschultes Urteil. Zunächst weist die Aufzählung auf eine zeitliche Abfolge hin – die Objektivität entsteht in Folge der Naturwahrheit, das geschulte Urteil als Reaktion auf die Objektivität[17] – doch bedeutet diese Chronologie nicht, dass eine Tugend die andere ablöst. Sie bedingen sich, gehen auseinander hervor, bleiben bestehen und verändern sich gleichzeitig. Nach dem Aufkommen der Objektivität ist die Naturwahrheit eine andere geworden, die sich mit dem Erscheinen des geschulten Urteils erneut verändert, das

[12] Ebd., S. 55ff.: Die Autoren wollen gerade keine Begriffsgeschichte schreiben oder sich an – wie sie sagen – mystischen und metaphysischen Definitionen aufhalten. Es geht ihnen um »Objektivität in Hemdsärmeln«, um eine spezifische Handlungstheorie. Objektivität als wissenschaftliches Ideal soll anhand der (sich ändernden) wissenschaftlichen Praktiken gezeigt und untersucht werden. Aus diesem Grund konzentrieren sich die Autoren auf die sich wandelnden wissenschaftlichen Praktiken, die bei der Herstellung von Atlanten angewendet werden sollten. S. 56: »Der Objektivitätsbegriff wird durch Handlung ersetzt«.

[13] Ebd., S. 28.

[14] Ebd., S. 37.

[15] Ebd., S. 32.

[16] Ebd., z.B. S. 27. Die bewusst moralische Konnotation, weil epistemische Tugenden immer mit der Persönlichkeit des Forschenden verbunden sind. Epistemische Tugenden werden zum Zweck der Welterkenntnis, nicht der Selbsterkenntnis, gepredigt, siehe hierzu Daston/Galison, Objektivität 2007, S. 41.

[17] Ebd., S. 18.

seinerseits die Objektivität zu einer anderen macht[18]. Bis zu Beginn des neunzehnten Jahrhunderts war allein die Naturwahrheit epistemische Tugend – es galt, das Wesen der Dinge zu erkennen. Der wissenschaftlich darzustellende Gegenstand wurde bewusst modifiziert, um mit Hilfe der im menschlichen Wesen natürlich verankerten Vernunft zur Sache an sich vordringen zu können[19]. Hindernisse auf dem Weg zur Erkenntnis waren etwa Veränderlichkeiten in der Natur, die es erschwerten, das Typische, Allgemeingültige, das wahrhaft für eine Klasse stehen sollte, zu extrahieren[20]. Die Idealisierung war Leitprinzip[21].

Gegen Ende des neunzehnten Jahrhunderts, im Erbe Kantischer Neubesetzung der Begrifflichkeiten, gerät dieses wissenschaftliche Ideal ins Wanken. Auf dem Weg zum Wissen wird ein neues Hindernis ausfindig gemacht: »die Hürde, die die Wissenschaftler selbst darstellen«[22]. Während bisher »auf der Suche nach dem Wesentlichen (...) das Gestrüpp des Zufalls beseitigt (wurde)«[23], soll nun alles genau, und in vollem Umfang so dargestellt werden, wie es *tatsächlich* ist. Die Befürchtung, dass das Selbst mit dem Zweck der Anpassung an theoretische Vermutungen zur Verfälschung neigt, nimmt zu, und gleichzeitig wird das mit der Naturwahrheit gekennzeichnete wissenschaftliche Verfahren (von einigen Vertretern der Zunft) als subjektiv-skandalös bezeichnet[24]. Um der Subjektivität – diesem neu identifizierten Hindernis auf dem Weg zur Erkenntnis – zu begegnen, tritt die Objektivität als neue epistemische Tugend auf[25]. Ihr Wesen ist das »Blindsehen«[26], der »intellektuelle Wille zur Willenlosigkeit«[27] wird zur Handlungsmaxime für wissenschaftliches Arbeiten. Daston und Galison betonen in diesem Zusammenhang, dass Wahrheit und Objektivität gerade nicht gleichlaufende wissenschaftliche Ideale sind. Ende des 19ten Jahrhunderts herrscht in Teilen der Wissenschaftswelt eine »Atmosphäre metaphysischer Vorsicht« und »geschärfter Wahrnehmung der kurzen Lebensdauer wissenschaftlicher Theorien«[28]. Diese Erfahrungen wandeln auch das holistische Verständnis der Wissenschaft-

[18] Ebd., S. 19.
[19] Ausführlich hierzu das Zweite Kapitel in Daston/Galison, Objektivität 2007.
[20] Ebd., z.B. S. 36.
[21] Ebd., S. 13.
[22] Ebd., S. 36. Auch Daston/Galison kennen nur Wissenschaftler.
[23] Ebd., S. 14.
[24] Ebd., S. 36.
[25] Ebd., S. 34.
[26] Ebd., z.B. S. 17.
[27] Ebd., S. 214/215 unter Hinweis auf Schopenhauer.
[28] Ebd., S. 225.

ler. Nun kann Wissenschaft nur noch »eine Kenntnis empirisch abgeleiteter Naturgesetze vermitteln (...), nicht aber Erkenntnis der höchsten Natur der Dinge«[29]. Mit Claude Bernard sind »Menschen für die Suche nach der Wahrheit gemacht, nicht für ihren Besitz«[30].

Erst zu Beginn des 20ten Jahrhunderts wandelt sich diese Nervosität bei jedem Verdacht der Eigenerfindung[31]. Mit der Professionalisierung der wissenschaftlichen Welt relativiert sich das Misstrauen gegenüber dem Erkenntnis verfälschenden Selbst. Die epistemische Tugend des geschulten Urteils entsteht[32] und »der Experte« wird geboren. Er soll (und kann!) lernen »zu lesen, zu interpretieren, und aus dem Wust von uninteressanten Artefakten ausgeprägte signifikante Strukturen zu extrahieren«[33]. Die Instrumente der epistemischen Tugend Objektivität sind nun »Infrastrukturen, auf die ein geschultes Urteil sich stützen« kann[34]. *Objektiv* bezeichnet im Rahmen des geschulten Urteils »festgelegte, genau bestimmbare Kriterien der Auswertung«, nicht aber die Auswertung selbst[35]. Objektivität ist also in dieser Geschichte »weder ein Synonym für Wahrheit oder Gewißheit noch für Genauigkeit oder Präzision«[36].

Doch warum wird dann – in meinem intuitiven Gebrauch gleichermaßen wie bei zahlreichen Erzählungen über Wissenschaftsgeschichte oder bei grundsätzlicher Wissenschaftsbetrachtung – Objektivität mit solch einer Ehrfurcht und Allgemeingültigkeit behandelt? Wie kommt es, dass Objektivität so häufig als Voraussetzung für den »modernen« Wissenschaftsbegriff gesehen wird? Wieso kann Nordalm apodiktisch feststellen, dass »Objektivierung (...) heißt, etwas zu etwas vollständig Erklärbarem zu machen«[37]?

Daston und Galison bieten eine Erklärung, die mit dem wissenschaftlichen Selbst im Zusammenhang steht. Erkenntnistheorie sucht, die der Erkenntnis im Weg stehenden Hindernisse zu überwinden. Damit einhergehend steht »am Anfang aller Erkenntnistheorie (...) Angst«, an eben

[29] Ebd., S. 225.
[30] Ebd. S. 226; S. 478 Fn. 45: Claude Bernard in Cahier de notes 1850–1860. Edition intégrale du »Cahier rouge«. Herausgegeben von Mirko Drazen Grmek, Paris 1965, S. 184.
[31] Ebd., S. 344.
[32] Ebd., S. 348.
[33] Ebd., S. 354.
[34] Ebd., S. 349.
[35] Ebd., S. 354.
[36] Ebd., S. 394.
[37] Nordalm, Zweifel am Methodendiskurs. In: Eckel/Etzmüller (Hg.), Neue Zugänge 2007, S. 286.

diesen Hindernissen zu scheitern, mithin nicht *erkennen* zu können[38]. Die Allgemeingültigkeit der Objektivität, wenngleich nur »ein Kapitel in dieser Geschichte intellektueller Ängste«[39], folgt aus der spezifischen Qualität der Angst, gegen die sie vorgehen soll:

> *»Objektivität geht gegen eine Angst vor, die anders ist und tiefer sitzt als die anderen. Diese Bedrohung kommt nicht von außen – nicht aus einer komplexen Welt, von einem geheimnisvollen Gott oder einem trügerischen Dämon. Sie ist auch nicht die Sorge um die Schwäche der Sinne, die durch ein Teleskop oder Mikroskop behebbar ist, oder des Gedächtnisses, das man durch Merkzettel schützen kann. (...) Objektivität fürchtet Subjektivität, den Kern des Selbst.«*[40]

Objektivität ist so populär, weil sie verspricht, ein Paradox zu lösen. Gleichzeitig geht sie gegen eine Art von Angst vor, die durch ihre besondere Bedrohlichkeit, aus dem Selbst selbst zu kommen, eine andere Qualität hat als bisher gekannte Ängste. Das Subjekt »ist Wurzel des Wissens wie des Irrtums« und »Subjektivität ist keine Schwäche des Selbst, die man wie Kurzsichtigkeit korrigieren kann oder wie eine blühende Phantasie in Schach halten könnte. Sie *ist* das Selbst.«[41] Dieses nun »von der Subjektivität erfasste Selbst ist hochgradig individualisiert, im Unterschied zum Selbst der rationalen Seele, deren Charakteristikum die mit allen anderen vernünftigen Seelen geteilte Fähigkeit zur Vernunft war.«[42] Es lässt sich nicht auslöschen, denn es ist Voraussetzung für Wissen, doch es muss gebändigt werden, denn es verfälscht das Wissen. Die Gefahr ist unmittelbar, und Objektivität verspricht Schutz vor dieser Gefahr.

Und zurück zu Nordalms Rat

Nun will ich in dieser Untersuchung gerade keine eigene Begriffsreflektion betreiben oder Definitionen etwa darüber aufstellen, was Wissen-

[38] Daston/Galison, Objektivität 2007, S. 396: »Angst, dass der Ariadnefaden der Vernunft zu kurz für die labyrinthische Welt ist; Angst, dass die Sinne zu schwach sind und der Verstand zu anfällig; Angst, dass das Gedächtnis schon zwischen zwei aufeinanderfolgenden mathematischen Beweisschritten versagt; Angst, dass Autorität und Konvention blind machen; Angst, dass Gott Geheimnisse für sich behält oder Dämonen uns täuschen«.

[39] Ebd., S. 396.

[40] Ebd.

[41] Ebd., S. 397.

[42] Ebd., S. 403.

schaft, Wahrheit oder Objektivität nun *eigentlich* bedeutet[43]. Ich habe mich bisher an Selbstbeschreibungen orientiert, also daran, was (verschiedene) Geschichtswissenschaftler(innen) nach ihrem eigenen Anspruch betreiben, beschreiben und herausfinden *wollen* – oder herauszufinden vorgeben. Die hier nacherzählte Betrachtung von Daston und Galison soll bewusst machen, dass auch gänzlich andere Verständnisse erkenntnistheoretischer Wahrheiten erzählbar sind – doch wenden wir uns wieder dem konkreten Fall der (Rechts)Geschichtswissenschaft zu.

Hierzu stellen Daston und Galison fest, dass Historik Betreibende den Begriff der Objektivität »als ungefähres Synonym für Unparteilichkeit und Interessenlosigkeit«[44] benutzen. Der Historiker Nordalm unterscheidet sich nun – jedenfalls diesbezüglich – von jenen Historiker(inne)n, die Daston und Galison beschreiben. Auch wenn er für das grundsätzliche Verständnis von Objektivität die allgemeine (»intuitive«[45]), möglicherweise »falsch(e)«[46] Geschichte erzählt, lehnt er das, was Daston und Galison streckenweise unter »objektiv« verstehen, für den Fall der Geschichtsschreibung ab[47]:

Diese bezeichnen auch als zentralen Bestandteil der Objektivität, »dass das Selbst sich in einen aktiven Experimentator und einen passiven Beobachter aufspaltete«[48]. Nordalm postuliert, dass die historische Arbeit ohnehin nicht »nach Art von ›Theorie und Praxis‹ oder ›Methodenreflexion und prüfende Anwendung‹« zweigeteilt werden kann. Nach seinem Dafürhalten arbeiten Historiker[49] nicht »mal ›denkend‹ mal ›empirisch‹ beobachtend« sondern immer (nur) verstehend interpretierend, sie »denken und deuten, sobald [sie] irgendeinen historischen Satz sagen«[50]. In einem

43 Siehe oben: 3. Das Erzählte und die Geschichte, S. 18: »Definitionen folgen nicht. Stattdessen orientiere ich mich an Selbstbeschreibungen«.

44 Daston/Galison, Objektivität 2007, S. 402. Auf S. 505 Fn. 11 die Hinweise auf »Peter Novick, That Noble Dream: The »Objectivitiy Question« and the American Historical Profession, Cambridge 1988« und auf »Julie Robin Solomon, Objectivity in the Makin: Francis Bacon and the Politics of Inquiry, Baltimore 1998«.

45 Siehe oben S. 174; Daston/Galison, Objektivität 2007, S. 28.

46 Daston/Galison, Objektivität 2007, S. 396: »Francis Bacon und Descartes, sogar Platon und Aristoteles werden in eine Armee eingegliedert, die angeblich immer gegen die Subjektivität zu Felde gezogen ist, als ob die Kantischen Begriffe nur eine Unterscheidung umgetauft hätten, die es seit den Anfängen der abendländischen Philosophie gab. Wir behaupten, dass diese homogenisierte Ansicht der Geschichte der Epistemologie und der Wissenschaft falsch ist«.

47 Ob er dasselbe nun auch mit den Zeichen o b j e k t i v bezeichnen würde, ist eine andere Frage, die ich jedoch nicht entscheiden muss.

48 Daston/Galison, Objektivität 2007, S. 265.

49 Auch bei Nordalm arbeiten nur Historiker.

50 Nordalm, Zweifel am Methodendiskurs. In: Eckel/Etzmüller (Hg.), Neue Zugänge 2007, S. 286.

geschichtswissenschaftlichen Umfeld, das von Methodenfortschritt zur Sicherung sogenannter objektiver und gleichzeitig wahrer Erkenntnis über die Vergangenheit überzeugt ist, plädiert Nordalm also für eine Rückbesinnung auf den (von ihm so verstandenen) Historismus, auf Dilthey und Droysen, und spielt damit auf den »alten geschichtstheoretischen Streit um Erklären und Verstehen als konkurrierende Methodenkonzeptionen des historischen Denkens«[51] an.

(Jenseits von) Erklären und Verstehen

Der Begriff des Erklärens stammt aus den Naturwissenschaften. Wilhelm Dilthey setzte ihm in dem Anliegen, neben dieser aufstrebenden Wissenschaftsart einen eigenständigen – anders funktionierenden – Zweig der Geisteswissenschaften zu etablieren, den Begriff des Verstehens entgegen: »Die Natur erklären wir, das Seelenleben verstehen wir. (…) Dies bedingt eine sehr große Verschiedenheit der Methoden, vermittels derer wir Seelenleben, Historie und Gesellschaft studieren, von denen, durch welche die Naturerkenntnis herbeigeführt worden ist«[52]. Gewissermaßen historisch gewachsen soll also »›Verstehen‹ (…) Inbegriff der historischen, ›Erklären‹ Inbegriff der naturwissenschaftlichen Methode«[53] sein – oder auch nicht, wenn die »historische Sozialforschung exakte Rechenhaftigkeit historischer Prozesse aufgrund der von ihr überlieferten statistischen Daten«[54] erklärt. Grob gesagt setzten die Verfechter(innen) des Verstehens auf ein hermeneutisches, diejenigen des Erklärens auf ein nomologisches Verfahren[55].

Ich will nicht weiter auf den Streit, die Begriffe, ihre Genese und ihre Bedeutung eingehen. Nach mancher Ansicht in der Geschichtswissenschaft »löst« er sich ohnehin »allmählich auf«[56]. Mich interessiert die Überzeugung Nordalms, weil sie jenseits von »Erklären« oder »Verstehen« den »seit längerem verbreiteten Methodenüberschwang, der die Wissenschaft

[51] Jaeger, Geschichtstheorie. In: Goertz (Hg.), Grundkurs 2007, S. 815. Jaeger verweist für diesen Streit auf Hardtwig Wolfgang/Wehler Hans-Ulrich (Hg.), Kulturgeschichte heute. Göttingen 1996 und Mergel Thomas/Welskopp Thomas (Hg.), Geschichte zwischen Kultur und Gesellschaft. Beiträge zur Theoriedebatte. München 1997.

[52] Dilthey, Ideen über eine beschreibende und zergliedernde Psychologie [1894]. In: Misch (Hg.), Wilhelm Dilthey – Gesammelte Schriften, Bd. V 1924, S. 144.

[53] So jedenfalls Muhlack, Verstehen. In: Goertz (Hg.), Grundkurs 2007, S. 114.

[54] Krüger, Historische Statistik. In: Goertz (Hg.), Grundkurs 2007, S. 66.

[55] Hinweis bei Goertz, Geschichte – Erfahrung und Wissenschaft. In: Ders. (Hg.), Grundkurs 2007, S. 42.

[56] Ebd.

vom Vergangenen durch Methodenbewußtsein auf festere Grundlagen zu stellen meint«[57] kritisiert.

Aufgrund der vorliegenden Untersuchung teile ich notwendig die Ansicht, dass die perfektionierte historische Methode nicht zu DER Geschichte führt[58]. Nordalm hat, wie er sagt, beim Schreiben der Geschichte (hier über Erich Marcks) keine »Methode« »angewendet«, sondern ist nach der »historischen Generalmethode des forschenden Verstehens« vorgegangen, die »gegen alle methodologische Einlinigkeit die Einnahme aller möglichen Perspektiven und das Begehen aller möglichen Erklärungswege«[59] ermöglicht. Anders als Bauerkämper, der seinen Bodengeschichten eine umfassende Methodenreflexion voranstellt und durch die alltags-, politik-, und wirtschaftsgeschichtliche Erweiterung der Sozialgeschichte, durch ›Begriffsreflektion‹ oder ›Vergleichende Perspektive‹ für das Erfassen der Vergangenheit eine perfektionierte, *Objektivität* garantierende Methode anzuwenden vorgibt, verwirft Nordalm eine derartige Differenzierung und sieht nur das forschende Verstehen der Quellen als Instrument der Vergangenheitserfassung. Quellen bleiben von elementarer Bedeutung: zentrale Aufgabe der Geschichtsschreibenden ist nach Nordalm, diesen Quellen möglichst viele Fragen zu stellen[60], um möglichst viele facettenreiche Antworten zu erhalten und sich nicht in Struktur-Kultur-Globalgeschichtlichen Methodendebatten zu verlieren.

(Sind Diesseits) die Quellen

»Mit dem Aufkommen des kritischen Arbeitens, der Überprüfbarkeit der zugrunde gelegten Texte und Originalquellen in der narrativen historischen Darstellung« soll »die Geschichte (...) vom unkritischen Erzählen zur wissenschaftlichen Analyse«[61] übergegangen sein. Die Quellenkritik verspricht »definitive Tatsachenaussagen darüber, was sich wirklich einmal ereignet und in den untersuchten Materialien zweifelsfrei und intersubjektiv überprüfbar manifestiert hat«[62].

[57] Nordalm, Zweifel am Methodendiskurs. In: Eckel/Etzmüller (Hg.), Neue Zugänge 2007, S. 284/285.

[58] Ich selbst, weil ich glaube, dass es keine perfektionierte historische Methode gibt. Ob Nordalm diesen Glauben teilt, weiß ich nicht.

[59] Nordalm, Zweifel am Methodendiskurs. In: Eckel/Etzmüller (Hg.), Neue Zugänge 2007, S. 288.

[60] Ebd., S. 289.

[61] Marsch Ulrich, Rezensiert Grafton, Anthony: Die tragischen Ursprünge der deutschen Fußnote. http://hsozkult.geschichte.hu-berlin.de/rezensionen/362.pdf .

[62] Jaeger, Geschichtstheorie. In: Goertz (Hg.), Grundkurs 2007, S. 808.

Meine im Vorangegangenen nacherzählten und im Anhang durch Schaubild und Tabelle zusammengefassten, »Bodenvarietäten« setzten sich – losgelöst von »zugrunde gelegten Texte(n) und Originalquellen« – allein aus der Betrachtung des bauerkämperschen Textes zusammen. Aus den Texten allein lässt sich keine linear-kontinuierliche Veränderung ablesen[63], doch möglicherweise hat Bauerkämper für die unterschiedlichen Texte, die er schreibt, unterschiedliche Quellen verwendet.

Das erscheint zunächst naheliegend. Der Lauf der Zeit bringt – etwa durch wendebedingte Archivöffnung – neue Quellen, die den Inhalt des Textes verändern. Doch könnte dieser Umstand jedenfalls Bauerkämpers Varietäten nicht erklären, denn sie folgen gerade keiner Chronologie. Würde allein das Hinzukommen neuer Quellen den Inhalt der Erzählung modifizieren, dann müsste die Erzählung wenigstens *nach* Entdeckung der neuen Quelle gleich bleiben. Sie bleibt aber nicht gleich. Wie an Bauerkämpers Bodenvarietäten gesehen, erzählt er zum Beispiel im siebenundzwanzigsten[64] dieselbe Geschichte wie im ersten[65], aber eine andere Geschichte als im zweiten[66] oder vierunddreißigsten[67] Bericht. Wer sich diese nicht chronologische Veränderung erneut in Erinnerung rufen will, möge den Anhang zu Rate ziehen, um »Geschichtenseismographen«[68] oder »Bauerkämpers historiographischen Fleiß«[69] zu betrachten. Jedenfalls gibt es schon aufgrund dieser kontingenten Erzählveränderung keine sukzessive Annäherung an eine identische Gestalt, die vielleicht »Wahrheit« genannt werden dürfte. Manchen Geschichten kann die Zeit nichts anhaben.

Dennoch verfügt die große Mehrheit der Texte über umfangreiche Quellenbelege. Bauerkämper bleibt fast nie Fußnoten schuldig, um seine eigene Erzählung zu untermauern. Alle hier untersuchten Geschichten erfüllen also ein (formales) Kriterium der wissenschaftlichen Analyse. Möglicherweise lassen sich wenigstens Tatsachen und Fakten erkennen, die Bauerkämper aus den Quellen gezogen hat. Möglicherweise hat Bauerkämper für die unterschiedlichen Texte, die er schreibt, unterschiedliche Quellen verwendet.

[63] 1994, 1999 und 2003 ähneln sich Geschichten. 1994, 2002 und 2005 ähneln sich Geschichten, die sich von den erstgenannten unterscheiden. Die nicht vorhandene Kontinuität der Veränderung ergibt sich schon aus der im Anhang untergebrachten Tabelle zu »Bauerkämpers historiographischem Fleiß«, S. 258-263 oder den ebenfalls dort aufgeführten »Geschichtenseismographen«, S. 254-257.

[64] Traditionalität in der Moderne 2003.

[65] Bodenreform zur Kollektivierung 1994.

[66] Verlorener Antifaschismus 1994, gehört zu Gruppe Zwölf und Acht.

[67] Strukturwandel und Alltagsleben 2007, gehört zu Gruppe Vier und Acht.

[68] Vgl. Anhang, S. 254-257.

[69] Vgl. Anhang, S. 258-263.

Die Fußnoten, die Quellenbelege, sind im Duktus der Wissenschaftlichkeit das konstituierende Moment für Nachvollziehbarkeit. Sie »kennzeichne(n) (...) das betreffende historische Werk als Arbeit eines Profis«[70]. Sie müssen in die Betrachtung der Vielfältigkeiten einbezogen werden, denn sie sind gleichzeitig »eng mit der Ideologie und den technischen Praktiken eines Berufstandes verknüpft«[71]. Der Versuch, dem Schreiben und Erfassen der Geschichte der Bodenreform näher zu kommen, wäre unlauter, wenn dieses Identitätsichernde Mittel der Historischen Zunft in die Betrachtung nicht einbezogen würde. Da die Methode als Wahrheit sicherndes Moment gescheitert ist, steht der Methoden ablehnende, sich auf die Quellen besinnende Jens Nordalm als Ideengeber Pate für den nun folgenden Teil der Untersuchung. Vielleicht wird die Veränderung in den Geschichten durch die Quellen verständlich. Vielleicht sind sie ein (*wissenschaftlicher*) Schlüssel zur Textvielfalt. So könnten sich Regelmäßigkeiten ergeben, die erklären, welche gleichen und verschiedenen Quellen die gleichen und verschiedenen Geschichten belegen, und vielleicht doch zur Annäherung an DIE Geschichte führen.

[70] Grafton, Fußnote 1995, S. 17.

[71] Ebd. Er vergleicht »das leise Gemurmel der Fußnote« mit dem »hochtourigen Sirren des Zahnarztbohrers« – wie der Bohrer beim Zahnarzt ist die Fußnote beim Historiker ein Zeichen für Professionalität.

13. Bauerkämpers Fußnoten: Synchronerzählende der Bodenvarietäten

Vorweg einige Worte zur Bezeichnung des Untersuchungsgegenstandes: Unabhängig von der Unterscheidung zwischen Primär- und Sekundär-, Text- oder Originalquelle stehen hinter Fußnoten immer geschriebene Worte und damit Erzählungen. Fußnoten werden meistens verwendet, um das im Text Erzählte zu belegen. Das in der Fußnote Kurzbezeichnete erzählt also – jedenfalls nach Meinung der Zitierenden – für den Ausschnitt des jeweilig Erzählten eine gleich lautende, eine *synchrone* Geschichte[1], gern mit »so auch«, »vergl.«, »siehe« etc. annonciert. Damit ist das in den bauerkämperschen Fußnoten Bezeichnete für mich eine Synchronerzählung. Weil Erzähltes Erzählende voraussetzt, nenne ich die in den Fußnoten aufgeführten Quellen Synchronerzählende.

Bauerkämper und seine Synchronerzählenden spielen im folgenden Abschnitt die Hauptrolle. Einige von ihnen habe ich selbst im Zusammenhang mit dieser Arbeit gelesen – und teilweise auch nacherzählt[2]. Mein eigenes Lesen fand jedoch nicht mit Bezug auf Bauerkämpers Erzählungen, sondern von ihnen unabhängig und in der Regel zeitlich vorgeschaltet statt. Auch soweit Überschneidungen bestehen, spielt meine eigene Lesart einzelner Erzählender für die Bauerkämper-Erzählenden keine Rolle. Es geht in diesem Teil der Arbeit nicht darum, was die Quellen mir sagen, sondern darum, welche Informationen Bauerkämper aus seinen Quellen zieht. Aus diesem Grund stehen eben nur Bauerkämpers eigene Geschichten im Zentrum, und dieses Mal im Hinblick darauf, welche gleichen und ungleichen Synchronerzählenden ER zur Unterstützung seiner jeweiligen Variante heranzieht. Was ich selbst – an anderer Stelle – aus einzelnen synchronerzählenden Beispielen herausgelesen, und im Vorangegangenen streckenweise auch niedergeschrieben habe, ist für den nun folgenden Abschnitt unbeachtlich.

Ich betrachte Bauerkämpers Umgang mit den Quellen aus drei Perspektiven.

Zunächst sind die Geschichten der Ausgangspunkt: Welche Synchronerzählenden begleiten gleiche und ungleiche Bodengeschichten? Daran anschließend gehe ich von einzelnen Erzählern aus. Ich untersuche ihre

[1] Die Bezeichnung Synchronerzählende kann selbstverständlich nicht für Fußnoten herangezogen werden, die – nach Meinung des Haupterzählers – Gegenteiliges erzählen. Diese Art von Zitierung ist für die drei Aspekte der Vielfalt in Bauerkämpers Bodengeschichten indes nicht von Relevanz.

[2] Besonders unter 2. Erzähltes – die Bodenreform als nicht vorhandener Sachverhalt, S. 11-17 und unter 4. Erzählende – Fünfzehn Sachverhalte einer Bodenreform, S. 23-48.

Verwendung im Hinblick auf ihre Auswirkung auf den Text – wann und mit welchen Ergebnissen belegen einige von ihnen welche Geschichtenvariante? Abschließend betrachte ich die sich verändernden Werturteile, die der zitierende Bauerkämper über einzelne Erzähler ausspricht.

Geschichten und ihre Synchronerzählenden

Untersuchungsgegenstand sind siebzehn Erzählungen aus dem Bodenalphabet[3]. Schon dessen (insgesamt) sechsundzwanzig Geschichten ähneln sich in ihrem literarischen Format[4]. Für diesen Teil der Arbeit habe ich aus dem Alphabet zwei Geschichtengruppen gebildet, deren Inhalte sich untereinander am weitesten unterscheiden und innerhalb der jeweiligen Gruppe am nächsten beieinander liegen. Dabei verfügt jede der siebzehn Geschichten über einen grundsätzlichen Abschnitt, der Vorbereitung und Durchführung der Bodenreform beschreiben will. Gleichzeitig wird in jeder von ihnen das im Text Erzählte zu Gründungsaufruf, Augustdirektive und Bodenreformverordnung mit Fußnoten belegt. Zwar ist die Anzahl der verwendeten Quellen in manchen Geschichten größer als in anderen, doch verfügt jede Geschichte über mindestens vier für diesen Vergleich relevante Synchronerzählende.

Die KPD-Gruppe: Acht Geschichten, zu den restlichen achtzehn verschieden und unter sich das Gleiche erzählend

Insgesamt achtmal, 1994[5], 1995[6], 1997[7], 1998[8], 1999[9] und 2003[10], erzählt Bauerkämper fast identische Geschichten über das Verhältnis zwischen KPD und Russen vor dem Hintergrund der Vorbereitung der Bodenreform. Zur Erinnerung: in keiner Geschichte geht die 11. Juni Forderung der KPD nach der Liquidierung des Großgrundbesitzes auf russischen Druck zurück, und in keiner der acht wird in Moskau zwischen Deutschen und Russen etwas besprochen, das Einfluss auf die Sowjetzonale

[3] Wird in den folgenden Fußnoten dieses Kapitels kein(e) Autor(in) genannt, so ist Bauerkämper der Autor.

[4] Weil jede von ihnen dem eigentlichen Thema einen grundsätzlichen Abschnitt zur Politikgeschichte voranstellt, siehe oben: 10. Bauerkämpers Bodenvarietäten, S. 134, Fn. 2: »In Sechsundzwanzig Geschichten stellt Bauerkämper trotz variierender Erzählanliegen dem eigentlichen Thema einen (politischen) Überblick zu Vorbereitung und Durchführung der Bodenreform voran«, sowie der Hinweis in der Zusammenfassung des 10. Kapitels auf S. 147 in Fn. 84.

[5] Bodenreform zur Kollektivierung; Neubauernprogramm in Brandenburg; Bodenreform in Mecklenburg.

[6] Führungsgruppen auf dem Lande.

[7] Elitenwechsel in der SBZ/DDR.

[8] Landarbeiter in der SBZ.

[9] Bodeneigentum in Ost- und Westdeutschland.

[10] Traditionalität in der Moderne.

Bodenreform hat. Der Impuls zur Reformdurchführung geht allein auf Handlungen und Entscheidungen der KPD zurück. Sechs von diesen acht Geschichten gehören im Bodengeschichtenalphabet zu identischen Gruppen[11]. Die verbleibenden zwei kennen keinen 11. Juni, weswegen sie zu den vier »Geschichten ohne Juniaufruf« gehören[12]. An dieser Stelle zählen sie zu den gleichen Geschichten, weil sie wie die anderen sechs von einer starken KPD erzählen, die selbstständig und eigenverantwortlich die Reform durchführt. Die Russen halten sich in allen acht Geschichten zurück, wo sie auftreten unterstützen sie die KPD bei der Bodenreform durch ihre Besatzerstellung. Wer sich außerdem in Erinnerung rufen will, in welchem Verhältnis diese acht Geschichten zu den verbleibenden des Alphabets stehen, der sei auf die beiden Geschichtenseismographen im Anhang verwiesen[13]. Die Beziehung der acht zu allen fünfunddreißig Geschichten lässt sich durch einen Blick auf »Bauerkämpers historiographischen Fleiß« auffrischen[14]. Zwischen erster und letzter Geschichte dieser Art liegen jedenfalls neun Jahre.

Zieht Bauerkämper in dieser Zeitspanne dieselben Synchronerzählenden[15] für dieselben Geschichtenausschnitte heran? Oder erzählt er dieselbe Geschichte mit verschiedenen Synchronerzählenden? Um dies zu verstehen, habe ich die für das Alphabet relevanten Erzählausschnitte untersucht[16].

[11] Bodenreform und Kollektivierung 1994; Neubauernprogramm in Brandenburg 1994; Bodenreform in Mecklenburg 1994; Führungsgruppen auf dem Lande 1995; Landarbeiter in der SBZ 1998; Traditionalität in der Moderne 2003: Zu »zehn Junigeschichten mit selbstständigem Gründungsaufruf der KPD« und zu den »elf Augustgeschichten mit von der KPD allein ausgearbeiteter Augustdirektive«.

[12] Elitenwechsel in der SBZ 1997; Bodeneigentum in Ost- und Westdeutschland 1999.

[13] Vgl. »Geschichtenseismographen«, im Anhang, S. 254-257. Insbesondere die »Gemeinsame Anordnung für Juni- und Augustgeschichten« – also der zweite Seismograph auf S. 257 – verdeutlicht die (relative) Gleichheit dieser acht Geschichten: sie stehen in der Übersicht in den beiden obersten Zeilen des Koordinatensystems höchster KPD-Verantwortung.

[14] Vgl. Anhang S. 258-263. Die acht gleichen Geschichten stehen in fünfunddreißig an Nummer 1, 3, 4, 6, 11, 15, 17 und 27.

[15] Grundsätzlich meine ich mit »Synchronerzählende« gleichzeitig auch die »Synchronerzählung«.

[16] Als »relevant« bezeichne ich Fußnoten, die mit den Varietäten des Alphabets in Zusammenhang stehen. Also diejenigen Fußnoten, die nach Bauerkämpers Dafürhalten die im »Bodengeschichtenalphabet« nacherzählte Vielfalt belegen sollen. Folgende Fußnoten habe ich in den Einzelgeschichten ausgemacht: (1) Bodenreform zur Kollektivierung 1994, S. 121, Fn. 9 zum 11. Juni, Fn. 10 zu Augustdirektive und BRVO. S. 122 Fn. 11 zum Inhalt der BRVO: 10 Erzählende. Die in dieser Fußnoten ebenfalls zitierten Helwig/Spittmann sind nicht mitgezählt, denn diese äußern sich hier nur zur Position der CDU; (2) Neubauernprogramm in Brandenburg 1994, S. 184 Fn. 7 zum 11. Juni, S. 185 Fn. 8 zu den Augustvorbereitungen und Fn. 9 zum Inhalt der Augustdirektive und Fn. 11 und 13 zum BRVO Inhalt: 12

Im Ergebnis der Untersuchung zeigt sich, dass jede der gleichen Geschichten über ihren eigenen, speziellen und individuellen Synchronerzählendenkanon verfügt. Von den insgesamt dreiunddreißig Erzählenden, die für die Varietäten der acht Geschichten relevant sind, wird die Mehrheit lediglich in jeweils einer Geschichte zitiert[17]. Darüber hinaus

Erzählende; (3) Bodenreform in Mecklenburg 1994, S. 369 Fn. 16 und 17 zum 11.-Juni-Aufruf, S. 370 Fn. 18 zu den BRVO Inhalten: 6 Erzählende; (4) Führungsgruppen auf dem Lande 1995, S. 81 Fn. 12 zum 11.-Juni-Aufruf, Fn. 13 zu den Augustarbeiten und Fn. 14 zum Inhalt der Augustdirektive. S. 82 Fn. 15 bis 17 zu den BRVO: 10 Erzählende; (5) Elitenwechsel in der SBZ 1997, S. 281 Fn. 32 bis 34 zu Augustarbeiten und Junkerenteignungen, S. 282 Fn. 36-37 zu Neubauernprogramm und Augustdirektive, S. 283 Fn. 39-40 zu Augustdirektive und BRVO: 7 Erzählende; (6) Landarbeiter in der SBZ 1998, S. 250 Fn. 14 zu 11.-Juni-Aufruf, Fn. 15 zu Augustdirektive, S. 251 Fn. 16 zu Bodenreformagitation: 4 Erzählende; (7) Bodeneigentum in Ost- und Westdeutschland 1999, S. 121-122, Fn. 39 zu Augustdirektive und BRVO: 4 Erzählende; (8) Traditionalität in der Moderne 2003, S. 14 Fn. 14 zum 11.-Juni-Aufruf, Fn. 15 zur Augustdirektive, S. 15 Fn. 16 und 17 zum Inhalt der Verordnung und den Bodenreformergebnissen: 9 Erzählende.

[17] (1) Bodenreform zur Kollektivierung 1994: S. 121 Fn. 9, Fn. Auf S. 191: Dietrich Staritz, Die Gründung der DDR. Von der sowjetischen Besatzungsherrschaft zum sozialistischen Staat, 2te Auflage München 1987 – für den 11.-Juni-Aufruf; S. 121 Fn. 10: Volker Klemm (Hrsg.), Von der bürgerlichen Agrarreform zur sozialistischen Landwirtschaft in der DDR, 2te Auflage Berlin (Ost) 1985 – zur Durchsetzung der Bodenreform in Brandenburg; (2) Neubauernprogramm in Brandenburg 1994: S. 184 Fn. 7: Horst Laschitza, Kämpferische Demokratie gegen Faschismus. Die programmatische Vorbereitung auf die antifaschistisch-demokratische Umwälzung in Deutschland durch die Parteiführung der KPD, Berlin (Ost) 1969 – zu den Moskauer Exilvorbereitungen und dem 11.-Juni-Aufruf »die Darstellung und Dokumente«; S. 185 Fn. 13 Fritz Reinert, Dokumente zur demokratischen Bodenreform im Land Brandenburg, Potsdam 1966 – »Ergänzend« zu den Dokumenten aus Reuber und Skibbe; S. 185 Fn. 13: BLHA Ld. Br. Rep. 208, Nr. 185, Bl. 7-9 S. 185 Fn. 13; (3) Bodenreform in Mecklenburg 1994: S. 370 Fn. 19: MLHA, Ministerium des Inneren (MdI), Nr. 310, Blätter 1-11, 12-15; MLHA, MFL, Nr. 2825, Blatt 169f; (4) Führungsgruppen auf dem Lande 1995: S. 81 Fn. 13: Wolfgang Zank, die Gesellschaftspolitik der KPD/SED 1945–1949, in: APZ B 11/90, 9.3.1990; S. 82 Fn. 16, derselbe Zank »Zusammenfassend zur Propagandakampagne der KPD«, gemeinsam mit Reuber/Skibbe; S. 81 Fn. 14: Hans-Georg Merz, Bodenreform in der SBZ. Ein Bericht aus dem Jahr 1946, in: DA 24. (1991), S. 1162 – »Allgemein« nach der Textbeschreibung zum Inhalt der Augustdirektive; S. 81 Fn. 13: »Zur Erarbeitung der Bodenreformdirektive auch den Bericht in: Stiftung Archiv der Parteien und Massenorganisationen der DDR im Bundesarchiv (SPAMO-BArch), DY 30/IV/2/7/227, Bl. 55f; S. 81 Fn. 14: »Entwürfe der Bodenreformdirektive in«: SPAMO-BArch, DY 30/IV 2/7/227, Bl. 6-9; S. 82 Fn. 16, nach Bauerkämpers Text zu den BRVO: SAPMO-BArch, DY 30/IV/2/7/227, Bl. 56, 58, 60, 70; (5) Elitenwechsel in der SBZ 1997: S. 281 Fn. 32: Nach Bauerkämpers Text zur ZK-Direktive: Bundesarchiv, Berlin (BArch), DK-1, Nr. 7374, Bl. 197; (6) Landarbeiter in der SBZ 1998: S. 251 Fn. 16: Manfred Wille, Die Verabschiedung der Verordnung über die Bodenreform in der Provinz Sachsen. In: Bauerkämper (Hg.), »Junkerland in Bauernhand«?,

gibt es keine(n) Erzählende(n), oder in allen acht Geschichten mit derselben Erzählung dieselbe Stelle belegt.

Der populärste Synchronerzähler ist Bauerkämper selbst. Mit unterschiedlichen Einzelgeschichten zitiert er sich in immerhin sechs Erzählungen[18]. Nur in den ältesten beiden – der »Bodenreform zur Kollektivierung« und dem »Neubauernprogramm in Brandenburg« – erwähnt er sich bei den relevanten Stellen nicht[19]. Neben Bauerkämper haben Siegfried Kuntsche und Rolf Stöckigt die größte Präsenz. Ersterer belegt in immerhin fünf Geschichten vorbereitende und durchführende KPD-Arbeiten[20], Rolf Stöckigt schafft es mit derselben Erzählung[21] noch in vier

S. 90-92 – »Exemplarisch« für die KPD-Aktionen zur Bodenreform; (7) Bodeneigentum in Ost- und Westdeutschland 1999: S. 123 Fn. 39: Bundesarchiv, Berlin (BAB), DK-1, Nr. 7375, Bauerkämper 1-3; (8) Traditionalität in der Moderne 2003: S. 14 Fn. 15: Damian von Melis, Entnazifizierung in Mecklenburg-Vorpommern. Herrschaft und Verwaltung 1945-1948, München 1999 – nach der Erzählung vom Erlass der 22. August-Direktive; S. 15 Fn. 16 und 17: Jens Murken, Bodenreform in Mecklenburg-Vorpommern. In: Zeitgeschichte Regional. Mitteilungen aus Mecklenburg-Vorpommern 3 (1999); S. 15 Fn. 17: Klaus Schwabe, Arroganz der Macht. Herrschaftsgeschichte von KPD und SED in Mecklenburg und Vorpommern 1945-1952, Schwerin 1997 – als Überblick zur Durchführung der Bodenreform; S. 15 Fn. 17: Adolf Weber, Umgestaltung der Eigentumsverhältnisse und der Produktionsstruktur in der Landwirtschaft der DDR. In: Materialien der Enquete-Kommission »Aufarbeitung der Geschichte und Folgen der SED-Diktatur in Deutschland«, hg. vom Deutschen Bundestag, Bd. II/4: Baden-Baden 1995, S. 2809-2888 als »Überblick« zur Bodenreform; S. 15 Fn. 17: Karl Mewis, Bei der Bodenreform bewährte sich die Aktionseinheit, in: Fanny Rosener/Ilse Schiel/Heinz Voßke (Hg.), Vereint sind wir alles. Erinnerungen an die Gründung der SED, Berlin (Ost) 1966, S. 665-678 – auch ein Bodenreformüberblick, aber »glorifizierend«.

18 (1) Bodenreform in Mecklenburg 1994, S. 369, Fn. 16 (2) Führungsgruppen auf dem Lande 1995, S. 81 Fn. 13 (3) Elitenwechsel in der SBZ 1996/97, S. 281 Fn. 35, 36, 39, 40 (4) Landarbeiter in der SBZ 1998, S. 250, Fn. 14; 15; (5) Bodeneigentum in Ost- und Westdeutschland 1999, S. 123 Fn. 39; (6) Traditionalität in der Moderne 2003, S. 15 Fn. 16, 17.

19 Wegen des Alters könnte Bauerkämper damit der einzige Erzähler sein, der in allen möglichen Geschichten an derselben Stelle auftritt. 1994 im Neubauernprogramm auf Seite 182 in Fußnote 3 zitiert er jedoch schon seine eigene Erzählung von der Bodenreform zur Kollektivierung als Synchronerzählung für einen anderen Zusammenhang. Die auch aus 1994 stammende »Bodenreform in Mecklenburg« stützt sich auch schon auf einen Bauerkämper.

20 Siegfried Kuntsche, Die Unterstützung der Landesverwaltung bzw. Landesregierung Mecklenburg durch die Sowjetische Militäradministration bei der Leitung der demokratischen Bodenreform. In: Jahrbuch für Geschichte 12 (1974), S. 150 f.; Ders./ Siegfried Schlombs, Dokumente zur Bauernbefreiung. Quellen zur Geschichte der Bodenreform und sozialistischen Umgestaltung der Landwirtschaft im Bezirk Schwerin. Schwerin 1975; Ders., Die Umgestaltung der Eigentumsverhältnisse und der Produktionsstruktur in der Landwirtschaft. In: Dietmar Keller u. a. (Hg.), Ansichten zur Geschichte der DDR Bd. 1 Bonn 1993, S. 191-210; Ders., Demokratische

Geschichten an ähnliche Stellen[22]. Alle weiteren grundsätzlich zitierten Synchronerzählenden treten seltener in diesen Einzelgeschichten auf. Sechs verschiedene Erzähler – Joachim Piskol[23], Günter Benser/Hans-Joachim Krusch[24], Hermann Weber[25], Siegfried Suckut[26] und zwei Archiv-

Bodenreform in Mecklenburg-Vorpommern. Versuch einer Neubefragung der Geschichte. In: Ders. u.a. (Hg.), Bodenreform in Mecklenburg und Vorpommern. Geschichte und Gegenwart, Rostock 1995, S. 17-22; Ders., Bodenreform in einem Kernland des Großgrundbesitzes: Mecklenburg-Vorpommern. In: Bauerkämper (Hg.), Junkerland? 1996, S. 51-68 (1) Bodenreform zur Kollektivierung 1994, Kuntsche 1993 S. 122 Fn. 11; (2) Neubauernprogramm in Brandenburg 1994, Kuntsche 1993 S. 184 Fn. 7; (3) Bodenreform in Mecklenburg 1994, Kuntsche/Schlombs 1975 S. 369 Fn. 16 und S. 370 Fn. 17; Kuntsche 1974 S. 370 Fn. 18; (4) Elitenwechsel in der SBZ/DDR 1996/1997, Kuntsche 1995 S. 281 Fn. 34; (5) Traditionalität in der Moderne 2003, Kuntsche/Schlombs 1975 S. 14 Fn. 14 und Kuntsche 1996 S. 15 Fn. 17.

21 Rolf Stöckigt, Der Kampf der KPD um die demokratische Bodenreform Mai 1945 bis April 1946, Berlin (Ost) 1964.

22 (1) Bodenreform zur Kollektivierung 1994, S. 121 Fn. 10, Fn. 10 S. 139; (2) Neubauernprogramm in Brandenburg 1994, S. 185 Fn. 13; (3) Elitenwechsel in der SBZ 1997, S. 281 Fn. 32, Fn. Auf S. 295; Diese »Elitenwechselgeschichte« nennt als einzige noch zwei weitere Stöckigtberichte, »Zur (...) ›Bündnis‹-Politik der SED«, die indes – anders als der »Kampf der KPD« – als »propagandistisch glorifizierte« Darstellung mit Vorsicht zu genießen ist, vgl. Elitenwechsel in der SBZ 1996/97, S. 281 Fn. 31, Fn. auf S. 295; (4) Bodeneigentum in Ost- und Westdeutschland 1999, S. 123 Fn. 39.

23 Mit Christel Nehrig/Paul Trixa: Antifaschistisch-demokratische Umwälzung auf dem Lande (1945–1949), Berlin (Ost) 1984, in: (1) Bodenreform zur Kollektivierung 1994, S. 121 Fn. 10, Fn.11 und (2) Landarbeiter in der SBZ 1998, S. 251 Fn. 16; Mit Christel Nehrig, Zur führenden Rolle der KPD in der demokratischen Bodenreform, in: Zeitschrift für Geschichtswissenschaft (ZfG) 28 (1980), S. 324-339 in (3) Neubauernprogramm in Brandenburg 1994, S. 185 Fn. 10.

24 Günter Benser/Hans-Joachim Krusch (Hg.), Dokumente zur Geschichte der kommunistischen Bewegung in Deutschland, Reihe 1945/1946, Bd. 1 München 1993 und Band 2 München 1994; (1) Neubauernprogramm in Brandenburg 1994, Band 1 S. 184 Fn. 8 und Band 2 S. 185 Fn. 10; (2) Bodenreform in Mecklenburg 1994, Band 1 und 2 S. 370, Fn. 17; (3) Elitenwechsel in der SBZ 1997, Band 2 S. 281 Fn. 33 und S. 282 Fn. 37.

25 Hermann Weber (Hg.), DDR. Dokumente zur Geschichte der Deutschen Demokratischen Republik 1945–1985, München 3. Auflage 1987 und Die DDR 1945-1986, München 1988; (1) Führungsgruppen auf dem Lande 1995, Weber 1987: S. 81 Fn. 12; (2) Traditionalität in der Moderne 2003, Weber 1987 S. 14 Fn. 14; (3) Bodenreform zur Kollektivierung 1994, Weber 1988 S. 122 Fn. 11.

26 Siegfried Suckut, Blockpolitik in der SBZ/DDR 1945–1949. Die Sitzungsprotokolle des zentralen Einheitsfront-Ausschusses. Quellenedition. Köln 1986; In (1) Bodenreform zur Kollektivierung 1994, S. 121 Fn. 10; (2) Neubauernprogramm in Brandenburg 1994, S. 185 Fn. 12; (3) Bodenreform in Mecklenburg 1994, S. 370 Fn. 17; Daneben: Suckut, Der Konflikt um die Bodenreformpolitik der Ost-CDU 1945. Versuch einer Neubewertung der ersten Führungskrise der Union, in: DA 15 (1982), S. 1085; In: (1) Bodenreform in Mecklenburg 1994, S. 370 Fn. 17 und (2) Neubauernprogramm in Brandenburg 1994, S. 185 Fn. 13.

dokumente[27] – synchronisieren noch jeweils drei Geschichten, sechs andere Erzählende – Rolf Badstübner/Wilfried Loth,[28] Monika Schwank/ Franz Göttlicher[29], Heinrich Reuber/Bruno Skibbe[30], Siegfried Stein[31], Jochen Laufer[32] und Joachim von Kruse[33] – zieht Bauerkämper nur noch in jeweils zwei als Beleg heran.

Trotz dieser wenigen Übereinstimmungen haben alle Geschichten wenigstens eine(n) Erzählende(n) mit einer anderen Geschichte gemeinsam. Andererseits beschränkt sich gleichzeitig bei vierzehn (von achtundzwanzig möglichen) Geschichtenpaaren die Synchronerzählendengemeinsamkeit auf eine(n) Erzählende(n) – die meisten Paare kennen also nur

[27] BLHA, Ld. Br. Rep. 330, I/2/97: (1) Bodenreform und Kollektivierung 1994, S. 121 Fn. 10 und Fn. 11; (2) Führungsgruppen auf dem Lande 1995, S. 82 Fn. 16 und Fn. 17; (3) Neubauernprogramm in Brandenburg 1994, S. 185 Fn. 11; BLHA, Ld. Br. Rep. 330, I/2/30: (1) Bodenreform und Kollektivierung 1994, S. 121 Fn. 10 und Fn. 11; (2) Führungsgruppen auf dem Lande 1995, S. 82 Fn. 17 (3) Elitenwechsel in der SBZ 1997, S. 281 Fn. 38.

[28] Rolf Badstübner/Wilfried Loth, Wilhelm Pieck – Aufzeichnungen zur Deutschlandpolitik 1945–1953, Berlin 1994: (1) Neubauernprogramm in Brandenburg 1994, S. 184 Fn. 7; (2) Führungsgruppen auf dem Lande 1995, S. 81 Fn. 13.

[29] Monika Schwank/Franz Göttlicher, KPD und demokratische Bodenreform. In: Beiträge zur Geschichte der Arbeiterbewegung 17 (1975), S. 848-861: (1) Neubauernprogramm in Brandenburg 1994, S. 185 Fn. 10; (2) Führungsgruppen auf dem Lande 1995, S. 81 Fn. 14 und S. 82 Fn. 15.

[30] Heinrich Reuber/Bruno Skibbe (Bearb.), Die Bodenreform in Deutschland in Zahlen und Dokumenten, Berlin 1947: (1) Führungsgruppen auf dem Lande 1995, S. 82 Fn. 16; (2) Neubauern 1994, S. 185 Fn. 13 mit den Worten zitiert, dass »die Verordnung vom 6.9.1945« in besagter Dokumentensammlung abgedruckt ist. Auch die Bodenreform zur Kollektivierung kennt die Dokumentensammlung von Reuber und Skibbe, zitiert diese allerdings erst S. 122 in Fn. 12 nach Bauerkämpers Text zu Zahlenergebnissen über die Verteilung des Bodenreformlandes und damit außerhalb des hier untersuchten Synchronerzählendenbereiches.

[31] Siegfried Stein, Die demokratische Bodenreform in Mecklenburg – ein Schlag gegen den Imperialismus und Militarismus, Schwerin o. J. [1960]: (1) Bodenreform in Mecklenburg 1994, S. 369 Fn. 16; (2) Bodenreform zur Kollektivierung 1994, S. 121 Fn. 11.

[32] Jochen Laufer, die UdSSR und die Durchführung der Bodenreform in der Sowjetischen Besatzungszone. In: Bauerkämper (Hg.), Junkerland? Stuttgart 1996: (1) Landarbeiter in der SBZ 1998, S. 250 Fn. 14; (2) Bodeneigentum in Ost- und Westdeutschland 1999, S. 123 Fn. 39.

[33] Joachim von Kruse (Hg.), Weißbuch über die »Demokratische Bodenreform« in der Sowjetischen Besatzungszone Deutschlands. Dokumente und Berichte, München 1988: (1) Elitenwechsel in der SBZ 1997, S. 281 Fn. 34: »Zur Behandlung der Gutsbesitzer die Erlebnisberichte«; (2) Traditionalität in der Moderne 2003, S. 15 Fn. 17 »Anschauliche Dokumente zur Behandlung der Gutsbesitzer in Mecklenburg-Vorpommern«.

eine(n) gleiche(n) Erzählende(n). Diese abstrakten Übereinstimmungsverhältnisse lassen sich tabellarisch darstellen – und werden von mir auch tabellarisch dargestellt, mangels Lesbarkeit jedoch nicht an dieser Stelle. Die interessierten Lesenden seien auf den Anhang verwiesen[34].

Konkret (und lesbar) ist Bauerkämper bei neun Geschichtenpaaren der kleinste gemeinsame Synchronnenner[35]. Die Paarkonstellationen, an denen eine der beiden Bauerkämper (noch) nicht zitierenden Geschichten beteiligt ist, finden ihr einziges verbindendes Synchronelement entweder in Joachim Piskol[36], Rolf Stöckigt[37] oder Siegfried Kuntsche[38].

Verschiedene Erzählende belegen also identische Geschichten. Was folgt daraus? Viele verschiedene Erzählende können durchaus die gleiche Geschichte erzählen, mithin unterschiedliche Erzählende auch die jeweils gleiche Geschichte belegen. Vielleicht erzählen spätere Erzählende bessere Geschichten als frühere – jedenfalls verwenden die »Landarbeiter« nur noch eine(n) (von vier) der ältesten Synchronerzählenden. Andererseits beruft sich die jüngste Geschichte aus der Achtergruppe (die Traditionalität in der Moderne) wieder mehr auf ältere Erzählende.

Jedenfalls lässt die isolierte Betrachtung der gleichen Geschichten nur Vermutungen zu. Aufschluss über die Wissenschaftlichkeit der Quellenbindung ist erst möglich, wenn sich gleichende Geschichten zu ungleichen in Beziehung gesetzt werden.

[34] Siehe unten: Anhang, Geschichten und ihre Synchronerzählenden in Tabellenform – KPD-Geschichten unter sich, S. 264-266.

[35] Bodenreform in Mecklenburg 1994 mit (1) den Führungsgruppen auf dem Lande 1995, (2) den Landarbeitern in der SBZ 1998 und (3) dem Bodeneigentum in Ost- und Westdeutschland 1999; die Führungsgruppen auf dem Lande 1995 mit (4) dem Elitenwechsel in der SBZ 1997, (5) den Landarbeitern in der SBZ 1998 und (6) dem Bodeneigentum in Ost- und Westdeutschland 1999; der Elitenwechsel in der SBZ 1996/97 mit (7) den Landarbeitern in der SBZ 1998, die Landarbeiter in der SBZ 1998 mit (8) der Ländlichen Gesellschaft in Mecklenburg 2003 und schließlich das Bodeneigentum in Ost- und Westdeutschland mit (9) der Ländlichen Gesellschaft in Mecklenburg 2003.

[36] Landarbeiter in der SBZ 1998 mit (10) Bodenreform zur Kollektivierung 1994 und (11) Neubauernprogramm in Brandenburg 1994.

[37] Bodeneigentum in Ost- und Westdeutschland 1999 mit (12) Bodenreform zur Kollektivierung 1994 und (13) Neubauernprogramm in Brandenburg 1994.

[38] Neubauernprogramm in Brandenburg 1994 mit (14) Traditionalität in der Moderne 2003.

Die stärkste russische Gruppe: Neun Geschichten, zu acht verschieden und unter sich das Gleiche erzählend

Zu den acht verschieden sind alle aus dem Bodengeschichtenalphabet verbleibenden achtzehn Geschichten: In jeder anderen Geschichte nehmen die Russen in irgendeiner Weise Einfluss auf den 11.-Juni-Aufruf und (oder) die Augustdirektive. Abgesehen von dieser Einheitlichkeit im Unterschied zu den acht sind die achtzehn jedoch nicht homogen. Geschichten, die ebenso wie die Achtergruppe KPD-selbstständige Juniaufrufe, aber im Unterschied zu den acht keine KPD-selbstständige Augustdirektive kennen, gehören ebenso zu den achtzehn wie Geschichten, die anders als die acht zwar eine KPD-eigene Augustdirektive, aber keinen selbstständigen 11.-Juni-Aufruf kennen.

Innerhalb der achtzehn gibt es jedenfalls (insgesamt neun[39]) Geschichten, in denen sowohl der 11.-Juni-Aufruf als auch die Augustdirektive mit hauptsächlich bestimmenden Russen nacherzählt werden. Obwohl sie in sich wieder variieren (im Datum der interkommunistischen Absprache, bei der Erzählung von einer eigenständigen Russendirektive und der Art und Weise der Beeinflussung), liegt in jeder von ihnen für Juni und August die zentrale Bodenreformverantwortung bei den Russen. Damit unterscheiden sie sich am deutlichsten von den soeben betrachteten acht Geschichten. Alle neun gehören im Bodengeschichtenalphabet zu den zwölf Junigeschichten »von russischen Mächten in Auftrag gegeben«. In Bezug auf Augustdirektive und Bodenreformverordnungen erzählen sechs[40] auch von einer rein russischen Direktive, gehören also zu der Geschichtengruppe »Eine Direktive aus Russland«. Drei[41] der neun berichten von Russischer Einflussnahme auf die Augustdirektive, ohne einen eigenen russischen Gesetzentwurf zu kennen, sind also Teil der acht Augustgeschichten von »Deutsch-Russischer Direktivenzusammenarbeit«.

Auch diese Neunergruppe unterliegt keiner linearen Veränderung. Eingeordnet in die fünfunddreißig Geschichten erzählt Bauerkämper im zweiten Bericht 1994[42] eine ähnliche Geschichte wie im zweiunddreißigs-

[39] (1) Verlorener Antifaschismus 1994; (2) Problemdruck und Ressourcenverbrauch 1995; (3) Flüchtlinge im Osten Brandenburgs 1998; (4) SED und die Bauern 1999; (5) Bodenreform und Kollektivierung in Brandenburg 1999; (6) Politik der SED 2000; (7) Ländliche Gesellschaft 2002; (8) Junker Rojos 2004; (9) Bodenreform in Sachsen-Anhalt 2005.

[40] (1) Flüchtlinge im Osten Brandenburgs 1998; (2) SED und die Bauern 1999; (3) Bodenreform und Kollektivierung in Brandenburg 1999; (4) Ländliche Gesellschaft 2002; (5) Junker Rojos 2004 und (6) Bodenreform in Sachsen-Anhalt 2005.

[41] Verlorener Antifaschismus 1994; Problemdruck und Ressourcenverbrauch 1995; Politik der SED 2000.

[42] Verlorner Antifaschismus 1994.

ten aus dem Jahr 2005[43], aber eine andere als etwa im dritten Bericht aus 1994[44] oder vierunddreißigsten aus 2007[45]. Zur Erinnerung an die Varietätenveränderung im Verhältnis zu den anderen Geschichten verweise ich auch hier auf den Anhang[46].

Auf welche Erzählenden stützt Bauerkämper nun diese neun gleichen Geschichten? Und wie verhalten sich diese Erzählenden zu jenen der acht?

Zunächst verfügt die »stärkste russische Gruppe« über insgesamt mehr relevante Synchronerzählende als die acht KPD-Geschichten, was vor allem mit der zu dieser Gruppe gehörenden umfangreichsten Bodengeschichte – der Habilitation – zusammenhängt[47].

Außerdem gibt es *innerhalb* der beiden Geschichtengruppen Unterschiede. Bei den neun stimmen mehr Geschichtenpaare in ihren Synchronerzählendenangaben überein als bei den acht. Die »Bodenreform in Sachsen-Anhalt« verfügt über dreizehn Synchronerzählende, und teilt sich mit der »Ländlichen Gesellschaft« aus 2002 genau diese dreizehn. Die beiden Geschichten stimmen also aus der Perspektive der jüngeren in Text und in Fußnoten mit einer anderen Geschichte überein. Dass die »Ländliche Gesellschaft« über mehr Synchronerzählende verfügt, ändert hieran nichts. Vielmehr ist dieses Geschichtenpaar ein Beispiel dafür, dass Geschichten mit weniger Synchronerzählenden aus anderen Geschichten mit mehr Erzählenden hervorgehen können. Das »Hervorgehen« aus der Ländlichen Gesellschaft kündigt Bauerkämper für die »Bodenreform in Sachsen-Anhalt« auch einleitend an[48].

[43] Bodenreform in Sachsen-Anhalt 2005.

[44] Neubauernprogramm in Brandenburg 1994.

[45] Strukturwandel und Alltagsleben 2007.

[46] Vgl. für das Alphabet die beiden »Geschichtenseismographen«, S. 254-257; Für die Stellung in den fünfunddreißig Geschichten »Bauerkämpers historiographischen Fleiß«, S. 258-263.

[47] (1) Verlorener Antifaschismus 1994, S. 626 Fn. 12, Fn. 13 und Fn. 15; S. 627 Fn. 16 und Fn. 17 und Fn. 18; S. 628, Fn. 19, Fn. 20: 15 Erzählende; (2) Problemdruck und Ressourcenverbrauch 1995, S. 298 Fn. 6; S. 299 Fn. 7; S. 300 Fn. 8 und Fn. 9: 13 Erzählende; (3) Flüchtlinge im Osten Brandenburgs 1998, S. 119 Fn. 41, Fn. 42 und Fn. 43; S. 120 Fn. 44: 7 Erzählende; (4) SED und die Bauern 1999, S. 16 Fn. 16, S. 17 Fn. 18: 7 Erzählende; (5) Bodenreform zur Kollektivierung in Brandenburg 1999, S. 560 Fn. 9; S. 561 Fn. 10 und Fn. 11: 8 Erzählende; (6) Politik der SED 2000, S. 248 Fn. 16 und Fn. 17 S. 248 Fn. 19: 7 Erzählende; (7) Ländliche Gesellschaft 2002: S. 73 Fn. 41; S. 74 Fn. 42; S. 77 Fn. 48 und Fn. 50; S. 78 Fn. 52; S. 79 Fn. 53; S. 80 Fn. 54; S. 81 Fn. 56; S. 82 Fn. 59: 28 Erzählende; (8) Junker Rojos 2004, S. 105 Fn. 4; S. 106 Fn. 5; S. 106 Fn. 6: 9 Erzählende; (9) Bodenreform in Sachsen Anhalt 2005, S. 2 Fn. 2; S. 5 Fn. 9 und Fn. 10; S. 8 Fn. 14; S. 9 Fn. 17; S. 10 Fn. 21: 13 Erzählende.

[48] Bodenreform in Sachsen Anhalt 2005, S. 2 Fn. 2.

Neben diesem Erzählpaar finden sich auch bei der »SED und den Bauern« alle sieben vorhandenen relevanten Synchronerzählenden fünf Jahre später in den »Junker Rojos« wieder[49]. Fast identisch sind die Erzählendenverwendungen bei den »Flüchtlingen im Osten Brandenburgs« im Verhältnis zu den »Junker Rojos«[50], und der »Bodenreform zur Kollektivierung in Brandenburg« mit der »Ländlichen Gesellschaft«[51]. Andererseits gibt es bei den neun – im Unterschied zum Aufkommen bei den acht – ein Geschichtenpaar, das keinen einzigen Synchronerzählenden gemeinsam hat[52]. Wer sich auch hier einen nicht lesbaren, aber tabellarischen Überblick verschaffen möchte, sei erneut auf den Anhang verwiesen[53].

Im Einklang mit der grundsätzlich größeren Übereinstimmung verfügen die neun Geschichten außerdem über einen Erzähler, der in allen (wegen des Veröffentlichungsdatums möglichen) Geschichten an derselben Stelle den Text belegt. Jochen Laufer ist dieser populärste Erzähler[54]. Dicht gefolgt wird er von den Benser-Krusch Dokumentationen[55]. Sie dienen in acht von neun Geschichten als Belegstelle[56], und sind damit die

[49] Auch die Texte der beiden Geschichten sind weitgehend identisch. Der einzige Unterschied liegt in dem Besprechungsdatum – Junker Rojos »Anfang Juni«; SED und die Bauern 7./8. Juni, ist also nicht wirklich ein Unterschied. Für diesen Erzählabschnitt könnte die spanische Version also ähnlich der »Réforme foncière à la collectivisation« eine Übersetzung sein. Allerdings stimmt das auf den hier relevanten, gleichen Erzählabschnitt Folgende in beiden Geschichten nicht überein. Zum anderen gibt der spanische Aufsatz an, dass die Originalversion des Artikels aus 2003 stammt und die Endfassung im Oktober 2004 fertig gestellt wurde, vgl. Junker Rojos 2004, S. 103.

[50] Von sieben möglichen Synchronerzählenden der Flüchtlinge stimmen sechs mit den Junkern überein.

[51] Von acht möglichen Synchronerzählenden der Bodenreform zur Kollektivierung stimmen sieben mit der Ländlichen Gesellschaft überein.

[52] Der Problemdruck und Ressourcenverbrauch 1995 mit den Flüchtlingen im Osten Brandenburgs 1998.

[53] Hier im Anhang, Geschichten und ihre Synchronerzählenden in Tabellen – Russengeschichten unter sich, S. 266-268.

[54] Jochen Laufer, I: »Genossen, wie ist das Gesamtbild?«. In: DA 29 (1996), S. 355-371 und II: Die UdSSR und die Einleitung der Bodenreform in der Sowjetischen Besatzungszone. In: Bauerkämper (Hg.), Junkerland? 1996, S. 21-35. Als Erzählung aus 1996 kann er in sieben der neun Geschichten auftreten-, und tritt mit seinen beiden Geschichten in sieben der neun Geschichten auf: (1) Flüchtlinge im Osten Brandenburgs 1998, S. 119 I Fn. 42 und II Fn. 42; (2) SED und die Bauern 1999, I und II S. 16 Fn. 16; (3) Bodenreform und Kollektivierung in Brandenburg 1999, I S. 560 Fn. 9 und II S. 561 Fn. 10; (4) Politik der SED 2000, I und II 248 Fn. 16; (5) Ländliche Gesellschaft 2002, I und II S. 73 Fn. 41; II: S. 77 Fn. 48 und 50; (6) Junker Rojos 2004, I und II S. 106 Fn. 5; (7) Bodenreform in Sachsen-Anhalt 2005, I: 5 Fn. 9 und II: Fn. 10.

[55] Günter Benser/Hans-Joachim Krusch (Hg.), Dokumente zur Geschichte der kommunistischen Bewegung in Deutschland, Reihe 1945/1946, Bd. 1 München 1993 und Band 2 München 1994.

zweithäufigsten Synchronerzählungen innerhalb der Neunergruppe. Neben diesen beiden belegen Hermann Weber[57], die Dokumente von Badstübner und Loth[58], Wolfgang Zank[59] und ein Bundesarchivdokument[60] in sechs Geschichten den Text; Gerhard Keiderling[61] und Bauerkämper[62] selbst werden noch in fünf Geschichten zitiert.

[56] (1) Verlorener Antifaschismus 1994, S. 626 Band 1 und 2 Fn. 14 und Band 1 Fn. 15, S. 627 Band 1 und 2 Fn. 16, S. 628 Band 1 Fn. 19 und Band 1 Fn. 20; (2) Flüchtlinge im Osten Brandenburgs 1998, S. 119 Band 2 Fn. 43; (3) SED und die Bauern 1999, S. 16 Band 1 und 2 Fn. 16; (4) Bodenreform und Kollektivierung in Brandenburg 1999, S. 561 Band 1 Fn. 10 und Band 2 Fn. 11; (5) Politik der SED 2000, Band 1 S. 248 Fn. 16; (6) Ländliche Gesellschaft 2002, S. 77 Band 1 und 2 Fn. 50 und S. 80 Band 1 und 2 Fn. 54; (7) Junker Rojos 2004, S. 106 Band 1 und 2 Fn. 5; (8) Bodenreform in Sachsen-Anhalt 2005, S. 8 Band 1 und 2 Fn. 14.

[57] In den neun Geschichten jeweils mit seiner 1987er Geschichte: Hermann Weber (Hg.), DDR. Dokumente zur Geschichte der Deutschen Demokratischen Republik 1945–1985, München 3. Auflage 1987: (1) Flüchtlinge im Osten Brandenburgs 1998, S. 119 Fn. 42; (2) SED und die Bauern 1999, S. 16 Fn. 16; (3) Bodenreform und Kollektivierung in Brandenburg 1999, S. 560 Fn. 9; (4) Ländliche Gesellschaft 2002, S. 74 Fn. 42; (5) Junker Rojos 2004, S. 106 Fn. 5; (6) Bodenreform in Sachsen-Anhalt 2005, S. 5 Fn. 10.

[58] Rolf Badstübner/Wilfried Loth, Wilhelm Pieck – Aufzeichnungen zur Deutschlandpolitik 1945–1953, Berlin 1994: (1) Verlorener Antifaschismus 1994, S. 626 Fn. 12, S. 627 Fn. 18, S. 628 Fn. 20; (2) Problemdruck und Ressourcenverbrauch 1995, S. 198 Fn. 6; (3) Bodenreform und Kollektivierung in Brandenburg 1999, S. 561 Fn. 11; (4) Politik der SED 2000, S. 248 Fn. 16; (5) Ländliche Gesellschaft 2002, S. 73 Fn. 41, S. 81 Fn. 56; (6) Bodenreform in Sachsen-Anhalt 2005, S. 9 Fn. 17.

[59] Mit zwei Geschichten: Wolfgang Zank, die Gesellschaftspolitik der KPD/SED 1945–1949, in: APZ B 11/90, 9. März 1990, S. 54 und Als Stalin Demokratie befahl, in: Die ZEIT Nr. 25, 16. Juni 1995; Für 1990 in (1) Verlorener Antifaschismus 1994, S. 627 Fn. 16 und S. 628 Fn. 19; (2) SED und die Bauern 1999, S. 16 Fn. 16; (3) Bodenreform und Kollektivierung in Brandenburg 1999, S. 561 Fn. 11; (4) Ländliche Gesellschaft 2002, S. 73 Fn. 41 und S. 74 Fn. 42; (5) Junker Rojos 2004, S. 106 Fn. 5; (6) Bodenreform in Sachsen-Anhalt 2005, S. 5 Fn. 10. Nur in der Ländlichen Gesellschaft 2002 S. 73 Fn. 41 auch der Artikel aus 1995.

[60] SAPMO-Barch. DY 30/2/7/227: (1) Verlorener Antifaschismus 1994, S. 627 Fn. 16; (2) Problemdruck und Ressourcenverbrauch 1995, S. 299 Fn. 7 und S. 300 Fn. 8; (3) Bodenreform und Kollektivierung in Brandenburg 1999, S. 561 Fn. 11; (4) Politik der SED 2000, S. 248 Fn. 18; (5) Ländliche Gesellschaft 2002, S. 78 Fn. 52 und S. 80 Fn. 54; (6) Bodenreform in Sachsen-Anhalt 2005, S. 8 Fn. 14.

[61] Gerhard Keiderling I (Hg.), »Gruppe Ulbricht« in Berlin von April bis Juni 1945. Eine Dokumentation, Berlin 1993 und II Scheinpluralismus und Blockparteien. Die KPD und die Gründung der Parteien in Berlin 1945, in: VfZ 45 (1997), S. 257-296; (1) Problemdruck und Ressourcenverbrauch 1995, S. 299 I Fn. 6; (2) SED und die Bauern 1999, S. 16 II Fn. 16; (3) Ländliche Gesellschaft 2002, S. 73 I und II Fn. 41; (4) Junker Rojos 2004, S. 106 II Fn. 5; (5) Bodenreform in Sachsen-Anhalt 2005, S. 5 II Fn. 9.

[62] (1) Flüchtlinge im Osten Brandenburgs 1998, S. 120 Fn. 44 zitiert die Bodenreform in Mecklenburg 1994; (2) SED und die Bauern 1999, S. 17 Fn. 18 zitiert den Verlorenen

Betrachten wir bis hierher die Übereinstimmungen der beiden Geschichtengruppen untereinander. Bis auf Gerhard Keiderling ist jeder Erzählende der neun Geschichten schon aus der Achtergruppe bekannt. Der in der russischen Geschichtengruppe populärste Jochen Laufer synchronisiert in der KPD-Gruppe nur zwei (von vier möglichen) Geschichten[63], der in der KPD-Gruppe populärste Arnd Bauerkämper[64] ist innerhalb der neun in immerhin fünf Geschichten relevant. Benser und Krusch belegen wie Hermann Weber noch drei der acht[65], und die Dokumente von Badstübner und Loth schaffen es an den relevanten Stellen noch in zwei aus den acht Geschichten[66]. Die verbleibenden zwei Erzählungen, das Bundesarchivdokument und Wolfgang Zank, haben in den acht Geschichten nur einen Einzelauftritt[67].

Dieselben Erzählenden sind also in verschiedenen Geschichten bekannt, lediglich das Häufigkeitsverhältnis hat sich verschoben. Dieser Eindruck bestätigt sich bei Betrachtung der in der Neunergruppe *verbleibenden* – also bisher noch nicht benannten – Synchronerzählenden. Siegfried Suckut[68], Joachim Piskol[69], Reuber/Skibbe[70] und Schwank/Göttlicher[71] synchroni-

---

Antifaschismus 1994; (3) Ländliche Gesellschaft 2002, S. 77 Fn. 50, S. 78 Fn. 52; S. 79 Fn. 53 und S. 80 Fn. 54, zitiert den Verlorenen Antifaschismus 1994; (4) Junker Rojos 2004, S. 106 Fn. 6 zitiert den Verlorenen Antifaschismus 1994; (5) Bodenreform in Sachsen-Anhalt 2005 zitiert S. 2 Fn. 2 die Ländliche Gesellschaft 2002.

63 Siehe oben S. 190, Fn. 32.

64 Siehe oben S. 188, Fn. 18.

65 Siehe oben S. 189, Fn. 24 für Benser/Krusch und S. 189, Fn. 25 für Hermann Weber.

66 Siehe oben S. 190 Fn. 28.

67 Siehe oben S. 187 Fn. 17 unter (4).

68 Siegfried Suckut, Der Konflikt um die Bodenreformpolitik der Ost-CDU 1945. Versuch einer Neubewertung der ersten Führungskrise der Union, in: DA 15 (1982), S. 1085 und Blockpolitik in der SBZ/DDR 1945–1949. Die Sitzungsprotokolle des zentralen Einheitsfront-Ausschusses. Quellenedition. Köln 1986; nur mit der 1982er Geschichte: (1) Verlorener Antifaschismus 1994, S. 628 Fn. 19; (2) Junker Rojos S. 106 Fn. 6; mit beiden, 1982 und 1986 Geschichten: (3) Problemdruck und Ressourcenverbrauch 1995, S. 300 Fn. 9; (4) Politik der SED 2000, S. 248 Fn. 19.

69 Joachim Piskol, mit Christel Nehrig/Paul Trixa: Antifaschistisch-demokratische Umwälzung auf dem Lande (1945–1949), Berlin (Ost) 1984: (1) Verlorener Antifaschismus 1994, S. 626 Fn. 13; S. 628 II Fn. 20; (2) Ländliche Gesellschaft 2002, S. 74 II Fn. 42 und S. 78 II Fn. 52; S. 80 Fn. 54; Mit Christel Nehrig, Zur führenden Rolle der KPD in der demokratischen Bodenreform, in: Zeitschrift für Geschichtswissenschaft (ZfG) 28 (1980), S. 324-339: (1) Verlorener Antifaschismus 1994, S. 626 Fn. 15; S. 627 Fn. 16 und S. 628 Fn. 19; (2) Problemdruck und Ressourcenverbrauch S. 299 Fn. 7, S. 300 Fn. 8/9; (3) Politik der SED 2000, S. 248 Fn. 17; (4) Ländliche Gesellschaft 2002, S. 77 Fn. 50, S. 78 Fn. 52.

sieren jeweils vier der neun Geschichten und sind in ähnlicher Häufigkeit in den acht Geschichten bekannt[72].

Die folgenden sechs Erzählenden werden innerhalb der neun in je drei Geschichten zitiert. Mit dem DDR-Lesebuch von Helwig und Spittmann[73] und einer Erzählung von Heinz Voßke[74] finden zwei von ihnen in der Achtergruppe keine Erwähnung[75]. Drei von ihnen, Manfred Wille[76], Adolf Weber[77] und Fritz Reinerts Dokumente[78], haben unter den acht Geschichten jeweils einen Einzelauftritt[79]. Der verbleibende Erzähler die-

70 Heinrich Reuber/Bruno Skibbe (Bearb.), Die Bodenreform in Deutschland in Zahlen und Dokumenten, Berlin 1947: (1) Verlorener Antifaschismus 1994, S. 628 Fn. 19/20; (2) Flüchtlinge im Osten Brandenburgs 1998, S. 120 Fn. 44; (3) SED und die Bauern 1999, S. 16 Fn. 16; (4) Junker Rojos 2004, S. 106 Fn. 5.

71 Monika Schwank/Franz Göttlicher, KPD und demokratische Bodenreform. In: Beiträge zur Geschichte der Arbeiterbewegung 17 (1975), S. 848-861: (1) Verlorener Antifaschismus 1994, S. 627 Fn. 17; (2) Problemdruck und Ressourcenverbrauch 1995, S. 300 Fn. 8; (3) Ländliche Gesellschaft 2002, S. 80 Fn. 54; (4) Bodenreform in Sachsen-Anhalt 2005, S. 8 Fn. 14.

72 Siehe oben, S. 189, Fn. 26 für Suckut; S. 189 Fn. 23 für Piskol; S. 190, Fn. 30 für Reuber/Skibbe und S. 190, Fn. 29 für Schwank/Göttlicher.

73 Ilse Spittmann/Gisela Helwig (Hg.), DDR-Lesebuch. Von der SBZ zur DDR 1945–1949, Köln 1989: (1) Verlorene Antifaschismus 1994, S. 628 Fn. 19 zum Inhalt der BRVO; (2) Ländliche Gesellschaft 2002, S. 82 Fn. 59, zum Inhalt der BRVO und (3) Bodenreform in Sachsen-Anhalt, S. 10 Fn. 21 auch zum Inhalt der BRVO.

74 Heinz Voßke, Über die Initiativgruppe des Zentralkomitees der KPD in Mecklenburg-Vorpommern (Mai 1945 bis Juni 1945). In: Beiträge zur Geschichte der Arbeiterbewegung 1964, 424-437. In: (1) Verlorener Antifaschismus 1994, S. 626 Fn. 15; (2) Problemdruck und Ressourcenverbrauch 1995, S. 299 Fn. 7; (3) Ländliche Gesellschaft 2002, S. 77 Fn. 50.

75 In der Bodenreform zur Kollektivierung zitiert Bauerkämper das Buch allerdings innerhalb einer relevanten Fußnote auf S. 121 in Fn. 10 nur »zur Position der CDU«.

76 Manfred Wille, Der Erlass der Bodenreformverordnungen. In: Bauerkämper (Hg.), Junkerland? 1996, S. 87-102: (1) Politik der SED 2000, S. 248 Fn. 19; (2) Ländliche Gesellschaft 2002, S. 81 Fn. 56 und S. 82 Fn. 59; (3) Bodenreform in Sachsen-Anhalt 2005, S. 9 Fn. 17 und Fn. 18.

77 Adolf Weber, Umgestaltung der Eigentumsverhältnisse und der Produktionsstruktur in der Landwirtschaft der DDR. In: Materialien der Enquete-Kommission »Aufarbeitung der Geschichte und Folgen der SED-Diktatur in Deutschland«, hg. vom Deutschen Bundestag, Bd. II/4: Baden-Baden 1995, S. 2809–2888: (1) Flüchtlinge im Osten Brandenburgs 1998, S. 119 Fn. 41; (2) Ländliche Gesellschaft 2002, S. 77 Fn. 50; (3) Junker Rojos 2004, S. 105 Fn. 4.

78 Fritz Reinert, Dokumente zur demokratischen Bodenreform im Land Brandenburg, Potsdam 1966: (1) Verlorener Antifaschismus 1994, S. 626 Fn. 13; (2) Problemdruck und Ressourcenverbrauch 1995, S. 300 Fn. 9; (3) Ländliche Gesellschaft 2002, S. 78 Fn. 52.

79 Siehe oben S. 187 Fn. 17, (6) für Wille (8) für A. Weber und (2) für Reinert.

ser sechs, Siegfried Kuntsche[80], ist in den acht Geschichten die am zweithäufigsten genannte Quelle[81].

Daneben gibt es in den neun mit Wolfgang Mühlfriedel[82], Joachim Urban und Karl Schulz[83], Wolfgang Leonhard[84] und Friederike Sattler[85] vier Erzählende, die jeweils noch zwei Geschichten belegen und in den acht gar nicht herangezogen werden. Umgekehrt bleiben aus den KPD-Geschichten mit Siegfried Stein, Joachim von Kruse und zwei Archivquellen vier Mehrfachsynchronisierungen, die in den neun Geschichten nicht aufgeführt werden. Rolf Stöckigt, in der Achtergruppe drittpopu-

[80] Siegfried Kuntsche, Die Unterstützung der Landesverwaltung bzw. Landesregierung Mecklenburg durch die Sowjetische Militäradministration bei der Leitung der demokratischen Bodenreform. In: Jahrbuch für Geschichte 12 (1974), S. 150 f.; Siegfried Kuntsche/Siegfried Schlombs, Dokumente zur Bauernbefreiung. Quellen zur Geschichte der Bodenreform und sozialistischen Umgestaltung der Landwirtschaft im Bezirk Schwerin. Schwerin 1975; Siegfried Kuntsche, Die Umgestaltung der Eigentumsverhältnisse und der Produktionsstruktur in der Landwirtschaft. In: Dietmar Keller u. a. (Hg.), Ansichten zur Geschichte der DDR Bd. 1 Bonn 1993, S. 191-210; Siegried Kuntsche, Demokratische Bodenreform in Mecklenburg-Vorpommern. Versuch einer Neubefragung der Geschichte. In: Ders. u. a. (Hg.), Bodenreform in Mecklenburg und Vorpommern. Geschichte und Gegenwart, Rostock 1995, S. 17-22; Siegfried Kuntsche, Bodenreform in einem Kernland des Großgrundbesitzes: Mecklenburg-Vorpommern. In: Bauerkämper (Hg.), Junkerland? 1996, S. 51-68: (1) Verlorener Antifaschismus 1994, Mit 1975 und 1993 S. 626 Fn. 13; S. 628 Fn. 15 und 20; (2) Problemdruck und Ressourcenverbrauch 1995, mit 1993 S. 298 Fn. 6 und S. 299 Fn. 7; (3) Ländliche Gesellschaft 2002, mit 1993 in S. 74 Fn. 42 und S. 77 Fn. 50.

[81] Siehe oben S. 188, Fn. 20.

[82] Wolfgang Mühlfriedel, Die Wirtschaft in der Antifaschistisch-demokratischen Umwälzung. Eine Skizze. Berlin (Ost) 1986: (1) Problemdruck und Ressourcenverbrauch 1995, S. 300 Fn. 8, nach dem Inhalt der ZK-Direktive »allgemein«; (2) Ländliche Gesellschaft 2002, S. 80 Fn. 54, hier »tendenziell noch glorifizierend«.

[83] Joachim Urban/Karl Schulz, Die Vereinigung von KPD und SPD zur Sozialistischen Einheitspartei Deutschlands in der Provinz Brandenburg. Der Beginn der antifaschistisch-demokratischen Umwälzung 1945–1946. Potsdam 1985: (1) Ländliche Gesellschaft 2002, S. 77 Fn. 50; (2) Bodenreform und Kollektivierung in Brandenburg 1999, S. 561 Fn. 10.

[84] Wolfgang Leonhard, Die Revolution entlässt ihre Kinder, Köln 1990: (1) Ländliche Gesellschaft 2002, S. 81 Fn. 56; (2) Bodenreform in Sachsen-Anhalt 2005, S. 9 Fn. 17.

[85] Friederike Sattler, Bündnispolitik als politisch-organisatorisches Problem des zentralen Parteiapparats der KPD 1945/46. In: Manfred Wilke (Hg.) Anatomie der Parteizentrale. Die KPD/SED auf dem Weg zur Macht, Berlin 1998, S. 119-212: (1): Ländliche Gesellschaft 2002, S. 70 Fn. 51 und Fn. 53, S. 81 Fn. 56, 82 Fn. 59; (2) Bodenreform in Sachsen-Anhalt 2005, S. 9 Fn. 17 und S. 9 Fn. 18.

lärster Erzähler[86], hat innerhalb der neun nur einen Einzelauftritt[87]. Drei andere Erzählungen treten in beiden Gruppen jeweils nur in einer Geschichte auf. Horst Laschitza[88] synchronisiert Neubauernprogramm[89] und Problemdruck[90]. Der »Verlorene Antifaschismus« und die »Bodenreform in Mecklenburg« teilen sich wie auch die »Flüchtlinge im Osten Brandenburgs« und das »Neubauernprogramm« jeweils ein anderes Archivdokument[91]. Die verbliebenen Synchronerzählenden innerhalb der neun Geschichten synchronisieren jeweils nur eine Geschichte. Insgesamt kennt die Neunergruppe zweiundzwanzig Mehrfachnennungen gegen einundzwanzig Einzelerzählungen.

Die große Mehrheit der Erzählenden, die die acht Geschichten synchronisiert, ist also auch als Beleg für die Versionen der neun Geschichten relevant. Die Unterschiede in ihrem Aufkommen sind nicht absolut, sondern relativ. Einerseits verwenden die neun gleichen Geschichten in der Summe ganz ähnliche Synchronerzählende wie die acht, erklären andererseits jedoch andere Erzählende zu den hauptsächlich verwendeten. Wenn wir die Häufigkeiten der grundsätzlichen Erzählaufkommen gegeneinander stellen, haben die meisten der zwischen den acht und neun Geschichten möglichen Erzählpaare mindestens eine(n) Synchronerzählende(n) gemeinsam. Lediglich das »Bodeneigentum 1999« und »Traditionalität in der Moderne 2003« teilen sich keine(n) Erzählende(n) mit je einer Geschichte aus der Neunergruppe[92]. Die jeweiligen Übereinstimmungen von Erzählenden der acht und neun Geschichten untereinander lassen sich ebenfalls in einer tabellarischen Übersicht darstellen – und werden im Anhang als tabellarische Übersicht dargestellt[93].

[86] Siehe oben S. 189 Fn. 21 und 22.

[87] Rolf Stöckigt, Der Kampf der KPD um die demokratische Bodenreform Mai 1945 bis April 1946, Berlin (Ost) 1964. Nur in (1) Verlorener Antifaschismus 1994, S. 628 Fn. 19.

[88] Horst Laschitza, Kämpferische Demokratie gegen Faschismus. Die programmatische Vorbereitung auf die antifaschistisch-demokratische Umwälzung in Deutschland durch die Parteiführung der KPD, Berlin (Ost) 1969.

[89] Siehe oben S. 183 Fn. 17 unter (2): Neubauernprogramm in Brandenburg 1994, S. 184 Fn. 7.

[90] Problemdruck und Ressourcenverbrauch 1995, S. 298 Fn. 6.

[91] MLHA MdI, Nr. 310. In: Verlorener Antifaschismus 1994, S. 628 Fn. 20 und Bodenreform in Mecklenburg 1994, S. 370 Fn. 19, siehe oben S. 189 Fn. 17 unter (3); BLH Ld. Br. Rep. 208, Nr. 185. In: Flüchtlinge im Osten Brandenburgs 1998, S. 120 Fn. 44 und Neubauernprogramm in Brandenburg 1994, S. 185 Fn. 13, siehe oben S. 220 Fn. 1211 unter (2).

[92] Bodeneigentum in Ost- und Westdeutschland 1999 keine(n) mit dem Problemdruck und Ressourcenverbrauch 1995; Traditionalität in der Moderne 2003 keine(n) mit der Politik der SED 2000.

[93] Siehe den Anhang, Geschichten und ihre Synchronerzählende in Tabellenform – KPD- und Russengeschichten zusammengeführt, S. 268-269.

Dieselben Synchronerzählenden belegen also verschiedene Geschichten ebenso wie dieselben Geschichten durch verschiedene Synchronerzählende belegt werden. Mit dieser Kontingenz konfrontiert, vermag die Bodenvielfalt der Bauerkämpergeschichten nicht durch Betrachtung der Quellen zu nachvollziehbarer, wissenschaftlicher Analyse zu werden. Offensichtlicher als bei dieser abstrakten Erzählendenbetrachtung wird die Kontingenz der Quellenverwendung, wenn wir das Aufkommen einzelner Synchronerzählender in allen fünfunddreißig Geschichten mit konkreten Inhaltsangaben betrachten.

Synchronerzählende und ihre Geschichten

Ich beginne mit Synchronerzählenden, die sich zur Verdeutlichung der Nacherzählerkontingenzverwendung eignen. Für die Darstellung unterscheide ich Bauerkämpereigene Erzählungen von Bauerkämpers Nacherzählungen. Die Trennlinie verläuft zwischen Text und Fußnote. Wenn Bauerkämper im Text selbst ohne andere Erzählende berichtet, erzählt er eine eigene Geschichte. Dann treten Synchronerzählende auf, von denen sich Bauerkämper in seiner Sicht- und Erzählweise der Bodenreform unterstützt sieht. Berichtet Bauerkämper in seinem eigenen Text von den Inhalten der Geschichten anderer Erzählender, ist er selbst (nur) Nacherzähler. In der Fußnote beschreibt er die anderen Erzählenden genauer, deren Geschichten aber (noch) nicht eine Bauerkämpereigene Geschichte (geworden) sind. Die nun folgenden Beispiele an Erzählenden sind nicht abschließend. Jochen Laufer und Wolfgang Leonhard eigenen sich als eine neue und eine alte Erzählung, die zu verschiedenen Zeiten verschiedenen Einfluss auf die Bodengeschichten Bauerkämpers nimmt. Daneben verdeutlichen zwei Dokumentensammlungen (Badstübner/Loth; Benser/Krusch) Einzelkuriositäten in den Bodengeschichten.

Einzelkuriositäten und zwei Dokumentensammlungen

Im »Verlorenen Antifaschismus« erzählt Bauerkämper, dass am 4. Juni 1945 in einer Besprechung in Moskau zwischen der KPD-Führung um Pieck, Stalin, Molotow und Shadnow die Entmachtung der Großgrundbesitzer als erstes Ziel festgelegt wurde. Außerdem weiß er, dass die Forderung nach Enteignung der Großgrundbesitzer wegen dieser Besprechung in den 11.-Juni-Aufruf aufgenommen wurde[94]. Zum Moskauer Gespräch zitiert Bauerkämper »die Gesprächsnotiz in« den von Rudolf Badstübner und Wilfried Loth herausgegebenen Pieckschen Aufzeich-

[94] Verlorener Antifaschismus 1994, S. 626.

nungen zur Deutschlandpolitik[95]. Dass daher (also wegen der Besprechung), besagte Forderung in den KPD-Juni-Aufruf aufgenommen wurde, belegt er mit Siegfried Kuntsche[96], der von Joachim Piskol[97] und Fritz Reinerts Dokumenten[98] unterstützt wird. Bemerkenswert ist, dass Bauerkämper insbesondere sein 1994er »Neubauernprogramm« ohne Moskauer Besprechung oder russische Einflussnahme auf den 11.-Juni-Aufruf auf dieselben vier Synchronerzähler stützt[99]. Kuntsche, Badstübner-Loth, Piskol und Reinert führen also im selben Jahr einmal zu einer Geschichte *mit* Moskauer Junibesprechung als Grund für die Enteignungsforderung im 11.-Juni-Aufruf[100], und einmal zu einer Geschichte *ohne* Moskauer Besprechung und allein von der KPD initiierter 11. Juni Forderung[101]. Die sich unterscheidenden Erzählabsichten der Geschichten erklären nicht die unterschiedliche Art der Erzählung. Zwar stehen in der ersten Geschichte – hauptsächlich – die Großgrundbesitzer im Zentrum, in der zweiten – hauptsächlich – die Neubauern. In beiden Geschichten will

95 Verlorener Antifaschismus 1994, S. 626 nach dem Satz zur 4. Juni Besprechung in Fn. 12: R. Badstübner/W. Loth (Hrsg.), Wilhelm Pieck – Aufzeichnungen zur Deutschlandpolitik 1945–1953, Berlin 1994.

96 Verlorener Antifaschismus 1994, S. 626 nach dem Satz zur »Daheraufnahme« Fn. 13: Zit. nach: S. Kuntsche, Die Umgestaltung der Eigentumsverhältnisse und der Produktionsstruktur in der Landwirtschaft, in: D. Keller u.a., Ansichten zur Geschichte der DDR, Bd. 1 Bonn 1993, S. 191-210.

97 Verlorener Antifaschismus 1994, S. 626 Fn. 13. Im Anschluss an Kuntsche: Joachim Piskol, Christel Nehrig, Paul Trixa (Hg), Antifaschistisch-demokratische Umwälzung auf dem Lande (1945–1949), Berlin (Ost) 1984.

98 Verlorener Antifaschismus 1994, S. 626 Fn. 13, nach Piskol: Fritz Reinert (Hg.), Dokumente zur demokratischen Bodenreform im Land Brandenburg, Potsdam 1966.

99 Neubauernprogramm in Brandenburg 1994, S. 184 Fn. 7. Badstübner und Loth zitiert Bauerkämper »zu den Überlegungen Ende August 1945«, Kuntsche »zum Aufruf vom 11. Juni 1945«. Die von Bauerkämper genannten Überlegungen meinen Besprechungen Ende August zwischen Pieck und Vertretern der SMAD in Deutschland, die an dieser Stelle allein belegen sollen, dass der Umgang mit den Großgrundbesitzern auch Ende August noch nicht feststand. Joachim Piskol tritt bei den Neubauern mit einer anderen Geschichte (nur noch gemeinsam mit Christel Nehrig, Zur führenden Rolle der KPD in der demokratischen Bodenreform, in: ZfG 28, 1980, S. 324-339) auf S. 185 in Fn. 10 zum Inhalt der Augustdirektive auf. Fritz Reinert bestätigt mit denselben Dokumenten wie im Verlorenen Antifaschismus auf S. 195 in Fn. 13 »ergänzend« den Inhalt der Bodenreformverordnungen.

100 Nämlich im Verlorenen Antifaschismus 1994, S. 626, wie eben gesehen.

101 Nämlich in den Neubauernprogramm in Brandenburg 1994, S. 184 Fn. 7 – hier wird Badstübner/Loth S. 55-57 für ein Gespräch zwischen Pieck und dem Leiter der Abteilung Land- und Forstwirtschaft der SMAD zitiert, das Ende August 1945 stattfindet und belegen soll, dass bis zu diesem Zeitpunkt der Umgang mit den Großgrundbesitzern bei der Bodenreform noch nicht feststand. Bei demselben Kuntsche zitiert Bauerkämper dieselbe Seite 194.

Bauerkämper aber zunächst (allgemein) die Durchführung der Bodenreform darstellen[102]. Wie eingangs erwähnt[103] gilt dieser Wille zur überblicksartigen Darstellung von Vorbereitung und Durchführung der Bodenreform für jede Erzählung aus dem Bodengeschichtenalphabet.

Konzentrieren wir uns innerhalb dieser vier Synchronerzähler nun auf die von Badstübner und Loth herausgegebenen Dokumente[104]. Diese nehmen im »Problemdruck und Ressourcenverbrauch« eine dem »Verlorenen Antifaschismus« sehr ähnliche Rolle ein. Auch hier werden am 4. Juni in Moskau die konkreten Bodenreformrichtlinien mit Stalin, Shadnow und Molotow abgestimmt und im Anschluss der 11.-Juni-Aufruf erlassen[105], und auch hier bestätigen die Dokumente (gemeinsam mit Siegfried Kuntsche) diese Erzählvariante[106]. Badstübners und Loths gesammelte Aufzeichnungen sind Bauerkämper auch in »Bodenreform in der Mark Brandenburg« und »Neubauern in der SBZ« bekannt. Im Gegensatz zu »verlorenem Antifaschismus« und »Problemdruck« führen sie hier jedoch nicht zu einer Moskauer 4.-Juni-Besprechung zwischen Stalin und deutschen Kommunisten mit Einfluss auf den 11.-Juni-Aufruf[107], sondern belegen in einer Geschichte das grundsätzlich harte Vorgehen gegen die Gutsbesitzer (so »Neubauern in der SBZ«[108]), und in der anderen Geschichte, dass die Eingriffe der SMAD (teilweise) auch die für die Nachkriegszeit lebenswichtige Steigerung der Agrarproduktion erschwerten (so »Bodenreform Mark Brandenburg«[109]). Diese Kontingenz zeigt sich auch an zwei weiteren Geschichten. Während die »Führungsgruppen auf dem Lande« aus 1995 ihre Erzählung ohne Russisch-Deutsche Besprechung und mit KPD-selbstständigem Juniaufruf auf die Badstübner-Loth Dokumente stützen[110], belegen dieselben Dokumente fünf Jahre später, in

[102] Verlorener Antifaschismus 1994, S. 624 und Neubauernprogramm in Brandenburg 1994, S. 184.

[103] Siehe oben unter »10. Bauerkämpers Bodenvarietäten« z. B. S. 134 Fn. 2.

[104] Ebenso gut würde sich Siegfried Kuntsche eignen.

[105] Problemdruck und Ressourcenverbrauch 1995, S. 298/299.

[106] Ebd., S. 298 Fn. 6.

[107] Bodenreform Mark Brandenburg 1995, S. 271: Der Aufruf wird vorgestellt als Forderung, in der die KPD nur allgemein die Aufteilung des Großgrundbesitzes vorsieht. Ähnlich bei den Neubauern in der SBZ 1996, S. 112, in der der 11.-Juni-Aufruf von der KPD eigenständig, ohne vorangehende Absprachen erlassen wird.

[108] Neubauern in der SBZ 1996, S. 115 Fn. 20.

[109] Bodenreform Mark Brandenburg 1995, S. 268. Dass die SMAD zugleich in der Not auch helfend zur Seite stand belegt Bauerkämper im nächsten Satz mit einem Archivdokument.

[110] Führungsgruppen auf dem Lande 1995, S. 81 Fn. 13, schließt an Bauerkämpers Erzählung der (selbstständigen) KPD-Augustarbeiten an.

der »Politik der SED«, noch einmal eine russische 4.-Juni-Besprechung als Grund für die 11. Juni Aufforderung[111].

Ähnlich kontingent ist die Referenz auf die Benser-Krusch Dokumente. Diese treten in Geschichten auf, in denen wegen 4.-Juni-Absprachen der 11.-Juni-Aufruf erlassen wird[112], in denen die 4. Juni-Absprache keinen Einfluss auf den Gründungsaufruf nimmt[113], oder in denen – mit Auswirkungen auf den Gründungsaufruf – die Gespräche Anfang- oder am 7/8. Juni stattfinden[114]. In drei Geschichten, die keine Juni-Absprachen mit Einfluss auf den Gründungsaufruf kennen, belegen dieselben Benser/Krusch Dokumente Stalins 100ha Festlegung[115] oder ein enges Abstimmen der Augustdirektive zwischen Russen und Deutschen[116]. Daneben stehen sie dreimal für eine Bodenvariation, in der die KPD ihren Gründungsaufruf und die Augustdirektive selbstständig jeweils nur mit russischer *Unterstützung* verfasst[117].

Mit Benser, Krusch, Badstübner und Loth kennen wir also zwei Dokumentensammlungen, die innerhalb der Bauerkämpergeschichten keine historische Nachvollziehbarkeit konstituieren, sondern mannigfaltige Bodenversionen gleichermaßen belegen.

Betrachten wir nun einen Einzelerzähler.

Jochen Laufer und die UdSSR

Innerhalb der Bauerkämpergeschichten gibt es mit dem Erscheinen der Russeneigenen Direktive jedenfalls insoweit eine signifikante Veränderung in der Erzählung, als vor 1998 keine Geschichte eine russische Direktive kennt. Mit dieser Veränderung im Zusammenhang steht ein Erzähler, der uns im vorangegangenen Abschnitt über »Geschichten und ihre Synchronerzählenden« schon begegnet ist.

In den »Flüchtlingen im Osten Brandenburgs« erzählt Bauerkämper das erste Mal die *eigene* Geschichte von einer im russischen Volkskommissariat für Auswärtige Angelegenheiten ausgearbeiteten Direktive[118].

[111] Politik der SED 2000, S. 247/248 Fn. 16.

[112] Politik der SED 2000, S. 247 Fn. 16.

[113] Flüchtlinge im Osten Brandenburgs 1998, S. 119 Fn. 43.

[114] SED und die Bauern 1999, S. 16 Fn. 16; Junker Rojos 2004, S. 106 Fn. 5.

[115] Bodenreform Mark Brandenburg 1995, S. 272 Fn. 14; Neubauern in der SBZ 1996, S. 113 Fn. 14.

[116] Loyale Kader 1999, S. 273 Fn. 18.

[117] Neubauernprogramm in Brandenburg 1994, S. 184 Fn. 8 und S. 185 Fn. 10; Bodenreform in Mecklenburg 1994, S. 370 Fn. 17; Elitenwechsel in der SBZ 1996/97, S. 281 Fn. 33 und 282 Fn. 37.

[118] Flüchtlinge im Osten Brandenburgs 1998, S. 119.

Jochen Laufer[119] ist nach geschichtswissenschaftlichem Fachjargon die Quelle, auf die der neue Erzählaspekt in der Bauerkämpergeschichte zurückgeht. 1998 ist sie bei Bauerkämper die einzige Fußnote für die russische Volkskommissariatsdirektive[120].

Die direktiveneinführende Parallelgeschichte Jochen Laufers wird 1996 in dem von Bauerkämper selbst herausgegebenen Sammelband zum »Junkerland in Bauernhand«[121] erstveröffentlicht. Der Herausgeber schreibt die Einleitung. Der Herausgeber stellt die einzelnen Beiträge vor. Der Herausgeber erklärt die »Struktur des Bandes«[122] und wird in seiner Einleitung zum Nacherzähler der Geschichten der Anderen. Mit folgenden Worten stellt Bauerkämper Jochen Laufers Beitrag über »die UdSSR und die Einleitung der Bodenreform« vor:

»Auf der Grundlage neuerschlossener Quellen weist Jochen Laufer den prägenden Einfluss eines im Juli 1945 vom sowjetischen Volkskommissariat für Auswärtige Angelegenheiten ausgearbeiteten Gesetzesentwurfs auf die Durchführung der Bodenreform in der SBZ nach«[123].

Die Erzählung vom russischen Volkskommissariatsentwurf erkennt Bauerkämper in Form des Findens durch einen anderen als wahr an. Aus der weiteren Vorstellung erhellt, dass es hier nicht um Bauerkämpers eigene Bodenreformgeschichte geht. Laufer »stellt fest«, »argumentiert« und wird von Bauerkämper im Konditional nacherzählt[124]. Deswegen ist diese

[119] Flüchtlinge im Osten Brandenburgs 1998, S. 119, Fn. 43: Die UdSSR und die Einleitung der Bodenreform in der Sowjetischen Besatzungszone, in: Bauerkämper (Hrsg.), »Junkerland in Bauernhand«?, S. 21-35.

[120] In Fn. 43 zitiert Bauerkämper zwar noch Benser/Krusch, Dokumente zur Geschichte der kommunistischen Bewegung in Deutschland, Reihe 1945/1946, Bd. 2 1994, diese sollen aber den Text der KPD-Direktive belegen. Laufer zitiert er dagegen »Zu dem sowjetischen Bodenreformentwurf und zur Abstimmung mit der KPD-Führung«.

[121] »Junkerland in Bauernhand«? Durchführung, Auswirkungen und Stellenwert der Bodenreform in der Sowjetischen Besatzungszone, Stuttgart 1996, S. 21-35.

[122] Vergleichende Perspektive 1996, S. 15 Überschrift.

[123] Ebd. Diese Perspektive gilt aufgrund der Vorstellungsrunde noch nicht als Einzug der Laufergeschichte vom Volkskommissariatsentwurf in Bauerkämpereigene Bodengeschichten.

[124] Ebd.: »Indem er [Laufer, JK] eine weitgehende Identität der Vorlage [vom Volkskommissariat, JK] mit der am 3. September 1945 von der sächsischen Provinzialverwaltung erlassenen Bodenreformverordnung feststellt, argumentiert Laufer, dass der sowjetische Gesetzesentwurf – nicht aber die von der KPD erarbeiteten Konzeptionen – den Beginn der Bodenreform ausgelöst und geprägt habe. Die Sowjetunion habe auf der Potsdamer Konferenz vom 17. Juli bis 2. August 1945 keine Abstimmung mit den anderen alliierten Mächten über den bevorstehenden Eingriff in die agrarische Besitzstruktur gesucht, denn für Stalin sei die Bodenreform nur ein Instrument der Durchsetzung des sowjetischen Führungsanspruchs und – eng verknüpft damit – der inneren Transformation in der SBZ gewesen«.

Erzählung nicht Bauerkämpers erste Russendirektivengeschichte. Bauerkämper erzählt hier im Zusammenhang mit der Vorstellung des Inhalts seines Sammelbandes nur die Geschichte eines anderen nach.

Neben der Einleitung schreibt Bauerkämper in seinem Sammelband jedoch auch eine eigene Geschichte zur Bodenreform. In dieser Erzählung vom »Strukturumbruch ohne Mentalitätenwandel« gibt es weder einen russischen Direktivenentwurf im Text, noch Jochen Laufer in den Fußnoten. Die deutsche KPD erarbeitet eigenständig die Vorlage für die Bodenreformverordnungen[125]. Möglicherweise erklärt sich das Nichterwähnen aus Nichtwissen, etwa weil Bauerkämper seinen Sammelbandeintrag vor, oder gleichzeitig mit dem Lauferschen fertig gestellt hat. Ein *Indiz* gegen die Nichtkenntnis ist, dass dem Schreibenden im Strukturumbruch die eigene Einleitung[126] ebenso bekannt ist wie ein anderer Sammelbandeintrag[127].

In der ebenfalls 1996 geschriebenen Geschichte von den »Neubauern in der SBZ« gründen die nicht erzählte Russendirektive und der nicht zitierte Laufer[128] vielleicht auch auf (noch) bestehende Unkenntnis des ›neuesten‹ Geschichtswissens. Gleiches gilt für die im Juli 1996 fertig gestellte »Amerikanisierung und Sowjetisierung«. Inhaltlich berichtet Bauerkämper in dieser Geschichte von einer »Schlüsselposition« Stalins und (abstrakt) von detaillierter Abstimmung zwischen Russen und Deutschen vor dem Erlass der Augustdirektive[129]. Die Einflussnahme kommt indessen ohne Russendirektive und ohne Jochen Laufer aus.

Jedenfalls kennt Bauerkämper die Laufergeschichte in seiner letzten 1996er Erzählung[130]. Auch hier erzählt er jedoch (noch) keine eigene Geschichte vom russischen Direktivenentwurf aus dem Amt für auswärtige Angelegenheiten, sondern stellt Jochen Laufer als Beispiel für die »Ausweitung der empirischen Forschung« nach 1990 vor. Der Historiker Laufer habe erstmals »frühere Tabuzonen der Geschichtsschreibung ana-

[125] Strukturumbruch ohne Mentalitätenwandel 1996, S. 74. Als Synchronerzähler und Bestätigung für diese Tatsache zitiert Bauerkämper seinen eigenen Aufsatz aus dem Vorjahr: »Die Verordnung stimmte weitgehend mit der am 23. August 1945 beschlossenen Direktive des ZK überein. Fn. 23: Hierzu die ausführliche Darstellung in: A. Bauerkämper, Die Bodenreform in der Provinz Mark Brandenburg. Wandel und Beharrung in der Agrarwirtschaft und Ländlichen Gesellschaft. In: W: Stang (Hg.), Brandenburg im Jahr 1945. Studien, Potsdam 1995«.

[126] Strukturumbruch ohne Mentalitätenwandel 1996, S. 70 Fn. 5.

[127] Strukturumbruch ohne Mentalitätenwandel 1996, z.B. S. 74 Fn. 22 »zur Bodenreformverordnung für die Provinz Sachsen der Beitrag von Manfred Wille in diesem Band«.

[128] Neubauern in der SBZ 1996, S. 108 – 130 und alle Fußnoten 1 bis 54.

[129] Amerikanisierung und Sowjetisierung 1996, S. 199.

[130] Die Interpretationen aus 4/96 datieren auf Oktober/November/Dezember.

lysiert«[131] und »herausgearbeitet, dass die sowjetische Staats- und Parteiführung unter Stalin (…) die Vorbereitung der Bodenreform entscheidend vorantrieb«[132]. Der im Sammelband als Entdecker der Russendirektive Nacherzählte hat in den Interpretationen lediglich ein *grundsätzliches* (wie auch immer geartetes) Vorantreiben der Bodenreform durch die russischen Besatzer aufgedeckt.

Nun widerspricht diese zweite Vorstellung Laufers nicht unbedingt der ersten aus dem Sammelband. Das »Vorantreiben« kann gerade im Erlass der Volkskommissariatsdirektive liegen. Dass die Direktive in den »Interpretationen« nicht zum Anlass der Nacherzählung genommen wird, verwundert allerdings, weil Bauerkämper in derselben Geschichte an anderer Stelle sehr wohl von einem sowjetischen Bodenreformgesetz berichtet[133]. Im Zusammenhang mit der westdeutschen 1950er Jahre Geschichtsschreibung, die die Bodenreform »nahezu ausschließlich als sowjetisches Diktat interpretiert(e)«, erwähnt Bauerkämper, dass diese »Deutung« durch die von Wolfgang Leonhard selbst dargelegte »Arbeit bei der Übersetzung eines sowjetischen Bodenreformgesetzes zehn Jahre zuvor« indirekt bestätigt wurde[134]. In den Interpretationen wird also ungenau von einem russischen Gesetzesentwurf nur im Zusammenhang mit (kritikwürdiger) westdeutscher Geschichtsdeutung erzählt, wobei der rechthabende Laufer in keiner Beziehung zu der 1955er Leonhard Geschichte von russischen Gesetzesentwürfen steht. Unkenntnis ist nicht der Grund für den fehlenden Zusammenhang, denn Laufer hat im selben Text allgemein-abstrakt das »entscheidende Vorantreiben der Bodenreform« durch die Russen herausgearbeitet.

Nach den drei 1996er Geschichten, in denen Laufers Russendirektive sich (noch) nicht als Bauerkämpereigene Geschichte etabliert, werden weitere vier Geschichten erzählt, die ohne Volkskommissariatsdirektive und ohne Jochen Laufer auskommen[135]. Drei von ihnen gehören dabei zu den fünf Bodenkurzgeschichten[136], das Nichterwähnen liegt also höchst-

[131] Interpretationen 1996, S. 57.

[132] Ebd. Jochen Laufer »sind« diese Historiker. Neben dem Aufsatz zur UdSSR zitiert Bauerkämper außerdem: Jochen Laufer, »Genossen, wie ist das Gesamtbild?«, Ackermann, Ulbricht und Sobottka in Moskau im Juni 1945, in: Deutschland Archiv 29 (1996), S. 355-371.

[133] Interpretationen 1996, S. 48.

[134] Interpretationen 1996, S. 48. In Fn. 50 zitiert Bauerkämper daraufhin: Wolfgang Leonhard, Die Revolution entlässt ihre Kinder, Köln 1990 (1. Auflage 1955).

[135] Elitenwechsel in der SBZ 1997/1997; Flüchtlinge in Brandenburg 1997; Ländliche Gesellschaft in BRD und DDR 1997; Abweichendes Verhalten 1998.

[136] Flüchtlinge in Brandenburg 1997; Ländliche Gesellschaft in BRD und DDR 1997; Abweichendes Verhalten 1998. Dabei verfügt seine Geschichte über die »Flüchtlinge in Brandenburg« aus 1997 über umfassende Synchronerzählerangaben:

wahrscheinlich an der Textgattung. Indes findet sich in der umfangreicheren Bodengeschichte über »Elitenwechsel in der SBZ« weder eine Russendirektive in den Text, noch Jochen Laufer in die Fußnoten ein[137].

Bleibt eine Geschichte, die Bauerkämper vor der die Russendirektive als erste erwähnenden »Ost-Brandenburg-Flüchtlingsgeschichte« verfasst hat, die »Landarbeiter der SBZ« aus 1998. Hier erzählt Bauerkämper von einer starken KPD, die die Enteignungsforderung selbstständig in den 11.-Juni-Aufruf aufnimmt und eigenständig eine Augustdirektive erarbeitet[138]. In dieser Geschichte gibt es also keine russische Initiativstellung, geschweige denn eine russische Volkskommissariatsdirektive. Das ist bemerkenswert, weil Bauerkämper auch diese Geschichtsvariation mit dem eigentlich Direktiveneinführenden Jochen Laufer belegt. Er zitiert dessen Bericht aus dem Bauerkämperschen Sammelband nach der Erzählung von 11.-Juni-Aufruf und KPD-Direktive »zur Vorbereitung der Bodenreform«[139].

Es bleiben neunzehn der hier besprochenen Bauerkämpererzählungen, in denen die Volkskommissariatsdirektive wegen Post-Laufer-Erscheinens eine Rolle spielen könnte, und die außerdem nach der Direktiveneinführenden Geschichte der »Flüchtlinge im Osten Brandenburgs« erschienen sind[140]. Nur sechs dieser neunzehn erzählen in ihrem Text von einer rus-

---

Fn. 8: Benser/Krusch, Dokumente Band 2, München 1994, S. 16; »Zur Vorbereitung der Bodenreform zusammenfassend« Bauerkämper, verlorener Antifaschismus 1994, S. 624ff.; Fn. 12 enthält Stöckigt ohne Warnung; Bei der Ländlichen Gesellschaft in BRD und DDR 1997, S. 28 Fn. 12 ist Bauerkämper selbst der einzige die (kurze) Bodenreformdurchführung und Vorbereitung belegende Synchronerzähler, nämlich mit der Geschichte von Problemdruck und Ressourcenverbrauch aus 1995, hinter seine Erzählung von der Durchsetzung durch das ZK der SED (sic) stellt er keinen Synchronerzähler; Im »Abweichenden Verhalten 1998« verzichtet Bauerkämper nach seinem grundsätzlichen Einzelsatz zur Bodenreform gänzlich auf Synchronerzähler, an den Satz auf S. 296 »Die Bodenreform, die im Herbst 1945 (...) von der UdSSR herbeigeführt und auch von der KPD durchgesetzt worden war«, schließt keine Fußnote an. Die als nächstes folgende Synchronerzählung steht auf S. 297 und bezieht sich auf die ›Stalinnote‹ und die aufgegebenen Neubauernbetriebe.

137 Der Beitrag in der rumänischen Zeitschrift »Colloquia« wurde in einer Zwischenausgabe, 1996/1997 veröffentlicht. Kenntnis von der Laufergeschichte kann damit durchaus angenommen werden.

138 Landarbeiter in der SBZ 1998, S. 248-252 beschreibt ausführlich die KPD-Autonomie.

139 Landarbeiter in der SBZ 1998, S. 250, Fn. 14.

140 (1) Bodeneigentum in Ost- und Westdeutschland 1999; (2) Bodenreform und Flüchtlingssiedlung 1999; (3) Kampf um den Boden 1999; (4) SED und die Bauern 1999; (5) Loyale Kader 1999; (6) Bodenreform und Kollektivierung in Brandenburg 1999; (7) Die Politik der SED 2000; (8) Integration of Expellees 2001; (9) Verdrängung der Großbauern 2001; (10) Ländliche Gesellschaft 2002; (11) Traditionalität in der Moderne 2003; (12) Bodenreform und Kollektivierung 2003; (13)

sischen Direktive zur Bodenreform[141] – das Bekanntwerden der Laufererzählung führt also keine grundsätzliche Erzählveränderung in den Bauerkämpergeschichten herbei. In diesen sechs Geschichten tritt Laufer in folgenden Formen auf.

1999, in »Bodenreform und Flüchtlingssiedlung«, wird die Russendirektivenerarbeitung in Folge des 4.-Juni-Gesprächs zusätzlich mit einer weiteren Laufererzählung und zwei anderen Erzählern belegt[142]. Bei »der SED und den Bauern« und den »Junker Rojos« erhält die belegende Laufererzählung (zweimal dieselbe) Unterstützung von anderen, – teilweise gegenüber der »Bodenreform und Flüchtlingssiedlung« verschiedenen Synchronerzählern[143].

Einen Einzelauftritt hat Laufers Geschichte aus dem »Junkerland« dagegen wieder in der »Bodenreform und Kollektivierung in Brandenburg«[144] und in der ländlichen Gesellschaft 2002[145]. In Bauerkämpers letzter Russendirektivengeschichte, dem 2005 gehaltenen Vortrag zur

---

Sozialgeschichte der DDR 2003; (14) DDR-Kollektivierung und BRD-Strukturwandel 2004; (15) Junker Rojos 2004; (16) Bodenreform in Sachsen-Anhalt 2005; (17) Agrarpolitik in SBZ und DDR 2005; (18) Strukturwandel und Alltagsleben 2007; (19) Vertriebene in SBZ/DDR 2008.

141 Zusätzlich zur 1998er Flüchtlingsgeschichte: (1) Bodenreform und Flüchtlingssiedlung 1999; (2) SED und die Bauern 1999; (3) Bodenreform und Kollektivierung in Brandenburg 1999; (4) Ländliche Gesellschaft 2002; (5) Junker Rojos 2004 und (6) Bodenreform und Sachsen-Anhalt 2005.

142 Bodenreform und Flüchtlingssiedlung 1999, S. 199 Fn. 22: Laufer, »Genossen wie ist das Gesamtbild?« Ackermann, Ulbricht und Schottka (sic) in Moskau im Juni 1945, in: DA 29/1996, S. 355-371; Keiderling Gerhard (Hrsg.), »Gruppe Ulbricht« in Berlin April bis Juni 1945. Von der Vorbereitung im Sommer 1944 bis zur Wiedergründung der KPD im Juni 1945. Eine Dokumentation, Berlin 1993; Wolfgang Leonhard, Die Revolution entlässt ihre Kinder, Köln 1990.

143 Junker Rojos 2004, S. 106 Fn. 5 und SED und die Bauern 1999, S. 16 Fn. 16: »Zur Einflussnahme der Sowjetunion: Laufer, »Genossen wie ist das Gesamtbild?«, in DA 29/1996; Gerhard Keiderling, Scheinpluralismus und Blockparteien. Die KPD und die Gründung der Parteien in Berlin 1945, in: VfZ 45 (1997). Zusammenfassend: Wolfgang Zank, Die Gesellschaftspolitik der KPD/SED 1945–1949, in: APZ B 11/90, 9.3.1990.

144 Bodenreform und Kollektivierung in Brandenburg 1999, S. 561 Fn. 10. »Zum sowjetischen Entwurf« Laufer, die UdSSR in »Junkerland?«.

145 In Fn. 48 zitiert Bauerkämper zwar noch Richard C. Raack (»Stalin plans his Post-War Germany, Journal of Contemporary History 1993, S. 53-73) und Gerhard Wettig (Neue Aufschlüsse über Moskauer Planungen für politisch-gesellschaftliche Ordnung in Deutschland nach dem zweiten Weltkrieg, Jahrbuch für Historische Kommunismusforschung 1995, S. 151-172), allerdings nur »Allgemein zu den – weithin umstrittenen – Zielen der sowjetischen Politik und zur Rolle der KPD-Führung«. Der in derselben Bauerkämpergeschichte zur Russischen Direktive zitierte Wolfgang Leonhard lässt sich nicht eindeutig als Beleg für gerade diese Volkskommissariatsdirektive heranziehen.

Bodenreform in Sachsen-Anhalt, tritt Laufer mit seiner »Junkerland«-Geschichte »zur Einflussnahme der Sowjetunion« in der direktivenzugehörigen Fußnote gemeinsam mit dem »zusammenfassenden« Wolfgang Zank[146] auf.

Insgesamt kommen also alle sieben Direktivengeschichten nicht ohne Jochen Laufer aus, wenngleich die Einheitlichkeit des Laufer-Erscheinens bei der groben Abgrenzung nach Direktivengeschichten endet. Wie im Vorangegangenen gesehen, unterscheiden sich die insgesamt sieben Geschichten trotz gleichlaufendem Erwähnen der Russendirektive bezüglich der Art und Weise der Beeinflussung und KPD-Verantwortungsstellung erheblich. Bei den »Flüchtlingen im Osten Brandenburgs 1998«, der »SED und den Bauern 1999« und den »Junker Rojos 2004« wirkt die KPD trotz UdSSR-Direktive noch selbstständig am Inhalt der späteren Augustdirektive mit, während in der »Bodenreform und Flüchtlingssiedlung 1999« die UdSSR Direktive schlicht »weitgehend« in der Direktive des ZK der KPD übernommen wird. Die verbleibenden drei Geschichten (»Bodenreform und Kollektivierung in Brandenburg 1999«, »Ländliche Gesellschaft 2002«, »Bodenreform in Sachsen-Anhalt 2005«) erzählen Verwirrendes und Gegenteiliges. Dennoch wird Laufer für jede Russendirektivenvariation zum Synchronerzähler, der die in sich verschiedenen Geschichten gleichermaßen belegt.

Bleibt zu fragen, welche Rolle Laufer in den nun noch verbleibenden dreizehn Geschichten spielt[147]. Zunächst lassen sie sich in Geschichten mit und ohne den Synchronerzähler einteilen. Die beiden verbleibenden zwei der fünf Kurzgeschichten mit geringem Bodengeschichtenanteil aus 2004[148] und 2008[149] kennen Jochen Laufer ebenso wenig wie die drei anderen Geschichtenmitglieder dieser Gruppe[150]. Laufers Nichterscheinen ist auch hier wegen des grundsätzlich geringen Bodenanteils nicht weiter relevant, denn es könnte an der Textgattung liegen. Die restlichen elf

[146] Bodenreform in Sachsen-Anhalt 2005, S. 5 Fn. 10. Wolfgang Zank (Die Gesellschaftspolitik der KPD/SED 1945–1949, in: Aus Politik und Zeitgeschichte. Beilage zur Wochenzeitung »Das Parlament« B 11/90, 9. März 1990, S. 54).

[147] (1) Bodeneigentum in Ost- und Westdeutschland 1999; (2) Kampf um den Boden 1999; (3) Loyale Kader 1999; (4) Die Politik der SED 2000; (5) Integration of Expellees 2001; (6) Verdrängung der Großbauern 2001; (7) Traditionalität in der Moderne 2003; (8) Bodenreform und Kollektivierung 2003; (9) Sozialgeschichte der DDR 2003; (10) DDR-Kollektivierung und BRD-Strukturwandel 2004; (11) Agrarpolitik in SBZ und DDR 2005; (12) Strukturwandel und Alltagsleben 2007; (13) Vertriebene in SBZ/DDR 2008.

[148] DDR-Kollektivierung und BRD-Strukturwandel.

[149] Vertriebene in SBZ/DDR.

[150] Wie die Flüchtlinge in Brandenburg 1997, die Ländliche Gesellschaft in BRD und DDR 1997 und das Abweichende Verhalten 1998. Siehe oben S. 206 Fn. 136.

Geschichten (ohne Russendirektive) erzählt Bauerkämper sechsmal[151] ohne, und fünfmal[152] mit Jochen Laufer in den Fußnoten.

Drei der Geschichten ohne Laufer gleichen in ihrem Erzähl- und Zitierverhalten der 1998er Geschichte der »Landarbeiter«[153]: Im »Bodeneigentum in Ost- und Westdeutschland« schreibt Bauerkämper über die Vorbereitung der Bodenreform. Diese liegt nach dem Text allein in den Händen der KPD[154]. Nicht nur der russische Entwurf findet keine Erwähnung, auch anders geartete Russeneinflussnahme (etwa die 100 ha Grenze der Abstimmungen zwischen Russen und Deutschen beim Erlass der KPD-Direktive oder Moskauer Gespräche als Grund für die Aufnahme in den 11.-Juni-Aufruf) sind – wie bei den Landarbeitern – nicht der Rede wert. Gleichwohl zitiert Bauerkämper am Ende des Geschichtsausschnitts zur Entstehung der Bodenreform denselben[155] Jochen Laufer »zur Vorbereitung der Bodenreform«[156] wie in der die Russendirektive einführenden Textgeschichte von den »Flüchtlingen im Osten Brandenburgs«. Bauerkämpers ein Jahr jüngere Geschichte zur »Politik der SED« erzählt zwar von 4.-Juni-Absprachen mit Stalin, die Einfluss auf 11.-Juni-Aufruf und Augustdirektive nehmen, doch ist die russische Einflussname recht zurückhaltend und zeichnet sich die KPD weitgehend gleichberechtigt[157]. Derselbe Russendirektiven-Laufer wird von Bauerkämper auch hier »zur Vorbereitung der Bodenreform« in einer Fußnote zu 4. Juni und Gründungsaufruf empfohlen[158]. In beiden Geschichten ist die Laufer-Fußnote also ein Beleg für die in der Bodenreformdurchführung- und Vorbereitung weitgehend selbstständige KPD.

Die Rolle der im Vergleich zu diesen beiden Geschichten etwas weniger

[151] (1) Kampf um den Boden 1999; (2) Traditionalität in der Moderne 2003; (3) Bodenreform und Kollektivierung 2003; (4) Sozialgeschichte der DDR 2003; (5) Agrarpolitik in der SBZ 2005; (6) Strukturwandel und Alltagsleben 2007.

[152] (1) Bodeneigentum in Ost- und Westdeutschland 1999; (2) Loyale Kader 1999; (3) Politik der SED 2000; (4) Integration of Expellees 2001; (5) Verdrängung der Großbauern 2001.

[153] In den »Landarbeitern«, die vor der Direktiveneinführenden Ost-Brandenburgischen-Flüchtlingsgeschichte erscheinen, erzählt Bauerkämper von selbstständiger KPD und zitiert als Beleg Jochen Laufers UdSSR Geschichte aus dem Junkerland.

[154] Bodeneigentum in Ost- und Westdeutschland 1999, S. 122/123.

[155] Ebenfalls mit »der UdSSR und die Einleitung der Bodenreform« im »Junkerland in Bauernhand«? 1996.

[156] Bodeneigentum in Ost- und Westdeutschland 1999, S. 123 Fn. 39. Laufer steht hier zwischen einer Archivquelle, Rolf Stöckig, und Bauerkämpers Antifaschismus, der ebenfalls »zur Vorbereitung der Bodenreform« als sinnvolle Fußnote weiterempfohlen wird.

[157] Die Politik der SED 2000, S. 247 und 248.

[158] Ebd., S. 248 Fn. 16.

selbstständigen KPD wird noch einmal 1999 in den »Loyalen Kadern« und 2001 in der »Integration of Expellees« mit Jochen Laufer synchronisiert. Die 1999er Geschichte gehört im Bodengeschichtenalphabet zu den zehn Junigeschichten von selbstständigem Gründungsaufruf[159], und den acht Geschichten über deutsch-russische Direktivenzusammenarbeit[160]. Die KPD zeichnet sich also beim 11.-Juni-Aufruf (es gibt hier schon keine Junibesprechung) verantwortlicher als beim Erlassen der Augustdirektive (die sie dagegen eng mit SMAD und russischer Parteiführung abstimmt). Im Zusammenhang mit dem letztgenannten engen Abstimmen zitiert Bauerkämper Jochen Laufer mit zwei Synchronerzählungen »zum Einfluss der Sowjetischen Führung und der SMAD«[161]. Bei der »Integration of Expellees« ist die KPD-Verantwortung entgegengesetzt erzählt. In dieser Geschichte, die beim 11.-Juni-Aufruf zu den zwölf[162], bei der Augustdirektive zu den elf[163], Geschichten des Bodenalphabets gehört, ist die KPD beim 11.-Juni-Aufruf (den sie erst nach dem Stalin am 4. Juni »forced« so verfasst), weniger verantwortlich als beim Erlass der Augustdirektive (die sie nach dem Text selbstständig erlässt, insbesondere weil sich das 4.-Juni-Drängen nur auf das »Ob« nicht auf das »Wie« bezieht). Laufer ist in dieser Geschichte auch nicht im Zusammenhang mit der Augustdirektive als Synchronerzähler erwähnenswert, sondern wird von Bauerkämper nach dessen Erzählung vom 4.-Juni-Treffen und 11.-Juni-Aufruf »on Stalins order«[164] empfohlen.

Die letzte Geschichte, in der Laufer noch einen Auftritt hat, ist die reichlich verwirrende Erzählung der »Großbauern«[165]. Interessanterweise zitiert Bauerkämper in dieser schon kennengelernten, umfassenden Fußnote Wladimir Semjonow »zur Forderung Stalins«, während Laufers UdSSR-Geschichte grundsätzlich »zur Vorbereitung der Bodenreform« empfohlen wird[166].

[159] Loyale Kader 1999, S. 273.

[160] Ebd.

[161] Ebd., S. 273, Fn. 18, einmal mit »UdSSR und Einleitung der Bodenreform« im »Junkerland?«-Sammelband, zum anderen mit seinem Aufsatz aus dem 1996er Deutschlandarchiv zu den »Genossen, wie ist das Gesamtbild?«.

[162] Integration of Expellees 2001, S. 287.

[163] Ebd., S. 287/288.

[164] Ebd., S. 287, Fn. 11 S. 300, zudem (das einzige Mal) nicht mit der UdSSR Geschichte aus Bauerkämpers Sammelband, sondern nur mit seinem DA Aufsatz zu den »Genossen, wie ist das Gesamtbild?«.

[165] Großbauern in der SBZ 2001, S. 144.

[166] Ebd., S. 144, Fn. 24. Semjonow tritt in Gestalt »von Stalin bis Gorbatschow. Ein halbes Jahrhundert in diplomatischer Mission 1939–1991, Berlin 1995, S. 237« als Synchronerzähler auf. Siehe oben S. 165 Fn. 199.

Die nun noch verbleibenden sechs Geschichten kennen im Zusammenhang mit der Bodenreform keinen Jochen Laufer[167]. Drei von ihnen gehören zum Bodenquartett[168], deren Bodengeschichtenanteile grundsätzlich wenig, (oder wenig Verständliches) zu 11.-Juni-Aufruf, Russenbesprechungen, Augustdirektive oder Bodenreformverordnungen aussagen. Die anderen drei Geschichten sind Teil des Bodenalphabets, unterscheiden sich jedoch in ihren Gruppenzugehörigkeiten. Die erste erzählt von einer gänzlich selbstständigen KPD[169]: In der »Traditionalität in der Moderne« gibt es weder eine Russeninitiative im Text[170] noch einen Jochen Laufer in den Fußnoten[171]. »Zur Vorbereitung und Durchführung der Bodenreform ausführlich« zitiert Bauerkämper sich selbst in seiner 2002 veröffentlichen Ländlichen Gesellschaft[172]. Die zweite erzählt von einer im Zusammenhang mit dem 11.-Juni-Aufruf von den Russen abhängigen[173], bei der Augustdirektive wieder selbstständigen KPD[174] und benötigt – vielleicht wegen ihrer Natur als Handwörterbucheintrag – keine klassischen Fußnotenbelege. Bei den grundsätzlich genannten Synchronerzählenden, der »Literatur«, wird Laufer allerdings auch nicht erwähnt[175]. Die (nun wirklich) letzte Geschichte zur Lauferbetrachtung vermittelt ohne Bezugnahme auf Jochen Laufer den Eindruck einer weitgehend von den Russen abhängigen KPD[176].

Es gibt also seit 1996 eine »neue« Geschichte zur Vorbereitung der Bodenreform. Bauerkämper ist diese neue Erzählung vom Zeitpunkt ihres Erscheinens an bekannt. In verschiedenen Bauerkämpergeschichten erzählt die Laufergeschichte verschiedene Dinge. Nach ihrem Erscheinen 1996 schreibt Bauerkämper wenigstens[177] fünfundzwanzig Geschichten zur Bodenreform. Dabei ist nur siebenmal, 1998, 1999, 2002, 2004 und 2005 in seinem Text von einer Volkskommissariatsrussendirektive die

[167] Die Sozialgeschichte der DDR 2003 erwähnt Laufer im Zusammenhang mit Demontagen der UdSSR: S. 78, Karlsch/Laufer (Hrsg.), Sowjetische Demontagen in Deutschland 1944–1949: Hintergründe, Ziele und Wirkungen, Berlin 2002.

[168] Kampf um den Boden 1999; Sozialgeschichte der DDR 2003; Agrarpolitik in der SBZ 2005.

[169] Traditionalität in der Moderne 2003.

[170] Ebd., S. 14/15.

[171] Ebd.

[172] Ebd., S. 15 Fn. 16.

[173] Bodenreform und Kollektivierung 2003, S. 20.

[174] Ebd., S. 17/20.

[175] Ebd., S. 23-24.

[176] Strukturwandel und Alltagsleben 2007, S. 201/202.

[177] Wenigstens, weil Neubauern in der SBZ, Strukturumbruch und Mentalitätenwandel und Amerikanisierung und Sowjetisierung möglicherweise vor Erscheinen der Laufergeschichte fertig gestellt wurden.

Rede. In den drei 1996er Geschichten spielt die Laufer-Erzählung entweder keine, oder eine andere Rolle als 2002 und 2005. 1999 dient die neue Erzählung als Fußnotenbestätigung für eine Geschichte ohne Russenvorbereitung. 2003 ist sie gänzlich unbeachtlich. Die Russendirektive betreffend ergibt sich also, dass sich Bauerkämper nicht im Laufe der Zeit einer historischen Wahrheit annähert, sondern dass seine Wahrheit unabhängig von zeitlichen Maßstäben in jeder Geschichte neu entsteht.

Die Entdeckung neuer Quellen führt nicht zur Veränderung der Geschichtsschreibung. Neue Quellen werden lediglich zu verschiedenen Zeiten verschieden gelesen. Es geht nicht darum, zu erkennen, was Jochen Laufer »tatsächlich« über die Vorbereitung der Bodenreform und die Rolle der russischen Besatzungsmacht bei dieser Vorbereitung geschrieben hat. Es gibt keinen »tatsächlichen« Bericht, sondern immer nur den Bericht, den die jeweiligen Lesenden zum jeweiligen Zeitpunkt aus den jeweiligen Buchstaben entnehmen. Deswegen kann ich auch nicht die von Bauerkämper verwendeten Quellen im Hinblick auf die Plausibilität – auf ihren tatsächlichen Inhalt hin – nachprüfen. In Laufer steht nichts »Tatsächliches«, sondern immer nur das, was die jeweiligen Lesenden mit jeweiligem Eigeninteresse aus den Laufer-Buchstaben erlesen würden.

Wolfgang Leonhard und die Revolution

Für alte Quellen gilt das Gleiche, was sich bei Bauerkämpers Erzählungen an Wolfgang Leonhards Geschichte »Die Revolution entlässt ihre Kinder« verdeutlicht. Diese Geschichte ist seit 1955 lesbar, aber bis 1996 für die Bauerkämpererzählungen bedeutungslos. Die »Bodenreform zur Kollektivierung«, das »Neubauernprogramm in Brandenburg«, der »verlorene Antifaschismus«, die »Bodenreform in Mecklenburg«, der »Problemdruck und Ressourcenverbrauch«, die »Bodenreform in Brandenburg«, die »Führungsgruppen auf dem Lande«, die »Neubauern in der SBZ« und die »Amerikanisierung und Sowjetisierung« kommen ebenso ohne Leonhards Russengesetzesbericht aus, wie die beiden Beiträge in Bauerkämpers Sammelband. Erst in den »Interpretationen« findet Wolfgang Leonhards Erzählung Erwähnung[178], wobei er hier (noch) kein »echter« Synchronerzähler ist, sondern lediglich als Bauerkämpers Nacherzählung eine Rolle spielt. Bauerkämper zieht ihn heran, um seine Darlegung von der Westdeutschen 50er Jahre Geschichtsschreibung (die die Bodenreform ausschließlich als sowjetisches Diktat interpretierte) zu untermauern. Leonhard ist also noch keine bauerkämpereigene Geschichte geworden.

[178] Interpretationen 1996, S. 48 Fn. 50.

Nach der Ersterwähnung in den »Interpretationen« erzählt Bauerkämper noch weitere sieben Geschichten, in denen Leonhards Synchronerzählung keine Rolle spielt[179]. Insbesondere die erste von einem russischen Volkskommissariatsentwurf erzählende Geschichte, stützt sich allein auf Jochen Laufers Russendirektive[180]. Erst ein Jahr später (und vier Jahre nach der ersten Leonharderwähnung in den »Interpretationen«), taucht Leonhards »Revolutionsentlassung« in »Bodenreform und Flüchtlingssiedlung« nach der Erzählung vom Ausarbeiten der UdSSR-Direktive als Laufer-unterstützender Synchronerzähler auf[181]. Danach kommen weitere sieben Geschichten (von denen immerhin zwei eine russische Volkskommissariatsdirektive kennen) ohne Wolfgang Leonhard aus[182]. Erst 2002 wird Leonhards Erzählung von den aus dem Russischen übersetzten Bodenreformdirektiven wieder selbstständiger, und im Vergleich zur ersten Erwähnung aus 1999 umfangreicher, Teil der Bauerkämpergeschichte:

> *»Nachdem die KPD-Führung ihre Direktive erlassen hatte (also nach dem 22. August, JK), drängte die SMAD auf die schnelle Durchführung der Bodenreform. Semjonow hatte Pieck bereits am 28. August seine Unzufriedenheit über die weitere Durchsetzung der Bodenreform mitgeteilt. Offenbar hatten Sowjetische Militärbehörden der SED-Führung zudem einen Gesetzesentwurf vorgelegt, den Wolfgang Leonhard in die deutsche Sprache übersetze.«*[183]

Grund für dieses plötzliche (Wieder)Hinzuziehen kann schwerlich sein, den (›tatsächlichen‹) Ursprung der Bodenreformverordnungen *verständlicher* zu machen. Durch Leonhard wird das Entstehen der Verordnungen eher unklarer. Bauerkämper behält für sich, wie die nun in eigener Geschichte erzählte Leonhardübersetzung in Verbindung zu den KPD-August-Direktiven oder dem russischen Volkskommissariatsentwurf steht. Falls dieses Für-sich-Behalten an eigenem Nichtwissen liegt, behält Bauer-

179 (1)Elitenwechsel in der SBZ 1996/97; (2) Flüchtlinge in Brandenburg 1997; (3) Ländliche Gesellschaft in BRD und DDR 1997; (4) Abweichendes Verhalten 1998; (5) Flüchtlinge im Osten Brandenburgs 1998; (6) Landarbeiter in der SBZ 1998; (7) Bodeneigentum in Ost- und Westdeutschland 1999.

180 Flüchtlinge im Osten Brandenburgs 1998, S. 119 Fn. 43.

181 Bodenreform und Flüchtlingssiedlung 1999, S. 199, Fn. 22: Nach zweimal Laufer und einmal Keiderling zitiert Bauerkämper »Dazu auch schon die Erlebnisberichte in Leonhard, Revolution«.

182 Kampf um den Boden 1999; Mit Russendirektive: SED und die Bauern 1999; Loyale Kader 1999; Bodenreform und Kollektivierung in Brandenburg 1999; Die Politik der SED 2000; Integration of Expellees 2001; Verdrängung der Großbauern 2001.

183 Ländliche Gesellschaft 2002, S. 80.

kämper auch das für sich. Er erzählt gerade nicht, dass ihm der Zusammenhang der drei Direktiven (vielleicht wegen noch nicht zugänglicher Archivmaterialien) ebenfalls unbekannt ist. Zusätzlich zum Textauftritt erscheint Leonhard 2002 auch noch in einer Fußnote, nach der sein Werk den »Hinweis auf einen sowjetischen Entwurf der Bodenreformverordnung für die Provinz Sachsen«[184] enthalte. Dabei hat Leonhards *Textauftritt* nichts mit dieser Provinz zu tun.

Nach dieser Geschichte der »Ländlichen Gesellschaft 2002« verschwindet Leonhards Bericht wieder aus dem Text aller noch folgenden Bodengeschichten[185]. Zwei dieser verbleibenden neun – die »Junker Rojos« und die »Bodenreform in Sachsen-Anhalt« – erzählen auch von einer russischen Direktive. Der Textabschnitt, der die Russendirektive beschreibt, kommt in beiden Geschichten ohne Leonhard aus. Bei der »Ländlichen Gesellschaft in Sachsen-Anhalt« erwähnt Bauerkämper die Leonhardrevolutionsentlassung als Synchronerzählung im Anschluss an den Text zur besonderen Lage der Provinz Sachsen. Sie enthalte einen »Hinweis auf einen sowjetischen Entwurf der Bodenreformverordnung für die Provinz Sachsen« – eine Erwähnung, die sehr derjenigen aus der »Ländlichen Gesellschaft 2002« ähnelt[186].

Beurteilungen anderer Synchronerzähler – Kontingenz der Nacherzählungsurteile

In manchen Aufsätzen versieht Bauerkämper einzelne Synchronerzählende mit einem Warnhinweis (etwa als »Glorifizierung« oder »Einseitig«). In anderen Bauerkämpergeschichten sind dieselben Synchronerzählenden ohne Warnung zu empfehlen. Dabei ist keine zeitliche Kontinuität abzulesen. Die Episode der Synchronerzählenden abschließend folgen nun fünf weitere Erzähler, die in den Geschichten verschiedenen Werturteilen unterworfen sind. Die Beispiele sind nicht abschließend und bezüglich ihres Auftretens in den einzelnen Geschichten nicht vollständig. Die folgende Betrachtung möchte nur einen Ausschnitt der Beurteilungskuriositäten darstellen.

184 Ebd., S. 81 Fn. 56.

185 (1) Traditionalität in der Moderne 2003; (2) Bodenreform und Kollektivierung 2003; (3) Sozialgeschichte der DDR 2003; (4) DDR-Kollektivierung und BRD-Strukturwandel 2004; (5) Junker Rojos 2004; (6) Bodenreform in Sachsen-Anhalt 2005; (7) Agrarpolitik in SBZ und DDR 2005; (8) Strukturwandel und Alltagesleben 2007; (9) Vertriebene in der SBZ 2008.

186 Bodenreform in Sachsen-Anhalt 2005, S. 9 Fn. 17, also den Hinweis auf einen russischen Gesetzesentwurf für die Sächsische Provinz.

Siegfried Kuntsche

Vorweg ein Kontingenzbeispiel für einen schon gut bekannten Synchronerzähler. Im »Kampf um den Boden« soll Fußnote 4 die etwas kryptische Kurzzusammenfassung zur Durchführung der Bodenreform bestätigen. Bauerkämper empfiehlt in dieser 1999er Fußnote zunächst sich selbst mit seinem französischen Aufsatz »De la réforme foncière à la collectivisation«[187]. Im unmittelbaren Anschluss an diese Empfehlung bezeichnet er Siegfried Kuntsches 1993er Geschichte von der Umgestaltung der Eigentumsverhältnisse[188] als »andere Interpretation«. Kuntsches Geschichte soll also gerade *nicht* den Text aus dem »Kampf um den Boden« belegen. Außerdem vermittelt Bauerkämper, dass Kuntsche etwas anderes erzählt als die den 1999er Kampf um den Boden belegende »réforme foncière«.

Das ist bemerkenswert, weil sich die französischsprachige Erzählung selbst (welche, wie eingangs erwähnt, die übersetzte Fassung der »Bodenreform zur Kollektivierung« ist[189]) auf eben diesen Kuntsche stützt[190]. 1994 und 1995 erzählt Kuntsche also in seiner Geschichte der Umgestaltung der Eigentumsverhältnisse dasselbe wie Bauerkämper, 1999 ist dessen Geschichte in der Leseweise Bauerkämpers zu einer »anderen Interpretation« geworden.

Adolf Weber

Ein Nachwende-Westerzähler, Adolf Weber, tritt mit seinem 1995er-Beitrag zu den Materialien der Enquete Kommission[191] in manchen der Geschichten des Alphabets in relevanten oder irrelevanten[192] Fußnoten als Synchronerzähler auf. Auch viele der verbleibenden neun Bodengeschichten kennen ihn. So zitiert ihn Bauerkämper 1997, in der »Ländlichen

[187] Kampf um den Boden 1999, S. 58 Fn. 4.

[188] Siegfried Kuntsche, Die Umgestaltung der Eigentumsverhältnisse und der Produktionsstruktur in der Landwirtschaft. In: Keller/Modrow/Wolf (Hg.), Ansichten zur Geschichte der DDR, Band 1 Bonn 1993, S. 191-210.

[189] Siehe oben 9. Noch ein wahrheitsgläubiger Erzähler. Arnd Bauerkämper – ohne Ziel und mit Methode – Seine Texte, S. 127 und S. 132 Fn. 98.

[190] De la réforme foncière 1995, S. 38; Bodenreform zur Kollektivierung 1994, S. 122 Fn. 11.

[191] Adolf Weber, Umgestaltung der Eigentumsverhältnisse und der Produktionsstruktur in der Landwirtschaft der DDR. In: Materialien der Enquete-Kommission »Aufarbeitung der Geschichte und Folgen der SED-Diktatur in Deutschland«, hg. vom Deutschen Bundestag, Bd. II/4: Baden-Baden 1995, S. 2809–2888.

[192] Für die Relevanz siehe oben, S. 186 Fn. 16. Im Zusammenhang mit der Synchronerzählerbeurteilung ist die »Relevanz« für die Varietäten des Alphabets nicht von Belang. An dieser Stelle geht es nur um die Bewertung, die Bauerkämper Adolf Weber zuteilwerden lässt.

Gesellschaft in BRD und DDR«, als ein Beispiel für Westdeutsche Geschichtsschreibung, die auch nach dem Fall der Mauer das Sowjetisierungsparadigma fälschlicherweise weiterhin anwendet[193]. Diese kritisierende Beurteilung besteht auch bei der »SED und den Bauern« noch. Hier zitiert Bauerkämper Weber gemeinsam mit Joachim Piskol[194]. Beide Erzählungen schließen sich einem Text zu Exilarbeiten der KPD an. Für beide Texte erklärt Bauerkämper in der betreffenden Fußnote ohne Stellung zu beziehen, dass sie die KPD-Exilarbeiten unterschiedlich interpretieren[195].

Im selben Jahr verändert sich in einer anderen Geschichte diese Synchronbewertung. In den »Flüchtlingen im Osten Brandenburgs« zitiert Bauerkämper zunächst denselben Piskol gemeinsam mit Josef Reinhold[196]. Beide Erzähler werden »zur Entwicklung der kommunistischen Agrarprogrammatik in den zwanziger und dreißiger Jahren«[197] empfohlen. Unmittelbar an Piskol schließt sich dann Adolf Weber an, der dieses Mal das zuvor erzählte ohne den Verdacht von verschiedener Interpretation »zusammenfasst«[198]. In den meisten, folgenden Geschichten, tritt der zuvor im Sowjetisierungsparadigma verhaftete Weber als gänzlich unverdächtiger Synchronerzähler auf[199].

Wladimir Semjonow

Semjonow[200] ist insgesamt ein eher seltener Synchronerzähler. Relevant belegt er 1996, in der »Amerikanisierung und Sowjetisierung«, als hauptsächliche Fußnote die russische Schlüsselposition, Stalins 100 ha Festlegung sowie mehrfache Frühsommer-Junigespräche. Semjonows Ge-

193 Ländliche Gesellschaft in BRD und DDR 1997, S. 15.

194 Joachim Piskol, Zur Entwicklung der agrarpolitischen Konzeption der KPD 1935 bis 1945, in: Historiker Gesellschaft der Deutschen Demokratischen Republik, Wissenschaftliche Mitteilungen, 1982/II.

195 SED und die Bauern 1999, S. 15 Fn. 15.

196 Josef Reinhold, Die Bedeutung des II. Weltkongresses der Kommunistischen Internationale für die Weiterentwicklung der Agrar- und Bauernpolitik der KPD, in: Probleme der Agrargeschichte des Feudalismus und Kapitalismus, Teil 17, Rostock 1987, S. 79-91.

197 Flüchtlinge im Osten Brandenburgs 1998, S. 188, Fn. 41.

198 Ebd.

199 Z.B. Traditionalität in der Moderne 2003, S. 15 Fn. 17; Ländliche Gesellschaft 2002, S. 77 Fn. 50; Junker Rojos 2004, S. 105 Fn. 4; Agrarpolitik in SBZ und DDR 2005, S. 94 Fn. 13.

200 Wladimir S. Semjonow, Von Stalin bis Gorbatschow. Ein halbes Jahrhundert in diplomatischer Mission 1939–1991, Berlin 1995.

schichte ist hier also eine seriöse Synchronerzählung, die eine häufig erzählte Geschichtenvariante bestätigt[201]. Fünf Jahre später, in der kryptischen Fußnote der »Großbauern«, zitiert Bauerkämper den Russen nach wie vor unverdächtig »zur Forderung Stalins«[202]. Der in anderen Geschichten häufig im Zusammenhang mit russischen Forderungen zitierte Jochen Laufer steht neben Semjonow in derselben Fußnote. Bei den »Großbauern« soll er allgemein »die Vorbereitung der Bodenreform« belegen[203].

Bereits ein Jahr später ändert sich diese Art der Semjonow-Verwendung. 2002, in der »Ländlichen Gesellschaft«, bezeichnet Bauerkämper dessen Geschichte als »unzutreffende« Darstellung[204]. Auch wenn zwischen 2001 und 2002 nicht viel Zeit vergangen ist, könnte diese kurzfristige Beurteilungsänderung durch neue Geschichtserkenntnisse begründet sein. Sie verwundert indes, weil sich der durch die »unzutreffende« Darstellung belegte Text weiterhin erzählen lässt. Noch kurioser wird sie, weil Bauerkämper denselben Semjonow 2005 wieder als unverdächtige Quelle anerkennt. In der »Bodenreform in Sachsen Anhalt« zitiert er Semjonows Berichte nach dem Text zu Ulbrichts Gesprächen mit den Bauern und deren Forderungen nach einem die Landenteignungen legalisierenden Gesetz[205].

Rolf Stöckigt

Rolf Stöckigt[206] dient in gleichen und ungleichen Geschichten als Synchronerzähler. In der »Bodenreform zur Kollektivierung« ist die Zitierung mit einer Warnung versehen. Die Lesenden sollen neben der im Vorangegangenen genannten Archivquelle »(auch) die ausführliche, aber einseitig auf die Politik der KPD fixierte Darstellung« von Stöckigt vergleichen[207]. Im selben Jahr, beim »Neubauernprogramm in Brandenburg«, ist Stöckigt ohne Hinweis auf etwaige Einseitigkeit als eine Quelle für die Beschreibung von Augustdirektiven und Bodenreformverordnungserlassen »zur Durchsetzung der Bodenreform in der Provinz Sachsen«

[201] Amerikanisierung und Sowjetisierung 1996, S. 199 Fn. 11.
[202] Verdrängung der Großbauern 2001, S. 144 Fn. 24.
[203] Ebd.
[204] Ländliche Gesellschaft 2002, S. 74 Fn. 42, »unzutreffend zum 11.-Juni-Aufruf«.
[205] Bodenreform in Sachsen-Anhalt 2005, S. 7 Fn. 13.
[206] Rolf Stöckigt, Der Kampf der KPD um die demokratische Bodenreform Mai 1945 bis April 1946, Berlin 1964.
[207] Bodenreform zur Kollektivierung 1994, S. 139 (S. 121 Fn. 10).

zu empfehlen[208]. Zwar »zur Bilanz der Bodenreform«, aber dennoch in der die Erzählung von KPD-Direktivenerlass und Bodenreformverordnung betreffenden Fußnote, zieht Bauerkämper den Betroffenen 1999 im Bodeneigentum heran[209]. Wie bei der »Bodenreform zur Kollektivierung« empfiehlt der Erzähler den »Kampf der KPD« im Anschluss an eine (andere) Archivquelle. Aber anders als-(und ebenso wie) fünf Jahre zuvor warnt Bauerkämper nicht vor der Verwendung des Ostdeutschen Erzählers.

Neben dem »Bodeneigentum« kommen auch die »Bodenreform in der Mark Brandenburg« und »die Neubauern in der SBZ« ohne Warnung vor Stöckigt aus. In der letztgenannten Erzählung ist Stöckigt ohne weiteren Kommentar ein Synchronerzähler »zur Bilanz der Bodenreform«[210]. In erstgenannter Erzählung zitiert Bauerkämper Stöckigt nach der Darstellung von sozialen Spannungen, die auch noch nach der Kollektivierung anhielten[211]. Auch in Geschichten mit geringem Bodenanteil tritt Stöckigts »Kampf der KPD« auf, zum Beispiel bei den 1997er »Flüchtlingen Brandenburgs«, um (ohne Warnung) die nicht erfolgte Festigung der Neubauernbetriebe zu belegen[212].

Damian van Melis

Eine ähnliche Qualitätsmetamorphose wie Stöckigt erlebt vielleicht Damian van Melis mit zwei Erzählungen[213]. 2003, in der »Traditionalität in der Moderne«, ist seine Geschichte aus dem Jahr 1999 ein Beleg für die Art und Weise der Durchführung der Bodenreform[214]. Mit *dieser* Geschichte findet van Melis nur einmal Einzug in den Kreis der Synchronerzählenden. Seine Erzählung soll in der 2003er Bauerkämpergeschichte Bodenreformvorbereitung und -durchführung belegen. 1999, 2002 und 2005 spielt die Melis-Erzählung keine Rolle in den Bauerkämpergeschichten. In der 1996er Historiographie, den »Interpretationen«, stellt Bauer-

208 Neubauernprogramm in Brandenburg 1994, S. 185 Fn. 13.

209 Bodeneigentum in Ost- und Westdeutschland 1999, S. 123 Fn. 39: Bundesarchiv, Berlin (BAB), DK-1, Nr. 7375, Bl. 1-3. »zur Bilanz der Bodenreform auch R. Stöckigt«.

210 Neubauern in der SBZ 1996, S. 109 Fn. 4, S. 131: Bundesarchiv, Abteilung Potsdam (BAP), DK-107, A 421/35; DK-1, NR. 7375 Bl. 1-3; Rolf Stöckigt«.

211 Bodenreform Mark Brandenburg 1995, S. 289 Fn. 60 (S. 295) »Zur Bewirtschaftung von Neubauernhöfen durch ›Umsiedler‹ in Brandenburg die Statistiken in: BLHA, Ld. Br. Rep. 203, Mdl, Nr. 1531, Bl. 171; Rolf Stöckigt.

212 Flüchtlinge in Brandenburg 1997, S. 289, Fn. 12.

213 Damian van Melis, Denazification in Mecklenburg-Vorpommern, in: German History 13 (1995) S. 355-370 und Ders., Entnazifizierung in Mecklenburg-Vorpommern. Herrschaft und Verwaltung 1945–1948, München 1999.

214 Traditionalität in der Moderne 2003, S. 14 Fn. 15.

kämper einen früheren Damian van Melis als Erzähler vor, der die Bodenreform hauptsächlich als lineare Klientelbildung interpretiert[215], womit zugleich »das Ausmaß und die Dauerhaftigkeit der politischen Bindung bei den ›Profiteuren‹ der Bodenreform überschätzt« und »die Bodenreform tendenziell zu einer abgeleiteten Größe im Machtkalkül der Entscheidungsträger (reduziert)« werde[216]. Im selben Jahr, ein wenig zuvor, ist *diese* interpretierende Melisdarstellung ein schlichter Beleg für den (nun nach Bauerkämper tatsächlichen) engen Zusammenhang von Entnazifizierung und politischer Transformation, durch die von vornherein der absolute Machtanspruch der KPD durchgesetzt werden sollte[217].

Das Weißbuch zur »demokratischen Bodenreform«

Als letztes Beispiel für die Qualitätskontingenz der Synchronerzählenden eignet sich das »Weißbuch über die ›Demokratische Bodenreform‹«[218]. Im Zusammenhang mit der von westdeutschen Historikern[219] in den frühen fünfziger Jahren »ausschließlich als sowjetisches Diktat interpretierten« Bodenreform beschreibt Bauerkämper 1996 und 2002, wie wissenschaftliche Beiträge insbesondere die gegen Gutsbesitzer durchgesetzten Zwangsmaßnahmen hervorhoben. In beiden Historiographien dient Joachim von Kruses Weißbuch als Beleg für diese Art der Geschichtsschreibung. Während besagte Zeitzeugendarstellung 1996 aber nur »exemplarisch« für diese Art von Geschichtsinterpretation zitiert wird[220], weiß Bauerkämper 2002, dass »der Zwang bei der Bodenreform in der SBZ« im Weißbuch »z u r e c h t herausgestellt (wird)«[221]. Das »Weißbuch über die ›demokratische Bodenreform‹« ist 1955 in erster, 1988 mit Kruses Einleitung in zweiter, und 1990 in dritter, unveränderter Auflage erschienen. Neue Quellen, die in der Historiographie regelmäßig als Grund für das Abweichen von früheren Erzählungen angeführt werden, können diese Erzählung nicht verändert haben. 2003 enthält dasselbe Weißbuch »Anschauliche Dokumente zur Behandlung der Gutsbesitzer in Mecklenburg«[222], 1996 empfiehlt Bauerkämper »zur Ausweisung der brandenbur-

[215] Interpretationen 1996, S. 55/56, Fn. 80.
[216] Ebd., S. 56.
[217] Strukturumbruch ohne Mentalitätenwandel 1996, S. 69 Fn. 1.
[218] Joachim von Kruse, Weißbuch über die Demokratische Bodenreform, München 1990 (1955[1]).
[219] Anfang der 50er Jahre sind westdeutsche Historikerinnen nicht anzutreffen.
[220] Interpretationen 1996, S. 48 Fn. 52.
[221] Ländliche Gesellschaft 2002, S. 27 Fn. 32.
[222] Traditionalität in der Moderne 2003, S. 15 Fn. 17.

gischen Gutsbesitzer die Erlebnisberichte« in demselben Buch[223]. 1994, als Bauerkämper einen ganzen Aufsatz dem zentralen Thema des Weißbuchs, den Großgrundbesitzern und ihrer Vertreibung widmet, sind diese »anschaulichen Dokumente« nicht der Zitierung wert[224]. Angesichts des Weißbuchs ist auch bemerkenswert, dass Bauerkämper in seiner 2002er Historiographie von »neueren Studien« schreibt, die »den Zwang und Druck aufgezeigt (haben), der bei der Bodenreform auf die Gutsbesitzer (...) ausgeübt worden war«[225]. Welche Studien das sind, sagt er nicht. Ebenso wenig sagt er, wieso der schon aus dem Weißbuch bekannte, von ihm selbst in manchen Erzählungen als historische Wahrheit akzeptierte Druck erst durch neuere Studien belegt ist.

Eine letzte und kurze Zusammenfassung

Wie gesehen, greift Bauerkämper in all seinen Geschichten auf relativ ähnliche Synchronerzähler zurück. Hermann Weber, Siegfried Kuntsche, Rudolf Badstübner, Wilfried Loth, Rolf Stöckigt, Jochen Laufer, Günter Benser und Hans-Joachim Krusch sind in den hier untersuchten Geschichtsausschnitten die Hauptdarsteller. Daneben gibt es Einzelauftritte, etwa von Damian van Melis. Der Inhalt der Texterzählung hat keinen Einfluss auf die verwendeten Synchronerzähler. Anders gesagt – dieselben Synchronerzähler treten in unterschiedlichsten bauerkämpereigenen Geschichten auf. Badstübner und Loth bestätigen russischen Druck gleichermaßen wie KPD-Hauptverantwortung, führen zu einer Moskauer Besprechung ebenso wie zu nicht vorhandenen Absprachen. Mal belegen Krusch und Benser russischen Druck, dann verschwinden sie wieder. Laufer bestätigt Russendirektive ebenso wie KPD-Initiative – doch lassen wir das, denn die Einzelkuriositäten sind ausführlich nacherzählt worden.

Nun stellt sich ein letztes Mal die Frage – was folgt daraus?

223 Strukturumbruch ohne Mentalitätenwandel 1996, S. 77 Fn. 32.
224 Vgl. die Fußnoten 1 bis 39 im Verlorenen Antifaschismus 1994.
225 Ländliche Gesellschaft 2002, S. 29.

14. Abschied von den Quellen?

Quellen. Was sie sind und was sie können

Besteht das Dazulernen der Historik Betreibenden durch neue Quellen bei Bauerkämper darin, zu lernen, alte Quellen immer wieder neu zu lesen? Dieser Umstand wäre nicht weiter verwunderlich. Nach Volker Sellin ist genau dieses »Lesen und immer wieder lesen«[1] von Quellen zentrale Aufgabe des Historikers[2]. »Quellen sprechen nur, wenn man sie befragt, und sie sprechen so oder anders, je nachdem, wie man sie befragt«[3]. Das erinnert auch an Nordalms Postulat für die Aufgabe der Geschichtsschreibenden, den Quellen unermüdlich Fragen zu stellen. Wie gesehen, fragt Bauerkämper regelmäßig dieselben Quellen und erhält auch unterschiedliche Antworten. Allerdings fragt er immer dieselbe Frage, und die Antworten sind nicht immer wieder neue, sondern alternierende alte, die er vor (und nach) anderen schon einmal erhalten hat. Dieselbe Quelle – etwa die von Badstübner und Loth herausgegebene Dokumentensammlung – antwortet 1994 einmal dies, 1995 einmal das und 1996 wieder das erste ›dies‹ – und so fort. »Niemand kann von einer bestimmten Quelle behaupten, sie sei vollständig ausgeschöpft worden, denn niemand vermag zu sagen, was künftige Historiker durch intelligentes Fragen noch alles aus ihr herausholen werden«[4] – das mag sein, aber was künftige Historiker(innen) aus der Quelle herausholen, liegt nicht in der Quelle, sondern nur in der fragenden, Historik Betreibenden Person.

Angesichts der Kontingenz der bei Bauerkämper beobachteten Quellenverwendung wird sogar fraglich, ob die Quellen überhaupt noch ein Vetorecht[5] haben können. Wohl kein(e) Historiker(in) würde gegenwärtig behaupten, dass *die* Geschichte sich allein aus den Quellen ergibt. Das fiktionale Moment des Schreibens der Geschichte soll (meist) darin liegen, die aus den Quellen gewonnenen, überlieferten Tatsachen in einen Sinnzusammenhang zu bringen, der sich dann als Geschichte manifestiert. Koselleck hat dieses Verhältnis anders gedacht und darauf hingewiesen, dass es »in der geschichtlichen Erkenntnis immer um mehr (geht) als um das, was in den Quellen steht«[6]. Diese Aussage bezieht sich nicht schlicht auf die Interpretation, die das aus den Quellen Ermittelte sinn-

[1] Sellin, Einführung in die Geschichtswissenschaft 2005, S. 50.

[2] Auch Sellin kennt nur Historiker.

[3] Ebd., S. 49.

[4] Ebd., S. 50.

[5] Koselleck, Vergangene Zukunft 1995, S. 206.

[6] Ebd., S. 204.

voll miteinander verbinden soll. Koselleck plädiert für eine Umkehrung der Bedeutung der Quellen. Der Historiker[7] schreibt immer selbst seine Geschichte, insbesondere wenn er Strukturen und langfristige Abläufe in der Vergangenheit beschreibt, und verwendet die Quelle lediglich als ein diese *selbst geschaffene* Erzählung unterstützendes Argument, das »vorliegen oder gefunden werden, aber [...] auch fehlen« kann[8]. Mit Koselleck »(schützen uns) Quellen (...) vor Irrtümern, nicht aber sagen sie uns, was wir sagen sollen«[9].

Wenn ich nun für Bauerkämper den 11.-Juni-Aufruf als Beispiel nehme, wo ist dann der Schutz vor dem Irrtum? Die Quellen belegen in seinen Geschichten, dass ein solcher Aufruf erlassen wurde, und von zentraler eigenständiger KPD-Bedeutung für die Bodenreform ist. Genau dieselben Quellen belegen aber auch, dass der 11.-Juni-Aufruf den deutschen Kommunisten mit diesem Inhalt von den russischen Besatzern aufgezwungen wurde, dass beide gemeinsam den Aufruf ausgearbeitet haben, oder dass der 11.-Juni-Aufruf gar keine Rolle spielt – vielleicht gar nicht erlassen wurde. Wo ist hier der Irrtum? Und vor welchem Irrtum kann eine solche Quelle noch schützen? Vermittelt sie Fakten oder Fiktionen?

Eine seit langem diskutierte, be- und missachtete, 2012 vielleicht gerade überholte Frage. Sie verweist auch auf einen Streit zwischen Narrativität und Analyse oder auf die Diskussion um den wissenschaftlichen Charakter der Geschichtswissenschaft. Was im Zusammenhang mit »Fakten oder Fiktionen« diskutiert wird, betrifft nicht zuletzt die grundsätzliche Möglichkeit von Erkenntnis. Unter den professionell Geschichte Schreibenden wird der Streit gerne historisiert. Vielleicht ist er nur eine Neuauflage von Nietzsche gegen Ranke[10], in der Ranke faktenbesessen, Nietzsche als postmoderner Realitätsverneiner auftritt. Vielleicht ist der Streit eine Neuauflage von Humboldt, Ranke, Droysen und Dilthey gegen Dopsch, Meinecke, Hintze, Ritter von Srbik und (mit Einschränkung[11]) gegen Max Weber, bei der Erstgenannte hermeneutikverliebt an literarischer Darstellung festhalten, während letztere positivistisch an rein begriff-

[7] Auch bei Koselleck nur der Historiker.

[8] Ebd.

[9] Ebd., S. 206.

[10] Oexle, Grundsatzfragen historischer Erkenntnis. In: Laudage (Hg.), Fakten und Fiktionen 2003, S. 9; Ders., Archiv der Fiktionen. In: Kiesow/Simon (Hg.), Verlorene Wahrheit 2000, S. 93.

[11] Für Weber erzählt Wehler, Literarische Erzählung oder kritische Analyse? [2007]. In: Ders. (Hg.), Essays 2010, S. 118, dass dieser »als große Ausnahme für seine ›verstehende Soziologie‹ die Hermeneutik der Geisteswissenschaften für ganz unverzichtbar hielt« aber gleichzeitig eine »auf rein begriffliche Klarheit ausgerichtete, menschenfeindliche Prosa« verwende.

licher Klarheit ausgerichtet Geschichte betreiben wollten[12]. Vielleicht geht es also nur um die (hier im Zusammenhang mit Jens Nordalm angesprochenen) Dichotomie von Erklären und Verstehen. Doch weil die beliebte Historisierung der Diskussion daselbst Blüten treibt, die an historischer Realität zweifeln lassen – etwa wenn besagter *wie-es-eigentlich-gewesen-Ranke* zur »postmodernen Referenz« wird[13] – will ich die Einschätzungen anderer zunächst beiseitelassen. Es muss nicht noch jemand versuchen, den Streit zu historisieren. Knüpfen wir lieber an die Beobachtungen zu Bauerkämpers Geschichtsschreibung über die Bodenreform an und konzentrieren uns auf die Rolle der Quellen.

Paul Kirn hat eine von der Geschichtswissenschaft als allgemeingültige Formulierung[14] oder »unübertreffliche Definition«[15] bezeichnete Quellenbeschreibung geprägt: »Quellen nennen wir alle Texte, Gegenstände oder Tatsachen, aus denen Kenntnis der Vergangenheit gewonnen werden kann«[16]. »Daß dabei Texte zu erwähnen sind, leuchtet [nach Kirn] ohne weiteres ein«[17]. Arnold nennt »Geschichtsschreibung, Inschriften, Urkunden oder Akten« als Beispiel[18]. »Dass Gegenstände dazugehören, lässt sich [nach Volker Sellin] auf einem Gang durch ein beliebiges Museum bestätigen«[19] – bei Kirn »brauchen (wir) nur an Steinbeile oder Fibeln zu denken, dann sind wir im Bilde«[20]. Tatsachen in Kirns Sinn sind schließlich alle gegenwärtigen Gegebenheiten, etwa Sprachgrenzen, Ländergrenzen, Staatsformen (»die heutige Verbreitung der englischen Sprache über die Welt oder die heutige Verbreitung des niedersächsischen Bauernhauses«[21]) – mit Sellin »Teil der Überlieferung, Teil der Traditionen, in denen wir stehen«[22]. »Das letztlich entscheidende Kriterium für eine Quelle ist ihr

[12] Wehler, Literarische Erzählung oder kritische Analyse? [2007]. In: Ders. (Hg.), Essays 2010, S.116-119.

[13] Paravicini, Wahrheit der Historiker 2010, S. 20 Fn. 202 unter Bezugnahme auf Demandt, Ranke unter den Weltweisen. In: Öffentliche Vorlesungen der HU Berlin 1996, S. 14f. Der von Paravicini zitierte »nachgeholte Vorsprung der Rückständigkeit«, der Ranke nach Demandt eine »postmoderne Legitimität, ja Plausibilität« verleihen würde, steht nach meinem Eindruck nicht auf S. 14 oder 15, sondern eher auf S. 16.

[14] So Arnold, Quellen als Fundament. In: Goertz (Hg.), Grundkurs 2007, S. 49.

[15] Sellin, Einführung in die Geschichtswissenschaft 2005, S. 44.

[16] Kirn, Geschichtswissenschaft 1968, S. 29.

[17] Ebd.

[18] Arnold, Quellen als Fundament. In: Goertz (Hg.), Grundkurs 2007, S. 49.

[19] Sellin, Einführung in die Geschichtswissenschaft 2005, S. 45.

[20] Kirn, Geschichtswissenschaft 1968, S. 29.

[21] Ebd.

[22] Sellin, Einführung in die Geschichtswissenschaft 2005, S. 45.

Erkenntniswert für die historische Forschung«[23], und so wird die »ganze Welt, in der wir leben, (...) historische Quelle«[24].

Nun könnten trotz dieser Weitläufigkeit noch zahlreiche Unterscheidungskriterien angeführt werden – über »Quellentypen«[25], »Quellenorte«[26] und »Quellenwegweiser«[27]; von Primär- und Sekundärquelle hin zur Unterscheidung zwischen »Überrest« und »Tradition«[28] – doch ist eine solche Unterscheidung jedenfalls an dieser Stelle irrelevant. Denn gleich welche Art von Quelle die Geschichte Schreibenden verwenden, die Frage, ob und inwiefern aus ihr Realität abgebildet, die Vergangenheit erfasst werden kann, stellt sich in immer gleicher Art und Weise. Ob als Text, Gegenstand oder Tatsache bezeichnet, zugänglich für die Verwendenden wird jede Quelle erst durch Sprache. Bei allen möglichen Quellen ist allein die von Ereignissen berichtende Sprache das, was »uns sichtbar vom Vergangenen übrig geblieben ist, was sich anfassen und sinnlich erfahren lässt. Die vergangenen Ereignisse sind es nicht.«[29] Das gilt auch für die so genannten Gegenstände oder Tatsachen. »Von dem Augenblick an, da die Sprache ins Spiel kommt (...), kann das Faktum nur noch auf tautologische Art definiert werden: Das Bemerkte rührt her vom Bemerkenswerten, aber das Bemerkenswerte ist (...) nur das der Erinnerung Würdige (...). Man kommt so zu jenem Paradox (...): Das Faktum ist immer nur linguistisch existent (...), und doch spielt sich alles so ab, als wäre seine Existenz lediglich die einfache und genaue ›Kopie‹ einer anderen Existenz, die in einem extrastrukturellen Bereich liegt, dem ›Realen‹«[30].

Dieses *»als wäre«* formuliert Koselleck, wenn sich nach seinem Dafürhalten der Historiker »der Texte nur als Zeugnisse (bedient), um aus ihnen eine Wirklichkeit zu eruieren, die hinter den Texten liegt. [Der Histori-

[23] Arnold, Quellen als Fundament. In: Goertz (Hg.), Grundkurs 2007, S. 50.

[24] Sellin, Einführung in die Geschichtswissenschaft 2005, S. 45.

[25] Differenzierung nach Budde, Quellen. In: Dies./Freist/Günther-Arndt (Hg.), Geschichte 2008, S. 57-59: Quellen zur Antike: Z.B. Archäologische Funde, Inschriften, Münzen, Fachliteratur zur Rhetorik; Quellen zum Mittelalter: Z. B. Annalen, Chroniken, Briefe, Predigten, Güterverzeichnisse, Inquisitionsberichte, Gerichtsprotokolle; Quellen zur Neuzeit: Memoiren, Autobiographien, Briefe, Tagebücher, Amtliche Schriften, Akten, Dokumente, Fotos, Filme.

[26] Ebd., S. 59-62: »Quellen überall« – auf Friedhöfen, Denkmälern, Gebäuden, Inschriften; »Quelleneditionen« und »Archive«.

[27] Ebd., S. 62-66 Interdisziplinäres Arbeiten, Chronologie, Epigrafik, Numismatik, Sphragistik, Heraldik, Paläografie.

[28] Arnold, Quellen als Fundament. In: Goertz (Hg.), Grundkurs 2007, S. 51: »Droysen, der die Quelle hinsichtlich ihrer inneren Eigenschaft danach unterscheidet, ob sie unbewusst-unabsichtlich (Überrest) oder absichtlich (Tradition) Zeugnis von einem historischen Faktum ablegt«.

[29] Todt, Linguistic turn. In: Goertz (Hg.), Grundkurs 2007, S. 179.

[30] Barthes, Historie und Diskurs. In: Alternative II 1968, S. 179.

ker] thematisiert (...) einen Sachverhalt, der jedenfalls außertextlich ist, auch wenn er dessen Wirklichkeit nur mit sprachlichen Mitteln konstituiert.«[31] Doch »der historische Sachverhalt existiert nur als Sprache und kann nur durch sie vermittelt werden. Geschichtsschreibung ist also nie direkter Zugang zu einer ›hinter‹ der Sprache existierenden Realität. Sie ist sprachliche Aneignung von (nur) sprachlich vermittelten Botschaften.«[32]

Sprache, Realität, Transkription – und trotzdem kein Vetorecht

Gibt es also keine außertextlichen Sachverhalte? Eine einfache Antwort: Selbstverständlich gibt es sie. Es gibt eine Wand, wer das nicht glaubt, der laufe dagegen. Es gibt Steine, die aufeinander liegen, es gibt Menschen, die sich anders verständigen als andere Menschen – überhaupt, es gibt andere Menschen. Wenn es regnet wird die Straße nass, und wenn die Sonne scheint, trocknet sie wieder. Da steht eine Giraffe. Es gibt Arbeitslagerbaracken, Maschinengewehre und Gaskammern. Und doch wird die Wand erst zu einer Wand, weil ich die Zeichenfolge W a n d auf sie anwende. Ebenso gut könnte ich eine andere Zeichenfolge wählen. Mehr noch, die Wand wird für mich als Wand erst erfahrbar, ich kann sie erst erfassen, wenn ich sie benenne. Aber sie ist nicht von selbst Benanntes, sondern wird erst durch mein Benennen zu einem Benannten, zu einer Wand. Der »Text als Zeichenfolge« bleibt Gegenstand der Bindung, doch wird die Fiktion einer objektiv vorgegebenen Bedeutung aufgegeben, kann dieser Text »in seiner Funktion als Durchzugsgebiet für konkurrierende Interpretationen erkannt werden«[33]. Insofern wird das Verständnis des Codes als ein Zuordnungsinstrument zwischen Bezeichnetem und Bezeichnendem laufend verändert, und es kündigt sich das neue semiotische Verständnis an, wonach Bedeutungen nicht instrumentell angebbar sind, sondern sich nur aus Positionen im »Spiel der Differenzen« ergeben, aus einem fortlaufenden Zeichenbildungsprozess also, in dem sich die Anwendungsregel aus dem Prozess der Anwendung ergibt und »Regel« im alten Sinn kaum noch genannt werden kann.

Es gibt also eine Wand, und gleichzeitig gibt es sie nicht. Denn sobald ich davon spreche, dass es die Wand gibt, wird die Wand zum Konstrukt, obwohl ich *tatsächlich* nicht durch sie hindurch gehen kann. Sobald ich (hier die Zeichenfolge Wand als) ein transzendentales Signifikat in Anspruch nehme, ist es durch eben diese In-Anspruchnahme keines mehr. Mit dem Verweis auf das Signifikat »geht alle Transzendenz verloren, da

[31] Koselleck, Zeitschichten 2003, S. 116.

[32] Stolleis, Rechtsgeschichte als Kunstprodukt 1997, S. 14/15.

[33] Dieses und die folgenden Zitate für die Dekonstruktion des Rechts, aus Seibert http://www.rechtssemiotik.de/begriffe/

es so schon wieder Signifikant ist und als solcher aller Willkür seines Gebrauchs ausgesetzt wird. Der Kokon des Zeichens, der das Signifikat sicher bergen sollte, platzt«[34]. Sobald ich über das Bezeichnete spreche, wird es zum Bezeichnenden. Um mit Derrida zu sprechen eröffnet das »Signifikat in einem bestimmten ›transzendentalen‹ Sinn« »die Geschichte des Logos« und ist »selber nur durch den Logos«, was wiederum heißt, dass »vor dem Logos und außerhalb des Logos *nichts* ist«[35].

»Sprache (beruht) auf gesellschaftlicher Vereinbarung und (zielt) keineswegs auf Erkenntnis und Wahrheit (...) ab«[36]. Erkenntnis ist nur fiktiv möglich. »Gewiß kann Sprache keine realen Berge versetzen, keine wirklichen Schlachten schlagen, keine Toten lebendig machen. Insofern gibt es (banalerweise) historische ›Fakten‹«[37]. Doch diese Fakten werden erst und allein durch Sprache erfahrbar. »Nur in Sprache kann Geschichte als geistiges Konstrukt entstehen; denn die Welt, die wir erfahren und begreifen, ist sprachlich konstituiert«[38]. Gerade »bildliche Darstellungen und sonstige Realien (...) müssen ›gelesen‹ und verstanden, also in Sprache umgesetzt werden, um kommunizierbar zu sein.«[39]

Das trifft auch auf die von Koselleck 1977 »sogenannte reine Tatsachenermittlung« zu, die »methodisch unerlässlich (ist) und sich in Bahnen allgemeiner Überprüfbarkeit (bewegt). Die historische Methode hat [hiernach] ihre eigene Rationalität. Echtheitsfragen der Urkunden, Datierungen von Dokumenten, Zahlenangaben von Statistiken, Lesarten und Varianten von Texten, deren Herkunft oder Ableitung: all das lässt sich [nach Koselleck] mit gleichsam naturwissenschaftlicher Exaktheit soweit bestimmen, dass die Ergebnisse unbeschadet des Standorts eines Historikers universal kommunikabel und kontrollierbar sind.«[40] Doch auch diese angeblich so sicher angewendeten Verfahren müssen durch Sprache übersetzt werden. Auch »diese Gegenstände sind stumm«, »der Nagel vom Kreuz Christi oder das Turiner Grabtuch werden erst dann zu historischen ›Tatsachen‹, wenn die wissenschaftliche Öffentlichkeit nach dem Stand ihres jeweiligen Wissens den Nagel oder den Stoff historisch deutet und zuordnet«[41].

[34] Christensen/Lerch, Performanz. In: Lerch (Hg.), Sprache des Rechts Band 3 2005, S. 63.

[35] Derrida, Grammatologie 2003, S. 38.

[36] Christensen/Lerch, Performanz. In: Lerch (Hg.), Sprache des Rechts Band 3 2005, S. 57.

[37] Stolleis, Rechtsgeschichte als Kunstprodukt 1997, S. 14.

[38] Ebd.

[39] Stolleis, Rechtsgeschichte schreiben 2008, S. 24/25.

[40] Koselleck, Vergangene Zukunft 1995, S. 204.

[41] Stolleis, Rechtsgeschichte schreiben 2008, S. 30.

Genauer lässt sich dieses »Übersetzen« durch den Vorgang (medientheoretisch verstandener) Transkription beschreiben. Die Medienwissenschaft generalisiert die aus Soziologie, Musikwissenschaft und Linguistik bekannte Idee der Transkription[42]. Sie wird hier inframedial verstanden: »Transkriptionen sollen nicht einfache Umsetzung in der Form sein, sondern produktiv den Text reformulieren«[43]. Der Vorgang der Transkription setzt ein symbolisches System – ein Präskript – voraus, aus dem durch eben dieses Transkribieren ein (lesbares) Skript entsteht. »Bedeutungserschließung ist auf transkriptive Verfahren angewiesen, die es erlauben, ›Projektionen aus dem Modus der Unbestimmtheit beziehungsweise Unlesbarkeit in den der Lesbarkeit zu versetzten‹«[44].

Konkret für den Fall der Geschichtsschreibung können also die »Quellen« – zum Beispiel Texte, Gegenstände, Gebäude, Landschaften – in einem ersten Schritt als symbolisches System identifiziert werden. Voraussetzung ist schon hier ein »Verdacht von Sinn« – die Gegenstände werden erst »durch die Annahme einer Lesbarkeit, nicht durch irgendeine Eigenleistung, die bloß aufzunehmen wäre«[45], zu einem Präskript. Durch das Verfahren der Transkription wird ein als solches identifiziertes symbolisches System dann lesbar gemacht: Symbolsysteme erhalten den Status von Skripten, indem sie transkribiert werden. Gleichzeitig verändert die Transkription das symbolische System. Für den Fall der Geschichtswissenschaft stellt also »die narrative Darstellung eines geschichtlichen Ereignisses als Transkript der in den Quellen dokumentierten, aber erst durch die Transkription narrativ selegierten und verbundenen Sachverhalte keine Abbildung dieser Sachverhalte dar, sondern konstituiert sie als historisches Ereignis. (…) Erst aus der Perspektive der darstellenden Transkriptionen der Quellen erhalten diese einen Status als Skript und damit eine Semantik. Die Quellen werden durch ihre narrativen Transkriptionen konstituiert und in einer bestimmten Hinsicht lesbar gemacht.«[46]

Präskript, Skript und Transkription sind weiterhin auf Postskripte hin geöffnet. Das durch Transkription aus dem Präskript entstandene Skript behauptet schon aufgrund seiner Eigenschaft als »Skript«, eine Lesart des

[42] Transkription in der Soziologie: Z.B. Übertragen von qualifizierten Interviews in quantitativ auswertbare Form; Musikwissenschaft: Z.B. Übertragung von klingendem Werk in eine Notenschrift; Linguistik: Z.B. Übertragen von gesprochener Sprache oder Gebärden in eine schriftlich fixierte Form. Vgl. Christensen/Lerch, Performanz. In: Lerch (Hg.), Sprache des Rechts Band 3 2005, S. 96/97.

[43] Ebd., S. 97.

[44] Ebd., S. 97/98, unter Bezugnahme auf Claudia Lierband und Irmela Schneider, Einleitung, In: Dies. (Hg.), Medien in Medien, Köln 2002.

[45] Christensen/Lerch, Performanz. In: Lerch (Hg.), Sprache des Rechts Band 3 2005, S. 98.

[46] Ebd., S. 99.

Präskripts zu sein. Postskripte thematisieren nun diese Behauptung, indem sie die Angemessenheit des Transkriptionsvorgangs prüfen[47]. Hieraus ergibt sich jedoch gerade kein »Vetorecht der Quellen«[48], denn die im Postskript festgestellte Angemessenheit kann immer nur eine gleichermaßen relative Angemessenheit sein. Aus Postskripten, die die sich im Skript manifestierende Angemessenheit der Transkription im Hinblick auf das Präskript (also das Symbolische System, die »Quellen«) überprüfen, folgt gerade keine Bindung an den tatsächlichen Inhalt der Quellen – oder ein die Bindung an die historischen Fakten garantierendes Vetorecht eben dieser Quellen. Eine solche Annahme würde die innere Logik des soeben nachvollzogenen rekursiven Systems der Geschichtsschreibung konterkarieren. Feststellen lässt sich allein, dass das Verfahren der Geschichtsschreibung Dinge – Texte, Bauwerke, Gegenstände – als »Quellen« identifizieren will. Doch die festgestellte (Un-)Angemessenheit der Transkription im Sinne des Übereinstimmens von symbolischen System und Skript ist ihrerseits nur eine Feststellung, die auf einer kontingent gewählten Lesart von Skript und Präskript beruht. Das Postskript schreibt sich seinerseits durch eine Art von Transkription, die keinen transzendental feststehenden Regelmäßigkeiten folgt, sondern kontingent als mehr oder weniger gültig, übereinstimmend, ungültig oder widersprechend im Hinblick auf die Angemessenheit des symbolischen Systems anerkannt werden kann. Gerade in der Geschichtswissenschaft können damit – aufgrund des »Verdachts der Lesbarkeit« – beliebig viele »Quellen« als »Quellen« erfasst werden. Gleichzeitig entsteht der diesen Quellen zu entnehmende Inhalt erst durch die Sinngebung, die durch das Transkribieren in Lesbarkeit geformt wird, und nicht weil irgendein Sinn *tatsächlich* wie ein Vetorecht in diesen Quellen ohne Zutun des Lesenden vorhanden ist.

Die Vergangenheit ist schlicht vergangen, sie kann nicht von in der Gegenwart Schreibenden als tatsächlich Geschehenes abgebildet werden. »Jeder Historiker, der die Stimmen der Toten hören und wiedergeben will, kann dazu nur seine eigene Stimme benutzen.«[49] Die Historiker wissen »nichts über Geschichte, sondern nur etwas über Texte, die von Geschichte handeln, und produzieren keine Untersuchungen über historische Wahrheit, sondern nur Texte über andere Texte.«[50] Texte als sprachliche Konstrukte können keine Wahrhaftigkeit liefern, sondern sind lediglich Kontingenzen, die aus undurchdringlichen Gründen möglicherweise akzeptiert werden, oder eben nicht. »Die Geschichtswissenschaft ist also

[47] Ebd., S. 100.

[48] So aber Christensen/Lerch, Performanz. In: Lerch (Hg.), Sprache des Rechts Band 3 2005, S. 100.

[49] Stolleis, Rechtsgeschichte als Kunstprodukt 1997, S. 6.

[50] Reinhard, Pfeife. In: Saeculum 2005, S. 8.

keine Wissenschaft von der ›historischen Wirklichkeit‹. Wirklichkeit ist (...) Realität im zeitlichen Modus der Gegenwart (...) so dass Vergangenes keine Wirklichkeit sein kann«[51]. Also »erfüllt sich die Aufgabe der Geschichtswissenschaft [auch] nicht darin, festzustellen was war.«[52]

Offene Gegenstimmen: Für Realität und Fortschritt

Das zuletzt Zitierte ist nun nicht die herrschende Meinung unter den (Rechts)Geschichtswissenschaft Betreibenden. Die wohl meisten von ihnen halten – verdeckt oder in letzter Zeit wieder offener – an den harten Fakten fest. Werner Paravicinis Aufruf zur »Rettung der Tatsache«[53] oder Richard Evans Verteidigung der Geschichte stehen für dieses Festhalten. Bei Letztgenanntem ist die Vergangenheit »wirklich geschehen, und wir können tatsächlich, wenn wir sehr gewissenhaft, vorsichtig und selbstkritisch sind, herausfinden, wie sie geschah«[54]. Im Bereich der Rechtsgeschichtswissenschaft sei Karl Kroeschell als faktenverteidigendes Beispiel genannt[55]. Den von Hayden White so populär formulierte Einwand, Geschichtswissenschaft sei nur eine Form der Literatur[56], kommentieren Historiker(innen) mit dem unbeeindruckten Hinweis, dass in der Geschichtswissenschaft selbstverständlich literarische Züge in der Darstellung existieren[57]. Andere bezeichnen »die Whitesche Ablehnung jeder Annäherung an eine historische Wahrheit« kurz gefasst als »abstrus«[58].
Für mich eher abstrus wirken unter anderem die von Hans-Ulrich Wehler formulierten Gegenargumente. Letztgenannter wirft der Kritik an historischer Realität vor, die empirische Wissenschaft der Geschichte nicht weiterzubringen. Er findet Kritik nur dann sinnvoll, wenn man mit ihr

[51] Goertz, Geschichte – Erfahrung und Wissenschaft. In: Ders. (Hg.), Grundkurs 2007, S. 41.

[52] Ebd.

[53] Paravicini, Rettung aus dem Archiv? In: Lübecker Archiv 1998, S. 23.

[54] Evans, Fakten und Fiktionen 1998 , S. 243.

[55] Kroeschell, Eine Totschlagsühne. In: Esders (Hg.), Rechtsverständnis 2007, S. 137.

[56] Wegweisend hierzu dessen »Standardwerk«: Metahistory. Die historische Einbildungskraft im 19. Jahrhundert 1991.

[57] Kittsteiner, Krisis der Historiker-Zunft. In: Kiesow/Simon (Hg.), Verlorene Wahrheit 2000, S. 80: »einfach nur die Einsicht, dass Geschichtsschreibung bestimmten narrativen Strukturen folgt«. Ähnlich Nordalm, Historismus und moderne Welt 2000/2001, S. 28; 32 und Nordalm, Zweifel am Methodendiskurs. In: Eckel/Etzmüller (Hg.), Neue Zugänge 2007, S. 291/292.

[58] Wehler, Literarische Erzählung oder kritische Analyse? [2007]. In: Ders. (Hg.), Essays 2010, S. 128: »die abstruse Whitesche Ablehnung jeder Annäherung an historische Wahrheit«.

»innovative Fragen generieren, die Erörterung bisher ungelöster Probleme weitertreiben, sie umfassender und argumentativ überzeugender erklären und empirisch besser abstützen kann als zuvor«[59]. Damit vertritt er dieselbe Position wie vor knapp dreißig Jahren, als »Glaubwürdigkeit und Attraktion der Geschichtswissenschaft« auch schon »von ihrer Fähigkeit« abhingen, »synthetische Gesamtdarstellungen vorzulegen«[60]. Dabei besteht die Erkenntnis der hier in Frage stehenden Kritik doch gerade darin, die Evidenz der Empirie zu verneinen. Sie kann – und will – sich nicht dazu eignen, die Erkenntnisse aus ebendieser Empirie zu verbessern. Wehler gesteht der Kritik lediglich dann eine Berechtigung zu, wenn »ein Komplexphänomen theoretisch und empirisch erhellender, als das den Vorgängern gelungen war, erfasst wird«[61]. Das ist paradox, denn wenn die Kritik die Erhellungsmöglichkeit der Empirie insgesamt in Frage stellt, wie kann dann die Kritik kritisiert werden, weil sie das Kritisierte nicht verbessert? Die Kritik will das Kritisierte nicht verbessern, denn sie geht davon aus, dass es nicht existiert. Was nicht existiert kann nicht verbessert werden. Wenn systemtheoretische oder Derridasche postmoderne Kritik an der Geschichtswissenschaft postuliert, dass das Erfassen großer synthetischer Strukturen, das Beschreiben von Kausalzusammenhängen und die Abbildung der historischen Realität schlicht nicht möglich ist, wirkt es abstrus, wenn der Kritisierte die Kritik belächelt, weil sie keine Impulse zur besseren Erfassung der großen, tatsächlichen synthetischen Strukturen gibt.

Übrigens befindet sich Wehler an diesem Punkt in schöner Eintracht mit seinem sonst so bekämpften Kontrahenten Kittsteiner, der gleichermaßen anprangert, dass die »›Dekonstruktivisten‹ als Inhalt jedes beliebigen Textstückes immer nur ihre eigene Methode herausbekommen, [weswegen] die Erschöpfung ihrer Analyse vorprogrammiert (ist)«[62]. Das bedeutet nichts anders als denselben Hinweis auf die nicht vorhandene Praxistauglichkeit derartiger Kritiker, die doch gerade die Praxismöglichkeit des Kritisierten in Frage stellen.

Eine solche Haltung ermöglicht natürlich, sich mit der Sache nicht zu beschäftigen. »Die Sache« meint: was Ihr darstellt ist nur Erzählung, eine Geschichte, die vielleicht unter Einbeziehung anderer, schon erzählter

[59] Wehler, Kursbuch der Beliebigkeit. In: Die Zeit 31/2001, http://www.zeit.de/2001/31/Ein_Kursbuch_der_Beliebigkeit, S. 3. Ähnlich Wehler, Literarische Erzählung oder kritische Analyse? [2007]. In: Ders. (Hg.), Essays 2010, S. 131/132.

[60] Wehler, Geschichtswissenschaft heute. In: Habermas (Hg.), Stichworte, 2. Band, 1979, S. 743.

[61] Wehler, Kursbuch der Beliebigkeit. In: Die Zeit 31/2001, http://www.zeit.de/2001/31/Ein_Kursbuch_der_Beliebigkeit, S. 3.

[62] Kittsteiner, Krisis der Historiker-Zunft. In: Kiesow/Simon (Hg.), Verlorene Wahrheit 2000, S. 80.

Geschichten erzählt wird, aber immer nur erzählt, wie etwas in der Vergangenheit gewesen sein könnte. Mehr kann eine Geschichte nicht abbilden, sie ist nur Konstrukt, und wenn sie auf große, synthesefähige Zusammenhänge verweist, dann erzählt sie eben nur eine Geschichte von großen, synthesefähigen Zusammenhängen. Wie soll eine so formulierte Kritik dazu beitragen, große, synthesefähige Zusammenhänge, die meinen, tatsächlich die Wirklichkeit abzubilden, besser darzustellen? Die Kritik spielt sich doch gerade auf einer anderen Ebene ab. Als Reaktion auf die Kritik müssten die Kritisierten darauf eingehen, wieso sie trotz allem tatsächlich (und doch) dazu in der Lage sind, etwas Reales abzubilden und zu erklären. Wieso wir wirklich wissen können, dass die Gesellschaft der DDR in einer Fußnote abgehandelt werden kann. Wieso das Wirtschaftswachstum nach dem Ende des Zweiten Weltkriegs auf Wurzeln zurückgeht, die der Nationalsozialismus gelegt hat. Es ist schön (oder unschön, was den Lesenden überlassen bleibt), diese Geschichten zu erzählen. Mehr ist es nicht. Wehler kritisiert, dass die neuen Poststrukturalisten »flugs aufgebaute Strohmänner« attackieren[63], und hat nicht verstanden, dass er selbst der Strohmann ist.

Neben der Überzeugung von den Fakten bleibt – wie schon bei der Methode gesehen – auch im Zusammenhang mit den Quellen der Glaube an den Fortschritt in der Geschichtswissenschaft erhalten. Obwohl es »dem Historiker« verwehrt ist, »absolute Wahrheit oder absolute Gerechtigkeit zu erkennen«[64] bleibt Volker Sellin vom wissenschaftlichen Fortschritt im Erfassen der Vergangenheit überzeugt: »Wir verstehen die Dinge nicht einfach anders als unsere Eltern und Großeltern, sondern wir dringen immer tiefer in die Phänomene ein; unsere Kenntnis wird differenzierter und vielschichtiger.«[65] Auch nach Koselleck »wissen wir heute mehr und in methodischer Weise auch besser Bescheid über unsere Vergangenheit, als frühere Generationen zu wissen fähig waren.«[66]

Wie sich dieses »besser Wissen« gestalten soll, vermag ich angesichts meiner Betrachtungen zur Geschichtsschreibung der Bodenreform nicht zu verstehen. Ist es vielleicht bloß »Besserwissen«? Haben nicht einfach nur andere Menschen andere Geschichten über die Vergangenheit erzählt? Besteht das möglicherweise »mehr« nicht schlicht im Finden verschiedener, vielleicht sogar neuer, zuvor noch nicht da gewesener (oder wieder vergessener) Erzählweisen? Wo ist der Fortschritt? Im konkreten Fall der Bodenreform fragt sich bei manchen Erzählenden, wie sich Geschichten,

[63] Wehler, Kursbuch der Beliebigkeit. In: Die Zeit 31/2001, http://www.zeit.de/2001/31/Ein_Kursbuch_der_Beliebigkeit, S. 4.

[64] Sellin, Einführung in die Geschichtswissenschaft 2005, S. 42.

[65] Ebd., S. 30.

[66] Koselleck, Zeitschichten 2003, S. 62.

die in den 50er Jahren der Bundesrepublik erzählt wurden, von 2008 erzählten Geschichten unterscheiden[67]. Auch der »Fortschritt«, den Bauerkämper durch die Integration verschiedener Geschichtsansichten zwischen 1996 und 2002 erreicht haben will, erschließt sich mir nicht.

Bereits 1996 hatte Bauerkämper seine nacherzählten verschiedenen Geschichtsansichten vom Standpunkt eines Wissenden geschrieben. Er ließ hier andere Geschichten zu Wort kommen, wusste aber schon damals, welche Geschichten *die* Geschichte erzählen und welche mit ihren Erzählungen die Realität nicht treffen. Seine spätere Historiographie unterscheidet sich hiervon nur insofern, als die Erzählenden anderer Geschichten im jüngeren Text verstummt sind. Die Geschichtsansichten Bauerkämpers aus dem Jahr 1996 sind 2002 Realität geworden – eine postulierte Einheitlichkeit, die noch kurioser wird, wenn wir uns in Erinnerung rufen, welch widersprüchliche Geschichte Bauerkämper selbst erzählt. Diese nun losgelöst von anderen erzählte, bauerkämpereigene Geschichte ist selbst nicht konsistent und immer eine andere Version der Bodenreform. Mit anderen Worten: wenn Bauerkämper über die vielfältigen Erzählungen der anderen berichtet, suggeriert er eine Einheit, die 1996 und 2002 dieselbe ist. Der einzige Unterschied in der Erzählweise liegt darin, dass sich 1996 noch nicht alle dieser Einheit angeschlossen haben. Bei der Betrachtung seiner eigenen Erzählung wird die Einheit dann durch seine eigenen Vielfältigkeiten zerpflückt – und dabei komme ich nicht umhin mit Hinweis auf das (hier) Erzählte anzunehmen, dass auch unabhängig von Bauerkämpers Vielfalt nach wie vor Verschiedenes über die Bodenreform berichtet wird. Geschichten aus dem Osten könnten eliminiert worden sein, doch auch diese Betrachtung wird fragwürdig, wenn wir uns den westlichen Gertner in Erinnerung rufen, der 2011 von der Bodenreform als Entnazifizierungsmaßnahme berichtet und damit eine eigentlich eliminierte Osterzählung wiederbelebt.

Verdeckte Gegenstimmen: Faktenverneinende Quellenbewahrende

Mir geht es dabei nicht darum, aufzudecken, dass manche eine falsche Geschichte der Bodenreform erzählen. Insofern stimme ich der von

[67] Zum Beispiel Beleites, der im Vorwort zu Jens Schöne, Das sozialistische Dorf, auf S. 9 erzählt, dass »die Bodenreform von 1945 bis 1948 und die Kollektivierung von 1952 bis 1960 (lange) als gegenläufige Maßnahmen (galten)«, und erst jetzt, 2008, Jens Schöne »sehr anschaulich (zeigt), dass Bodenreform und Kollektivierung zusammengehörten und zwei Teile eines Plans waren«. Unter anderem in den vom Bundesministerium für Gesamtdeutsche Fragen 1956 herausgegebenen Informationen »Auf dem Wege zum Kolchos« liest sich schon dieselbe Geschichte, zum Beispiel auf S. 33.

Bernard Williams formulierten Kritik zu, der den Wahrheitsverwerfenden das dennoch postulierte Streben nach Wahrhaftigkeit vorwirft:

> »*Die Vertreter der Ansicht, alle historischen Darstellungen seien ideologische Konstrukte (und diese Ansicht ist eine Spielart des Gedankens, eigentlich gebe es gar keine historische Wahrheit), verlassen sich (...) auf eine Darstellung, die ihrerseits historische Wahrheit beanspruchen muß. Sie zeigen, daß angeblich ›objektive‹ Historiker ihre Geschichte aus einer bestimmten Perspektive und in tendenziöser Form erzählt haben, und dann schildern sie beispielsweise die Vorurteile, welche die Konstruktion verschiedener Darstellungen der Geschichte der Vereinigten Staaten geprägt haben. Als historische Spezialarbeit kann eine derartige Erläuterung durchaus wahr sein; doch Wahrheit ist ein Vorzug, der von peinlich geringem Nutzen ist für einen Kritiker, der nicht bloß Autoren bloßstellen will, die sich vor ihm mit der Geschichte Amerikas befaßt haben, sondern darüber hinaus dartun möchte, letzten Endes gebe es gar keine historische Wahrheit*«[68].

Genau aus diesem Grund will ich nicht selbst anfangen zu beschreiben, wie sich die Bodenreform zugetragen hat. Wenngleich sich schon bei diesem kleinen Satz zeigt, dass ich ein Kind meiner Umgebung bin, denn ich gehe davon aus, dass es etwas als Bodenreform Bezeichnetes gab, und postuliere damit gleichermaßen mit einer Zeichenfolge eine hinter der Zeichenfolge liegende Realität. Anders geht es nur nicht, ich kann das Kamel nicht sehen, auf dem ich sitze. Dennoch, ich kann versuchen, wenig zu wissen, etwa, indem ich die von den anderen Erzählenden verwendeten Quellen nicht nachprüfe[69], und nur darauf achte, ob deren Erzählungen aus der jeweils verwendeten Quelle immer dasselbe ziehen, also ihrem eigenen Anspruch genügen[70]. Obwohl ich vielleicht selbst »dasselbe« nicht erkennen kann, bedarf ich insofern nicht – wie Williams sagt – »für die Anprangerung der Historik der Historik«[71], denn ich erzähle gerade nicht die wahre Geschichte über die Bodenreform und prüfe auch den Inhalt der von den anderen verwendeten Quellen nicht nach. Ich will und habe gerade nicht dargetan, warum Gertner welche Art der Geschichte erzählt, oder wieso Bauerkämper die Quellen falsch liest oder wieso die dreißig Einzelerzählenden die Geschichte nicht erfassen.

[68] Williams, Wahrheit und Wahrhaftigkeit 2003, S. 12/13.

[69] Vgl. hierzu schon meine vorangegangenen Ausführungen unter: 13. Bauerkämpers Fußnoten: Synchronerzählende der Bodenvarietäten, S. 184.

[70] Zur Betrachtung, die sich nach dem eigenen Anspruch der Erzählenden richtet, siehe oben, z.B. für Gertner im 7. Kapitel auf S. 107, und für Bauerkämper im 11. Kapitel, S. 167.

[71] Williams, Wahrheit und Wahrhaftigkeit 2003, S. 21

Es geht mir nicht darum, aufzuzeigen, dass sich ein(e) spezielle(r) Erzählende(r) geirrt hat, weil sie/er Dinge gefärbt beschreibt. Es geht mir darum, dass auch ich selbst nur eine gefärbte Geschichte – nein, schlicht nur eine Geschichte – erzählen würde. Deswegen erzähle ich keine.

Um das zu rechtfertigen, betrachte ich die inneren Widersprüche einer Einzelgeschichte, und zwar der einzelnen Geschichten, die ein Einzelner erzählt hat. Als Befund ergibt sich, dass die Geschichten nicht konsistent sind. Aber nicht, weil Einheitlichkeit tatsächlich möglich ist, sondern, weil die Geschichten ihrem selbst gestellten Anspruch nicht genügen können. Die Einheitlichkeit ist eine Illusion, das zeige ich, aber ich zeige nicht, wie die Einheit tatsächlich festgestellt werden könnte. Denn methodische Reflexionen können diese Einheitlichkeit ebenso wenig garantieren wie die Bindung an die Quellen.

Gleichwohl stimme ich im ersten Anlauf mit Williams überein – insbesondere dann, wenn die zuvor genannten, aufgeklärten und sprachanalytisch arbeitenden Historiker(innen) nach wie vor an der Wissenschaftlichkeit ihrer Darstellung festhalten. Ich bin auf einige Realität und Fakten Verteidigende eingegangen, die immer noch *die* Geschichte schreiben wollen. Daneben gibt es gleichermaßen Historik Betreibende, die sich von »Fakten« im Sinne der Realitätsbindung und von historischen »Tatsachen« ebenso verabschiedet haben wie von *der einen* historischen Wahrheit. Paradox wird es dann, wenn diese Gruppe dennoch an der Geschichte als Wissenschaft festhält.

Bei Max Weber zeigt sich die Verabschiedung einer objektiven Wahrheit unter gleichzeitigem Festhalten an wissenschaftlicher Analyse sehr anschaulich. »Die *objektive* Gültigkeit alles Erfahrungswissens beruht darauf und nur darauf, daß die gegebene Wirklichkeit nach Kategorien geordnet wird, welche in einem spezifischen Sinn *subjektiv*, nämlich die *Voraussetzungen* unserer Erkenntnis darstellend, und an die Voraussetzung des *Wertes* derjenigen Wahrheit gebunden sind, die das Erfahrungswissen allein uns zu geben vermag. Wem diese Wahrheit nicht wertvoll ist – und der Glaube an den Wert wissenschaftlicher Wahrheit ist Produkt bestimmter Kulturen und nichts Naturgegebenes – dem haben wir mit den Mitteln unserer Wissenschaft nichts zu bieten«[72]. Wissenschaft leistet also »Begriffe und Urteile, die nicht die empirische Wirklichkeit sind, auch nicht sie abbilden, aber sie in gültiger Weise *denkend ordnen* lassen«[73].

Die hier beschriebene Relativität beschränkt sich auf die Kontextabhängigkeit der Fragen, die an die Quellen gestellt werden, und richtet sich gegen den Glauben, in den historischen Materialen könne erkannt werden, was kontextunabhängig, allgemeingültig für die Gegenwart von

[72] Weber, »Objektivität« sozialwissenschaftlicher Erkenntnis [1922]. In: Winckelmann (Hg.), Max Weber: Gesammelte Aufsätze 1985, S. 213.
[73] Ebd.

Bedeutung ist. Weber erkennt Kulturkreise an, die die historische Darstellung in subjektive Abhängigkeit führen. Aber nach wie vor ist in diesem Konstrukt die historische Realität erfahrbar, allerdings nur insofern, als bestimmte Teile dieser Realität interessieren. Er stellt – wohl als Vorbild grundsätzlich historischer Fragestellung – durchaus Begriffe dar, mit denen als Ideal an die Vergangenheit herangetreten werden soll, um über Annäherung und Unterscheidungen von diesen Idealbegriffen festzustellen, wie sich die Realität damals abgespielt hat. Diese Sichtweise erkennt aber an, dass sich aus den noch vorhandenen Fakten jedenfalls Antworten finden lassen, die – wenn methodisch sauber vorgegangenen wird – eine Allgemeingültigkeit haben. Die Wissenschaft Betreibenden sollen idealtypische Utopien, Ideen oder Begriffe bilden, um die Vergangenheit zu untersuchen, aber immer das Bewusstsein bereit halten, dass diese Idealtypen nie in der Vergangenheit existiert haben. »Alle Darstellungen eines ›*Wesens*‹ des Christentums z. B. sind Idealtypen stets und notwendig nur sehr relativer und problematischer Gültigkeit, wenn sie als historische Darstellung des empirisch Vorhandenen angesehen sein wollen, dagegen von hohem heuristischen Wert für die Forschung und hohem systematischen Wert für die Darstellung, wenn sie lediglich als begriffliche Mittel zur *Vergleichung* und *Messung* der Wirklichkeit an ihnen verwendet werden. In dieser Funktion sind sie geradezu unentbehrlich«[74]. Dennoch, und hierin liegt vielleicht die Problematik, lässt diese Darstellung darauf schließen, dass es die irgendwie geartete Wirklichkeit gibt, und sie auch erfahrbar ist. Weber selbst sieht die Problematik, weil schon in die Bildung des Idealtypus die Wertung des den Idealtypus Formulierenden einfließt, und er diesen auf die Vergangenheit überträgt, in der notwendigerweise die Idealtypen höchst verschieden sein werden. Er fordert deswegen, dass der wertende vom logischen Idealtypus scharf getrennt werden muss. Die Schaffung von Idealtypen zur Ermöglichung historischer Erkenntnis in Webers Sinne ist demnach »etwas gegenüber der *wertenden* Beurteilung völlig indifferentes, er [der Idealtypus, JK] hat mit irgendeiner anderen als einer rein *logischen* ›Vollkommenheit‹ nichts zu tun«[75].

Damit sind wir bei demselben Problem auf anderer Ebene. Weber kennt die »empirische Wirklichkeit«[76] ganz ohne Anführungszeichen. Der Idealtypus funktioniert als »gedankliche Konstruktion zur Messung und systematischen Charakterisierung von *individuellen*, d.h. in ihrer

[74] Ebd., S. 198/199.

[75] Ebd., S. 200.

[76] Ebd., z.B. S. 200, 202 (der Idealtypus entfernt sich zum Beispiel von der empirischen Wirklichkeit, die nur ihm verglichen werden kann) »Anschauungsmaterial aus der empirisch-historischen Wirklichkeit«, S. 204 »Der Wirklichkeit Gewalt anzutun, um die reale Geltung der Konstruktion in der Wirklichkeit zu erhärten«.

Einzigartigkeit bedeutsamen Zusammenhängen«[77]. Dabei besteht »in ganz besonders hohem Maße die Gefahr, daß Idealtypus und Wirklichkeit ineinander geschoben werden«[78]. Bei der Formulierung von Idealtypen[79] muss man sich deswegen stets gegenwärtig halten, »daß idealtypische Entwicklungs*konstruktion* und *Geschichte* zwei streng zu scheidende Dinge sind und daß die Konstruktion hier lediglich das Mittel war, *planvoll* die *gültige* Zurechnung eines historischen Vorgangs zu seinen wirklichen Ursachen aus dem Kreise der (sic) nach Lage unserer Erkenntnis *möglichen* zu vollziehen.«[80]

Weber ähnlich hält auch der wirklichkeits- und realitätsverneinende Hans-Jürgen Goertz an der Wissenschaftlichkeit fest. Nach Meinung von Paravicini hängt Besagter »dem gegenwärtigen [2010] radikalen Konstruktivismus an, der sich durch keine greifbare Tatsachenwelt mehr will beschränken lassen«[81]. Dennoch ist bei Goertz Geschichte wissenschaftlich überprüfbar, denn »sie folgt allgemeinen Regeln rational ausgerichteter Forschung, Regeln, die angewandt werden, um zu kontrollierten und verlässlichen Aussagen über einen Sachverhalt zu gelangen.«[82] Goertz‹ methodische Beschreibung ist dabei äußerst weitläufig – es gilt, »bescheiden zu sein: Geschichtswissenschaftliche Regeln sind methodische Anweisungen, die so lange Bestand haben, wie sie zu Ergebnissen führen, die mehr aussagen, als vorher bekannt war, und Regeln die ein gewisses Maß an allgemeiner Akzeptanz aufweisen.«[83] Goertz bezieht im Anschluss alles in historische Methode ein, die historische Sozialwissenschaft zählt er ebenso dazu wie den Konstruktivismus, die literarische Erzählung, die Theorie des linguistic turn oder die Methoden Michel Foucaults[84]. Das finde ich äußerst sympathisch – wenn alles Methode sein kann, ist nichts Methode.

Andere gehen nicht so weit. Der historische Fakten so schlüssig und schön verneinende Michael Stolleis erkennt nur noch eine »(unscharfe)

[77] Weber, »Objektivität« sozialwissenschaftlicher Erkenntnis [1922]. In: Winckelmann (Hg.), Max Weber: Gesammelte Aufsätze 1985, S. 201.

[78] Ebd., S. 203.

[79] Die Bildung des Weberschen Idealtypus erinnert an Bauerkämpers Formulierung von »Zwangsmodernisierung« und »Traditionalität«, vgl. S. 120, Kapitel 9 Noch ein wahrheitsgläubiger Erzähler – seine Methode.

[80] Weber, »Objektivität« sozialwissenschaftlicher Erkenntnis [1922]. In: Winckelmann (Hg.), Max Weber: Gesammelte Aufsätze 1985, S. 204.

[81] Paravicini, Wahrheit der Historiker 2010, S. 4, Fn. 29; Goertz, Wirklichkeit. In: Jordan (Hg.) Lexikon Geschichtswissenschaft 2003, S. 329.

[82] Goertz, Geschichte – Erfahrung und Wissenschaft. In: Ders. (Hg.), Grundkurs 2007, S. 43.

[83] Ebd.

[84] Ebd., S. 43/44.

Grenze zwischen Historiographie und Fiktion«[85], die »durchlässig wird«[86]. Dennoch, obwohl »der Historiker nur eine (...) Spezies der Gattung ›Dichter/Schriftsteller‹ ist« hält Stolleis an »gelehrten« und »besonderen methodischen Regeln« fest und postuliert immerhin noch einen Unterschied, der »sich auf die Frage nach der Kontrollierbarkeit durch Quellen sowie auf das wissenschaftliche Gebot der Redlichkeit [bezieht], die Genres nicht absichtlich zu vermischen«[87]. Abschließend fasst er zusammen, dass »die Unterschiede zwischen Geschichtsschreibung und fiktionaler Literatur (...) also nicht auf der Ebene der Rekonstruktion von Vergangenheit durch Sprache (liegen), nicht bei der Hypothesenbildung, nicht bei der Rolle von Kreativität und Phantasie, sondern in der strikten Bindung wissenschaftlicher Aussagen an die für ihr Genre im Verlauf der Wissenschaftsgeschichte vereinbarten und konstitutiven ›Regeln‹.«[88]

Das klingt nach Angst vor der eigenen Courage. Geschichtswissenschaft bleibt Geschichtswissenschaft weil sie Geschichtswissenschaft bleiben will. Ähnlich verhält es sich mit dem Wahrheitsbegriff, der sich hinter der Deutungshoheit im Diskurs versteckt.

Achim Landwehr sieht »das altbekannte Vetorecht der Quellen (...) durch den linguistic turn nicht angetastet, sondern vielmehr gestärkt«[89]. Hier wird die Welt zum Text, aber Wahrheit und Realität bleiben dennoch erhalten, und zwar, indem die Möglichkeit des Sagbaren, die Möglichkeit von Anschlussdiskursen untersucht wird: »wenn Sprache in entscheidender Weise unsere Welt konstituiert, dann ist offensichtlich nicht jede beliebige Welt möglich«[90]. Es geht jetzt darum, im Diskurs und durch die Untersuchung des Diskurses, die »Regeln aufzudecken, nach denen die Konstruktion von Wirklichkeit von statten geht«[91]. Aber auch hierbei kann ich meinen eigenen Diskurs, aus dem heraus ich die Regeln aufdecken soll, nicht verlassen. Nach Landwehr organisieren Diskurse »in grundlegender Weise die Formen der Wahrnehmung«[92]. Genau aus diesem Grund bin ich ebenso wenig in der Lage, einen vergangenen Diskurs als Geschichte des Politischen zu verstehen, wie ich nicht in der Lage bin, abzubilden, was damals tatsächlich geschah. Vielleicht hat sich damit die Wahrheit nur hinter der Deutungshoheit im Diskurs versteckt.

[85] Stolleis, Rechtsgeschichte als Kunstprodukt 1997, S. 15.
[86] Stolleis, Rechtsgeschichte schreiben 2008, S. 33.
[87] Ebd., S. 33/34.
[88] Ebd., S. 39.
[89] Landwehr, Diskursgeschichte. In: Kerchner/Schneider (Hg.), Foucault 2006, S. 106/107.
[90] Ebd., S. 108.
[91] Ebd.
[92] Ebd., S. 113.

15. Schluss

Der Schluss besinnt sich auf den Anfang. Der Schluss beginnt mit einem Ordnungsvorschlag für den geschichtswissenschaftlichen Erkenntnisprozesses. Der Ordnungsvorschlag kann von den Lesenden beliebig zerlegt werden. Er ist sich seines Dilettantismus bewusst.

Ein Ordnungsvorschlag

An dem von mir bestimmten Anfang des geschichtswissenschaftlichen Erkenntnisprozesses steht die erkenntnistheoretisch naive Annahme, dass die Quellen, die Fakten, der Stoff, der die Vergangenheit überliefert, für sich sprechen. Geschichte entsteht hier allein aus den Gegenständen, die aus der Vergangenheit erhalten geblieben sind. Die Geschichtsschreibenden (vielleicht gleichzeitig Wissenschaft Betreibenden) haben die Fakten lediglich so zu beschreiben, wie sie tatsächlich waren. Etwas komplexer wird der Geschichtsschreibungsprozess, wenn er sich in Einzelschritte aufteilt. Für sich sprechende Fakten, die die Vergangenheit abbilden, gibt es hier immer noch. Die Quellen sprechen und was sie sagen können die Geschichtsschreibenden auch objektiv und unverfälscht erkennen (wenn sie sich große Mühe geben). Was sich jedoch aus den unmittelbaren Quellen ergibt, ist nicht das, was damals tatsächlich geschah, sondern sind nur Ausschnitte, Bruchstücke der vergangenen Wirklichkeit. Die objektiv erfahrbaren Quellen enthalten also schon tatsächlich nicht das ganze vergangene Geschehen, sondern nur Ausschnitte und Bruchstücke. Diese durch genaues Forschen gefundenen Bruchstücke müssen die Geschichtsschreibenden nun selbstständig zu einer Geschichte formen. Es ist ihnen jedoch möglich, durch eigene Leistung die aus der Vergangenheit übernommenen Fakten in einen Geschehenszusammenhang zu setzen, der abbildet, wie es sich zugetragen hat. Das können sie wegen der Erfahrung, die ihnen sagt, wie sich die gefundenen Bruchstücke zusammen fügen müssen. Noch ein bisschen komplexer wird der geschichtswissenschaftliche Erkenntnisprozess, wenn die Geschichtsschreibenden beginnen, sich auf den ersten Schritt, den Prozess des Quellenbefragens zu konzentrieren. Hier ist zu differenzieren.

Zum einen wird unter Festhalten an Material, das die Vergangenheit tatsächlich abbilden kann, das Befragen hinterfragt. Die Quelle erzählt hier nicht mehr grundsätzlich jeder(m) das Gleiche, sondern was sie erzählt ist abhängig von der Frage, die an sie gestellt wird. Das bedeutet nicht, dass die Quelle unendlich viele Fragen unendlich unterschiedlich beantwortet, sondern, dass zwar bei derselben Frage jede(r) dieselbe Antwort erhält, sich die Evidenz der Frage aber nicht aus dem historischen

Material selbst ergibt. Mit anderen Worten wird dieser Art von Erkenntnismethode weiterhin zugestanden, dass Vergangenes tatsächlich aus der Quelle fließen kann. Verneint wird jedoch, dass sich automatisch und natürlich ergibt, *was* evident wichtig für die Gegenwart ist. Dieses *Was* ist dann ebenso die Leistung der Geschichtsschreibenden, wie das Zusammensetzen der aus dem historischen Material als evident und relevant befundenen Fakten zu einem Geschehenszusammenhang, oder zu einer, oder zu DER Geschichte.

Zum Anderen zweifelt die Erkenntnistheorie daran, dass das historische Material überhaupt etwas abbilden kann, was der historischen Realität entspricht. Nun wird in Frage gestellt, ob die historische Wirklichkeit überhaupt erfahrbar ist. Auf dieser letzten Stufe fächert sich die Frage weiter auf. In einer Erkenntnisvariante transportieren die Quellen nur noch durch einen Schleier etwas in die Gegenwart. Quellen sprechen nicht mehr unmittelbar, sondern nur noch als Abbild, als Übersetzung der historischen Realität, womit die historische Realität selbst immer versteckt bleiben muss. Doch immerhin sprechen die Quellen in dieser Erkenntnisvariante noch, sie weisen auf etwas tatsächlich Vergangenes hin, dass, auch wenn es nicht mehr erfasst werden kann, da war und durch den Überrest der Quelle noch Ahnung auf es zulässt. Mit dieser Auffassung kommen wir zur letzten, gar nicht mehr naiven Erkenntnisbetrachtung. Hier bildet die Quelle nichts mehr ab. Sie verweist nicht auf ein (irgendwie) Vergangenes, sondern steht nur noch für sich, als Text (oder als durch Text übersetztes), der keine Realität ist, auch nicht die Erzählung einer Realität, sondern nur (noch) er selbst. Das Bezeichnete wird zum Bezeichnenden, was bleibt ist nur das Bezeichnende, was dann wiederum Bezeichnetes ist. Die Welt als Text wird evident, um nun doch Derrida zu bemühen: »Ein Text-Äußeres gibt es nicht«[1].

Gehen wir nun wieder an den Beginn des Erkenntnisprozesses zurück und durchlaufen ihn erneut mit Konzentration auf die Geschichtsschreibenden. Sie sind bei der methodischen Vergangenheitserfassung ohnehin nicht vom Erkenntnisprozess zu trennen und deswegen schon ins Auge getreten. Besinnen wir uns auf den Anfang, auf das Unproblematischste, als die Geschichte noch unmittelbar aus der nackten Quelle floss. Diese Erkenntnismethode sieht bei der Verhinderung der guten und tatsächlichen Abbildung vergangener Wirklichkeit nur die Gefahr einer(s) unlauteren Geschichtsschreiberin(s), die/der parteiisch ist und deswegen die reinen Aussagen der Quellen verfälscht. Die Unparteilichkeit ist hier möglich, die/der Geschichtsschreibende kann Interessen so zurücknehmen, dass allein die pure Quelle spricht. In der zweiten Erkenntnisannahme, welche die Geschichtsschreibung durch das sinnstiftende Zu-

[1] Derrida, Grammatologie 2003, S. 274.

sammenfügen historischer Fakten ohnehin in den Kreis der Schreibenden verlagert, wird die Unparteilichkeit schwieriger. Hier ist Subjektivität beim Erfassen der nackten Fakten, der Säulen, die später die Geschichte tragen sollen, zwar noch möglich, aber schon schwerer zu vermeiden. Beim Verbinden der Fakten ist das Subjekt nicht mehr zu subtrahieren.

An dieser Stelle der Erkenntnistheorie scheidet sich Parteilichkeit, die das tatsächlich möglich Erfassbare färbt, von der tiefer liegenden Standortbindung. Ein qualitativer Unterschied liegt vor. Wenn Ranke sich wünscht, sein Subjekt auszuschalten, also »seine historische und soziale Standortgebundenheit zu transzendieren«[2] um die nackte Geschichte abzubilden, strebt er noch das Ideal *objektiver* Erkenntnis an, (weiß aber vielleicht schon, dass dieses Abbilden unter Auslöschen des eigenen Ichs nicht möglich ist). Wenn Droysen sich dagegen wendet, dass das eigene Ich ausgeschaltet werden kann, ist das Auslöschen nicht mehr erstrebenswert, und das Subjekt wird zur Voraussetzung für die Erkenntnis des historisch Geschehenen. Gleichlaufend verlagert sich die Subjektivität (nicht die Parteilichkeit) auch auf den vorgeschalteten Prozess der Quellenerfassung. Um mit Chladenius zu sprechen: die Sehepunckte auf die Sache sind immer Ausgangspunkt für die Gestalt, in der sich die Sache präsentiert. In diesem Zusammenhang ist nebensächlich, in welchen Schritten sich konkret das Schreiben von Geschichte vollzieht – also Sichtung der Quellen und Überlegen der Frage, Auswertung der Quellen und schließlich ihre Interpretation, die die Auswertungsergebnisse zu einer (oder der) Geschichte zusammenfügt. Schon die Quelle spricht also nicht an und für sich, sondern sagt den jeweilig Fragenden nur das, was sie aufgrund ihrer speziellen *Sehepunckte* auch hören können. Das hat nichts mehr mit Parteilichkeit zu tun. Parteilichkeit tritt erst ein, wenn die Geschichte Schreibenden – oder Quellen Auswertenden – *bewusst* gegen ihre eigenen *Sehepunckte* verstoßen. Der *Sehepunckt* überträgt sich also auf jeden Schritt im geschichtswissenschaftlichen Prozess.

Betrachten wir wieder diese Einzelschritte. Die erkenntnistheoretische Annahme, die sich darauf überträgt, was aus dem historischen Material überhaupt erfahren werden soll, sieht nun auch hier überall Relativität. Was aus dem Material als wichtig für die Gegenwart extrahiert wird, ist durch die Kulturleistung (oder -prägung) der Gegenwart bestimmt. Wie ich diese nun im ersten Schritt als wichtig befundene Frage – vermeintlich noch durch Bindung an die Quelle – beantworte, hängt nur von meinem Sehepunckt ab, und wie ich die als vermeintliches Naturgesetz aus den Quellen gewonnenen Befunde aneinanderreihe, aufeinander beziehe und bewerte, ist selbstverständlich auch meinem eigenen Wesen zuzurechnen.

[2] Barrelmeyer, Geschichtliche Wirklichkeit 1997, S. 100.

Kommen wir nach dieser zweimal durchlaufenen Entwicklungslinie zur Wahrheit und betrachten ihre Rolle wieder in den verschiedenen Stadien geschichtswissenschaftlicher Erkenntnismethode.

Zu Beginn gibt es kein Problem mit ihr, Wahrheit ist das höchste Ziel der Geschichte Schreibenden, und sie ist erfahrbar, sobald die reinen Quellen sprechen. Diese können nichts anderes, als das Wahre, die Wirklichkeit abzubilden. Im nächsten Stadium, das bei der Erfassung von Quellen schon größerer Probleme sieht, wird die Wahrheit ein bisschen schwerer zu erreichen, bleibt aber erfahrbar – beim Erfassen historischer Tatsachen durch besonderes Bemühen der Geschichtsschreibenden. Die Wahrheit ergibt sich durch die Rückbindung an Wirklichkeit abbildende Fakten und Quellen.

Beim Zusammensetzen dieser Geschichtsbausteine zur Geschichte schwindet die Faktenbindung, die Schreibenden müssen über sie hinausgehen und die Dinge verknüpfen. Wahrheit bleibt dennoch das Ziel und auch möglich, weil die Erfahrung und genaue Regeln für das Verbinden der Fakten lehren, wie der Wahrheitszusammenhang erfahrbar bleibt. Die Erfahrung der Gegenwart, die auf die Bruchstücke des aus der Vergangenheit Überlieferten angewendet wird, ermöglicht Wahrheit.

Bei den *Sehepunckten*, die die Relativität der Wahrnehmung unmittelbar auf die Untersuchung des historischen Materials übertragen, überträgt sich auch die Wahrheitsproblematik auf die erste Stufe der Geschichtsbausteine. Wahrheit bleibt aber möglich, wenn nur viele verschiedene Leute mit verschiedenen *Sehepunckten* über die Sache befragt werden. Aus ihr ergibt sich dann die Sache an sich, ihre tatsächliche Gestalt, die die Wahrheit enthält. Schon hier beginnt sich jedoch die Wahrheitsfrage auf den Bereich der Methode zu übertragen. Diese übernimmt die Ermöglichung des Wahren.

Wenn schon die Fragen, die an die Quellen gestellt werden, also die Wichtigkeitsbekundungen nur vom Umfeld und jeweils gegenwärtigen Standpunkt, der Kultur der Fragenden abhängen, wie kann dann noch eine objektiv über allem liegende Wahrheit möglich sein? Sie kann es in *dieser* Variante durch die rettende Methode – wenngleich sie abgespeckt werden muss.

Die materielle Wichtigkeit der Frage, die an die Vergangenheit gestellt, sowie die hier gefundene Antwort muss sich an reine, ideale methodische Schritte halten, so dass sie auch für ein Nichtmitglied des Kulturkreises als logisch nachvollziehbar erkannt werden kann. Ihr Inhalt bleibt subjektiv, die Rede ist von Wahrheit*en*, aber ihre Nachvollziehbarkeit kann nach wie vor überprüft werden. So wird akzeptiert, anerkannt, (unbequem eingesehen), dass die historische Realität als solche nicht erfahrbar ist. »Jeder weiß, daß es ›die‹ historische Wahrheit nicht gibt, so wie es bei jeder ›Beziehungsgeschichte‹ zwei, drei oder vier Wahrheiten gibt, die parallel zu erzählen wären.«[3]

[3] Stolleis, Rechtsgeschichte als Kunstprodukt 1997, S. 6.

Aktuelle Wahrheitsbewahrende und Einblicke in den Universitätsalltag

Wissenschaftlich und an Quellen gebunden – obwohl die Quellen doch auch nichts anderes sagen als die Schreibenden selbst – will die Historik dennoch bleiben. Sie klammert sich an die Vorstellung von *Methode*. Trotz Reden über »Geschichte ist immer nur Konstrukt« »Geschichte ist Fiktion« »Geschichte ist Diskurs«, »Geschichte ist gedanklicher Entwurf«, streiten die Historik Betreibenden weiter. Auch über den Inhalt. Und auch wenn viele angesichts der zahlreichen, teilweise schon 260 Jahre alten Einwände, nicht mehr (wagen) von Wahrheit (zu) sprechen, bleibt der Glaube an sie erhalten. Insbesondere der historische Universitätsalltag scheint keine Probleme mit der Wahrheit zu haben. Wie sich Wahrheit und Bewertung für Studierende der Geschichtswissenschaft auswirken können, zeigt eine Ende 2008 an einer bundesdeutschen Universität eingereichte Magisterarbeit. Besagte Arbeit beschäftigt sich mit der »*Umsiedlerpolitik* in der SBZ/DDR 1948–1952«. Über die Bodenreform steht hier Folgendes:

> *»Die vor allem ideologisch motivierte Bodenreform von 1945 schuf neue Besitzverhältnisse, das ›Junkerland‹ werde ›Bauernhand‹ gegeben, so die Parole, mit der die KPD-Führung und die SMAD für die Enteignung der landwirtschaftlichen Güter warben.«*[4]

Neben dieser Bemerkung über die Bodenreform setzt sich die Arbeit umfassend mit den Wörtchen Umsiedler und Vertriebene auseinander. Der Begriff »Umsiedler« ist euphemistisch, verschweigt das Leiden und steht für die das Problem ignorierende SED-Politik[5]; der Begriff »Vertriebene« »suggeriert semantisch – heute wie damals – eine Unrechtmäßigkeit (...), provoziert Spannungen«[6] und »betont das deutsche Leid überproportional«[7]. Zusammenfassend schreibt der/die Verfassende zu diesem Bereich:

> *Der »Begriff des Vertriebenen (...) ist das propagandistische Pendant zum Umsiedler-Begriff. (...) [Er, JK] entstammt einem Sprachgebrauch, der politische Interessen westdeutscher Vertriebenen gegenüber Polen, der Tschechoslowakei und Ungarn zum Ausdruck bringen sollte und das historische Geschehen semantisch als Unrecht deklassiert. Daher sollte*

[4] Anonymus 1: Umsiedlerpolitik in der SBZ/DDR 1948–1952, S. 42.
[5] Ebd., S. 5/6.
[6] Ebd., S. 4.
[7] Ebd., S. 5.

der Begriff Vertriebene nicht unreflektiert übernommen werden, bloß weil der westdeutsche Diskurs seit dem Beitritt der DDR zur Bundesrepublik 1990 der einzig verbleibende ist. Gleichwohl entspricht er der herrschenden Meinung, daher wird er zwar in dieser Arbeit verwendet, jedoch nur unter Kennzeichnung als Propagandabegriff.«[8]

Die beiden zitierten Stellen sind nun – jeweils mit anderer Bewertung – im Erst- und Zweitgutachten von zentraler Bedeutung.
Das Erstgutachten hebt besonders positiv hervor, dass sich die zu beurteilende »Studie nicht nur historisch kritisch mit der Vorgeschichte der Zwangsaussiedlung (…), sondern auch mit den Begriffen Umsiedler, Flüchtling, Vertriebener und Heimat sowie deren politischer Instrumentalisierung in Ost und West« auseinandersetzt[9]. Auch ansonsten verliert der/die Begutachtende wohlwollende Worte über die zu beurteilende Arbeit, weist jedoch gegen Ende darauf hin, dass »die Studie nicht frei von Widersprüchen« ist. Ein großer Widerspruch betrifft die Beschreibung der Bodenreform, denn in der ersten Professoralen Wahrheit war diese »keineswegs ›vor allem ideologisch‹ motiviert, sondern eine demokratische Maßnahme mit wirtschaftspolitischen Zielsetzungen.«[10] Soweit so gut. Soweit, und schon für sich ein schönes Beispiel für Wahrheit und Bewertung innerhalb der geschichtswissenschaftlichen Praxis an einer deutschen Hochschule.

Noch schöner zeigt sich der Wahrheitsbezug unter Hinzuziehung des Zweitgutachtens. Hier werden die erstbegutachteten Stärken zu Schwächen und (glücklicherweise ausgleichend) die Schwächen zu Stärken.

Zunächst hat sich die Bodenreform im Zweitgutachten so zugetragen, wie vom/von der Magisterarbeitsverfassenden dargestellt. Mehr noch, der/die zweite Begutachtende hebt die Berücksichtigung der Reform positiv als Beispiel für die »breite, kenntnisreiche und kritisch ausgewertete Literaturgrundlage« der Studie hervor, die »ein insgesamt einleuchtendes Bild der staatlichen Politik gegenüber den Vertriebenen« zeichne[11]. Die im ersten Gutachten falsche Darstellung wird im zweiten richtig. Doch auch der/die Zweitbegutachtende erkennt »mancherlei Schwächen« der Untersuchung. Diese liegen in der erstgutachtend so positiv hervorgehobenen Begriffsreflexion. Das Zweitgutachten sieht bei der Abgrenzung zwischen ›Flüchtling‹ und ›Vertriebener‹« methodische Schwächen – auch wegen der »unzureichenden Berücksichtigung der gegenwärtigen ostmitteleuro-

[8] Ebd., S. 6.
[9] Anonymus 2: Erstgutachten zur Magisterarbeit vom 23. Januar 2009, S. 1.
[10] Ebd., S. 2.
[11] Anonymus 3: Zweitgutachten zur Magisterarbeit vom 8. Januar 2009, S. 1.

päischen Debatten z. B. ad ›Vertriebene‹ und ›Zwangsumsiedlung‹«[12]. Außerdem übertreibe der/die Verfassende zuweilen »bei der – an sich sehr notwendigen – Entmythologisierung«[13].

Übrigens werden im Erstgutachten *Umsiedler* immer ohne, im Zweitgutachten immer mit Anführungszeichen geschrieben. Doch sollten die Lesenden angesichts dieser internen Gegensätze nicht das Vertrauen in geschichtswissenschaftliche Universitätsgerechtigkeit verlieren, denn nach außen sind sich wieder alle einig. Beide Begutachtende kommen zu demselben Endergebnis und bewerten die Arbeit trotz »mancherlei Schwächen« oder »in Abwägung der Stärken und Schwächen« als »gut (1,7)«[14].

»Geschichtswissenschaft bleibt [also] der Wahrheit als einem regulativen Prinzip verpflichtet, auch wenn sie weiß, daß ihre Ergebnisse niemals absolut, sondern immer nur relational wahr sein können, insofern ihre Ergebnisse immer in einem Verhältnis stehen zu der Frage, auf die sie antworten«[15]. »Wahrheit« soll also – oft gesagt – regulative Idee sein. Und auch unter Verneinung der Wahrheitsmöglichkeit wird die Quellenbindung als Argument verwendet, so als wäre nie ein Problem zwischen Quellen und Wahrheit festgestellt worden. Man bekundet die Fiktion, die Relativität (oder Relationalität), die verloren gegangene Wirklichkeit jeden Tag aufs Neue, um dann jeden Tag aufs Neue damit zu verbringen, die Wahrheit zu suchen und sich um sie zu streiten.

Andere geben die Wahrheit nicht verloren – und sind damit vielleicht mutiger, als die den Verlust Artikulierenden, die im Geheimen immer noch nach ihr suchen. Schwammiges, intersubjektiv Abstimmbares oder die Geschichte durch Diskussion soll Wahrheit nach wie vor möglich machen. Das wird umso kurioser, wenn – wie Gumbrecht bemerkt – »der Subjektbegriff (unter die begriffliche Lupe genommen) den Begriff der Intersubjektivität (…) unmöglich macht, denn wenn Subjekte im Stil von Monaden formuliert sind, wie man das traditionell tut, kann man sich

[12] Ebd., S. 2.

[13] Ebd. Übertrieben findet der/die Zweitgutachtende die Beschreibung, dass die Nationalsozialisten »die Ausrottung der von ihnen so bezeichneten slawischen Untermenschen und des osteuropäischen Judentums (beabsichtigten)«. Auch sei die Aussage des Studierenden übertrieben, dass »die Angst der Frauen vor Vergewaltigungen (…) letztlich (…) auch auf das von der NS-Propaganda tradierte Feindbild zurück(geht), das die Lebensraumpolitik der Nationalsozialisten legitimieren sollte.« Vgl. Magisterarbeit S. 18 und 24.

[14] Anonymus 2: Erstgutachten zur Magisterarbeit vom 23. Januar 2009, S. 2; Anonymus 3: Zweitgutachten zur Magisterarbeit vom 8. Januar 2009, S. 2.

[15] Oexle, Grundsatzfragen historischer Erkenntnis. In: Laudage (Hg.), Fakten und Fiktionen 2003, S. 40. Ähnlich Althaus, Erfahrung Denken 2000, S. 58, für »das Ziel [der Geschichtsschreibung], zu den Erfahrungen vergangener Personen durchzustoßen, [das in den Untersuchungen] (…) den Status einer regulativen Idee (erhält), die als heuristisch wertvoll betrachtet wird«.

nicht vorstellen, wie sie kommunizierten.«[16] Zusammengefasst Gumbrecht mit Luhmann: »Entweder Inter oder Subjektivität, aber nicht Intersubjektivität«[17]. Doch gegenwärtig hat die Wahrheit wieder Konjunktur, sie wird häufiger verteidigt und als Möglichkeit angestrebt[18]. »Die Wahrheitskrise verflüchtigt sich zurzeit«[19]. Die Postmoderne (sei sie, was sie will) hat der Wahrheit zugesetzt, aber das Schlimmste ist überstanden. 1994 ist es »gut, dass diese Postmodernisten« (hier Foucault, Derrida, Joan Scott, William Sewell, Hayden White und LaCapra, die Sprache verabsolutieren und wissenschaftliche Darstellung wie literarische Texte behandeln) »hierzulande noch nicht richtig gelandet sind«[20]. Vierzehn Jahre später haben diese »radikalen Positionen« zum Glück auf die konkrete Forschungsarbeit in der Geschichtswissenschaft »kaum Einfluss gehabt«[21]. Nun wird wieder »Geschichte nach der Postmoderne«[22] geschrieben. »Den Anspruch, dass sie intersubjektiv kommunizierbare, methodisch kontrollierte Aussagen mit Wahrheitsanspruch über die vergangene Wirklichkeit jenseits der Quellentexte machen«[23], geben Historik Betreibende nicht auf. Für Marcus Willaschek »spricht [sogar] alles dafür, zu jener naiven Auffassung zurückzukehren, die sich die schlichteren Gemüter unter uns ohnehin bewahrt haben: nämlich die uns umgebende Realität als etwas objektiv Gegebenes, vom Denken und Sprache weitestgehend Unabhängiges zu verstehen.«[24] Vielleicht gibt es bald schon wieder Meistererzählungen.

[16] Gumbrecht, »Alteuropa« und »Der Soziologe«. In: Burckhardt (Hg.), Luhmann Lektüren 2010, S. 87.

[17] Ebd., leider ohne Angabe für das Luhmann-Zitat.

[18] Zentral in diesem Zusammenhang aus den USA: Paul Boghossian, Fear of Knowledge, 2006.

[19] Paravicini, Wahrheit der Historiker 2010, S. 39.

[20] Kocka, Sozialgeschichte der neunziger Jahre. In: Schulze (Hg.), Sozialgeschichte 1994, S. 38.

[21] Jessen, Dimensionen. In: Budde/Freist/Günther-Arndt (Hg.), Geschichte 2008, S. 119.

[22] So der Titel eines Interdisziplinären Arbeitsgesprächs der Deutschen Forschungsgemeinschaft vom 18. bis 20. Juni 2009 in Stuttgart. Vgl. Tagungsbericht: http://www.ahf-muenchen.de/Tagungsberichte/Berichte/pdf/2009/162-09.pdf

[23] Jessen, Dimensionen. In: Budde/Freist/Günther-Arndt (Hg.), Geschichte 2008, S. 119.

[24] Willaschek, Realismus – vermittelte Unmittelbarkeit. In: Merkur 2005, S. 772.

Ein Ergebnis, das keines sein will

Und nun? Oder – anders gefragt – und ich? Für mich ändert all dies nichts daran, dass auch die »nicht absoluten Konzeptionen der Wahrheit als einfache regulative Idee oder als Ideal der Forschung (...) nicht als Entschuldigung für die Weitläufigkeit der Paläste unserer Einbildungskraft dienen (können), welche die Spontaneität natürlicher Schöpfungen haben und aller Wahrscheinlichkeit nach weder wahr noch falsch sind.«[25]

Habe ich deswegen »das Feld sorgfältig gesäubert und von allen Dornbüschen und Brombeersträuchern befreit«, bin ich nur »tüchtig (...) im Niederreißen von Bauwerken anderer« ohne dass ich selbst »etwas Rechtes zu errichten« vermag?[26] Ziehe ich damit meinen Kopf aus der Schlinge?

Ja und nein. Ich kann angesichts meiner eigenen Untersuchungen über die Bodenreform (oder die Idee oder die Buchstaben oder die nicht erfolgte Bodenreform) nicht mehr an die Wahrheit – in welcher Abstufung auch immer (sei es als eine, viele, regulative Idee, verstecktes Prinzip, nicht zu erreichendes Ideal oder als immer widerlegbare Umstände) glauben. Abstrakt kann ich das nicht. Konkret befinde ich mich in derselben Situation, wie viele von mir Kritisierte. Auch ich baue diesen Text als Geschichte auf, die sich auf Fußnoten stützt und Gedanken in zeitliche Abfolgen einordnet. Nach Lukian kommt Chladenius kommt Humboldt, Droysen, Ranke, Weber, irgendwo noch Dilthey. Selbstverständlich gab es den Holocaust, und nach dem zweiten Weltkrieg, der 1945 endete, kommen die Besatzungszonen, DDR und BRD und wieder BRD. 66 Jahre sind seit der Bodenreform vergangen, das Bundesverfassungsgericht hat Grundstücke nicht zurückgegeben und Thomas Gertner ist Rechtsanwalt. Der Begriff der Geschichte im Kollektivsingular ist noch relativ jung, und vor der Französischen Revolution – die übrigens Ende des 18ten Jahrhunderts stattfand – wurde das Schreiben nur auf Geschichten bezogen. Mein Text selbst also stützt sich – wenn man so will – auf Wahrheiten, oder jedenfalls Dinge, die ich beim Schreiben und beim Kritisieren der Wahrheit wie Wahrheiten behandle. Ich kann sie nun Geschichten nennen, und behaupten, sie ebenso anders erzählen zu können, doch ich erzähle sie so, wie ich sie erzähle und begebe mich damit in dieselben Argumentationsmuster, widerlege Wahrheitsliebende, indem ich ihre Texte genau zerlege, und wende dabei dieselbe *Logik* an wie diejenigen, die ich zerlegen will. Ich will andere Lesende von meiner Argumentation überzeugen und versuche sie deswegen evident zu gestalten. Und ich weiß, was evident ist, oder jedenfalls glaube ich zu wissen, was andere als evident empfinden und was nicht. Dieser Effekt lässt sich schön

[25] Veyne, Glaubten die Griechen an ihre Mythen? 1987, S. 146.

[26] Lukian, Wie man Geschichte schreiben soll [166-168 n. Chr.], Hg. und übersetzt von Homeyer 1965, S. 139 Nr. 33.

mit – nun doch – einem Postmodernisten zusammenfassen – mit Jean-François Lyotard, der (vielleicht sogar) den Begriff der Postmoderne geprägt hat[27]. Er beschreibt das Postmoderne als dasjenige, was im Modernen in der Darstellung selbst auf ein Nicht-Darstellbares anspielt[28], was sich auf die Suche nach neuen Darstellungen begibt, jedoch nicht, um sich an deren Genuss zu verzehren, sondern um das Gefühl dafür zu schärfen, *dass* es ein Undarstellbares gibt[29].

Die Postmoderne wendet sich also gerade gegen das Phantasma der Erfassung der Wirklichkeit[30]. Die radikale Demontage überlieferter Begriffsgerüste erfolgt in dem gleichzeitigen Bewusstsein, grundsätzlich nicht ohne diese auszukommen. Mit anderem Vokabular, und vielleicht nüchterner formuliert, fällt auf der Ebene der Beobachtung von Beobachtungen, also auf der Ebene der Beobachtungen zweiter Ordnung, auf, »dass Sachverhalte immer nur Sachverhalte für einen Beobachter sind und dass der Beobachter nicht sieht, was er nicht sieht.«[31] Oder wieder mystischer: »wenn man nicht sieht, was man nicht sieht, sieht man nicht einmal, daß man nicht sieht.«[32]

Das System funktioniert. Es funktioniert und lässt sich dennoch zu jeder Zeit widerlegen. Es gibt keinen Ausweg, es gibt keinen Sinn, kein Gut oder Böse und keine ewig währenden Regeln. Alles kann dem menschlichen Subjekt so oder anders als wahr erscheinen. Doch das Nichts ändert nichts daran, dass etwas ist. Ändert nichts daran, dass ich mich gegenwärtig in einem Gewordenen befinde. »Das Wissen war zu allen Zeiten für die Ansichten jeweiliger Teilnehmer systemfähig, bewiesen, anwendbar, evident. Alle fremden Systeme waren für sie widersprechend, unbewiesen, nicht anwendbar, phantastisch oder mythisch.«[33] Das Gewordene hätte ebenso anders ausfallen können, aber es ist, wie es ist, kann sich verändern – oder auch nicht. »Notwendigkeit liegt nicht in dem, was geschieht, sondern zugleich restriktiver und permissiver nur darin, daß etwas geschieht.«[34] »Ebenso wenig wie es ein ›Alles‹ gibt, gibt es ein ›Allerletztes‹, ein Fundamentales, aus dem sich die Erkenntnis logisch aufbauen ließe. Das Wissen ruht eben auf keinem Fundamente; das Getriebe der Ideen und Wahrheiten erhält sich nur durch fortwährende Bewegung und Wechselwirkung.«[35]

[27] Lyotard, Postmoderne für Kinder 1987, Vorwort.
[28] Ebd., S. 29.
[29] Ebd., S. 27.
[30] Ebd., S. 30/31.
[31] Baecker, Kybernetik. In: Foerster, Wissen und Gewissen 1993, S. 18.
[32] Veyne, Glaubten die Griechen an ihre Mythen? 1987, S. 142.
[33] Fleck, Tatsache [1935]. Herausgegeben von Schäfer/Schnelle 1993, S. 34.
[34] Baecker, Kybernetik. In: Foerster, Wissen und Gewissen 1993, S. 20.
[35] Fleck, Tatsache [1935]. Herausgegeben von Schäfer/Schnelle 1993, S. 70.

Angesichts dessen wird die Problematik für mich nur auf einem höheren Abstraktionsniveau beschreibbar. Materielle Wahrheit funktioniert nicht. Es gibt sie nicht. Wahrheit historischer »Fakten« in dem Sinne, dass jemand »wahrer« als andere gesagt habe, wie es wirklich gewesen ist, ist illusorisch. Mehr lässt sich nicht sagen. Wenn etwas über Wahrheit gesagt werden kann, dann vielleicht nur in ihrer Funktion. Wahrheit ist »keine *Eigenschaft* von irgendwelchen Objekten oder von Sätzen oder von Kognitionen (über die man dann gegebenenfalls im Irrtum sein könnte), sondern der Begriff bezeichnet ein Medium der Emergenz unwahrscheinlicher Kommunikation. (...) Wahrheit ist (...) auch nicht eo ipso rational (...) und vor allem nicht durch Hinweis auf eine Quelle (...) validierbar. Sie ist ein beobachtbar funktionierendes Symbol, das Unwahrscheinliches möglich macht – wenn es gelingt.«[36] Ich betrachte »Wahrheit« damit rein funktional als Übertragungsmechanismus reduzierter Komplexität in Plausibilisierungsabsicht. Infolgedessen ist sie sektoral, historisch und gesellschaftlich variant. In der Geschichte ist Wahrheit gesellschaftliches Argument, in hohem Maße geeignet zu legitimeren, Ansprüche zu begründen oder Gruppen und Nationen zu »bilden«. Sie ist »alles andere als eine erhabene und gestrenge Herrin, sie ist eine gefügige und gehorsame Dienerin.«[37]

Damit ist auch die Geschichte als Kollektivsingular, im großen Zusammenhang illusorisch. Die Menschen erzählen sich Einzelgeschichten, um sich zu unterhalten, zu identifizieren, zu freuen. Dass manche der Einzelgeschichten sich auf größere Zeiträume erstrecken, die Einzelgeschichten nicht nur von politischen Ereignissen, sondern von Strukturen, Phänomenen, Ideen, Menschengruppen, Regionen, Begriffen (und wir könnten die Liste unendlich fortführen) erzählen, ändert daran nichts. Immer geht es nur um eine Erzählung, die im konkreten Moment warum auch immer interessiert, die erzählt werden will und in diesem Sinne wahr ist. Sie könnte aber auch ganz anders sein. Ist das nun schrecklich? Beängstigend relativistisch, unmoralisch? Holocaustleugnend? »Zuerst ist der Gedanke, daß alles weder wahr noch falsch ist, ein komisches Gefühl,

[36] Luhmann, Wissenschaft der Gesellschaft 1990, S. 173. Wobei sich gerade hier wieder zeigt, dass nichts bewiesen werden kann, auch nicht Luhmanns Verneinung eines materiellen Wahrheitsbegriffs. So führt Paravicini besagten Luhmann als einen Wahrheitsverteidiger an, vgl. Paravicini, Wahrheit der Historiker 2010, S. 40/41. Nachdem er Karl Popper und die Wahlsprüche der Universitäten Harvard und Freiburg im Breisgau als Argument anführt, zitiert er Niklas Luhmann, der die Wahrheit verteidigt, denn sie ist der Code des gesamten Wissenschaftssystems (Fn. 377 – Luhmann, Wissenschaft der Gesellschaft 1990, S. 167-270 das Kap. »Wahrheit« zu binären Code (als Kommunikationsmedium) u. a. 173, 194. Diese Information scheint Paravicini nicht von Luhmann selbst, sondern von Dietmar Gensicke, Luhmann, 2008, S. 105, 108 zu haben.

[37] Goodman, Weisen der Welterzeugung 1990, S. 32.

aber man gewöhnt sich schnell daran. (...) Der Wert der Wahrheit ist zu nichts zu gebrauchen, weil sie nämlich zwei Herren dient; die Wahrheit ist der Name, den wir unseren Vorlieben geben, von denen wir nicht lassen können; wenn wir von ihnen ließen, würden wir sie entschieden als falsch bezeichnen, so sehr achten wir die Wahrheit. Selbst die Nazis respektierten sie, denn sie sagten, sie seien im Recht: Sie sagten nicht, daß sie unrecht hätten. Wir hätten ihnen entgegenhalten können, daß sie sich täuschten, aber wozu wäre das gut gewesen?«[38]

Die Geschichte, die Vergangenheit, ist und bleibt evident. Wer Schlimmes erlebt hat, hat Schlimmes erlebt. Doch in der Gegenwart ist das Vergangene endgültig vergangen. Was in der Gegenwart erzählt wird, ist immer nur eine Geschichte.

Das ist nicht schlimm. Vielleicht macht es die Welt sogar erträglicher. Auf die Frage, »›warum er so kalt, funktionalistisch und sachlich denke und schriebe‹ (...) antwortete Luhmann, er sei zusammen mit einem befreundeten Klassenkameraden noch in den letzten Wochen des Zweiten Weltkriegs eingezogen und in sinnlose Kämpfe verwickelt worden – und auf einmal sei der enge Freund nicht mehr an seiner Seite gewesen, sondern in tausend Teile zersplittert. Und da habe er (Luhmann wechselte in einen halbironischen Ton) sich vor der Alternative gesehen, entweder verrückt zu werden oder so zu denken und zu leben, dass er es jederzeit für möglich halte, dass ein Mensch, ein Subjekt von jetzt auf gleich zersplittert werde. Er habe sich für das Zweite entschieden und sei Systemtheoretiker geworden«.[39]

Ich selbst bin mir gewahr, dass diese theoretischen Reflexionen mit dem Ergebnis der Ablehnung jeder rational erfassbaren Wissenschaftlichkeit meinem eigenen Denken widersprechen. Ich selbst zähle mich zu denjenigen, die jeden Morgen aufs Neue die Wahrheit negieren, um dann jeden Tag aufs Neue so verbringen, als gäbe es Wahrheit und Rationalität, als könnte ich wirklich wissen was ich weiß. Dieser Umstand ist nur kein Argument gegen die Nichtexistenz von rational wahrem Wissen. Ich verbringe die meiste Zeit meines Daseins als Beobachter erster Ordnung. Wenn ich lese, schreibe, lerne, wenn ich versuche Probleme zu lösen gehe ich von Prämissen aus, die ich sofort verwerfen würde, wenn ich versuche eine andere Beobachterposition einzunehmen.

Das tägliche Leben funktioniert nur im regelmäßigen Dasein auf einer ersten Beobachterposition. Aber nicht das tägliche Leben *an sich*, sondern dasjenige regelmäßige tägliche Leben, das ich (und neben mir vielleicht viele andere Lebewesen) erlernt habe. In diesem täglichen Leben bin ich nicht in der Lage, tatsächlich anders zu leben. Deswegen verwundert es

[38] Veyne, Glaubten die Griechen an ihre Mythen? 1987, S. 153.

[39] Burckhardt, Vorwort. In: Ders. (Hg.), Luhmann Lektüren 2010, S. 7. Der Fragende war Jochen Hörisch.

auch nicht, dass – wie Kittsteiner sagt – die Erschöpfung postmoderner Analysen vorprogrammiert ist, oder mit Wehlers Worten, dass derartige Theorien die Praxis nicht weiter bringen. Sie können es nicht, denn sie spielen sich auf einer anderen Ebene ab. Solche Theorien versuchen vielmehr, das Innere zu verlassen und die Sache von außen zu betrachten – in dem gleichzeitigen Bewusstsein, dass das Verlassen der inneren Ebene nicht möglich ist. Doch geht es in diesem Versuch nicht mehr darum, die Mängel der Innerlichkeit zu verbessern. Derartige Analysen sind abstrakter, und so könnte ich mich jetzt auf den Weg in die vor zwei Jahren zuletzt besuchten Universitätsarchive machen und herausfinden, wie sich das sozialistische Wirtschaftsrecht an den Hochschulen entwickelt hat.

Was will ich damit sagen? Will ich überhaupt etwas sagen? Ja, ich will. Ich plädiere für mehr Selbstironie. Ich plädiere für das Anerkennen und Ertragen der Paradoxie, für ein Bewusstsein der Paradoxie im weiteren Aufrechterhalten des täglichen Lebens mit Werten, Wahrheiten, Gut und Böse – weil es schlicht nicht anders geht. Ich plädiere für ein Schmunzeln, wenn man sich beim Pochen auf wahren Begebenheiten ertappt. Für den Bereich dieser Ebene erster Beobachtung eignet sich das Abstrakte vielleicht für umfassende und weitläufige Toleranz. Und dabei bin ich mir durchaus bewusst, dass ich schon damit einen Wert – den Wert des Nichtwertes – als Wert auf der ersten Ordnung anerkenne. Dieses Plädieren mag moralisch klingen, doch die »Moral« ergibt sich gerade aus dem Unsagbaren. Weil ich weiß, dass ich nicht weiß, kann ich nicht darauf pochen, zu wissen.

Die Bodenreform ist also eine Zeichenfolge, die Geschichte der Bodenreform gibt es nicht, obwohl ich die Geschichte der Bodenreform erzählen kann. Bleibt noch zu sagen, dass es mir Leid tut, Arnd Bauerkämper für die Verdeutlichung des Letztgesagten benutzt zu haben. Ich lasse mich gerne meinerseits mit Gesagtem widerlegen. Es geht nicht anders, der Topf hat ein Loch lieber Heinrich[40], und damit verweise ich auf den Anfang.

[40] Volkslied, Durch ganz Deutschland. Abgedruckt in: Breuer (Hg.), Der Zupfgeigenhansl, S. 224.

Danksagung

Dieses Buch wurde im Sommer 2012 von der juristischen Fakultät der Humboldt Universität zu Berlin als Dissertation angenommen. Dafür, dass es so weit gekommen ist, möchte ich mich bedanken.

Zutiefst dankbar bin ich Dieter Simon. Er brachte mich auf die Idee, überhaupt zu promovieren, war in zahlreichen Gesprächen für mich da und ließ sich kontinuierlich von meinen Stückwerken belagern. Für mich hätte es keinen besseren Betreuer geben können. Seiner Weisheit, seiner klugen, bisweilen bitterbösen Ironie und seiner Schildkrötenmethode verdanke ich letzten Endes den Abschluss dieser Arbeit.

Christoph Paulus danke ich allem Voran für das Zweitgutachten. Seine wohlwollende, offene Art hat mir außerdem zu jedem Zeitpunkt das Gefühl gegeben, verstanden zu werden. Ich bin sehr froh, ihn kennen gelernt zu haben.

Ich danke Jennifer Brenke (die diese Arbeit stetig, mit offenen Augen Zeitung lesend und Anregungen sammelnd begleitet hat) und Sophie Ehrmanntraut. Beide sind unabhängig von Promotionen Felsen in meiner Lebensbrandung und haben mich insbesondere in der schrecklichen Endphase nicht nur durch finales Korrekturlesen ungemein unterstützt.

Jan Wünschmann bin ich unendlich dankbar. Wohl kein(e) andere(r) hat meine ständige Sinnkrise direkter erfahren und geduldiger darauf reagiert. Er hat mir immer das Gefühl gegeben, dass alles gut wird und – wie so oft – Recht behalten.

Meinen lieben, großzügigen, ihrer anstrengenden Tochter so tolerant gegenübertretenden Eltern Karl und Marlis Küppers danke ich aus tiefstem Herzen. Ohne ihre Unterstützung wäre ich zum Schreiben dieser Arbeit nicht in der Lage gewesen.

Um der beim Schlusswort um sich greifenden Pathetik Herr (oder Dame) zu werden, und inspiriert von Anthony Graftons in den tragischen Ursprüngen der deutschen Fußnote geäußerten Ansichten zu Dissertationsdankesbekundungen, widme ich diese Arbeit meinem Kater.

Anhang

Legende

Die Legende erklärt Abkürzungen, die in jeder Übersicht des Anhangs verwendet werden. Aufgrund ihrer Allgemeingültigkeit und um Wiederholungen zu vermeiden, stelle ich sie den erklärenden Texten und einzelnen Schaubildern voran. Ihr Sinn und Unsinn wird sich möglicherweise erst im Zusammenhang mit der jeweiligen graphischen Darstellung ergeben. Ich bitte die Betrachtenden um Geduld.

	Abkürzungen für die Geschichten des Alphabets		**Paraphe**
01	Bodenreform zur Kollektivierung 1994	=	BRzK
02	Verlorener Antifaschismus 1994	=	VeAn
03	Neubauernprogramm in Brandenburg 1994	=	NBPB
04	Bodenreform in Mecklenburg 1994	=	BRiM
05	Bodenreform Mark Brandenburg 1995	=	BRMB
06	Führungsgruppen auf dem Lande 1995	=	FGaL
07	Problemdruck und Ressourcenverbrauch 1995	=	PDRV
08	Neubauern in der SBZ 1996	=	NeBa
09	Strukturumbruch ohne Mentalitätenwandel 1996	=	SUMW
10	Amerikanisierung und Sowjetisierung 1996	=	AMSO
11	Elitenwechsel in der SBZ 1997	=	ElWe
12	Landarbeiter in der SBZ 1998	=	LaAr
13	Flüchtlinge im Osten Brandenburgs 1998	=	FlOB
14	Bodeneigentum in Ost- und Westdeutschland 1999	=	BETO
15	Bodenreform und Flüchtlingssiedlung 1999	=	BRFS
16	SED und die Bauern 1999	=	SEDB
17	Loyale »Kader« 1999	=	LoKa
18	Bodenreform und Kollektivierung in Brandenburg 1999	=	BRKB
19	Politik der SED 2000	=	SEDP
20	Integration of Expellees 2001	=	InEx
21	Ländliche Gesellschaft 2002	=	LäGe
22	Traditionalität in der Moderne 2003	=	TriM
23	Bodenreform und Kollektivierung 2003	=	BRKO
24	»Junker Rojos« 2004	=	JuRo
25	Bodenreformen in Sachsen-Anhalt 2005	=	BRSA
26	Strukturwandel und Alltagsleben 2007	=	SWAL

Kurzbezeichnung für die Gruppenzugehörigkeiten im Alphabet

Die nun folgenden Kurzbezeichnungen orientieren sich allein an der Anzahl von Geschichten, die die jeweilige Variante erzählen. Sie dienen lediglich der einfacheren Darstellbarkeit und sollen nicht den Anschein echter Empirie erwecken.

Der Aufruf vom 11. Juni 1945	= (1)
Ein selbstständiger Gründungsaufruf der KPD	= Zehn
Von russischen Mächten in Auftrag gegeben	= Zwölf
Geschichten ohne Juniaufruf	= Vier
Die (KPD)-Augustdirektive und Bodenreformverordnungen	= (2)
Von der KPD allein ausgearbeitete Direktive	= Elf
Deutsch-russische Direktivenzusammenarbeit	= Acht
Eine Direktive aus Russland	= Sieben

Geschichtenseismographen des Bodenalphabets

Die folgenden beiden Schaubilder stehen in einer Art Koordinatensystem. Sie fassen die Varietäten des Bodengeschichtenalphabets auf zweierlei Weise graphisch zusammen.

Juni- und Augustgeschichten – Getrennte Anordnung

Das erste Schaubild stellt die beiden möglichen Untergruppen in den sechsundzwanzig Geschichten getrennt voneinander, doch gleichzeitig in einem Schaubild übereinander dar. Auf einem Zeitstrahl von 1994 bis 2007 sind die Geschichten nach ihrem Erscheinungsjahr aufgeführt. Die erste Zeile auf der linken Seite gibt Auskunft darüber, zu welcher Gruppe die auf dem Zeitstrahl stehenden Geschichten gehören. Die Spalte am rechten Rand fasst den Inhalt der Geschichtengruppe kurz zusammen. Dabei sind kleinere Abweichungen auch innerhalb derselben Geschichtengruppe in verschiedener Druckart (fett, unterstrichen oder kursiv) dargestellt. Beide übereinander stehenden Darstellungen sind von links nach rechts zu lesen. Die in dem Koordinatensystem aufgeführten Geschichten habe ich mit Pfeilen verbunden. Nicht mit vollem Ernst, weil im Bewusstsein, keine echte Empirie darzustellen, bezeichne ich diese Pfeile als Geschichtenseismographen. So zeigt die getrennte, aber übereinander vorgenommene Einordnung der Geschichten, dass die Zugehörigkeit zu einer Gruppe beim 11.-Juni-Aufruf gerade nicht die Zugehörigkeit zu einer Gruppe bei der Augustdirektive bedingt, und umgekehrt. Der Seismograph nimmt in beiden Darstellungen desselben Schaubilds einen kontingenten Verlauf.

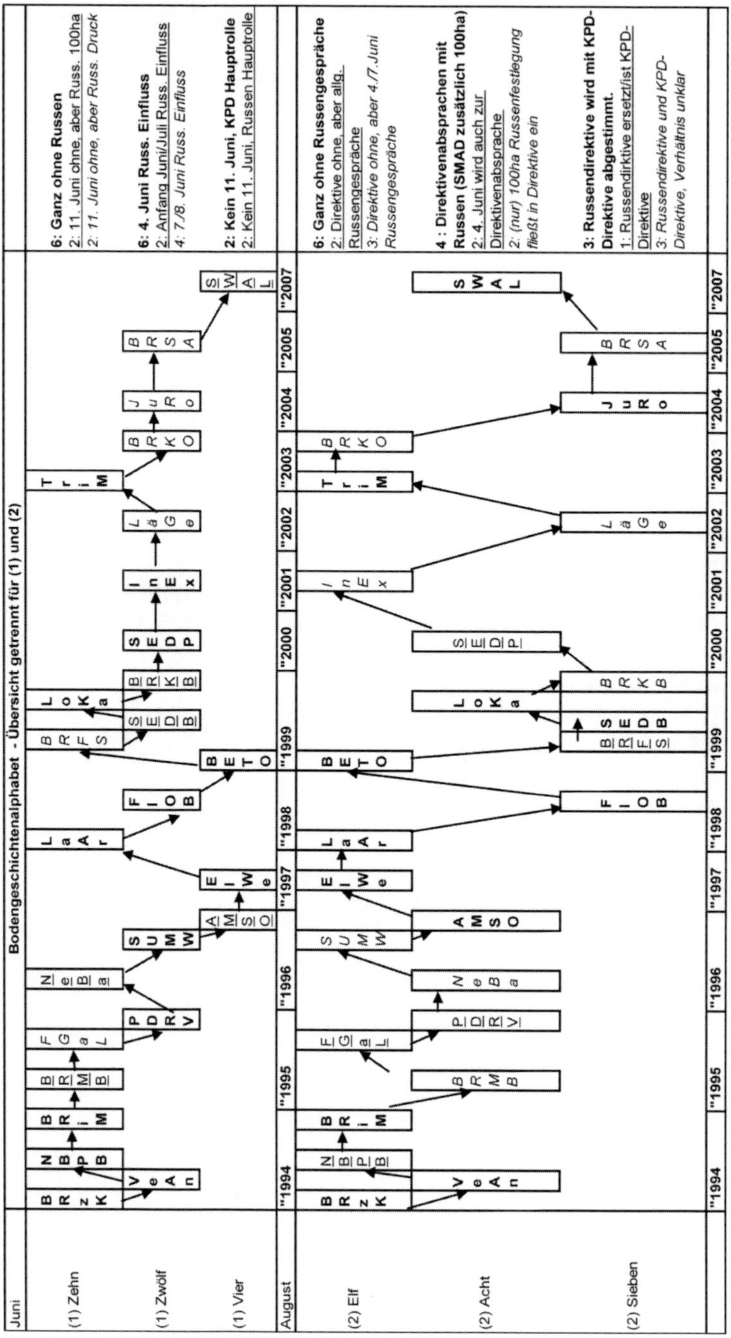
Bodengeschichtenalphabet - Übersicht getrennt für (1) und (2)
Juni
(1) Zehn
(1) Zwölf
(1) Vier
August
(2) Elf
(2) Acht
(2) Sieben
"1994
"1995
"1996
"1997
"1998
"1999
"2000
"2001
"2002
"2003
"2004
"2005
"2007
6: Ganz ohne Russen
2: 11. Juni ohne, aber Russ. 100ha
2: 11. Juni ohne, aber Russ. Druck
6: 4. Juni Russ. Einfluss
2: Anfang Juni/Juli Russ. Einfluss
4: 7./8. Juni Russ. Einfluss
2: Kein 11. Juni, KPD Hauptrolle
2: Kein 11. Juni, Russen Hauptrolle
6: Ganz ohne Russengespräche
2: Direktive ohne, aber allg. Russengespräche
3: Direktive ohne, aber 4./7. Juni Russengespräche
4 : Direktivenabsprachen mit Russen (SMAD zusätzlich 100ha)
2: 4. Juni wird auch zur Direktivenabsprache
2: (nur) 100ha Russenfestlegung fließt in Direktive ein
3: Russendirektive wird mit KPD-Direktive abgestimmt.
1: Russendirktive ersetzt/ist KPD-Direktive
3: Russendirektive und KPD-Direktive, Verhältnis unklar

Juni- und Augustgeschichten – gemeinsame Anordnungen

Das zweite Schaubild folgt einem ähnlichen Konzept wie das vorangegangene. Wieder gibt es einen Zeitstrahl von 1994 bis 2007, auf dem die einzelnen Geschichten des Alphabets auftauchen, und wieder steht in der rechten Spalte eine Kurzzusammenfassung des Inhalts. In der nun folgenden Übersicht ist in der linken Spalte jedoch die Zugehörigkeit einer Geschichte zu Juni- und Augustgruppen gemeinsam aufgeführt.

Aufgrund der Unterteilung in Geschichtengruppen wären rein rechnerisch insgesamt neun verschiedene Doppelzugehörigkeiten möglich. Tatsächlich (praktisch) teilen sich die sechsundzwanzig Geschichten in insgesamt acht mögliche Gruppenpaare auf. Es gibt lediglich keine Geschichte, die in der ersten Gruppe zu den vier- und in der zweiten Gruppe zu den sieben Geschichten gehört. Alle anderen möglichen Gruppenzugehörigkeiten sind in den Geschichten vertreten. Schon dieser Umstand zeigt die Vielfalt der Varietäten, in denen innerhalb des Bodengeschichtenalphabets von 11.-Juni-Aufruf, Augustdirektive und Bodenreformverordnungen erzählt wird.

Thematisch ordnen sich die Gesamtgeschichtengruppen von der obersten, ersten Spalte mit höchster KPD-Verantwortlichkeit bis zur untersten, achten Spalte mit höchster Russenverantwortung. Wieder verbindet ein Pfeil die einzelnen, auf dem Zeitstrahl aufgeführten Geschichten. Sein Verlauf in einer Zickzacklinie verdeutlicht insbesondere, dass der Veröffentlichungszeitpunkt keinen Einfluss auf die Veränderung in der Erzählweise hat. Hätte er das, müsste sich der Seismograph linear bewegen – sei es von links unten nach rechts oben, links oben nach rechts unten, oder gleichlaufend beispielsweise in der Mitte des Schaubilds.

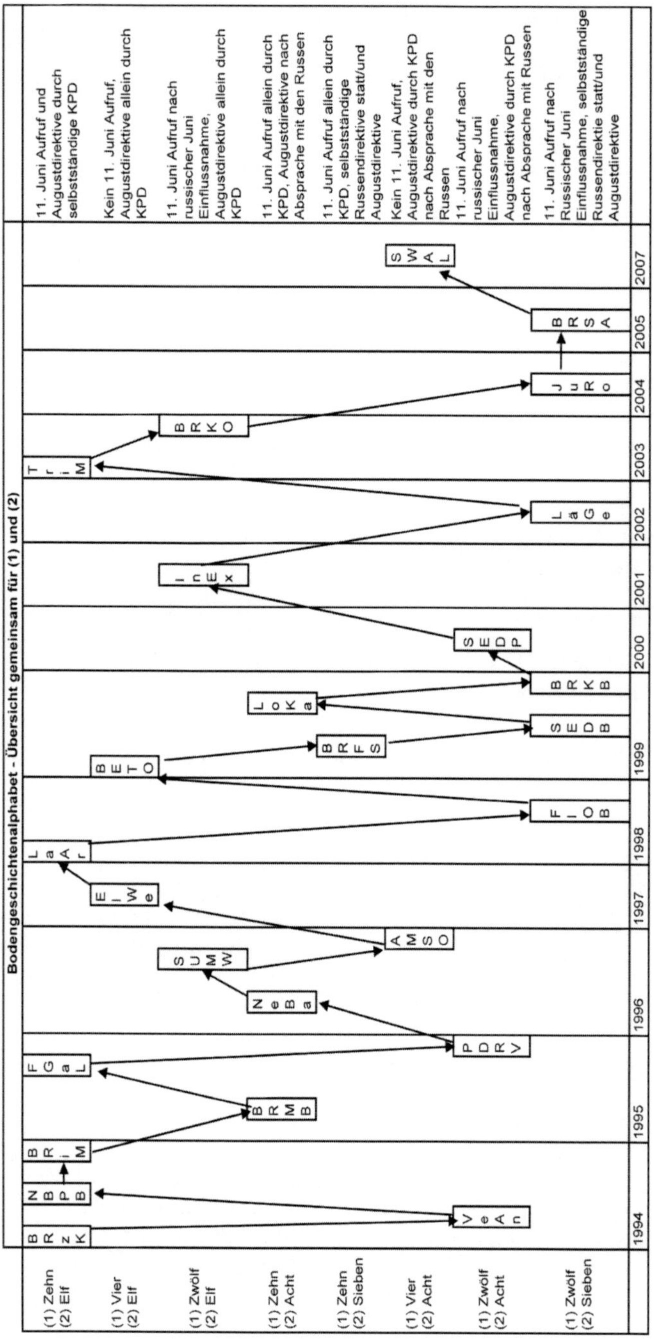
Bodengeschichtenalphabet - Übersicht gemeinsam für (1) und (2)
(1) Zehn (2) Elf
(1) Vier (2) Elf
(1) Zwölf (2) Elf
(1) Zehn (2) Acht
(1) Zehn (2) Sieben
(1) Vier (2) Acht
(1) Zwölf (2) Acht
(1) Zwölf (2) Sieben
11. Juni Aufruf und Augustdirektive durch selbstständige KPD
Kein 11. Juni Aufruf, Augustdirektive allein durch KPD
11. Juni Aufruf nach russischer Juni Einflussnahme, Augustdirektive allein durch KPD
11. Juni Aufruf allein durch KPD, Augustdirektive nach Absprache mit den Russen
11. Juni Aufruf allein durch KPD, selbstständige Russendirektive statt/und Augustdirektive
Kein 11. Juni Aufruf, Augustdirektive durch KPD nach Absprache mit den Russen
11. Juni Aufruf nach russischer Juni Einflussnahme, Augustdirektive durch KPD nach Absprache mit Russen
11. Juni Aufruf nach Russischer Juni Einflussnahme, selbstständige Russendirektie statt/und Augustdirektive
1994
1995
1996
1997
1998
1999
2000
2001
2002
2003
2004
2005
2007
BRzK
VeAn
NBPB
BRiM
BRMB
FGaL
PDRV
NeBa
SUMW
AMSO
EIWe
LaAr
FIOB
BETO
BRFS
SEDB
LoKa
BRKB
SEDP
InEx
LäGe
TriM
BRKO
JuRo
BRSA
SWAL

Bauerkämpers historiographischer Fleiß

Die folgende Tabelle stellt Bauerkämpers fünfunddreißig eigene Erzählungen zur Bodenreform in zusammenfassenden Stichworten dar. Sie ist chronologisch geordnet. So wird deutlich, dass die Veränderung der Inhalte keiner zeitlichen Regelmäßigkeit folgt, sondern kontingent ist.
Auf der linken Seite stehen Verfasserdatum, Kurztitel und ob die betreffende Geschichte zu den fünf Kurzgeschichten, dem Bodengeschichtenalphabet oder dem Bodenquartett gehört. Bei Alphabetszugehörigkeit steht die Ordnungszahl (1) für den Aufruf vom 11. Juni 1945; die Ordnungszahl (2) für KPD-Augustdirektive und Bodenreformverordnungen. Die weitere Zahlenangabe bezeichnet, zu welcher Art von Juni- oder Augustgeschichten die Erzählungen gehören. Sie bestimmt sich (aus keinem besonderen Grund) allein nach der Zahl von Geschichten und ist ausführlich in der den Anhang einleitenden Legende nachzulesen.
Auf der rechten Seite ist der maßgebliche Bodeninhalt der Geschichten knapp zusammengefasst. »Besprechung« meint in der Tabelle Absprachen zwischen deutschen und russischen Kommunisten, die mit der Bodenreform in Zusammenhang stehen.

(1) 1994 Bodenreform zur Kollektivierung Bodengeschichtenalphabet (1) Zehn Junigeschichten (2) Elf Augustgeschichten	Keine Besprechung. 11.-Juni-Aufruf allein durch KPD. Augustdirektive allein durch KPD. Identität mit BRVO.
(2) 1994 Verlorener Antifaschismus Bodengeschichtenalphabet (1) Zwölf Junigeschichten (2) Acht Augustgeschichten	Besprechung mit Stalin und Pieck am 4. Juni in Moskau. Großgrundenteignung wird »festgelegt«. Enteignungsforderung im 11.-Juni-Aufruf aufgrund der Moskaubesprechung. Augustdirektive durch KPD, aber nach mehrfacher Rücksprache mit Russen. Nicht ausdrücklich Identität mit BRVO.
(3) 1994 Neubauernprogramm Brandenburg Bodengeschichtenalphabet (1) Zehn Junigeschichten (2) Elf Augustgeschichten	Keine Besprechung mit Stalin. 11.-Juni-Aufruf allein durch KPD. Augustdirektive allein durch KPD. Direktive mit BRVO identisch.
(4) 1994 Bodenreform in Mecklenburg Bodengeschichtenalphabet (1) Zehn Junigeschichten (2) Elf Augustgeschichten	Keine Besprechung mit Stalin. 11.-Juni-Aufruf allein durch KPD. Augustdirektive allein durch KPD. Direktive mit BRVO identisch.

(5) 1995 Bodenreform Mark Brandenburg Bodengeschichtenalphabet (1) Zehn Junigeschichten (2) Acht Augustgeschichten	Zeit- und ortlose Besprechung zwischen Stalin, KPD-Führung und SMAD. Stalin bestimmt die 100 ha Grenze. 11- Juni-Aufruf allein durch KPD Augustdirektive durch KPD. 100 ha wegen Besprechung angeordnet. Identität mit BRVO.
(6) 1995 Führungsgruppen auf dem Lande Bodengeschichtenalphabet (1) Zehn Junigeschichten (2) Elf Augustgeschichten	Keine Besprechung in Moskau. 11.-Juni-Aufruf allein durch KPD. Augustdirektive allein durch KPD/ Pieck, Semjonow und Tschujenkow drängen auf schnelle Durchführung. Identität mit BRVO.
(7) 1995 Problemdruck und Ressourcenverbrauch Boden-geschichtenalphabet (1) Zwölf Junigeschichten (2) Acht Augustgeschichten	Juni Besprechung in Moskau mit Stalin, konkretisierte Richtlinien zur Bodenreform werden »abgestimmt«. 11.-Juni-Aufruf nach der Besprechung. Augustdirektive nach der Besprechung allein durch KPD. BRVOen nicht ausdrücklich identisch mit der Direktive.
(8) 1996 Neubauern in der SBZ Bodengeschichtenalphabet (1) Zehn Junigeschichten (2) Acht Augustgeschichten	Zeit-, ort- und artlose Abstimmung mit Stalin. Nach dieser wird 100ha Grenze festgelegt. 11.-Juni-Aufruf allein durch KPD. Augustdirektive durch KPD. 100 ha wohl wegen der Abstimmung. Identität mit BRVO.
(9) 1996 Strukturumbruch ohne Mentalitätenwandel Bodengeschichtenalphabet (1) Zwölf Junigeschichten (2) Elf Augustgeschichten	Stalin »fordert« in Besprechung mit KPD-Spitze am 4. Juni in Moskau die Großgrundenteignung. Enteignungsforderung im 11.-Juni-Aufruf aufgrund der Moskaubesprechung. Augustdirektive allein durch KPD. Identität mit BRVO.
(10) 1996 Amerikanisierung und Sowjetisierung Bodengeschichtenalphabet (1) Vier Junigeschichten (2) Acht Augustgeschichten	Wiederholt Gespräche im Frühsommer 1945 in Moskau. Stalin legt 100ha Grenze fest. Kein 11.-Juni-Aufruf. »Schlüsselposition« von Stalin und SMAD bei BR. Augustdirektive von KPD nach genauer Abstimmung. Identität mit BRVO.

(11) 1997 Elitenwechsel in der SBZ 1997 Bodengeschichtenalphabet (1) Vier Junigeschichten (2) Elf Augustgeschichten	Keine Besprechung mit Stalin. Kein 11.-Juni-Aufruf der KPD. Augustdirektive allein durch KPD. BRVO nicht ausdrücklich Identität mit BRVO.
(12) 1997 Flüchtlinge in Brandenburg Fünf Bodenkurzgeschichten	Keine Besprechung in Moskau. Kein 11.-Juni-Aufruf. Augustdirektive allein durch KPD. Keine BRVO.
(13) 1997 Ländliche Gesellschaft in BRD und DDR Fünf Bodenkurzgeschichten	Keine Besprechung. ZK der SED (sic) setzt Ende August 1945 die Bodenreform durch. BRVOen legen Restriktionen fest.
(14) 1998 Abweichendes Verhalten Fünf Bodenkurzgeschichten	»Die Bodenreform wurde im Herbst 1945 in der SBZ von der UdSSR herbeigeführt und auch von der KPD durchgesetzt«.
(15) 1998 Landarbeiter in der SBZ Bodengeschichtenalphabet (1) Zehn Junigeschichten (2) Elf Augustgeschichten	Keine Besprechung. 11.-Juni-Aufruf allein durch KPD. Augustdirektive allein durch KPD. Identität mit BRVO.
(16) 1998 Flüchtlinge im Osten Brandenburgs Bodengeschichtenalphabet (1) Zwölf Junigeschichten (2) Sieben Augustgeschichten	Besprechung mit Stalin in Moskau am 4. Juni. 11.-Juni-Aufruf wegen der Besprechung. UdSSR-Volkskommissariatsentwurf wegen der 4. Juni Besprechung und nach Abstimmung mit KPD Augustdirektive von dieser. Identität mit BRVO.
(17) 1999 Bodeneigentum in Ost- und Westdeutschland Bodengeschichtenalphabet (1) Vier Junigeschichten (2) Elf Augustgeschichten	Keine Besprechung. Kein 11.-Juni-Aufruf. Augustdirektive allein durch KPD. Identität mit BRVO
(18) 1999 Bodenreform und Flüchtlingssiedlung Bodengeschichtenalphabet (1) Zehn Junigeschichten (2) Sieben Augustgeschichten	Besprechung mit Stalin in Moskau am 4. Juni, Stalin fordert Beginn. 11.-Juni-Aufruf (dennoch) allein durch KPD. UdSSR-Volkskommissariatsdirektive, diese in KPD-Augustdirektive übernommen. Keine ausdrückliche Identität mit BRVO.

(19) 1999 Kampf um den Boden Bodengeschichtenquartett	Keine Besprechung. Aber »in Deutschland oktroyierte die SU in ihrer Besatzungszone eine BR«. Kein 11.-Juni-Aufruf. Augustdirektive von KPD. Identität mit BRVO.
(20) 1999 SED und die Bauern Bodengeschichtenalphabet (1) Zwölf Junigeschichten (2) Sieben Augustgeschichten	Stalin drängt Anfang Juni. Daraufhin 11.-Juni-Aufruf. KPD treibt Agitation voran, »während« im Volkskommissariat der UdSSR Direktive ausgearbeitet wird. Danach stimmen KPD und SMAD dieses Konzept ab, aus Abstimmung geht KPD Direktive hervor. Identität mit BRVO.
(21) 1999 Loyale Kader Bodengeschichtenalphabet (1) Zehn Junigeschichten (2) Acht Augustgeschichten	Keine Junibesprechung in Moskau. 11.-Juni-Aufruf allein durch KPD. Augustdirektive durch KPD, eng mit den Russen abgestimmt. Weitgehend Identität mit BRVO.
(22) 1999 Bodenreform und Kollektivierung in Brandenburg Bodengeschichtenalphabet (1) Zwölf Junigeschichten (2) Sieben Augustgeschichten	Stalin drängt Anfang Juli (!) die zögernde KPD-Spitze zur unverzüglichen BR. Daraufhin BR-Verlangen im 11.-Juni-Aufruf. Augustdirektive durch KPD und Bodenreformentwurf des UdSSR Volkskommissariats von Ende Juli 1945. Weitgehend Identität mit BRVO.
(23) 2000 Politik der SED Bodengeschichtenalphabet (1) Zwölf Junigeschichten (2) Acht Augustgeschichten	Besprechung am 4. Juni mit Stalin, BR hier »abgesprochen«. 11.-Juni-Aufruf wegen Moskaubesprechung. Augustdirektive allein durch KPD. Keine Identität mit BRVO.
(24) 2001 Integration of Expellees Bodengeschichtenalphabet (1) Zwölf Junigeschichten (2) Elf Augustgeschichten	Besprechung am 4. Juni in Moskau. Stalin drängt/zwingt die KPD-Führung zur unverzüglichen BR. 11.-Juni-Aufruf zur BR im Anschluss an Stalins Forderung. Augustdirektive allein durch KPD. Weitgehend identisch mit BRVO in Brandenburg.

(25) 2001 Verdrängung der Großbauern Bodengeschichtenquartett	Es gibt eine nicht weiter erklärte Forderung Stalins, einen 11.-Juni-Aufruf und eine ZK-Direktive. Erklärungen gibt es nicht.
(26) 2002 Ländliche Gesellschaft Bodengeschichtenalphabet (1) Zwölf Junigeschichten (2) Sieben Augustgeschichten	Besprechung zwischen Stalin und deutschen Kommunisten in Moskau am 7./8 Juni. Enteignungsforderung im 11.-Juni-Aufruf aufgrund der Moskaubesprechung. Augustdirektive durch KPD nach Abstimmung mit Russen und eigene Russische Direktive aus dem Volkskommissariat. Für beide Identität mit BRVO.
(27) 2003 Traditionalität in der Moderne Bodengeschichtenalphabet (1) Zehn Junigeschichten (2) Elf Augustgeschichten	Keine Besprechung. 11.-Juni-Aufruf allein durch KPD. Augustdirektive allein durch KPD. Keine BRVO.
(28) 2003 Bodenreform und Kollektivierung Bodengeschichtenalphabet (1) Zwölf Junigeschichten (2) Elf Augustgeschichten	Gespräch mit Stalin in Moskau am 7./8. Juni. Stalin drängt auf schnelles Durchführen. 11.-Juni-Aufruf durch KPD. Augustdirektive allein durch KPD. Keine russische Direktive. Keine ausdrückliche Identität mit BRVO.
(29) 2003 Sozialgeschichte der DDR Bodengeschichtenquartett	Keine Besprechung. Kein 11.-Juni-Aufruf. Keine Augustdirektive. Das ZK der KPD setzt BR durch. BRVO von Landes- und Provinzialverwaltungen erlassen.
(30) 2004 DDR-Kollektivierung und BRD Strukturwandel Fünf Bodenkurzgeschichten	Die Bodenreform wurde 1945 von SMAD und KPD durchgeführt.

(31) 2004 Junker Rojos Bodengeschichtenalphabet (1) Zwölf Junigeschichten (2) Sieben Augustgeschichten	Besprechung zwischen Stalin und KPD-Führung am 7. Juni in Moskau. Stalin drängt auf unverzügliche BR. 11.-Juni-Aufruf fordert infolgedessen die Liquidierung Augustdirektive von KPD. Gleichzeitig Direktive des UdSSR Volkskommissariats. Beide aufeinander abgestimmt. Identität mit BRVO.
(32) 2005 Bodenreform in Sachsen-Anhalt Bodengeschichtenalphabet (1) Zwölf Junigeschichten (2) Sieben Augustgeschichten	Besprechung zwischen Stalin und deutschen Kommunisten in Moskau am 7./8 Juni. Enteignungsforderung im 11.-Juni-Aufruf aufgrund der Moskaubesprechung. Augustdirektive durch KPD nach Abstimmung mit Russen und eigene Russische Direktive aus dem Volkskommissariat. Für beide Identität mit BRVO.
(33) 2005 Agrarpolitik in SBZ und DDR Bodengeschichtenquartett	Keine Besprechung in Moskau. Kein 11.-Juni-Aufruf. Keine Augustdirektive der KPD. BRVO auf Druck der SMAD erlassen.
(34) 2007 Strukturwandel und Alltagsleben Bodengeschichtenalphabet (1) Vier Junigeschichten (2) Acht Augustgeschichten	Keine Besprechung, aber »Druck Stalins«. Kein 11.-Juni-Aufruf. Augustdirektive nach Abstimmung mit russischen Behörden; BRVOen daraufhin erlassen.
(35) 2008 Vertriebene in SBZ/DDR Fünf Bodenkurzgeschichten	Die Bodenreform ist nur ein Symbol der angestrebten Sesshaftmachung.

Geschichten und ihre Synchronerzählenden in Tabellenform

Bauerkämper stützt gleiche Geschichten auf verschiedene und ungleiche Geschichten auf dieselben Erzählenden. Ein Umstand, den ich im Vorangegangenen umfassend dargestellt habe. An dieser Stelle der Arbeit, also im nicht-lesbaren Anhang, will ich mit den folgenden Übersichten lediglich zeigen, welche Geschichten sich konkret mit anderen wie viele Synchronerzählende teilen. Für Schlussfolgerungen aus dem Erzählendenaufkommen verweise ich die Lesenden auf den noch zu lesenden – oder bereits gelesenen – Text[1].

[1] Siehe oben unter 13. Bauerkämpers Fußnoten: Synchronerzählende der Bodenvarietäten – Geschichten und ihre Synchronerzählenden, S. 185-199, sowie in jenem Kapitel Eine letzte und kurze Zusammenfassung, S. 221.

KPD-Geschichten unter sich

Aus den acht Geschichten lassen sich die folgenden achtundzwanzig verschiedenen Geschichtenpaare bilden. Diese Tabelle ist die einfachste. Sie zeigt, wie viele Erzählende sich die jeweils möglichen Geschichtenkonstellationen teilen, ohne auf die Erscheinungsjahre und das grundsätzliche Erzählendenaufkommen in den Einzelgeschichten einzugehen. Doch geben die Häufigkeitszahlen einzelne Erzählende wieder, die durchaus in manchen Geschichten mehrfach oder/und in derselben Bauerkämpererzählung mit verschiedenen Geschichten zitiert werden können.

BRKO mit						
NBPB 5	NBPB mit					
BRMV 3	BRMV 3	BRMV Mit				
FGaL 2	FGaL 4	FGaL 1	FGaL mit			
ElWe 3	ElWe 3	ElWe 3	ElWe 1	ElWe mit		
LaAr 1	LaAr 1	LaAr 1	LaAr 1	LaAr 1	LaAr mit	
BETO 1	BETO 1	BETO 1	BETO 1	BETO 2	BETO 2	BETO mit
TriM 2	TriM 1	TriM 2	TriM 2	TriM 3	TriM 1	TriM 1

Alle acht Geschichten erzählen relativ ähnliches, und jedes mögliche Geschichtenpaar hat immerhin eine(n) synchronisierende(n) Erzählende gemeinsam. Soviel ist aus dieser Übersicht zu erkennen.

Die nächste Übersicht ist ein wenig anders strukturiert. Zunächst gibt die erste Zeile Auskunft über die in jeder einzelnen Geschichte grundsätzlich verwendeten Synchronerzählenden:
Aus der obersten Zahl dieser Zeile ergibt sich, wie viele verschiedene Erzählende Bauerkämper in einer Geschichte für das Belegen bodenrelevanter Stellen herangezogen hat. So verfügt das »Neubauernprogramm in Brandenburg« über die meisten – nämlich 12 – verschiedenen Erzählende; »Landarbeiter in der SBZ« sowie »Bodeneigentum in Ost- und Westdeutschland« brauchen mit 4 Erzählenden die geringste Synchronerzählendenanzahl.

Unter der Gesamtzahl steht, wie viele der grundsätzlich herangezogene Erzählenden aus Zeitlichkeitsgründen abstrakt in anderen Geschichten hätten verwendet werden können. Für die älteste Geschichte – die »Bodenreform zur Kollektivierung« – sind (selbstverständlich) alle 10 verwendeten Synchronerzählenden so alt, dass sie in jeder der acht Geschichten auch hätten auftreten können. Für die insgesamt neun Synchronerzählenden der »Traditionalität in der Moderne«, hätten nur vier in allen acht KPD-Geschichten herangezogen werden können, denn nur vier von Bauerkämper herangezogene Beleggeschichten sind vor – oder im Jahr – 1994 geschrieben worden. 3 der 9 Erzählenden wären aufgrund ihres Erscheinungsdatums nach 1996 lediglich in 4 von den 8 Geschichten zitierbar gewesen – und so fort.

Die Übersicht zählt nun für jede der acht Geschichten einzeln die jeweiligen Übereinstimmungen in den verwendeten Quellen mit jeder möglichen anderen Geschichte auf. Jede einzelne der acht kann siebenmal mit einer anderen Geschichte zusammentreffen. Die schon aus der vorangegangenen Übersicht bekannten Übereinstimmungszahlen sind nun in Beziehung zur ersten Zeile zu setzten, die auf die *mögliche* Übereinstimmungszahl hinweist.

Für die »Bodenreform zur Kollektivierung« liegt die höchstmögliche Übereinstimmungsquote bezüglich des »Neubauernprogramms« bei zehn, denn das Neubauernprogramm verfügt über elf von acht Synchronerzählende. Tatsächlich treffen sich die beiden Geschichten jedoch nur bei fünf Erzählenden – die anfänglich als höchste Quote eingeschätzte Zahl relativiert sich damit. Dagegen *kann* zwischen »Bodenreform und Kollektivierung« und den »Landarbeitern« nur *eine* Übereinstimmung bestehen (von den vier Landarbeitersynchronisierenden stammt nur eine(r) aus einer von acht Geschichten) – die gering scheinende Übereinstimmungszahl relativiert sich damit ebenfalls – sie ist umfassender als zunächst angenommen.

Die jüngste der acht Geschichten, die Traditionalität in der Moderne, könnte sich mit der »Bodenreform zur Kollektivierung« vier, mit dem »Neubauernprogramm« und der »Bodenreform in Mecklenburg« fünf, mit den »Führungsgruppen auf dem Lande« sechs, dem »Elitenwechsel« sieben, und den beiden verbleibenden Geschichten über »Landarbeiter« und »Bodeneigentum« je vier Erzählende teilen. Ihre Übereinstimmungsquote könnte demnach fünfunddreißig sein, tatsächlich hat diese Geschichte nur eine Quote von zwölf einheitlichen Erzählenden. Diese letzte Betrachtung soll für das Aufzeigen der Gemeinsamkeiten genügen. Für die anderen Geschichten ergibt sich ähnliches Abweichen der »Ist-Quote« von der »Kann-Quote«.

10 10 von 8	12 11 von 8 1 von 7	6 5 von 8 1 von 7	10 8 von 8 2 von 7	7 6 von 8 1 von 7	4 1 von 8 1 von 7 2 von 4	4 2 von 8 1 von 7 1 von 4	9 4 von 8 1 von 7 1 von 5 3 von 4
BRKO mit	NBPB mit	BRMV mit	FGaL mit	ElWe mit	LaAr mit	BETO mit	TriM mit
NBPB 5	BRKO 5	BRKO 3	BRKO 2	BRKO 3	BRKO 1	BRKO 1	BRKO 2
BRMV 3	BRMV 3	NBPB 3	NBPB 4	NBPB 3	NBPB 1	NEPB 1	NBPB 1
FGaL 2	FGaL 4	FGaL 1	BRMV 1	BRMV 3	BRMV 1	BRMV 1	BRMV 2
ElWe 3	ElWe 3	ElWe 3	ElWe 1	FGaL 1	FGaL 1	FGaL 1	FGaL 2
LaAr 1	LaAr 1	LaAr 1	LaAr 1	LaAr 1	ElWe 1	ElWe 2	ElWe 3
BETO 1	BETO 1	BETO 1	BETO 1	BETO 2	BETO 2	LaAr 2	LaAr 1
LGiM 2	LGiM 1	LGiM 2	LGiM 2	LGiM 3	LGiM 1	LGiM 1	BETO 1
17	18	14	12	16	8	9	12

Alle acht Geschichten gleichen sich in Erzählformat und Inhalt. Aus den Zahlen der ersten Zeile ergibt sich, wie viele Synchronerzählendenübereinstimmungen zwischen den einzelnen Geschichten bestehen könnten. Die konkreten Zahlen der jeweiligen Geschichtenpaarspalten geben dagegen an, wie viele tatsächliche Übereinstimmungen zwischen den Synchronerzählenden der einzelnen Geschichten bestehen. Dass die »Ist-Quote« regelmäßig von der »Kann-Quote« abweicht zeigt, dass Bauerkämper gleiche Geschichten mit verschiedenen Synchronerzählenden belegt[2].

Russengeschichten unter sich:

Die folgenden beiden Schaubilder sind nach demselben Schema aufgebaut, wie die vorangegangenen. Deren erklärende Ausführungen gelten auch für die nun folgenden beiden. Aus neun Geschichten lassen sich folgende sechsunddreißig unterschiedliche Paare bilden, deren Synchronerzählendengemeinsamkeiten folgendermaßen aussehen:

[2] Für ausführlichere Schlussfolgerungen: 13. Bauerkämpers Fußnoten: Synchronerzählende der Bodenvarietäten – Geschichten und ihre Synchronerzählenden, S. 185-199, sowie in jenem Kapitel Eine letzte und kurze Zusammenfassung, S. 221.

VeAn mit							
PDRV 8	PDRV mit						
FlOB 2	FlOB 0	FLOB mit					
SEDB 3	SEDB 1	SEDB 5	SEDB mit				
BRKB 4	BRKB 2	BRKB 3	BRKB 4	BRKB mit			
SEDP 5	SEDP 4	SEDP 2	SEDP 2	SEDP 4	SEDP Mit		
LäGe 10	LäGe 9	LäGe 5	LäGe 6	LäGe 7	LäGe 6	LäGe Mit	
JuRo 4	JuRo 2	JuRo 6	JuRo 7	JuRo 4	JuRo 3	JuRo 6	JuRo Mit
BRSA 6	BRSA 6	BRSA 4	BRSA 6	BRSA 6	BRSA 5	BRSA 13	BRSA 6

Auch diese neun Geschichten erzählen (unter sich) relativ Ähnliches. Im Unterschied zu den zuvor dargestellten, gibt es hier jedoch ein Geschichtenpaar, das keine(n) Synchronerzählende(n) gemeinsam hat.

15 15 von 9	13 13 von 9	7 4 von 9 1 von 8 2 von 7	7 5 von 9 1 von 8 1 von 7	8 7 von 9 1 von 8	7 5 von 9 1 von 8 1 von 7	28 20 von 9 3 von 8 5 von 7	9 6 von 9 1 von 8 2 von 7	13 9 von 9 1 von 8
VeAn mit	PDRV mit	FLOB mit	SEDB mit	BRKB mit	SEDP mit	LäGe mit	JuRo mit	BRSA mit
PDRV 8	VeAn 8	VeAn 2	VeAn 3	VeAn 4	VeAn 5	VeAn 10	VeAn 4	VeAn 6
FLOB 2	FLOB 0	PDRV 0	PDRV 1	PDRV 2	PDRV 4	PDRV 9	PDRV 2	PDRV 6
SEDB 3	SEDB 1	SEDB 5	FlOB 5	FLOB 3	FLOB 2	FLOB 5	FlOB 6	FlOB 4
BRKB 4	BRKB 2	BRKB 3	BRKB 4	SEDB 4	SEDB 2	SEDB 6	SEDB 7	SEDB 6
SEDP 5	SEDP 4	SEDP 2	SEDP 2	SEDP 4	BRKB 4	BRKB 7	BRKB 4	BRKB 6
LäGe 10	LäGe 9	LäGe 5	LäGe 6	LäGe 7	LäGe 6	SEDP 6	SEDP 3	SEDP 5

JuRo 4	JuRo 2	JuRo 6	JuRo 7	JuRo 4	JuRo 3	JuRo 6	LäGe 6	LäGe 13
BRSA 6	BRSA 6	BRSA 4	BRSA 6	BRSA 6	BRSA 5	BRSA 13	BRSA 6	JuRo 6
44	32	27	36	34	31	58	38	52

Wie diese Übersicht zeigt, gibt es innerhalb der neun Geschichten größere Synchronerzählendenübereinstimmungen als innerhalb der acht. In dieser Gruppe synchronisieren also eher gleiche Erzählende die gleiche Geschichtenvariante. Doch auch bei den neun gibt es zahlreiche Abweichungen zwischen »Ist-Quote« und »Kann-Quote«. Auch innerhalb dieser gleichen Gruppe ergibt sich also, dass Bauerkämper dieselbe Erzählung mit verschiedenen Synchronerzählenden belegt. Für weitere Schlussfolgerungen aus den Übereinstimmungen verweise ich auf den lesbaren Teil dieser Arbeit[3].

KPD- und Russengeschichten zusammengeführt

Die letzte Übersicht setzt KPD- und Russengeschichten in Beziehung. Das grundsätzliche Synchronerzählendenaufkommen der acht Geschichten aus der ersten Zeile wird hier dem aus Zeitlichkeitsgründen möglichen Auftauchen in den neun Geschichten angepasst.

10 10 von 9	12 11 von 9 1 von 8	6 5 von 9 1 von 8	10 8 von 9 2 von 8	7 6 von 9 1 von 8	4 1 von 9 1 von 8 2 von 7	4 2 von 9 1 von 7 1 von 7	9 4 von 9 2 von 8 3 von 7
BRKO mit	NBPB mit	BRMV mit	FGaL mit	ElWe mit	LaAr mit	BETO mit	TriM mit
VeAn 4	VeAn 9	VeAn 4	VeAn 5	VeAn 3	VeAn 1	VeAn 1	VeAn 1
PDRV 3	PDRV 7	PDRV 2	PDRV 3	PDRV 1	PDRV 1	PDRV 0	PDRV 1
FlOB 1	FlOB 3	FlOB 2	FlOB 3	FlOB 2	FlOB 2	FlOB 2	FlOB 3

[3] Für ausführlichere Schlussfolgerungen: 13. Bauerkämpers Fußnoten: Synchronerzählende der Bodenvarietäten – Geschichten und ihre Synchronerzählenden, S. 185-199, sowie in jenem Kapitel Eine letzte und kurze Zusammenfassung, S. 221.

SEDB 1	SEDB 2	SEDB 2	SEDB 4	SEDB 2	SEDB 2	SEDB 2	SEDB 2
BRKB 1	BRKB 2	BRKB 1	BRKB 4	BRKB 1	BRKB 1	BRKB 1	BRKB 1
SEDP 2	SEDP 4	SEDP 3	SEDP 2	SEDP 1	SEDP 3	SEDP 1	SEDP 0
LäGe 3	LäGe 8	LäGe 4	LäGe 6	LäGe 3	LäGe 4	LäGe 2	LäGe 4
JuRo 2	JuRo 3	JuRo 3	JuRo 4	JuRo 2	JuRo 2	JuRo 2	JuRo 3
BRSA 1	BRSA 3	BRSA 2	BRSA 6	BRSA 2	BRSA 3	BRSA 2	BRSA 2
18	41	23	37	17	19	13	17

Die Übersicht zeigt, dass das Abweichen der »Kann-« von der »Ist-Quote« zwischen den beiden inhaltlich grundverschiedenen Gruppen dem Abweichen innerhalb der jeweils gleichen Geschichtengruppen weitgehend entspricht. Dieselben Erzählenden belegen also verschiedene Geschichten gleichermaßen, wie verschiedene Erzählende gleiche Geschichte – oder auch dieselben Erzählenden gleiche Geschichten – belegen. Das Erzählendenaufkommen ist kontingent, die Quellenverwendung bringt keine historiographische Sicherheit. Für weitere Schlussfolgerungen verweise ich die Lesenden ein letztes Mal in diesem Anhang auf den lesbaren Teil dieser Arbeit.[4]

Abkürzungen

ABl	Ausführungsblatt
AG	Arbeitsgemeinschaft
AN	Anordnungsblatt
APZ	Aus Politik und Zeitgeschichte, Beilage zur Wochenzeitung »das Parlament«
AVO	Ausführungsverordnung

[4] Siehe oben unter 13. Bauerkämpers Fußnoten: Synchronerzählende der Bodenvarietäten – Geschichten und ihre Synchronerzählenden, S. 185-199, sowie in jenem Kapitel Eine letzte und kurze Zusammenfassung, S. 221.

BArch	Bundesarchiv
BGB	Bürgerliches Gesetzbuch
BGH	Bundesgerichtshof
BR	Bodenreform
BRD	Bundesrepublik Deutschland
BRVO	Bodenreform Verordnung(en)
BVerfG	Bundesverfassungsgericht
CDU	Christlich Demokratische Union
CEDH	Cour européenne des droits de l'homme
DA	Deutschland Archiv
DASR	Deutsche Akademie für Staats- und Rechtswissenschaft
Ders.	Derselbe
Dies.	Dieselbe
DDR	Deutsche Demokratische Republik
Diss.	Dissertation
DÖV	Die Öffentliche Verwaltung
DRZ	Deutsche Rechts Zeitschrift
DtZ	Deutsch-Deutsche Rechts-Zeitschrift
DVBl	Deutsches Verwaltungsblatt
DVO	Durchführungsverordnung
DWK	Deutsche Wirtschaftskommission
e. V.	eingetragener Verein
Ebd.	Ebenda
EGMR	Europäischer Gerichtshof für Menschenrechte
EinigungsV	Einigungsvertrag
EJLE	European Journal of Law and Economics
EuGRZ	Europäische Grundrechte-Zeitschrift
FAZ	Frankfurter Allgemeine Zeitung
Fn	Fußnote
GG	Grundgesetz
GmbH	Gesellschaft mit beschränkter Haftung
GS	Gesetzesblatt
GVBl	Gesetzes- und Verordnungsblatt
Ha	Hektar
Hg.	Herausgeber
IFLA	Informationsdienst zum Lastenausgleich
KG	Kommanditgesellschaft
KPD	Kommunistische Partei Deutschlands
KPdSU	Kommunistische Partei der Sowjetunion
KRD	Kontrollratsdirektive
KRG	Kontrollratsgesetz
LDP(D)	Liberal-Demokratische Partei Deutschlands
LPG	Landwirtschaftliche Produktionsgenossenschaft

M.A.	Magister Artium
MdI	Ministerium des Inneren
MPI	Max-Planck-Institut
n. Chr.	Nach Christus
NJ	Neue Justiz
NJW	Neue Juristische Wochenschrift
NY	New York
PA	Personalakte
PDS	Partei des Demokratischen Sozialismus
RdErl	Runderlass
SBZ	Sowjetische Besatzungszone Deutschlands
SED	Sozialistische Einheitspartei Deutschlands
SJZ	Süddeutsche Juristen Zeitung
SMAD	Sowjetische Militäradministration in Deutschland
SPAMO	Stiftung Archiv der Parteien und Massenorganisationen der DDR im Bundesarchiv
SPD	Sozialdemokratische Partei Deutschlands
Stasi	Ministerium für Staatssicherheit der DDR
StrRehaG	Gesetz über die Rehabilitierung und Entschädigung von Opfern rechtsstaatswidriger Strafverfolgungsmaßnahmen im Beitrittsgebiet
SU	Sowjetunion
u. A.	unter Anderem
UdSSR	Union der Sozialistischen Sowjetrepubliken
UNO	United Nations Organization
USA	United States of America
VdGB	Vereinigung der Gegenseitigen Bauernhilfe
VfZ	Vierteljahreshefte für Zeitgeschichte
VG	Verwaltungsgericht
vgl.	vergleiche
VIZ	Zeitschrift für Vermögens- und Immobilienrecht
VO	Verordnung
VOBl	Verordnungsblatt
VOBlB	Verordnungsblatt Brandenburg
VwRehaG	Gesetz über die Aufhebung rechtsstaatswidriger Verwaltungsentscheidungen im Beitrittsgebiet und die daran anknüpfenden Folgeansprüche
ZfG	Zeitschrift für Geschichtswissenschaft
ZK	Zentralkomitee
ZOV	Zeitschrift für offene Vermögensfragen

Literatur

Das Verzeichnis richtet sich nicht nach Textgattungen, sondern ist ausschließlich alphabetisch geordnet.
Für die Veröffentlichungen von Arnd Bauerkämper und Thomas Gertner wird aus Verständlichkeitsgründen die Kurzzitierung angegeben.

Literatur, auf die sich Thomas Gertner oder Arnd Bauerkämper beziehen, ist nicht aufgeführt. Sie findet sich in den betreffenden Fußnoten und orientiert sich weitgehend an der von Gertner oder Bauerkämper selbst vorgegebenen Zitierweise.

Althaus, Claudia:
– Erfahrung Denken. Hannah Arendts Weg von der Zeitgeschichte zur politischen Theorie. Vandenhoeck & Ruprecht Verlag, Göttingen 2000.
Althoff, Gerd:
– Kein Gang nach Canossa? In: Damals. Das Magazin für Geschichte und Kultur. Heft 5/2009, S. 59-61.
Anonymus 1:
– *Umsiedlerpolitik* in der SBZ/DDR 1948-1952: Maßnahmen und Reaktionen. Abschlussarbeit zur Erlangung des akademischen Grades einer Magister Artium (M.A.). Eingereicht am Institut für Geschichtswissenschaften der Philosophischen Fakultät einer bundesdeutschen Universität am 7. Oktober 2008.
Anonymus 2:
– Erstgutachten zur Magisterarbeit von Anonymus 1: *Umsiedlerpolitik* in der SBZ/DDR 1948-1952: Maßnahmen und Reaktionen vom Institut für Geschichtswissenschaften der Philosophischen Fakultät einer bundesdeutschen Universität vom 23. Januar 2009.
Anonymus 3:
– Zweitgutachten zur Magisterarbeit von Anonymus 1: »Umsiedlerpolitik in der SBZ/DDR 1948-1952: Maßnahmen und Reaktionen« vom Institut für Geschichtswissenschaften der Philosophischen Fakultät einer bundesdeutschen Universität vom 8. Januar 2009.
Archivbestand – Universitätsarchiv Berlin – Bestand Rektorat:
– Nr. 1, Wiedereröffnung 1946, Forschungspläne 1946 (nach Fakultäten, Instituten, Themen, Ausführenden).
– Nr. 6, Wiederaufnahme der Forschungstätigkeit an der Berliner Universität, 1947-1948.
– Nr. 15, Wiederaufnahme der Forschungstätigkeit, Berichte der Fakultäten.
– Nr. 25, Wiederaufnahme der Forschungstätigkeit, Berichte über Sitzungsprotokolle 1947.
– Nr. 28, Wiederaufnahme der Forschungstätigkeit, Anträge von Professoren 1946-1949.
– Nr. 29, Zusammenarbeit der Sowjetunion auf dem Gebiet des Hochschulwesens 1946.
– Nr. 45, Wiederaufnahme der Forschungstätigkeit, Anträge einzelner Wissenschaftler, 1947-1948.

– Nr. 67, Zusammenarbeit mit der Akademie der Wissenschaften und anderen Gesellschaften, 1945-1948.
– Nr. 73, Briefwechsel mit den Fakultätsräten, 1948-1951.
– Nr. 75, Schriftverkehr mit Alliierten Behörden, 1945-1950.
– Nr. 78, Schriftverkehr mit dem Magistrat der Stadt Berlin.
– Nr. 224, Schriftwechsel mit verschiedenen Universitäten 1945-1948.
– Nr. 240/1,Senatsprotokolle, Wiedereröffnung der Universität, 1945-1946.
– Nr. 245, Schriftwechsel der Juristischen Fakultät.
– Nr. 325, Schriftwechsel mit der Wirtschaftswissenschaftlichen Fakultät 1946-1951.
– Nr. 358, 359, 359/1, Schriftwechsel mit der Deutschen Verwaltung für Volksbildung 1945-1948, 1948-1949.
– Nr. 259/2, Schriftwechsel mit dem Ministerium für Volksbildung, 1948-1950.
– Nr. 362, Schriftwechsel mit dem Staatssekretariat für Hochschulwesen, 1951.
– Nr. 401, Tätigkeit des Rektorats, 1946-1961.
– Nr. 568, Zusammenarbeit mit Akademien und Universitäten, 1946-1963.
– Nr. 661, Rechtliche Zusammenarbeit, 1947-1964.
– Nr. 663, Planung der Forschungstätigkeit 1948-1965.

Archivbestand – Universitätsarchiv Berlin – Personalakten:
– PA nach '45 Brandt Günter ohne Signatur.
– PA nach '45 Dersch Hermann ohne Signatur.
– PA nach '45 Mitteis Heinrich ohne Signatur.
– PA nach '45 Nathan Hans ohne Signatur.
– PA nach '45 Neye Walter ohne Signatur.
– PA nach '45 Reimer Eduard ohne Signatur.
– PA nach '45 Sanke Heinz ohne Signatur.
– PA nach '45 Scheele Günter ohne Signatur.
– PA nach '45 Schumann Kurt ohne Signatur.

Archivbestand – Universitätsarchiv Jena:
– Bestand Rektor BB No. 133, 1945-1951, Politisch-demokratische Vorlesungen betreffend.
– Bestand Institute S Abt. XXV 84, Manuskripte von Referaten und Ausarbeitungen zu Ökonomischen und politischen Fragen.
– Bestand Fakultäten P 48, Vorlesungen und Vorlesungsmanuskripte zur politischen Ökonomie.
– Bestand Fakultäten P 44, Manuskripte und Einzelvorlesungen im Fach politische Ökonomie.
– Bestand Fakultäten K No. 605, Rechts- und Wirtschaftswissenschaftliche Fakultät 1945-1948.
– Bestand Fakultäten K No. 600, die Gastvorlesung von Hein Wolfgang betreffend.
– Bestand Fakultäten K No. 614, Die Gastvorlesung des Lehrbeauftragten Heinz Such betreffend.
– Bestand Institute S Abt. XXV 85, Manuskripte zu Vorlesungen zur politischen Ökonomie.
– Bestand S Abt. XXV 10, Niederschriften und Berichte über Lehrkörper und Institutionen, Lehrkörper an der Hochschule für Planökonomie Berlin.
– Bestand V Abt. XI, Nachlass von Buchda Gerhard.

Achivbestand – Universitätsarchiv Jena – Personalakten:
– PA Barth Arno, Bestand D No. 92.
– PA Blomeyer Arwed, Bestand D No. 238.
– PA Buchda Gerhard, Bestand D No. 381.
– PA Geisenheyner Karl, Bestand D No 3625.
– PA Halgasch Richard, Bestand D No. 3293.
– PA Hochkeppler Clemens, Bestand D No. 1576.
– PA Klaus Georg, Bestand D No. 1642.
– PA Posch Martin, datengeschützt.
– PA Warnke Bruno, Bestand D No. 3233.
Archivbestand – Universität Leipzig:
– Bestand Wiwi Fak. 022, 1947-1948, Studien und Vorlesungspläne, Studentenlisten, Prüfungsordnung.
– Bestand Wiwi. Fak. 050, 1946-1949, Korrespondenz mit staatli. und gesellschaftl. Einrichtungen sowie mit Privatpersonen.
– Bestand Wiwi. Fak. 087, 1952-1954, Zusammenarbeit mit Staatssekretariat für Hochschulwesen zur Organisation des Studiums.
– Bestand HHS 204, 1945-1946, Weltwirtschaftsinstitut, Vorlesungsinhalte und Lehrpläne, Finanzierung der Hochschule für Wirtschaftswissenschaften Leipzig.
– Bestand HHS 306, 1924-1951, Studienbetrieb, Vorlesungspläne für das wirtschaftswissenschaftliche Studium, Denkschriften über das Verhältnis der Handelshochschule zur Universität.
– Bestand Rektorat R 315, Bd. 01, 1945-1949, Allgemeine Pflichtvorlesung über politische und soziale Probleme der Gegenwart.
– Bestand Rektorat R 323, Bd. 01, 1946-1949, 1951. 1954, Apr. 1956, Vorlesungsprogramme und Studienpläne der Gewi. Fak und der Wiwi. Fak.
– Bestand Rektorat R 324, 1945-1964, Vorlesungsprogramme und Studienpläne der Jur. Fak.
– Bestand Rektor Rep. I/I/236, Pflichtvorlesung üb. politische und soziale Probleme der Gegenwart.
– Bestand Rektor rep. I/I/221 1946 Vorlesungsprogramme.
Archivbestand – Universitätsarchiv Leipzig – Personalakten:
– PA Behrens Friedrich; Signatur PA 0013.
– PA Berger Heinz; Signatur PA 2073 (Datenschutz).
– PA Bikowski Heinrich; Signatur PA 2824 (Datenschutz).
– PA de Boor Hans Otto; Signatur PA 0129.
– PA Dornberger Gerhard; Signatur PA 5219 (Datenschutz).
– PA Geyler Friedrich; Signatur PA 1177.
– PA Görner Gerhard; Signatur PA 1815 (Datenschutz).
– PA Hähnert Richard; Signatur PA 1811 (Datenschutz).
– PA Kietz Herbert; Signatur PA 1820 (Datenschutz).
– PA Mühlmann Manfred; Signartur PA 1812 (Datenschutz).
– PA Nikisch Arthur; Signatur PA 0240 F 1187.
– PA Polak Karl; Signatur PA 0015.
– PA Schmidt Ernst; Signatur PA 2526.
– PA Schubart Fikentscher Gertrud; PA 0259.

Arendt, Hannah:
- Über die Revolution. R. Piper Verlag München, 4. Auflage 1994 (1965[1]). Titel der Originalausgabe: »On Revolution«, New York 1963.

Arlt, Rainer:
- Agrarrechtsverhältnisse in West- und Ostdeutschland. Deutscher Zentralverlag Berlin 1957.
- »DDR«. In: Volkmar Götz/Karl Kroeschell/Wolfgang Winkler (Hg.), Handwörterbuch des Agrarrechts. Institut für Landwirtschaftsrecht der Universität Göttingen 1981.
- Entschädigungsansprüche für den Entzug von Neubauernwirtschaften. In: NJ 1992, S. 301.

Arnold, Klaus:
- Die Quellen als Fundament und Mittel historischer Erkenntnis. In: Hans-Jürgen Goertz (Hg.) Geschichte. Ein Grundkurs. Rowohlt Verlag Reinbek bei Hamburg, 3. Auflage 2007 (1998[1]), S. 48-65.

Arp, Erich:
- Dreijahresplan für Elmshorn/Ansprache von Erich Arp auf einer Elmshorner SPD-Kundgebung Okt. 1946. Hanseatische Drucksache Hamburg 1946.
- Bericht des Landesministers Arp (SPD) in der 6. Sitzung des Schleswig-Holsteinischen Landtages am 28. März 1947 über Voraussetzungen und Forderungen für einen Aufbau in Schleswig-Holstein. Kieler Drucksache Kiel 1947.

Badstübner, Rolf:
- mit Thomas Siegfried: Die Spaltung Deutschlands 1945-1949. Dietz Verlag Berlin 1966.
- Friedenssicherung und Deutsche Frage. Vom Untergang des »Reichs« bis zur deutschen Zweistaatlichkeit (1943 bis 1949). Dietz Verlag Berlin 1990.
- Vom »Reich« zum doppelten Deutschland. Gesellschaft und Politik im Umbruch. Dietz Verlag Berlin 1999.
- Clash. Entscheidungsjahr 1947. Rosa-Luxemburg Stiftung, Reihe: Manuskripte 70. Dietz Verlag Berlin 2007.

Baecker, Dirk:
- Kybernetik zweiter Ordnung. In: Heinz von Foerster, Wissen und Gewissen. Versuch einer Brücke. Herausgegeben von Siegfried J. Schmidt. Suhrkamp Verlag Frankfurt am Main 1993, S. 17-23.

Ballerstedt, Kurt:
- Die Bodenreform in der Ostzone als Rechtsproblem. In: DRZ 1947, S. 208-212.

Barrelmeyer, Uwe:
- Geschichtliche Wirklichkeit als Problem. Untersuchungen zu geschichtstheoretischen Begründungen historischen Wissens bei Johann Gustav Droysen, Georg Simmel und Max Weber. Beiträge zur Geschichte der Soziologie. Lit Verlag Münster 1997. Zugleich Bielefeld Universität Dissertation 1995.

Barth, Arno:
- Probleme des neuen Wirtschaftsrechts. In: NJ 1948, S. 144-149.

Barthes, Roland:
- Historie und ihr Diskurs. In: Alternative II, Nr. 62/63, 1968, S. 171-180.

Bauerkämper, Arnd:
- Von der Bodenreform zur Kollektivierung. Zum Wandel der ländlichen Gesellschaft in der Sowjetischen Besatzungszone Deutschlands und DDR 1945-1952. In: Hartmut Kaelble/Jürgen Kocka/Hartmut Zwahr (Hg.), Sozialgeschichte der DDR. Klett-Cotta Verlag Stuttgart 1994, S. 119-143 (Bodenreform zur Kollektivierung 1994).
- Der verlorene Antifaschismus. Die Enteignung der Gutsbesitzer und der Umgang mit dem 20. Juli 1944 bei der Bodenreform in der Sowjetischen Besatzungszone. In: Zeitschrift für Geschichtswissenschaft 1994, S. 623-634 (Verlorener Antifaschismus 1994).
- Das Neubauernprogramm im Land Brandenburg. Voraussetzungen, Entwicklungen und Auswirkungen 1947-1952. In: Jahrbuch für Brandenburgische Landesgeschichte, 45. Band 1994, S. 182-202 (Neubauernprogramm in Brandenburg 1994).
- Verengte Ansichten zur DDR-Geschichte. In: Deutschland Archiv 1994, S. 864-868 (Verengte Ansichten. In: Deutschland Archiv 1994).
- Problemdruck und Ressourcenverbrauch. Wirtschaftliche Auswirkungen der Bodenreform in der SBZ/DDR 1945-1952. In: Christoph Buchheim (Hg.), Wirtschaftliche Folgelasten des Krieges in der SBZ/DDR, Nomos Verlag Baden-Baden 1995, S. 295-322 (Problemdruck und Ressourcenverbrauch 1995).
- Die Bodenreform in der Provinz Mark Brandenburg. Wandel und Beharrung in der Agrarwirtschaft und ländlichen Gesellschaft 1945. In: Werner Stang (Hg.) Brandenburg im Jahr 1945. Studien, Brandenburgische Landeszentrale für Politische Bildung Potsdam 1995, S. 265-296 (Bodenreform Mark Brandenburg 1995).
- Neue und traditionale Führungsgruppen auf dem Lande. Politische Herrschaft und Gesellschaft in der Sowjetischen Besatzungszone. In: Berliner Debatte INITIAL 8 (1995), S. 79-92 (Führungsgruppen auf dem Lande 1995).
- De la réforme foncière à la collectivisation en Allemagne Orientale. In: Études rurales Nr. 138-140/1995, S. 37-51 (De la réforme foncière à la collectivisation 1995).
- Legitimer Eingriff oder machtpolitisches Diktat? Die Bodenreform in der Sowjetischen Besatzungszone im Rückblick nach fünfzig Jahren. In: Potsdamer Bulletin für Zeithistorische Studien Nr. 5, Dezember 1995, S. 64-69 (Bodenreform nach fünfzig Jahren 1996).
- Antinomien der Modernisierung. Die Bodenreform in Mecklenburg 1945 im Kontext der Entwicklung der Agrarwirtschaft und ländlicher Gesellschaft von 1930 bis 1960. [1994] In: Matthias Frese/Michael Prinz (Redaktion), Politische Zäsuren und gesellschaftlicher Wandel im 20. Jahrhundert. Regionale und vergleichende Perspektiven, Schöningh Verlag Paderborn 1996, S. 361-387 (Bodenreform in Mecklenburg 1994).
- Die Neubauern in der SBZ/DDR 1945-1852. Bodenreform und politisch induzierter Wandel der ländlichen Gesellschaft. In: Richard Bessel/Ralph Jessen (Hg.), Die Grenzen der Diktatur. Staat und Gesellschaft in der DDR, Vandenhoeck & Ruprecht Verlag Göttingen 1996, S. 108-136 (Neubauern in der SBZ 1996).
- »Gute Absichten«, »verblichene Errungenschaften«, »verlorene Siege«? DDR-Geschichte und politische Kultur im vereinigten Deutschland. In: Deutschland Archiv 1996, S. 128-132 (DDR-Geschichte und politische Kultur. In: Deutschland-Archiv 1996).

– Die Bodenreform in der Sowjetischen Besatzungszone in vergleichender und beziehungsgeschichtlicher Perspektive. Einleitung. In: Ders. (Hg.), »Junkerland in Bauernhand«? Durchführung, Auswirkungen und Stellenwert der Bodenreform in der Sowjetischen Besatzungszone. Steiner Verlag Stuttgart 1996, S. 7-19 (Vergleichende Perspektive 1996).
– Strukturumbruch ohne Mentalitätenwandel. Auswirkungen der Bodenreform auf die ländliche Gesellschaft in der Provinz Mark Brandenburg 1945-1949. In: Ders. (Hg.), »Junkerland in Bauernhand«? Durchführung, Auswirkungen und Stellenwert der Bodenreform in der Sowjetischen Besatzungszone. Steiner Verlag Stuttgart 1996, S. 69-85 (Strukturumbruch ohne Mentalitätenwandel 1996).
– Legitimation durch Abgrenzung. Interpretationen der Bodenreform und Kollektivierung im Kontext der deutschen Teilung und Vereinigung. In: Beiträge zur Geschichte der Arbeiterbewegung 4/1996, S. 36-69 (Interpretationen 1996).
– Der Elitenwechsel in der Sowjetischen Besatzungszone und DDR von 1945 bis zu den frühen sechziger Jahren. In: Colloquia. Journal of Central European History 3-4 (1996/1997), S. 275-298 (Elitenwechsel in der SBZ 1997).
– Amerikanisierung und Sowjetisierung in der Landwirtschaft. Zum Einfluss der Hegemonialmächte auf die deutsche Agrarpolitik von 1945 bis zu den frühen sechziger Jahren [1996]. In: Konrad Jarausch/Hannes Siegrist (Hg.), Amerikanisierung und Sowjetisierung in Deutschland 1945-1970. Campus Verlag Frankfurt am Main/New York 1997, S. 195-215 (Amerikanisierung und Sowjetisierung 1996).
– Flüchtlinge zwischen Ausschluss und Integration. Bodenreform und ländliche Gesellschaft in Brandenburg 1945-1948. In: Manfred Wille (Hg.), Fünfzig Jahre Flucht und Vertreibung. Gemeinsamkeiten und Unterschiede bei der Aufnahme und Integration der Vertriebenen in die Gesellschaften der Westzonen/Bundesrepublik und der SBZ/DDR, Block Verlag Magdeburg 1997, S. 286-295 (Flüchtlinge in Brandenburg 1997).
– Agrarwirtschaft und ländliche Gesellschaft in der Bundesrepublik Deutschland und der DDR. Eine Bilanz der Jahre 1945-1965. In: Aus Politik und Zeitgeschichte. Beilage zur Zeitschrift das Parlament, 38/97, S. 25-37 (Ländliche Gesellschaft in BRD und DDR 1997).
– Abweichendes Verhalten in der Diktatur. Probleme einer kategorialen Einordnung am Beispiel der Kollektivierung der Landwirtschaft in der DDR. In: Ders./Martin Sabrow/Bernd Stöver (Hg.), Doppelte Zeitgeschichte. Deutsch-deutsche Beziehungen 1945-1990, Verlag J. H. W. Dietz Nachfolger, Bonn 1998, S. 294-311 (Abweichendes Verhalten 1998).
– Kontinuität und Auflösung der Bürgerlichen Rechtsordnung. Bodeneigentum in Ost- und Westdeutschland (1945-1990). In: Hannes Siegrist/David Sugarmann (Hg.), Eigentum im internationalen Vergleich (18.-20. Jahrhundert), Vandenhoeck & Ruprecht Verlag, Göttingen 1999, S. 109-134 (Bodeneigentum in Ost- und Westdeutschland 1999).
– Aufwertung und Nivellierung. Landarbeiter und Agrarpolitik in der SBZ/DDR 1945-1960. [1998] In: Peter Hübner/Klaus Tenfelde (Hg.), Arbeiter in der SBZ-DDR, Klartext Verlag Essen 1999, S. 245-267 (Landarbeiter in der SBZ 1998).

– Die vorgetäuschte Integration. Die Auswirkungen der Bodenreform und Flüchtlingssiedlung auf die berufliche Eingliederung von Vertriebenen in die Landwirtschaft in Deutschland 1945-1960. In: Dierk Hoffmann/Michael Schwartz (Hg.), Geglückte Integration? Spezifika und Vergleichbarkeit der Vertriebenen-Eingliederung in der SBZ/DDR, Oldenburg Verlag München 1999, S. 193-214 (Bodenreform und Flüchtlingssiedlung 1999).
– Transformation als Integration? Der Wandel der ländlichen Gesellschaft und die Flüchtlinge im Osten Brandenburgs. [1998] In: Helga Schultz (Hg.), Bevölkerungstransfer und Systemwandel. Ostmitteleuropäische Grenzen nach dem Zweiten Weltkrieg, Verlag Arno Spitz Berlin 1999, S. 105-144 (Flüchtlinge im Osten Brandenburgs 1998).
– Der Kampf um den Boden in den neuen Bundesländern. Die Debatte über die Restitution des Bodenreformlandes und die Privatisierung der Agrarwirtschaft seit 1989/90. In: Revue d'Allemagne et des pays de la langue allemande 31 Nr. 1 (1999), S. 57-73 (Kampf um den Boden 1999).
– Die SED und die Bauern. Agrarwirtschaft und ländliche Gesellschaft in der SBZ und DDR. DDR Studien zur Geschichte eines untergegangenen Deutschen Staates. Kurseinheit 2, Fern Universität Hagen 1999 (SED und die Bauern 1999).
– Loyale »Kader«? Neue Eliten und die SED-Gesellschaftspolitik auf dem Lande von 1945 bis zu den frühen 1960er Jahren. In: Archiv für Sozialgeschichte 39, 1999, S. 265-298 (Loyale Kader 1999).
– Zwangsmodernisierung und Krisenzyklen. Die Bodenreform und Kollektivierung in Brandenburg 1945-1960/61. In: Geschichte und Gesellschaft 25 (1999), S. 556-588 (Bodenreform und Kollektivierung in Brandenburg 1999).
– Auf dem Wege zum »Sozialismus auf dem Lande«. Die Politik der SED 1948/49 und die Reaktionen in dörflich-agrarischen Milieus. In: Dierk Hoffmann/Hermann Wentker (Hg.), Das letzte Jahr der SBZ. Politische Weichenstellung und Kontinuitäten im Prozeß der Gründung der DDR, Oldenburg Verlag München 2000, S. 245-287 (Politik der SED 2000).
– Social Conflict and Social Transformation in the Integration of Expellees into Rural Brandenburg, 1945-1952. In: Philipp Ther/Ana Siljak (Hg.), Redrawing Nations. Ethnic Cleansing in East-Central Europe 1944-1948, Rowman & Littlefield Press Lanham/Harvard 2001, S. 285-305 (Integration of Expellees 2001).
– Vertreibung als Exklusion gesellschaftlicher Führungsgruppen. Die Verdrängung der »Großbauern« in der SBZ/DDR und die Vernichtung der »Kulaken« in der UdSSR im Vergleich. In: Günther Schulz (Hg.), Vertriebene Eliten. Vertreibung und Verfolgung von Führungsschichten im 20. Jahrhundert, Harald Boldt Verlag im Oldenburg Verlag München 2001, S. 125-164 (Verdrängung der Großbauern 2001).
– Ländliche Gesellschaft in der kommunistischen Diktatur. Zwangsmodernisierung und Tradition in Brandenburg 1945-1963, Böhlau Verlag Köln u.a. 2002, Zugleich Berlin Freie Universität Habilitationsschrift 2001 (Ländliche Gesellschaft 2002).
– Traditionalität in der Moderne. Agrarwirtschaft und ländliche Gesellschaft in Mecklenburg nach 1945. In: Zeitschrift für Agrargeschichte und Agrarsoziologie, Heft 2 2003, S. 9-33 (Traditionalität in der Moderne 2003).

- Kollektivierung in der DDR und agrarischer Strukturwandel in der Bundesrepublik – zwei Modernisierungspfade. In: Ilona Buchsteiner (Hg.), Agrargenossenschaften in Vergangenheit und Gegenwart: 50 Jahre nach der Bildung von landwirtschaftlichen Produktionsgenossenschaften in der DDR, Universität Rostock Philosophische Fakultät Historisches Institut Rostock 2004 (DDR-Kollektivierung und BRD-Strukturwandel 2004).
- ¿Campesinos atrapados por los <<Junker Rojos>>? El conflicto de la propriedad agraria en Alemania Oriental. In: Historia Agraria, n° 34, 2004, S. 103-133 (Junker Rojos 2004).
- Die Bodenreform in Sachsen-Anhalt zwischen Neuanfang und Kontinuität. Vortrag gehalten auf einer Tagung der Friedrich-Ebert-Stiftung in Zusammenarbeit mit dem Landesbeauftragten für die Unterlagen des Staatssicherheitsdienstes der ehemaligen DDR und der regionalen Arbeitsgruppe von »Gegen Vergessen – Für Demokratie e.V.« am 1. und 2. Juli in Magdeburg zu »Vor 60 Jahren – Kriegsende und Neubeginn in Sachsen-Anhalt«, http://www.fes.de/Magdeburg/pdf/d_1_7_5_5.pdf (abgerufen am 30.11.2011) (Bodenreform in Sachsen-Anhalt 2005).
- Die Sozialgeschichte der DDR. [2003] Enzyklopädie Deutscher Geschichte Band 76, Herausgegeben von Lothar Gall, Oldenburg Verlag München 2005 (Sozialgeschichte der DDR 2003).
- Bodenreform und Kollektivierung. [2003] In: Stephan Beetz/Kai Brauer/Claudia Neu (Hg.), Handwörterbuch zur ländlichen Gesellschaft in Deutschland, VS Verlag für Sozialwissenschaften Wiesbaden 2005, S. 16-24 (Bodenreform und Kollektivierung 2003).
- Umbruch und Kontinuität. Agrarpolitik in der SBZ und frühen DDR. In: Ernst Langthaler/Josef Redl (Hg.), Reguliertes Land. Agrarpolitik in Deutschland, Österreich und der Schweiz 1930-1960. Ernst Bruckmüller zum 60. Geburtstag, Studien Verlag Innsbruck 2005, S. 83-97 (Agrarpolitik in SBZ und DDR 2005).
- Strukturwandel und Alltagsleben. Agrarwirtschaft und ländliche Gesellschaft. In: Helga Schultz/Hans Jürgen Wagener (Hg.), Die DDR im Rückblick. Politik, Wirtschaft, Gesellschaft, Kultur, Links Verlag Berlin 2007, S. 200-223 (Strukturwandel und Alltagsleben 2007).
- Assimiliationspolitik und Integrationsdynamik. Vertriebene in der SBZ/DDR in vergleichender Perspektive. In: Marita Krauss(Hg.), Integrationen. Vertriebene in den deutschen Ländern nach 1945, Vandenhoeck & Ruprecht Verlag Göttingen 2008, S. 22-30 (Vertriebene in SBZ/DDR 2008).

Beck, Stefan von der:
- Die Konfiskationen in der SBZ von 1945 bis 1949: ein Beitrag zu Geschichte und Rechtsproblemen der Enteignungen auf besatzungsrechtlicher und besatzungshoheitlicher Grundlage. Lang Verlag Frankfurt am Main 1996. Zugleich Dissertation Universität Würzburg 1995.

Beetz, Stephan/Brauer, Kai/Neu, Claudia:
- Vorwort. Zum Handwörterbuch der ländlichen Gesellschaft in Deutschland. In: Dies. (Hg.), Handwörterbuch zur Ländlichen Gesellschaft. in Deutschland, VS Verlag für Sozialwissenschaften, Wiesbaden 2005, S. VII- IX.

Beleites, Michael:
– Vorwort. In: Jens Schöne, Das sozialistische Dorf: Bodenreform und Kollektivierung in der Sowjetzone und DDR. Schriftenreihe des sächsischen Landesbeauftragten für die Stasi Unterlagen. Evangelische Verlagsanstalt, Leipzig 2008, S. 9-17.
Benjamin, Hilde:
– (Leiterin von Autorenkollektiv) Zur Geschichte der Rechtspflege der DDR, Band I 1945-1949. Staatsverlag der DDR Berlin 1976.
Bessel, Richard/Jessen, Ralph:
– Einleitung. Die Grenzen der Diktatur. In: Dies. (Hg.), Die Grenzen der Diktatur, Vandenhoeck & Ruprecht Verlag Göttingen 1996, S. 7-23.
Blomeyer, Arwed:
– Die Entwicklung des Zivilrechts in der SBZ. Vortrag im Königsteiner Kreis, gehalten am 23. September 1950. Bundesministerium für Gesamtdeutsche Fragen, Berlin 1950.
Boghossian, Paul A.:
– Fear of Knowledge. Against Relativism and Constructivism. Oxford University Press, New York 2007 (2006[1]).
Borne, Albrecht von dem:
– Privateigentum – Gefährdung und Bewährung eines Grundwertes im Einigungsprozess. [1992] In: Sobotka Bruno J. (Hg.) Wiedergutmachungsverbot? Die Enteignungen in der ehemaligen SBZ zwischen 1945 und 1949. Von Hase und Koegler Verlag Mainz 1998, S. 139-144.
Boyens, Wilhelm Friedrich:
– Siedlung und Bodenreform als Aufgabe des Bundes. Mit einem Vorwort von Silvio Broederich. Agricola Verlag Hamburg 1950.
Breuer, Hans:
– (Hg.), Der Zupfgeigenhansl. B. Schott's Söhne/Mainz. Mit Genehmigung des Verlages Friedrich Hofmeister, Frankfurt am Main ca. 1950. Nach der ersten Auflage 1908
Brunner, Georg:
– Einführung in das Recht der DDR. C. H. Beck Verlag, München, 2. Auflage 1979 (1975[1]).
Bucher, Peter:
– (Hg.), Nachkriegsdeutschland 1945-1949. Quellen zum politischen Denken der Deutschen im 19. und 20. Jahrhundert. Wissenschaftliche Buchgesellschaft Darmstadt 1990.
Buchheim, Christoph:
– Einleitung. In: Ders. (Hg.), Wirtschaftliche Folgelasten des Krieges in der SBZ, DDR. Nomos Verlag Baden-Baden 1995, S. 15-18.
Budde, Gunilla:
– Mit Dagmar Freist: Verfahren, Methoden, Praktiken. In: Dieselben/Günther-Arndt Hilke (Hg.), Geschichte. Studium – Wissenschaft – Beruf. Akademie Verlag Berlin 2008, S. 158-177.
– Quellen, Quellen, Quellen. In: Dieselbe/Freist/Günther-Arndt Hilke (Hg.), Geschichte. Studium – Wissenschaft – Beruf. Akademie Verlag Berlin 2008, S. 52-69.

Bundesministerium für Gesamtdeutsche Fragen:
- (Hg.) Auf dem Wege zum Kolchos. Die Sowjetisierung der Landwirtschaft in der Sowjetzone. Bonn 1956.
- (Hg.) SBZ von 1945 bis 1954. Die Sowjetische Besatzungszone Deutschlands in den Jahren 1945-1954. Eine chronologische Übersicht. Bonn 1956.

Bundesverfassungsgericht:
- Urteil des Ersten Senats vom 23. April 1991 – 1 BvR 1170/90, 1 BvR 1174/90, 1 BvR 1175/90 – BVerfGE 84, 90.
- Beschluss des Ersten Senats vom 18. April 1996 – 1 BvR 1452/90, 1 BvR 1459/90, 1 BvR 2031/94 – BVerfGE 94, 12.
- Urteil des Ersten Senats vom 22. November 2000 – 1 BvR 2307/94, 1 BvR 1120/95, 1 BvR 1408/95, 1 BvR 2460/95, 1 BvR 2471/95 – BVerfGE 102, 254.
- Beschluss des Zweiten Senats vom 26. Oktober 2004 – 2 BvR 955/00, 2 BvR 1038/01 – BVerfGE 112, 1.
- Beschluss der 2. Kammer des Zweiten Senats vom 14. Dezember 2008 – 2 BvR 2338/07, 2 BvR 208/08, 2 BvR 358/08, 2 BvR 522/08, 2 BvR 587/08, 2 BvR 641/08, 2 BvR 666/08, 2 BvR 756/08, 2 BvR 830/08, 2 BvR 856/08, 2 BvR 909/08, 2 BvR 1209/08, 2 BvR 1233/08, 2 BvR 1343/08, 2 BvR 1352/08, 2 BvR 1353/08 – BVerfGK 14, 498 – http://www.bundesverfassungsgericht.de/entscheidungen/rk20081214_2bvr233807.html (abgerufen am 30.11.11).
- Beschluss der 2. Kammer des Zweiten Senats vom 15. Dezember 2008 – 2 BvR 2462/07 – BVerfGK 14, 502 – http://www.bundesverfassungsgericht.de/entscheidungen/rk20081215_2bvr246207.html (abgerufen am 30.11.11).
- Beschluss der 1. Kammer des Ersten Senats vom 25. Mai 2010 – 1 BvR 690/10, 1 BvR 901/10 – http://www.bverfg.de/entscheidungen/rk20100525_1bvr069010.html (abgerufen am 30.11.11).

Burckhardt, Wolfgang:
- Vorwort des Herausgebers. In: Ders. (Hg.), Luhmann Lektüren. Kulturverlag Kadmos Berlin 2010, S. 7-14.

Chladenius, Johann Martin:
- Allgemeine Geschichtswissenschaft, Neudruck der Ausgabe Leipzig 1752, Böhlau Verlag Köln u.a. 1985.

Christensen, Ralf/Lerch, Kent D.:
- Performanz. Die Kunst, Recht geschehen zu lassen. In: Kent D. Lerch (Hg.), Die Sprache des Rechts. Band 3: Recht vermitteln. Strukturen, Formen und Medien der Kommunikation im Recht. Walter de Gruyter Verlag Berlin New York 2005, S. 55-132.

Conze, Eckart:
- Von deutschem Adel. Die Grafen von Bernstorff im zwanzigsten Jahrhundert. Deutsche Verlags-Anstalt Stuttgart-München 2000.

Daniel, Ute:
- Quo vadis, Sozialgeschichte? Kleines Plädoyer für eine hermeneutische Wende. In: Winfried Schulze (Hg.), Sozialgeschichte, Alltagsgeschichte, Mikro-Historie. Eine Diskussion. Verlag Vandenhoeck & Ruprecht, Göttingen 1994, S. 54-64.
- Kompendium Kulturgeschichte. Theorien, Praxis, Schlüsselwörter. Suhrkamp Verlag Frankfurt am Main, 5. Auflage 2006 (2001[1]).

Daston, Lorraine/Galison, Peter:
- Objektivität. Suhrkamp Verlag Frankfurt am Main 2007. Titel der Originalausgabe: Objectivity, New York 2007.

Deininger, Jürgen:
- Antike: Der Beginn einer methodisch begründeten Geschichtsschreibung. In: Hans-Jürgen Goertz (Hg.), Geschichte. Ein Grundkurs, Rowohlt Verlag Reinbek bei Hamburg, 3. Auflage 2007 (1998[1]), S. 264-282.

Demandt, Alexander:
- Ranke unter den Weltweisen. Vorträge anlässlich der 200. Wiederkehr des Geburtstags Leopolds von Rankes, 14. Dezember 1995. In: Öffentliche Vorlesungen der Humboldt Universität zu Berlin. Heft 63 1996, S. 7-29.

Derrida, Jacques:
- Grammatologie. Suhrkamp Verlag Frankfurt am Main, Sonderausgabe zum 30jährigen Bestehen der Reihe 2003 (1974[1]). Titel der Originalausgabe: De la grammatologie, Paris 1967.

Deutsche Presse Agentur:
- Alteigentümer bekommen definitiv keine Entschädigung. Süddeutsche Zeitung vom 30.03.2005: http://www.sueddeutsche.de/politik/enteignungen-in-der-sbz ddr-alteigentuemer-bekommen-definitiv-keine-entschaedigung-1.806530 (abgerufen am 30.11.2011.).

Deutsche Rechts Zeitschrift – Chronik der Rechtsentwicklung:
- Chronik der Rechtsentwicklung in der Provinz Sachsen. DRZ 1946, S. 26-28.
- Chronik der Rechtsentwicklung im Lande Thüringen. DRZ 1946, S. 56-58.
- Chronik der Rechtsentwicklung. Neue Gesetze und Verordnungen in den Ländern der SBZ. Fortsetzung der Rechtsentwicklung in der Provinz Sachsen und Thüringen. DRZ 1946, S. 122-123.
- Chronik der Rechtsentwicklung im Lande Mecklenburg-Vorpommern. DRZ 1946, S. 150-152.
- Chronik der Rechtsentwicklung in der Mark Brandenburg. DRZ 1947, S. 90-92.
- Chronik der Rechtsentwicklung in Thüringen. DRZ 1947, S. 260-262.
- Chronik der Rechtsentwicklung in der Sowjetischen Zone – Sachsen Anhalt und Thüringen. DRZ 1947, S. 299-301.
- Chronik der Rechtsentwicklung in der Sowjetischen Zone, 1. Brandenburg 2. Mecklenburg. DRZ 1947, S. 336-337.
- Chronik der Rechtsentwicklung im Lande Sachsen. DRZ 1947, S. 402-405.
- Chronik der Rechtsentwicklung im Lande Sachsen-Anhalt, Brandenburg und Mecklenburg. DRZ 1947, S. 405-406.

Deutsche Wirtschaftskommission für die SBZ:
- (Hg.) Drei Jahre Bodenreform in der SBZ. Deutscher Bauernverlag Berlin 1948.

Dilcher, Gerhard:
- Vom Bürgerlichen Gesetzbuch zu den »Rechtszweigen« – Sozialistische Modernisierung oder Entdifferenzierung des Rechts? In: Ders. (Hg.) Rechtserfahrung DDR; Sozialistische Modernisierung oder Entrechtlichung der Gesellschaft? Verlag Arno Spitz Berlin 1997, S. 89-134.

Dilthey, Wilhelm:
– Ideen über eine beschreibende und erklärende Psychologie [1894]. In: Ders., Gesammelte Schriften, V. Band: Die Geistige Welt. Einleitung in die Philosophie des Lebens. Herausgegeben von Georg Misch, Verlag von B. G. Teubner, Leipzig und Berlin 1924, S. 139-240.
Doernberg, Stefan:
– Die Geburt eines neuen Deutschland 1945-1949. Dietz Verlag Berlin 1959.
– Kurze Geschichte der DDR. Dietz Verlag Berlin 4. Auflage 1969 (1964[1]).
Dölling, H. W.:
– Wende der deutschen Agrarpolitik: ein Beitrag zum Strukturwandel der Landwirtschaft von der Marktgenossenschaft bis zur Bodenreform. Deutscher Bauernverlag Berlin 1950.
Döring, Heinz:
– Von der Bodenreform zu den Landwirtschaftlichen Produktionsgenossenschaften. Deutscher Zentralverlag Berlin 1953.
Draht, Martin:
– Rechtliche Probleme der Wirtschaftsplanung. In: NJ 1947, S. 207-213 und S. 236-243.
Droysen, Johann Gustav:
– Grundriss der Historik [1858]. Philosophie und Geisteswissenschaften. Herausgegeben von Erich Rothacker. Max Niemeyer Verlag Halle an der Saale 1925.
Duhnke, Horst:
– Stalinismus in Deutschland. Die Geschichte der Sowjetischen Besatzungszone. Verlag für Politik und Wissenschaft, Köln/Berlin 1955.

Eckel, Jan/Etzemüller, Thomas:
– Vom Schreiben der Geschichte der Geschichtsschreibung. Einleitende Bemerkungen. In: Dies. (Hg.), Neue Zugänge zur Geschichte der Geschichtswissenschaft. Wallstein Verlag Göttingen 2007, S. 7-26.
Eichhorn, Jaana:
– Geschichtswissenschaft zwischen Tradition und Innovation. Diskurse, Institutionen und Machtstrukturen der bundesdeutschen Frühneuzeitforschung. Vandenhoeck & Ruprecht Verlag Göttingen 2006. Zugleich Freiburg Universität Dissertation 2003.
Enders, Ulrich:
– Die Bodenreformgesetzgebung in den westlichen Besatzungszonen Deutschlands 1945-1949. In: Bruno J. Sobotka (Hg.) Wiedergutmachungsverbot? Die Enteignungen in der ehemaligen SBZ zwischen 1945 und 1949. Von Hase und Koegler Verlag Mainz 1998, S. 35-42.
Europa-Archiv:
– Archivbericht. Zur wirtschaftlichen Entwicklung in der sowjetischen Zone seit Potsdam, die Bodenreform. Europa-Archiv 1946, S. 292-297.
– Archivbericht. Über die wirtschaftliche Entwicklung in der sowjetischen Zone Deutschlands seit Potsdam. Europa-Archiv 1947, S. 977-980.
Europäischer Gerichtshof für Menschenrechte:
– Arrêt rendu par la Grande Chambre sur le fond. Von Maltzahn et autres c. Allemagne [GC], n°s 71916/01, 71917/01 et 10260/02. CEDH 2005-V, p. 351-393. In: EuGRZ 2005, S. 305-319.

Evans, Richard:
– Im Schatten Hitlers? Historikerstreit und Vergangenheitsbewältigung in der Bundesrepublik, Suhrkamp Verlag Frankfurt am Main 1991. Titel der Originalausgabe: in Hitler's Shadow, London 1989.
– Fakten und Fiktionen. Über die Grundlagen historischer Erkenntnis. Frankfurt am Main/New York 1998. Titel der englischen Originalausgabe: In Defense of History, New York 1997.

Fiedler, René:
– Bundesverfassungsgericht und Völkerrecht. Völkerrechtsverfehlungen des Bundesverfassungsgerichts und ihre Auswirkungen auf staats- und völkerrechtlicher Ebene. Nomos Verlag Baden-Baden 2010. Zugleich Potsdam Universität Dissertation 2010.

Fleck, Ludwik:
– Entstehung und Entwicklung einer wissenschaftlichen Tatsache. Einführung in die Lehre vom Denkstil und Denkkollektiv [1935]. Mit einer Einleitung herausgegeben von Lothar Schäfer und Thomas Schnelle. Suhrkamp Verlag Frankfurt am Main, 2. Auflage 1993 (1980[1]).

Foitzik, Jan:
– Sowjetische Militäradministration in Deutschland (SMAD) 1945-1949 Struktur und Funktion. Quellen und Darstellungen zur Zeitgeschichte. Herausgegeben vom Institut für Zeitgeschichte. Band 44, Akademieverlag Berlin 1999.

Fried, Johannes:
– Der Pakt von Canossa. Schritte zur Wirklichkeit durch Erinnerungsanalyse. In: Wilfried Hartmann/Klaus Herbers (Hg.), Die Faszination der Papstgeschichte, Böhlau Verlag Köln u. a. 2008, S. 133-197.

Friedrich, Christoph:
– Die »Allgemeine Geschichtswissenschaft« von Johann Martin Chladenius. In: Johann Martin Chladenius, Allgemeine Geschichtswissenschaft. Neudruck der Ausgabe Leipzig 1752, Böhlau Verlag Köln u. a. 1985, S. XI-LII.

Gall, Lothar:
– Vorwort. In: Arnd Bauerkämper, Die Sozialgeschichte der DDR. [2003] Enzyklopädie Deutscher Geschichte Band 76, Oldenburg Verlag München 2005, S. V-VI.

Gertner, Thomas:
– Zivilrechtliche Ansprüche der Bodenreform-Opfer gegen Bund, Länder und Gemeinden? In: VIZ 1994, S. 158-163 (VIZ 1994, S.).
– Das Bodenreform-Urteil des Bundesverfassungsgerichts vom 23. April 1991 – Ende aller Hoffnungen? [1995] In: Bruno J. Sobotka (Hg.), Wiedergutmachungsverbot? Die Enteignungen in der ehemaligen SBZ zwischen 1945 und 1949. Von Hase und Koehler Verlag Mainz 1998, S. 222-230 (Sobotka I 1995, S.).
– Die Bodenreform in der SBZ und deren zivilrechtliche Auswirkungen bis zur und nach der Herstellung der Einheit Deutschlands, Konstanz, Diss. Jur. 1995, Maschinenschrift (Dissertation 1995, S.).
– Die Auswirkungen von Gemeinsamer Erklärung, Art. 41 EinigungsV und Art. 143 III GG auf zivilrechtliche Ansprüche der Bodenreform-Opfer. In: VIZ 1995, S. 390-395 (VIZ 1995, S.).

– Vereinbarkeit der Bodenreform-Verordnungen mit der Proklamation Nr. 3 des Alliierten Kontrollrats vom 20. Oktober 1945. In: VIZ 1995, S. 440-445 (VIZ 1995, S.).
– Schutz des redlichen Erwerbs im Zivilrecht. In: VIZ 1995, S. 496-500 (VIZ 1995, S.).
– Die Bodenreform in der SBZ. In: ZOV 1995, S. 330-338 (ZOV 1995, S.).
– September 1945 – Die Geschichte der Bodenreform-Verordnungen in der SBZ unter Berücksichtigung des nunmehr zugänglichen Archivmaterials [1996]. In: Bruno J. Sobotka (Hg.), Wiedergutmachungsverbot? Die Enteignungen in der ehemaligen SBZ zwischen 1945 und 1949. Von Hase und Koehler Verlag Mainz 1998, S. 333-343 (Sobotka II 1996, S.).
– Keine Klage auf Eigentumsrückgabe bei besatzungshoheitlicher Enteignung. Anmerkung zum Beschluß des BGH vom 18.4.1996. In: VIZ 1996, S. 397-400 (VIZ 1996, S.).
– Die Bodenreform in der SBZ – Ein sogenannter Exzeßfall? [1997] In: Bruno J. Sobotka (Hg.), Wiedergutmachungsverbot? Die Enteignungen in der ehemaligen SBZ zwischen 1945 und 1949. Von Hase und Koehler Verlag Mainz 1998, S. 450-459 (Sobotka III 1997, S.).
– »Junkerland in Ulbrichts Hand?« Juristische Fehlinterpretation auf Grund falschen Geschichtsverständnisses. Staatshehlerei – Artikel vom 11. Februar 2001: http://staatshehlerei.org/archiv/gertner/2001/110201_2.htm (abgerufen am 31.11. 2011).
– Jetzt ist Straßburg konkret gefordert. Staatshehlerei – Archivbericht vom 23.05.2001: http://www.staatshehlerei.org/archiv/gertner/2001/ge_230501.htm (abgerufen am 30.11.2011).
– Nach Straßburg ohne Umweg über deutsche Gerichte? Staatshehlerei – Archivbericht vom 18.06.2001: http://www.staatshehlerei.org/archiv/gertner/2001/ge_180601.htm (abgerufen am 30.11.2011).
– »Junkerland in Ulbrichts Hand?« – Begründung von Volkseigentum an Bodenreform-Grundstücken? In: VIZ 2001, S. 407-413 (VIZ 2001, S.).
– Bodenreformopfer als politisch Verfolgte. In: ZOV 2001, S. 383-384 (ZOV 2001, S.).
– Vermögensrückgabe nach dem Verwaltungsrechtlichen Rehabilitierungsgesetz (VwRehaG). In: ZOV 2002, S. 76-80 (ZOV 2002, S.).
– Rehabilitierung von SBZ-Verfolgten – Ein Problem der korrekten Antragstellung. In: VIZ 2003, S. 49-55. (VIZ 2003, S.).
– Ursprüngliches Konzept der KPD für eine Bodenreform. Staatshehlerei – Artikel vom 26.03.2003: http://www.staatshehlerei.org/archiv/gertner/2003/ge_260303.htm (abgerufen am 30.11.2011).
– Strafrechtliche Rehabilitierung für »Junker und Großgrundbesitzer«? In: ZOV 2003, S. 298-301 (ZOV 2003, S.).
– Zum Anwendungsbereich des StrRehaG bei Maßnahmen im Zuge der Bodenreform, Entscheidungsbesprechung VG Magdeburg, Urteil vom 15. Juli 2003. In: ZOV 2003, S. 342-344 (ZOV 2003, S.).
– Die befürwortende Haltung der Ost-CDU gegenüber der Bodenreform Enteignungen 1945-1949, Archivbericht vom 18. Oktober 2006 auf staatshehlerei.org: http://www.staatshehlerei.org/archiv/gertner/gertner_ost-cdu.pdf (abgerufen am 30.11.2011).

– »Opfer politischer Verfolgung«, Interview mit Moritz Schwarz. Junge Freiheit vom 30. Januar 2004: http://www.jf-archiv.de/archiv04/064yy09.htm (abgerufen am 30.11.2011).
– Völkerrechtlicher Anspruch auf strafrechtliche Rehabilitierung für die Opfer der Boden- und Industriereform. In: IFLA 2007, S. 109-120 (IFLA 2007, S.). Siehe auch http://www.drgertner.de/rgbs_pdf/beitrag_0108.pdf (abgerufen am 30.11.2011).
– Mit Silvia von Maltzahn: UN- Menschenrechtsausschuss letzter Ausweg für SBZ- Verfolgungsopfer? Völkerrechtliche Unterlagen zu den aktuellen Verhandlungen [ohne Datum, 2007?] http://www.drgertner.de/rgbs_pdf/un-menschenrechtsausschuss-sbz-verfolgte.pdf (abgerufen am 30.11.2011). Ähnlich: UN-Menschenrechtsausschuss - ein weiterer Weg für SBZ-Verfolgungsopfer. http://www.derrechtsstaat.de/?p=2141 (abgerufen am 30.11.2011).
– Beschwerde ostdeutscher Heimatvertriebener gegen Polen beim EGMR. In: IFLA 2008, S. 37-46 (IFLA 2008, S.).
– Property in the New Federal States of Germany – Cause of the Phenomenom »Sleeping Owners«. In: EJLE 2009, p. 1-13 (EJLE 2009, S.).
– Verfassungsrechtlich durchsetzbarer Anspruch der Opfer der Boden- und Wirtschaftsreform auf Einbeziehung in die bestehende Rehabilitierungsgesetzgebung? Vortrag in Waren (19. März 2011) http://www.drgertner.de/egmr_pdf/Innerstaatliche_Durchsetzung_der_Rehabilitierung_f%C3%BCr_Opfer_der_Boden-_und_Wirtschaftsreform.pdf (abgerufen am 30.11.2011).
– Die Durchsetzung von Rehabilitierungsansprüchen für Opfer von Entnazifizierungsmaßnahmen in den neuen Bundesländern vor dem BVerfG. In: ZOV 2011, S. 50-61 (ZOV 2011, S.).

Gleitze, Bruno:
– Die Wirtschaftsstruktur der Sowjetzone und ihre gegenwärtigen sozial- und wirtschaftsrechtlichen Tendenzen. Vortrag im Königsteiner Kreis. Herausgegeben vom Bundesministerium für gesamtdeutsche Fragen, Bonn 1951.

Goertz, Hans-Jürgen:
– »Wirklichkeit«. In: Stefan Jordan (Hg.), Lexikon Geschichtswissenschaft. Hundert Grundbegriffe. Reclam Verlag Stuttgart 2003, S. 328-332.
– Vorwort, 1997 und 2007. In: Ders. (Hg.), Geschichte. Ein Grundkurs, Rowohlt Verlag Reinbek bei Hamburg, 3. Auflage 2007 (1998[1]), S. 11-16.
– Geschichte – Erfahrung und Wissenschaft. In: Ders. (Hg.), Geschichte. Ein Grundkurs, Rowohlt Verlag Reinbek bei Hamburg, 3. Auflage 2007 (1998[1]), S. 19-47.

Goodman, Nelson:
– Weisen der Welterzeugung. Suhrkamp Verlag Frankfurt am Main 1990 (Titel der Originalausgabe: Ways of Worldmaking. Cambridge 1978).

Grafton, Anthony:
– Die tragischen Ursprünge der deutschen Fußnote. Berlin Verlag Berlin 1995. Titel der Originalausgabe: The footnote: a Curious History. Cambridge 1997 (Die erste, maschinenschriftliche englische Originalausgabe wurde zunächst ins Deutsche übersetzt und 1995 veröffentlicht. Die erste Englische Druckversion liegt deswegen nach der deutschen Veröffentlichung).

Gross, Reiner/Miksch, Anna:
- Die demokratische Bodenreform und der Beginn der sozialistischen Umgestaltung der Landwirtschaft auf dem Territorium des heutigen Bezirk Dresden Quellenauswahl, herausgegeben vom Bezirkslandtag Dresden. SED Bezirksleitung Dresden 1976.

Gumbrecht, Hans Ulrich:
- »Alteuropa« und »Der Soziologe«. Wie verhält sich Niklas Luhmanns Theorie zur philosophischen Tradition? In: Burckhardt Wolfram (Hg.) Luhmann Lektüren, Kulturverlag Kadmos Berlin 2010, S. 70-90.

Hardtwig, Wolfgang:
- Konzeption und Begriff der Forschung in der deutschen Historie des 19. Jahrhunderts. In: Alwin Diemer (Hg.), Konzeption und Begriff der Forschung in den Wissenschaften des 19. Jahrhunderts. Referate und Diskussionen des 10. wissenschaftstheoretischen Kolloquiums 1975, Verlag Anton Hain, Meisenheim am Glan 1978, S. 11-26.
- Johann Gustav Droysen. In: Ders. (Hg.), Über das Studium der Geschichte. Deutscher Taschenbuch Verlag München 1990, S. 83-85.
- Formen der Geschichtsschreibung: Varianten des historischen Erzählens. In: Hans-Jürgen Goertz (Hg.), Geschichte. Ein Grundkurs, Rowohlt Verlag Reinbek bei Hamburg, 3. Auflage 2007 (1998[1]), S. 218-237.

Hegel, Georg Wilhelm Friedrich:
- Grundlinien der Philosophie des Rechts oder Naturrecht und Staatswissenschaft im Grundrisse. Mit Hegels eigenhändigen Notizen und den mündlichen Zusätzen [1821]. Suhrkamp Verlag Frankfurt am Main 1986 (1970[1]).

Herzog, Roman:
- Das Bodenreform-Urteil des Bundesverfassungsgerichts [1993]. In: Bruno J. Sobotka (Hg.), Wiedergutmachungsverbot? Die Enteignungen in der ehemaligen SBZ zwischen 1945 und 1949. Von Hase und Koehler Verlag Mainz 1998, S. 153-160.

Heuer, Klaus:
- Bodenrecht. In: Uwe-Jens Heuer (Hg.), Die Rechtsordnung der DDR. Anspruch und Wirklichkeit. Nomos Verlag Baden-Baden 1995, S. 147-171.

Heuer, Uwe-Jens:
- Das Rechtsverständnis in der DDR. In: Ders. (Hg.), Die Rechtsordnung der DDR. Anspruch und Wirklichkeit. Nomos Verlag Baden-Baden 1995, S. 25-72.

Hirschi, Caspar:
- Methoden für den Lehrstuhl. Rezensiert Jan Eckel/Thomas Eztmüller (Hg.), Neue Zugänge zur Geschichte der Geschichtswissenschaft, Göttingen 2007. In: FAZ vom 22.12.2008, S. 35.

Hoernle, Edwin:
- Bodenreform und Volksernährung. Deutscher Bauernverlag Berlin 1947.
- Vorwort. In: H. W. Dölling, Wende der deutschen Agrarpolitik: ein Beitrag zum Strukturwandel der Landwirtschaft von der Marktgenossenschaft bis zur Bodenreform. Deutscher Bauernverlag Berlin 1950.

Hofer, Herbert:
– Ein »Genossenschaftsplan«. Zur Durchführung der demokratischen Bodenreform in Ilberstedt. In: Abtreten Herr von Alvensleben! Beiträge zur Geschichte der demokratischen Bodenreform im Kreis Bernburg; zum 20. Jahrestag der demokratischen Bodenreform 1965, S. 41-47.
– Die wachsende Verantwortung der Klasse der Genossenschaftsbauern als Hauptverbündete der Arbeiterklasse bei der weiteren Vervollkommnung der genossenschaftlichen Demokratie. In: 40 Jahre demokratische Bodenreform. 40 Jahre erfolgreiche Anwendung des Leninschen Genossenschaftsplans. Bernburg 1986, S. 26-35.
Hoffmann, Dierk/Schwartz, Michael:
– Einleitung. In: Dies. (Hg.), Geglückte Integration? Oldenburg Verlag München 1999, S. 7-20.
Hübner, Peter/Tenfelde, Klaus:
– Vorwort. In: Dies. (Hg.), Arbeiter in der SBZ – DDR, Klartext Verlag Essen 1999, S. 9-13.
Humboldt, Wilhelm von:
– Ueber die Aufgabe des Geschichtschreibers. Eine in der Königl. Preuß. Akademie der Wissenschaften vorgelesene Abhandlung, Berlin 1822.

Jaeger, Friedrich:
– Geschichtstheorie. In: Hans-Jürgen Goertz (Hg.), Geschichte. Ein Grundkurs. Rowolth Verlag Reinbek bei Hamburg, 3. Auflage 2007 (1998[1]), S. 796-827.
Jarausch, Konrad/Siegrist, Hannes:
– Vorwort. In: Dies. (Hg.), Amerikanisierung und Sowjetisierung in Deutschland 1945-1970. Campus Verlag. Frankfurt am Main/NY 1997, S. 9-10.
Jessen, Ralph:
– Dimensionen. In: Gunilla Budde/Dagmar Freist/Hilke Günther-Arndt (Hg.), Geschichte. Studium – Wissenschaft – Beruf. Akademie Verlag Berlin 2008, S. 102-119.

Kiesow, Rainer Maria:
– Das Naturgesetz des Rechts. Suhrkamp Verlag Frankfurt am Main 1997
Kempen, Bernhard:
– Bodenreform 1945-1949: Eine verfassungsrechtliche Neubewertung. In: Ders./ Yvonne Jeannette Dorf (Hg.), Bodenreform 1945-1949: eine verfassungsrechtliche Neubewertung. Lang Verlag Frankfurt am Main 2004, S. 21-33.
Kirn, Paul:
– Einführung in die Geschichtswissenschaft. Walter de Gruyter Verlag Berlin, 5. bearbeitete und ergänzte Auflage von Joachim Leuschner 1968 (1947[1]).
Kittsteiner, Heinz Dieter:
– Die Krisis der Historiker-Zunft. In: Rainer Maria Kiesow/Dieter Simon (Hg.), Auf der Suche nach der Verlorenen Wahrheit. Zum Grundlagenstreit in der Geschichtswissenschaft. Campus Verlag Frankfurt am Main/New York 2000, S. 71-86.

Kluge, Ulrich:
- »Die Bodenreform ist in erster Linie eine politische Angelegenheit.« Agrarstruktureller Wandel in Sachsen 1945/46. In: Arnd Bauerkämper (Hg.), Junkerland in Bauernhand? Durchführung, Auswirkungen und Stellenwert der Bodenreform in der Sowjetischen Besatzungszone. Steiner Verlag Stuttgart 1996, S. 103-118.

Kobuch, Agatha:
- Zur Rechtsprechung in der Sowjetischen Besatzungszone Deutschlands und in der DDR. Quellen des Staatsarchivs Dresdens über die Waldheimer Prozesse des Jahres 1959. In: Heinz Mohnhaupt/Dieter Simon (Hg.), Vorträge zur Justizforschung: Geschichte und Theorie, Band 2, Klostermann Verlag Frankfurt am Main 1993, S. 499-525.

Kocka, Jürgen:
- Sozialgeschichte. Begriff, Entwicklung, Probleme. Vandenhoeck & Ruprecht Verlag Göttingen, 2. Auflage 1986.
- Perspektiven für die Sozialgeschichte der neunziger Jahre. In: Winfried Schulze (Hg.), Sozialgeschichte, Alltagsgeschichte, Mikro-Historie. Eine Diskussion. Vandenhoeck & Ruprecht Verlag Göttingen 1994, S. 33-39.
- Sozialgeschichte in Deutschland seit 1945. Aufstieg – Krise – Perspektiven. Vortrag auf der Festveranstaltung zum 40-jährigen Bestehen des Instituts für Sozialgeschichte am 25. Oktober 2002 in Braunschweig, Gesprächskreise Geschichte Heft 47, Friedrich-Ebert-Stiftung Bonn 2002.
- Geschichtskolumne – Bewegung in der Geschichtswissenschaft. In: Merkur 2008, S. 142-147.
- Geschichte als Wissenschaft. In: Gunilla Budde/Dagmar Freist/Hilke Günther-Arndt (Hg.), Geschichte. Studium – Wissenschaft – Beruf. Akademie Verlag Berlin 2008, S. 12-30.

Kohlmey, Günther:
- Die Übergangsperiode vom Kapitalismus zum Sozialismus. Dietz Verlag Berlin 1956. Zitiert: Kohlmey, Übergangsperiode 1956.

Koselleck, Reinhart:
- Vorwort. In: Johann Martin Chladenius, Allgemeine Geschichtswissenschaft, Neudruck der Ausgabe Leipzig 1752, Böhlau Verlag Köln u. a. 1985, S. VII-IX.
- Geschichte, Historie. In: Otto Brunner/Werner Conze/Ders. (Hg.), Geschichtliche Grundbegriffe. Historisches Lexikon zur politisch-sozialen Sprache in Deutschland. Band 2 E-G, Ernst Klett Verlag Stuttgart 1975, 3. Auflage/Nachdruck 1992, S. 593-717.
- Vergangene Zukunft. Zur Semantik geschichtlicher Zeiten. Suhrkamp Verlag Frankfurt am Main, 3. Auflage 1995 (1979[1]).
- Zeitschichten. Studien zur Historik. Suhrkamp Verlag Frankfurt am Main, 2003.

Krauss, Marita:
- Vorwort. In: Dies. (Hg.), Integrationen. Vertriebene in den deutschen Ländern nach 1945, Vandenhoeck & Ruprecht Verlag Göttingen 2008, S. 7.

Krömer, Eckart:
- Die Sozialisierung in der sowjetischen Besatzungszone Deutschlands als Rechtsproblem. Schwartz Verlag Göttingen 1952. Zugleich Universität Göttingen Dissertation 1952.

Kroeschell, Karl:
– Eine Totschlagsühne vor 700 Jahren. Die Rechtssache des Abtes von Walkenried. In: Stefan Esders (Hg.), Rechtsverständnis und Konfliktbewältigung. Gerichtliche und außergerichtliche Strategien im Mittelalter. Böhlau Verlag Köln u. a. 2007, S. 121-139.
Krüger, Kersten:
– Historische Statistik. In: Hans-Jürgen Goertz (Hg.), Geschichte. Ein Grundkurs, Rowohlt Verlag Reinbek bei Hamburg, 3. Auflage 2007 (1998[1]), S. 66-87.
Kruse, Joachim von:
– (Bearbeiter) Weißbuch über die »Demokratische Bodenreform«. Dokumente und Berichte zur Vertreibung und Vernichtung des bodenständigen Landvolks in der Sowjetischen Besatzungszone Deutschlands. Herausgegeben von der AG Deutsche Landwirte und Bauern e. V., veröffentlicht in deren Selbstverlag, Hannover 1955.
– (Herausgeber) Weißbuch über die »Demokratische Bodenreform« in der Sowjetischen Besatzungszone: Dokumente und Berichte. Verlag Ernst Vögel, München, erweiterte Neuauflage 1988/1990.
Kuntsche, Siegfried:
– Probleme der Auflösung des Gutsbetriebes und des Aufbaues der Neubauernwirtschaften bei der demokratischen Bodenreform. Druckerei Erich Weinert Neubrandenburg 1975.
– Bodenreform in einem Kernland des Großgrundbesitzes: Mecklenburg-Vorpommern. In: Arnd Bauerkämper (Hg.) »Junkerland in Bauernhand«? Durchführung, Auswirkungen und Stellenwert der Bodenreform in der Sowjetischen Besatzungszone. Steiner Verlag Stuttgart 1996, S. 51-68.

Labatzke, Winfried:
– Landsmannschaft Schlesien – Jahreshauptversammlung in Heppenheim. In: Schlesische Nachrichten 12/2007, S. 9, http://www.oberschlesien-aktuell.de/presse/presse/schlesien/070615.pdf (abgerufen am 30.11.2011)
Landwehr, Achim:
– Diskursgeschichte als Geschichte des Politischen. In: Brigitte Kerchner/Silke Schneider (Hg.), Foucault: Diskusanalyse der Politik. Eine Einführung. VS Verlag für Sozialwissenschaften, Wiesbaden 2006, S. 104-122.
Liebe, Hans:
– Die Organisation der Landwirtschaft in der sowjetischen Besatzungszone. In: Wirtschaftsprobleme der Besatzungszonen. Deutsches Institut für Wirtschaftsforschung, Berlin 1948, S. 188-202.
Lochen, Hans-Hermann:
– Grundlagen der Enteignungen zwischen 1945 und 1949. In: Deutschland Archiv 1991, S. 1025-1038.
Loth, Wilfried:
– Stalins ungeliebtes Kind. Warum Moskau die DDR nicht wollte. Rowohlt Verlag Berlin 1994.
– Die sowjetische Deutschlandpolitik und die Entstehung der DDR [1997]. In: Bruno J. Sobotka (Hg.) Wiedergutmachungsverbot? Die Enteignungen in der ehemaligen SBZ zwischen 1945 und 1949. Von Hase und Koegler Verlag Mainz 1998 S. 445-449.

Lozek, Gerhard:
- Geschichtsschreibung im 20. Jahrhundert. Neuzeithistoriographie und Geschichtsdenken im westlichen Europa und in den USA. FIDES Verlag Berlin 1998.

Luhmann, Niklas:
- Die Wissenschaft der Gesellschaft. Suhrkamp Verlag Frankfurt am Main 1990.

Lukas, Richard:
- Zehn Jahre Sowjetische Besatzungszone Deutschlands. Politik – Wirtschaft – Kultur – Rechtswesen. Deutscher Fachschriften Verlag Mainz Gonsenheim Wiesbaden Kassel Düsseldorf 1955.

Lukian von Samosata:
- Wie man Geschichte schreiben soll (wohl 166-168 n. Chr.). Herausgegeben, übersetzt und erläutert von Helene Homeyer, Wilhelm Fink Verlag München 1965.

Lyotard, Jean-François:
- Postmoderne für Kinder: Briefe aus den Jahren 1982-1985, Wien Passagen Verlag 1987. Titel der Originalausgabe: Le postmoderne expliqué aux enfants, Paris 1986.

Madaus, Udo:
- Allianz des Schweigens... von der Seele geschrieben – ohne Antwort geblieben. Briefe, Dokumente und Meinungen zu den Enteignungen 1945-1949 in der sowjetischen Besatzungszone Deutschlands und den Folgen nach 1990. Frieling-Verlag Berlin 2002.

Marsch, Ulrich:
- Grafton Anthony: Die tragischen Ursprünge der deutschen Fußnote. Berlin Verlag Berlin 1995. Rezension. In: H-Soz-u-Kult 14.07.1997; http://hsozkult.geschichte.hu-berlin.de/rezensionen/362.pdf (abgerufen am 30.11.2011).

Marx, Karl:
- Zur Kritik der Hegelschen Rechtsphilosophie, Einleitung 1844. In: Marx Karl/Engels Friedrich – Werke. Dietz Verlag Berlin, Band 1 1976, S. 378-391.

Matschke, Werner:
- Die wirtschaftliche Entwicklung in der SBZ: Vorgeschichte – Weichenstellung – Bestimmungsfaktoren. In: Alexander Fischer(Hg.) Studien zur Geschichte der DDR. Duncker & Humblot Verlag Berlin 1993, S. 97-112.

Meier, Christian:
- Geschichte, Historie. II Antike In: Otto Brunner/Werner Conze/Reinhart Koselleck(Hg.), Geschichtliche Grundbegriffe. Historisches Lexikon zur politisch-sozialen Sprache in Deutschland. Band 2 E-G, Ernst Klett Verlag Stuttgart 1975, Nachdruck 3. Auflage 1992, S. 595-610.

Michaelis, Herbert/Schraepler, Ernst:
- (Hg.), Ursachen und Folgen: Vom deutschen Zusammenbruch 1918 und 1945 bis zur staatlichen Neuordnung Deutschlands in der Gegenwart; eine Urkunden- und Dokumentensammlung zur Zeitgeschichte, Dokumenten Verlag Berlin 1979, Band 23.

Möller, Horst:
– Relativität historischer Epochen. In: Ders./Andreas Wirsching (Hg.), Aufklärung und Demokratie. Historische Studien zur politischen Vernunft. R. Oldenburg Verlag, München 2003, S. 358-368.
Möller, Otto:
– Meine Mitarbeit beim Aufbau der Landwirtschaft und bei der Durchführung der Bodenreform in Mecklenburg/Vorpommern 1945/1946. In: Martin Polzin/Eberhard Voß/Gerda Grammdorf, 20 Jahre demokratische Bodenreform in Mecklenburg; Rostock 1965, S. 61-70.
Möllers, Christoph:
– Der vermisste Leviathan. Staatstheorie in der Bundesrepublik. Suhrkamp Verlag Frankfurt am Main 2008.
Morin, Edgar:
– Das Jahr Null. Ein Franzose sieht Deutschland. Verlag Volk und Welt GmbH Berlin 1948.
Muhlack, Ulrich:
– Verstehen. In: Hans-Jürgen Goertz (Hg.), Geschichte. Ein Grundkurs, Rowohlt Verlag Reinbek bei Hamburg 3. Auflage 2007 (1998[1]). S. 104-136.
Murken, Jens:
– Bodenreform Kampagne und politische Kultur in Mecklenburg-Vorpommern. In: Ulrich Kluge (Hg.), Zwischen Bodenreform und Kollektivierung. Vor- und Frühgeschichte der »sozialistischen Landwirtschaft« in der SBZ/DDR vom Kriegsende bis in die fünfziger Jahre. Steiner Verlag Stuttgart 2001, S. 51-71.

Naimark, Norman M.:
– The Russians in Germany. A History of the Soviet Zone of Occupation, 1945-1949. The Belknap Press of Harvard University Press, Cambridge Massachusetts London, England / 1995. Übersetzung:
– Die Russen in Deutschland. Die sowjetische Besatzungszone 1945 bis 1949, Ullstein Verlag Berlin 1997.
Nehrig, Christel/Piskol, Joachim/Trixa, Paul:
– Antifaschistisch-demokratische Umwälzung auf dem Lande 1945 bis 1949. Deutscher Landwirtschaftsverlag Berlin 1984.
Nettl, John Peter:
– The Eastern Zone and Soviet Policy in Germany 1945-1950. Geoffrey Cumberlege Oxford University Press London NY Toronto 1951. Übersetzung:
– Die deutsche Sowjetzone bis heute. Politik, Wirtschaft, Gesellschaft. Frankfurt am Main 1953.
Nikisch, Arthur:
– Bürgerliches Recht. Das Recht der Schuldverhältnisse. I. Allgemeine Lehren. Verlag Bibliographisches Institut Leipzig 1947.
– Grundriss des Bodenrechts. Verlag Bibliographisches Institut Leipzig 1949.
Nolte, Ernst:
– Das Vergehen der Vergangenheit. Antwort an meine Kritiker im Historikerstreit. Ullstein Verlag Berlin/Frankfurt am Main 1987.

Nordalm, Jens:
– Historismus und moderne Welt. Erich Marcks (1861-1938) in der deutschen Geschichtswissenschaft. Verlag Duncker & Humblot Berlin 2003, zugleich Dissertation Universität Bonn 2000/2001.
– »Generationen« der Historiographiegeschichte im 19. und 20. Jahrhundert? Einige Zweifel am Methodendiskurs in den Geschichtswissenschaften. In: Jan Eckel/Thomas Etzmüller (Hg.), Neue Zugänge zur Geschichte der Geschichtswissenschaft, Wallstein Verlag Göttingen 2007, S. 284-309.

Oexle, Otto Gerhard:
– Im Archiv der Fiktionen. In: Rainer Maria Kiesow/Dieter Simon (Hg.), Auf der Suche nach der verlorenen Wahrheit. Zum Grundlagenstreit in der Geschichtswissenschaft. Campus Verlag Frankfurt am Main/New York 2000, S. 87-103.
– Was kann die Geschichtswissenschaft vom Wissen wissen? In: Achim Landwehr (Hg.), Geschichte(n) der Wirklichkeit. Beiträge zur Sozial- und Kulturgeschichte des Wissens. Wißner Verlag Augsburg 2002, S. 31-60.
– Von Fakten und Fiktionen. Zu einigen Grundsatzfragen der historischen Erkenntnis. In: Johannes Laudage (Hg.), Von Fakten und Fiktionen. Mittelalterliche Geschichtsdarstellungen und ihre kritische Aufarbeitung. Böhlau Verlag u.a. 2003, S. 1-42.
– Begriff und Experiment. Überlegungen zum Verhältnis von Natur und Geschichtswissenschaft. In: Vittoria Borsò/Christoph Kann (Hg.), Geschichtsdarstellungen. Medien – Methoden – Strategien, Böhlau Verlag Köln u.a. 2004, S. 19-56.

Paffrath, Constanze:
– Macht und Eigentum: die Enteignungen 1945-1949 im Prozeß der deutschen Wiedervereinigung. Böhlau Verlag Köln u.a. 2004. Zugleich Dissertation Universität Duisburg 2003.
– Die »Bodenreform« in den Verhandlungen zur Deutschen Einheit. In: Bernhard Kempen (Hg.), Rechtsstaatliche Bewältigung der demokratischen Bodenreform, Lang Verlag Frankfurt am Main 2005. S. 1-19.

Paravicini, Werner:
– Rettung aus dem Archiv? Eine Betrachtung aus Anlaß der 700-Jahrfeier der Lübecker Trese. In: Zeitschrift des Vereins für Lübeckische Geschichte und Altertumskunde 78, 1998 = Schlüssel zur Geschichte. [Festschrift] 700 Jahre Lübecker Archiv, S. 11-46.
– Die Wahrheit der Historiker. Oldenburg Verlag München 2010.

Peglow, Herbert:
– 20 Jahre demokratische Bodenreform – meine Erinnerungen und Erlebnisse. In: Abtreten Herr von Alvensleben! Beiträge zur Geschichte der demokratischen Bodenreform im Kreis Bernburg; zum 20. Jahrestag der demokratischen Bodenreform 1965 S. 49-52.

Piper Verlag (Hg.):
– »Historiker-Streit«. Die Dokumentation der Kontroverse um die Einzigartigkeit der nationalsozialistischen Judenvernichtung. R. Piper Verlag München, 9. Auflage 1998 (1987[1]).

Polzin, Martin:
– Zur ökonomischen und politischen Rolle der mecklenburgischen Großgrundbesitzer von 1918 bis 1945. In: Ders./Gerda Voß/Gerda Grammdorf, 20 Jahre demokratische Bodenreform. Universität Rostock 1965, S. 31-44.
Pries, Sebastian:
– Das Neubauerneigentum in der ehemaligen DDR. Lang Verlag Frankfurt am Main 1994. Zugleich Dissertation Universität Freiburg im Breisgau 1994.

Ranke, Leopold von:
– Vorrede zu den ‚Geschichten der romanischen und germanischen Völker von 1494 bis 1535' [1824]. In: Wolfgang Hardtwig (Hg.), Über das Studium der Geschichte, Deutscher Taschenbuch Verlag München 1990, S. 44-46.
Rau, Heinrich:
– Aus eigener Kraft – Neue Aufgaben der Landwirtschaft in der Mark Brandenburg [1945]. In: Brandenburg Provinzialverwaltung Informationsamt (Hg.), Zur Bodenreform in der Mark Brandenburg. Schriften des Informationsamtes der Provinzialverwaltung Brandenburg 1946 S. 1-4.
Reinert, Fritz:
– Die Vorbereitung, Durchführung und Festigung der Bodenreform durch die antifaschistisch-demokratische Staatsmacht. In: Karl-Heinz Schöneburg (Leiter von Autorenkollektiv), Die Errichtung des Arbeiter und Bauernstaates der DDR 1945-1949. Staatsverlag der DDR Berlin 1983, S. 132-152.
– Bodenreform 1945 in Brandenburg. Dialog in der PDS, Landesverband Brandenburg, Heft 2. 1995.
Reinhard, Wolfgang:
– Manchmal ist eine Pfeife wirklich nur eine Pfeife. In: Saeculum 56/I (2005), S. 1-16.
Reitz, Ulrich:
– Ein zweiter Landraub. In: Bruno J. Sobotka (Hg.), Wiedergutmachungsverbot? Die Enteignungen in der ehemaligen SBZ zwischen 1945 und 1949. Von Hase und Koegler Verlag Mainz 1998 S. 120-126.
Reuber, Heinrich/Skibbe, Bruno:
– Die Bodenreform in Deutschland mit Zahlen und Dokumenten. Deutscher Bauernverlag Berlin 1947.
Rösler, Ruth-Kristin:
– Justizpolitik in der SBZ/DDR 1945-1956, Klostermann Verlag Frankfurt am Main 2000.

Sabrow, Martin:
– Das Diktat des Konsenses. Geschichtswissenschaft in der DDR; 1949-1969. Oldenburg Verlag München 2009.
Sachsen-Anhalt - Landesregierung:
– (Hg.), Beiträge zum neuen Wirtschaftsrecht. 1948.
Schöne, Jens:
– Frühling auf dem Lande? Die Kollektivierung der DDR-Landwirtschaft. Links Verlag Berlin 2007, Zugleich Berlin Freie Universität Dissertation 2004.
– Das sozialistische Dorf: Bodenreform und Kollektivierung in der Sowjetzone und DDR. Schriftenreihe des sächsischen Landesbeauftragten für die Stasi Unterlagen. Evangelische Verlagsanstalt, Leipzig 2008.

Schönfeldt, Andreas:
- Grundzüge der Entwicklung von Gesetzgebung und Rechtsprechung im Prozeß der gesellschaftlichen Transformation der SBZ/DDR von 1945 bis 1960. In: Heinz Mohnhaupt/Ders. (Hg.), Normdurchsetzung in Osteuropäischen Nachkriegsgesellschaften (1944-1989). Band 1: Sowjetische Besatzungszone in Deutschland-Deutsche Demokratische Republik (1945-1960). Vittorio Klostermann Verlag Frankfurt am Main 1997. S. 3-187.

Schulz, Günther:
- Zur Einführung. In: Ders. (Hg.), Vertriebene Eliten. Vertreibung und Verfolgung von Führungsschichten im 20. Jahrhundert, Boldt im Oldenburg Verlag München 2001, S. 9-15.

Schultz, Helga:
- Bevölkerungstransfer und Systemwandel. In: Dies. (Hg.), Bevölkerungstransfer und Systemwandel. Ostmitteleuropäische Grenzen nach dem Zweiten Weltkrieg. Verlag Spitz Berlin 1998, S. 7-16.

Seibert, Thomas Michael:
- http://www.rechtssemiotik.de/ (abgerufen am 30.11.2011).

Selbmann, Fritz:
- Demokratische Wirtschaft. Drei Vorträge gehalten an der Universität Leipzig und der Technischen Hochschule Dresden. Dokumente der neueren Zeit. Politik, Wirtschaft, Kultur, eine Schriftensammlung Band 3. Verlagsgesellschaft KG Dresden 1948.

Sellin, Volker:
- Einführung in die Geschichtswissenschaft. Vandenhoeck & Ruprecht Verlag, Göttingen. Erweiterte Neuausgabe 2005 (1995[1]).

Semjonow, Wladimir:
- Von Stalin bis Gorbatschow. Ein halbes Jahrhundert in diplomatischer Mission, 1939-1991, Nicolai Verlag Berlin 1995.

Siewert, Steffen:
- Zum Eigentum an den Bodenreform – Grundstücken. In: NJ 1992, S. 155-158.

Sontheimer, Kurz/Bleek, Wilhelm:
- Die DDR. Politik, Gesellschaft, Wirtschaft. Hoffmann und Campe Verlag Hamburg. 3. Auflage 1973.
- Die DDR. Politik, Gesellschaft, Wirtschaft. Hoffmann und Campe Verlag Hamburg, 5. Auflage 1979.

Staritz, Dietrich:
- Sozialismus in einem halben Land. Zur Programmatik und Politik der KPD/SED in der Phase der antifaschistisch-demokratischen Umwälzung der DDR. Verlag Klaus Wagenbach Berlin 1976.
- Die Gründung der DDR. Von der Sowjetischen Besatzungszone zum sozialistischen Staat. Deutscher Taschenbuch Verlag München, 3. Auflage 1995 (1985[1]).

Steding, Rolf:
- Agrarrecht/LPG-Recht. In: Uwe-Jens Heuer (Hg.) Die Rechtsordnung der DDR. Anspruch und Wirklichkeit, Nomos Verlag Baden-Baden 1995, S. 75-94.

Stein, Siegfried:
– Die Demokratische Bodenreform in Mecklenburg. In: Martin Polzin/Eberhard Voß/Gerda Grammdorf, 20 Jahre demokratische Bodenreform in Mecklenburg; Rostock 1965, S. 9-29.
Stöckigt, Rolf:
– Der Kampf der KPD um die demokratische Bodenreform. Dietz Verlag Berlin 1964. Zugleich Dissertation Berlin.
Stolleis, Michael:
– Rechtsgeschichte als Kunstprodukt. Zur Entbehrlichkeit von »Begriff« und »Tatsache«. Nomos Verlag Baden-Baden 1997.
– Rechtsgeschichte schreiben. Rekonstruktion, Erzählung, Fiktion? Schwabe Verlag Basel 2008.
Such, Heinz:
– Wirtschaftsplanung und Sachmängelhaftung. Bibliographisches Institut Leipzig 1948.
Süddeutsche Juristen Zeitung:
– Die Gesetzgebung der Besatzungsmächte. Übersicht, insbesondere in der amerikanischen Zone. SJZ 1946, Nr. 1 S. 18-24.
– Die Gesetzgebung der Besatzungsmächte. I Sowjetische Zone (Gesamtübersicht) SJZ 1946, S. 158-164.

Tagungsbericht:
– Geschichte schreiben nach der Postmoderne. Historiographie im internationalen Vergleich. Interdisziplinäres Arbeitsgespräch der Deutschen Forschungsgemeinschaft Stuttgart, 18. bis 20. Juni 2009. http://www.ahf-muenchen.de/Tagungsberichte/Berichte/pdf/2009/162-09.pdf (abgerufen am 30.11.2011).
Thüringer Bauern – Landeskonferenz:
– Resolution. Thüringer Volksverlag 1945
Todt, Sabine:
– Linguistic turn. In: Hans-Jürgen Goertz (Hg.), Geschichte. Ein Grundkurs. Rowohlt Verlag Reinbek bei Hamburg, 3. Auflage 2007 (1998[1]). S. 178-198.

Veyne, Paul:
– Glaubten die Griechen an ihre Mythen? Suhrkamp Verlag Frankfurt am Main 1987. Titel der Originalausgabe: Les Grecs ont-ils cru à leurs mythes? Paris 1983.
– Geschichtsschreibung – Und was sie nicht ist. Suhrkamp Verlag Frankfurt am Main 1990. Titel der Originalausgabe: Comment on écrit l'histoire. Paris 1971.

Wagner, Fritz:
– Geschichtswissenschaft. Verlag Karl Alber Freiburg/München 1951.
Wassermann, Rudolf:
– »Junkerland in Bauernhand«[1996]. In: Bruno J. Sobotka (Hg.) Wiedergutmachungsverbot? Die Enteignungen in der ehemaligen SBZ zwischen 1945 und 1949. Von Hase und Koegler Verlag Mainz 1998, S. 327-343.

Weber, Hermann:
- Von der SBZ zur DDR. Verlag für Literatur und Zeitgeschehen, Hannover 1966.
- Die DDR 1945-1990. Oldenbourg Verlag München, 3. Auflage 2000.
- Geschichte der DDR. Deutscher Taschenbuch Verlag München, 2. Auflage 2000.

Weber, Max:
- Die »Objektivität« sozialwissenschaftlicher und sozialpolitischer Erkenntnis [1922]. In: Johannes Winckelmann (Hg.), Max Weber: Gesammelte Aufsätze zur Wissenschaftslehre. Mohr Siebeck Verlag Tübingen, 6. Auflage 1985, S. 146-214.

Wehler, Hans-Ulrich:
- Geschichtswissenschaft heute. In: Jürgen Habermas (Hg.), Stichworte zur Geistigen Situation der Zeit, 2. Band: Politik und Kultur, Suhrkamp Verlag Frankfurt am Main 1979, S. 709-753.
- Entsorgung der deutschen Vergangenheit? Ein polemisches Essay zum »Historikerstreit«, C. H. Beck Verlag München 1988.
- Die Herausforderungen der Kulturgeschichte. Verlag C. H. Beck, München 1998.
- Die Hybris einer Geschichtsphilosophie. In: Rainer Maria Kiesow/Dieter Simon (Hg.), Auf der Suche nach der verlorenen Wahrheit. Zum Grundlagenstreit in der Geschichtswissenschaft, Campus Verlag Frankfurt am Main/New York 2000, S. 119-127.
- Ein Kursbuch der Beliebigkeit. Eine neue Kulturgeschichte lässt viele Blumen blühen – aber die schönsten leider nicht. In: DIE ZEIT, 31/2001, http://www.zeit.de/2001/31/Ein_Kursbuch_der_Beliebigkeit (abgerufen am 30.11.2011).
- Literarische Erzählung oder Kritische Analyse? Ein Duell in der gegenwärtigen Geschichtswissenschaft. In: Ders. (Hg.), Land ohne Unterschichten? Neue Essays zur deutschen Geschichte. C. H. Beck Verlag München 2010, S. 114-132.

Welskopp, Thomas:
- Erklären, begründen, theoretisch begreifen. In: Hans-Jürgen Goertz (Hg.), Geschichte. Ein Grundkurs, Rowohlt Verlag Reinbek bei Hamburg, 3. Auflage 2007 (1998[1]), S. 137-177.
- Theorien in der Geschichtswissenschaft. In: Gunilla Budde/Dagmar Freist/Hilke Günther-Arndt (Hg.), Geschichte. Studium – Wissenschaft – Beruf. Akademie Verlag Berlin 2008, S. 138-157.

White, Hayden:
- Metahistory. Die historische Einbildungskraft im 19. Jahrhundert in Europa. Fischer Verlag Frankfurt am Main 2008 (1991). Titel der Originalausgabe: Metahistory. The historical Imagination in nineteenth-Century Europe. Baltimore 1973.

Wietstruk, Siegfried:
- Von der demokratischen Bodenreform zur sozialistischen Landwirtschaft : ein kurzer Überblick über die Entwicklung der Landwirtschaft auf dem Gebiet des Kreises Zossen von 1945 bis zur Gegenwart. Sekretariat und die Komm. Zur Erforschung der Geschichte der örtlichen Arbeiterbewegung der Kreisleitung Zossen der SED 1965.

Willaschek, Marcus:
- Realismus – die vermittelte Unmittelbarkeit unseres Zugangs zur Welt. In: Merkur. 2005 S. 762-772.

Wille, Manfred:
- Die Verabschiedung der Verordnung über die Bodenreform in der Provinz Sachsen. In: Arnd Bauerkämper (Hg.), Junkerland in Bauernhand? Durchführung, Auswirkungen und Stellenwert der Bodenreform in der Sowjetischen Besatzungszone. Steiner Verlag Stuttgart 1996, S. 87-102.

Williams, Bernard:
- Descartes. Das Vorhaben der reinen philosophischen Untersuchung. Beltz Athenhäum Verlag, Weinheim 3. Auflage 1996 (1981[1]). Titel der Originalausgabe: Descartes: The Project of Pure Enquiry, Harmondsworth 1978.
- Wahrheit und Wahrhaftigkeit. Suhrkamp Verlag Frankfurt am Main 2003. Titel der Originalausgabe: Truth and Truthfulness. An Essay in Genealogy. Princeton 2002.

Zieger, Gottfried:
- Die Sowjetisierungspolitik Moskaus und die Haltung der SED zur Einheit Deutschlands 1945-1949. In: Boris Meissner (Hg.), Die Deutschlandfrage von Jalta und Potsdam bis zur staatlichen Teilung Deutschlands 1949. Verlag Duncker & Humblot Berlin 1993, S. 57-75.

Zierold, Rolf:
- Die demokratische Bodenreform – Ausgangspunkt für 40 Jahre erfolgreiche Entwicklung der Landwirtschaft der DDR. In: Ders/Gundula Heidenreich/ Wolfgang Heun, 40 Jahre Bodenreform, Bernburg 1986, S. 6-21.

Personenregister

Angegeben ist die Seitenzahl, gleichgültig ob die Person im Text oder in einer Fußnote genannt wird.